Rudolf Steiner Taschenbücher
aus dem Gesamtwerk

Das Werk Rudolf Steiners, wie es in der «Rudolf Steiner Gesamtausgabe» vorliegt, ist gegliedert in die Abteilungen: *Schriften – Vorträge – Künstlerisches Werk*. Seine stets frei gehaltenen Vorträge, insgesamt mehrere tausend, waren ursprünglich als «mündliche, nicht zum Druck bestimmte Mitteilungen» gedacht. Die anfänglich ohne, später mit seinem Einverständnis entstandenen Nachschriften, vor allem von den für Mitglieder der Anthroposophischen Gesellschaft gehaltenen Vorträgen, waren zunächst nur als interne Manuskriptdrucke zugänglich, da Rudolf Steiner aus Zeitmangel die Texte, mit wenigen Ausnahmen, nicht selbst korrigieren konnte. Kurz vor seinem Tod hat er die Einschränkung «Nur für Mitglieder» aufgehoben; die von ihm gemachten *Urteils-Voraussetzungen* bleiben weiterhin gültig. – Heute sind die Vortragstexte nach den vorhandenen Unterlagen geprüft und weitgehend veröffentlicht. Dennoch können Hör- und Übertragungsfehler nicht völlig ausgeschlossen werden.

Rudolf Steiner

Geisteswissenschaftliche Menschenkunde

Neunzehn Vorträge, gehalten in Berlin
zwischen dem 19. Oktober 1908 und 17. Juni 1909

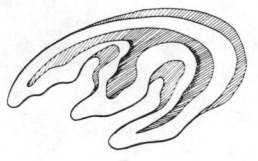

RUDOLF STEINER VERLAG
DORNACH SCHWEIZ

Nach vom Vortragenden nicht durchgesehenen Mitschriften
herausgegeben von der Rudolf Steiner-Nachlaßverwaltung

Ungekürzte Ausgabe nach dem gleichnamigen Band
der Rudolf Steiner Gesamtausgabe
(herausgegeben von Hella Wiesberger)
Bibliographie-Nr. 107, ISBN 3-7274-1070-1
5. Auflage, Dornach 1988

Taschenbuchausgabe

1.– 7. Tsd. Dornach 1989
8.–12. Tsd. Dornach 1998

Zeichen auf dem Umschlag und Titelblatt von Rudolf Steiner
Alle Rechte bei der Rudolf Steiner-Nachlaßverwaltung, Dornach/Schweiz
© 1989 by Rudolf Steiner-Nachlaßverwaltung, Dornach/Schweiz
Printed in Germany by Clausen & Bosse, Leck

ISBN 3-7274-6690-1

ZU DIESER AUSGABE

Diese Vorträge wurden im Winterhalbjahr 1908/09 im Berliner «Annie Besant-Zweig» der Theosophischen Gesellschaft gehalten und waren Teil der sich damals schon sieben Jahre erstreckenden kontinuierlichen Zweigarbeit. Sie bilden eine hervorragende Ergänzung zu Rudolf Steiners geisteswissenschaftlichen Grundschriften, deren Kenntnis freilich vorausgesetzt wird. Von einzigartiger Bedeutung sind u. a. die oft überraschenden Ausführungen zur intimen Geschichte des Christentums, über den Wert des Vergessens, über den Heiligen Geist und über die «Schöpfung aus dem Nichts».

In diesen Vorträgen nimmt Rudolf Steiner öfter Bezug auf die parallel dazu geführte öffentliche Vortragsreihe im Berliner Architektenhaus «Wo und wie findet man den Geist?» (TB 686) und führt manches, was er dort erwähnt, in einer vertieften Form weiter aus.

INHALT

ERSTER VORTRAG, Berlin, 19. Oktober 1908 9
Die astralische Welt

ZWEITER VORTRAG, 21. Oktober 1908 26
Einige Merkmale der astralischen Welt

DRITTER VORTRAG, 23. Oktober 1908 42
Geschichte des physischen Planes und okkulte Geschichte

VIERTER VORTRAG, 26. Oktober 1908 56
Das Gesetz des Astral-Planes: Entsagung
Das Gesetz des Devachan-Planes: Opferung

FÜNFTER VORTRAG, 27. Oktober 1908 66
Über das Wesen des Schmerzes, des Leides, der Lust und der Seligkeit

SECHSTER VORTRAG, 29. Oktober 1908 73
Über die vier menschlichen Gruppenseelen:
Löwe, Stier, Adler und Mensch

SIEBENTER VORTRAG, 2. November 1908 82
Das Vergessen

ACHTER VORTRAG, 10. November 1908 97
Das Wesen der Krankheitsformen

NEUNTER VORTRAG, 16. November 1908 115
Wesen und Bedeutung der Zehn Gebote

ZEHNTER VORTRAG, 8. Dezember 1908 132
Das Wesen der Erbsünde

ELFTER VORTRAG, 21. Dezember 1908 148
Über den Rhythmus der menschlichen Leiber

ZWÖLFTER VORTRAG, 1. Januar 1909 161
Mephistopheles und die Erdbeben der Erde

DREIZEHNTER VORTRAG, 12. Januar 1909 186
Rhythmen in der Menschennatur

VIERZEHNTER VORTRAG, 26. Januar 1909 203
Krankheit und Karma

FÜNFZEHNTER VORTRAG, 15. Februar 1909 220
Das Christentum im Entwickelungsgang unserer gegenwärtigen
Menschheit. Führende Individualitäten und avatarische Wesenheiten

SECHZEHNTER VORTRAG, 22. März 1909 240
Die Christus-Tat und die widerstrebenden geistigen Mächte
Luzifer, Ahriman, Asuras

SIEBZEHNTER VORTRAG, 27. April 1909 261
Lachen und Weinen. Die Physiognomie des Göttlichen
im Menschen

ACHTZEHNTER VORTRAG, 3. Mai 1909 277
Die Ausprägung des Ichs bei den verschiedenen Menschenrassen

NEUNZEHNTER VORTRAG, 17. Juni 1909 295
Evolution, Involution und Schöpfung aus dem Nichts

Hinweise 319

Namenregister 325

Literaturhinweis 327

Rudolf Steiner – Leben und Werk 329

Übersicht über die Rudolf Steiner Gesamtausgabe 333

ERSTER VORTRAG

Berlin, 19. Oktober 1908

Manchen Winter haben wir uns hier zur Betrachtung geisteswissenschaftlicher Gegenstände zusammengefunden, und für eine kleinere Gruppe von Ihnen ist es nun schon eine ziemliche Anzahl von Wintern, die uns zu solchen Betrachtungen zusammengeführt haben. Wir dürfen aus Gründen, die wir vielleicht gerade anläßlich der demnächst stattfindenden Generalversammlung besprechen werden, in diesem Augenblick in unserer Seele ein wenig zurückblicken auf die verflossene Zeit unseres anthroposophischen Zusammenlebens. Es sind einige noch unter Ihnen, die in gewisser Beziehung eine Art von Kern dieser Versammlung hier bilden und die sich ihre spirituelle Grundüberzeugung herübergebracht haben aus früheren Zeiten, die sich dann vor sechs oder sieben Jahren mit uns vereinigt haben und den Kern gebildet haben, um den sich dann nach und nach alle die übrigen suchenden Freunde, wenn man das Wort gebrauchen darf, herumkristallisiert haben. Und wir dürfen sagen, daß im Laufe dieser Zeit nicht nur die Zunahme dieser Versammlungen an Zahl uns einiges sagen darf, sondern daß es uns nach einer andern Richtung hin mit Hilfe derjenigen geistigen Mächte, die bei einer im rechten Sinne geleisteten geisteswissenschaftlichen Arbeit immer anwesend sind, gelungen ist, bei unserer Arbeit eine gewisse innere Systematik einzuhalten. Bedenken Sie – namentlich diejenigen, die ganz von Anfang an unsere Zweigversammlungen mitgemacht haben –, wie wir als ein kleiner Kreis vor sechs bis sieben Jahren begonnen haben und wie wir uns ganz langsam und allmählich, auch innerlich, inhaltlich, den Boden geschaffen haben, auf dem wir heute stehen. Wir haben so begonnen, daß wir in gewisser Beziehung mit den einfachsten geisteswissenschaftlichen Grundbegriffen zuerst versuchten, uns eine Grundlage zu schaffen, und wir sind nach und nach dahin gekommen, daß wir im letzten Winter immerhin hier die Möglichkeit hatten – wenigstens in unsern Zweigversammlungen –, von Dingen der verschiedenen Gebiete der höheren Welten so zu sprechen, wie man spricht von Ereignissen und Erfahrungen der gewöhnlichen physischen Welt. Wir konnten uns unterrichten von den verschiedenen geistigen Wesenheiten und denjenigen Welten, welche gegenüber unserer sinnlichen Welt eben übersinnliche sind. Und nicht nur, daß wir so in einer gewissen Beziehung eine innere Systematik in unserer Zweigarbeit eintreten lassen konnten, es konnten auch im letzten Winter hier zwei Kurse gehalten werden, in welchen denjenigen, die sich nach und nach an den Kern angegliedert hatten, die Möglichkeit geboten wurde, sozusagen den Anschluß an unsere Betrachtungen zu finden.

Diejenigen unserer Mitglieder, welche sich zurückerinnern an die Anfänge unsres gegenwärtigen Zweiges, werden ja auch auf manche Fährlichkeiten und Hemmnisse dieser Arbeit zurückblicken können. Es sind einige unter Ihnen, welche es verstanden haben, durch alle diese Fährlichkeiten hindurch treu zu dem zu halten, was wir die geisteswissenschaftliche Arbeit nennen. Es darf wohl gesagt werden, daß die, welche verstehen, treu und geduldig und energisch auszuhalten, gewiß auch über kurz oder lang sehen werden, daß es gewisse Resultate einer solchen Treue und Energie wohl gibt.

Es ist schon gesagt worden· und öfter wurde es hier betont, daß wir es endlich dahin gebracht haben, über höhere Welten zu sprechen wie über etwas, wir dürfen sagen Selbstverständliches, und wir haben hervorgehoben, daß diejenigen, die längere Zeit unsere Zweigversammlungen innerlich mitgemacht haben, sich dadurch eine gewisse anthroposophische Reife angeeignet haben. Diese anthroposophische Reife liegt nicht in Theorien, nicht in irgendeinem begrifflichen Verständnis, sondern sie liegt in einer inneren Stimmung, die man sich im Laufe der Zeit aneignet. Wer eine Zeitlang das, was die Geisteswissenschaft zu geben vermag, wirklich innerlich aufnimmt, der wird allmählich fühlen, daß er Dinge anhören kann als wirkliche Tatsachen, als etwas Selbstverständliches, die ihn vorher ganz anders berührt hätten.

So wollen wir denn auch gleich heute in diesem einleitenden Vortrag damit beginnen, rückhaltlos, wir dürfen sogar sagen, rücksichtslos über ein gewisses Kapitel der höheren Welten zu sprechen, welches uns tiefer hineinführen soll in das Verständnis des menschlichen Charakters und der menschlichen Persönlichkeit. Denn im Grunde genommen, wozu dienen sie denn, alle die Betrachtungen der höheren Welten, die wir anstellen? Wenn wir reden über die astralische Welt, über die devachanische Welt, in welchem Sinne reden wir zunächst darüber als Angehörige der physischen Welt? Wir reden über diese höheren Welten gar nicht von dem Bewußtsein aus, als ob sie uns ganz fremde Welten wären, die in gar keinem Zusammenhang stünden mit der physischen Welt, sondern wir sind uns bewußt, daß das, was wir höhere Welten nennen, um uns herum ist, daß wir darin leben und daß diese höheren Welten in unsere physische Welt hineinragen, daß in den höheren Welten die Ursachen und Urgründe liegen für Tatsachen, die sich hier vor unsern physischen Augen, vor unseren physischen Sinnen abspielen. So lernen wir dieses Leben, so wie es um uns herum ist, in bezug auf den Menschen und die Naturereignisse erst kennen, wenn wir das, was unsichtbar ist, aber sich offenbart im Sichtbaren, wenn wir dieses andern Welten Angehörige ansehen, um es beurteilen zu können da, wo es in unsere physische Welt hineinspielt. Normale und abnorme Erscheinungen des gewöhnlichen physischen Lebens werden uns erst klar, wenn wir das geistige Leben, das hinter dem physischen ist, kennenlernen, dieses geistige Leben, das viel reicher und umfänglicher ist als das physische Leben, das nur einen kleinen Ausschnitt davon bildet.

Der Mensch steht – und muß stehen für alle unsere Betrachtungen – im Mittelpunkte. Den Menschen verstehen, heißt eigentlich, einen großen Teil der Welt überhaupt verstehen. Aber er ist schwierig zu verstehen, und wir werden ein kleines Stück Menschenverständnis uns aneignen, wenn wir heute von einigen Tatsachen – denn die Zahl der Tatsachen ist eine ungeheure –, nur von einigen wenigen Tatsachen der sogenannten astralischen Welt sprechen. Der Mensch hat, wie Sie wissen, einen Seeleninhalt, der sehr mannigfaltig ist. Wir wollen uns heute einmal einen Teil dieses Seeleninhaltes vergegenwärtigen. Gewisse Eigenschaften der Seele wollen wir vor unsere Anschauung hinstellen.

Wir leben in unserem Seelenleben in den mannigfaltigsten Gefühlen und Empfindungen, in Gedanken und Vorstellungen, in Ideen und Willensimpulsen. Das alles läuft ab in unserem Seelenleben vom Morgen bis zum Abend. Wenn wir den Menschen oberflächlich betrachten, so erscheint uns ja dieses Seelenleben mit Recht als etwas in sich Geschlossenes, wie etwas in sich Zusammengehöriges. Betrachten Sie, wie Ihr Leben verfließt, wenn Sie des Morgens den ersten Gedanken hegen, wenn die erste Empfindung durch Ihre Seele zuckt, der erste Willensimpuls von Ihnen ausgeht; und betrachten Sie, wie bis zum Abend, wo das Bewußtsein in Schlaf versinkt, Vorstellung an Vorstellung, Gefühl an Gefühl sich angliedert, Willensimpuls an Willensimpuls. Das alles sieht aus wie ein fortlaufender Strom. Im tieferen Sinne betrachtet, ist das aber kein so fortlaufender Strom, denn durch das, was wir denken, fühlen und empfinden, stehen wir in einer fortwährenden Beziehung – die allerdings den meisten Menschen ganz unbewußt bleibt – zu den höheren Welten. Betrachten wir nun heute die Beziehung, in der wir stehen, in bezug auf die astralische Welt.

Wenn wir irgendein Gefühl haben, wenn Freude oder Schreck durch unsere Seele zuckt, so ist das zunächst ein Ereignis in unserer Seele. Aber nicht bloß das. Wenn ein Mensch das hellseherisch prüfen kann, so kann er bemerken, daß in dem Augenblicke des Schrecks oder der Freude von ihm etwas ausgeht wie eine leuchtende Strömung, die hineingeht in die astralische Welt. Aber sie geht nicht sinn- und richtungslos hinein, sondern nimmt ihren Weg zu einer Wesenheit der astralischen Welt, so daß dadurch, daß in uns eine Empfindung aufglänzt, wir in eine Verbindung kommen mit einem Wesen der astralischen Welt. Nehmen wir an, irgendein Gedanke greift Platz in unserer Seele, sagen wir, wir denken nach über die Natur eines Tisches. Indem der Gedanke unsere Seele durchzittert, kann der Hellseher wiederum nachweisen, wie von diesem Gedanken eine Strömung ausgeht hin zu einem Wesen der astralischen Welt. Und so ist es für jeden Gedanken, jede Vorstellung, jede Empfindung. Von dem ganzen Strom des Lebens, der abfließt von der Seele, gehen fortwährend Strömungen nach den verschiedensten Wesen der astralischen Welt. Es wäre eine ganz irrtümliche Vorstellung, zu glauben, daß diese Strömungen, die da ausgehen, etwa alle zu *einem* Wesen der astralischen Welt gingen. Das ist nicht der Fall. Sondern von all diesen einzelnen Gedanken, einzelnen Empfindungen und Gefühlen gehen die verschiedensten Strömungen aus, und sie gehen zu den verschiedensten Wesen der astralischen Welt. Das ist das Eigenartige dieser Tatsache, daß wir als einzelne Menschen nicht nur mit *einem* solchen Wesen in Verbindung stehen, sondern daß wir die verschiedensten Fäden spinnen zu den verschiedensten Wesen der astralischen Welt. Die astralische Welt ist von einer großen Anzahl von Wesenheiten bevölkert, ebenso wie die physische Welt, und diese Wesen stehen mit uns in der mannigfaltigsten Weise in Verbindung.

Wenn wir aber das ganz Komplizierte dieser Sache einsehen wollen, müssen wir noch etwas anderes in Erwägung ziehen. Nehmen wir an, zwei Menschen sehen einen Blitzstrahl und haben dem gegenüber eine ganz ähnliche Empfindung. Dann geht von jedem der beiden Menschen eine Strömung aus; aber beide Strömungen gehen jetzt zu ein und demselben Wesen der astralischen Welt. So daß wir sagen können: es gibt ein Wesen, einen Bewohner der astralischen Welt, mit dem setzen sich die beiden Wesen der physischen Welt in Verbindung. Es kann sein, daß nicht nur ein Wesen, sondern fünfzig, hundert oder tausend Menschen, die eine ähnliche Empfindung haben, Strömungen aussenden zu einem einzigen Wesen der astralischen Welt. Indem diese tausend Menschen nur in dem einen Punkte übereinstimmen, stehen sie in Verbindung mit dem gleichen Wesen der astralischen Welt. Aber denken Sie, was diese Menschen, die in dem einen Falle eine gleiche Empfindung haben, sonst an verschiedenen Empfindungen, Gefühlen und Gedanken in sich tragen! Dadurch stehen sie mit anderen Wesenheiten der astralischen Welt in Verbindung; dadurch gehen die verschiedensten Verbindungsstränge von der astralischen Welt hinein in die physische Welt.

Nun gibt es die Möglichkeit, gewisse Klassen von Wesenheiten in der astralischen Welt zu unterscheiden. Wir gewinnen am leichtesten eine Vorstellung von diesen Klassen, wenn wir ein Beispiel ins Auge fassen. Nehmen Sie eine große Anzahl von Menschen der europäischen Welt, und nehmen wir einmal von den Seeleninhalten dieser Menschen den Begriff, die Idee des Rechtes. Sonst mögen die Menschen die mannigfaltigsten Erlebnisse haben und dadurch mit den verschiedensten Wesen der astralischen Welt in der verwickeltsten Weise in Verbindung stehen. Dadurch aber, daß diese Menschen über den Begriff des Rechtes in gleicher Art denken, in der gleichen Weise diesen Begriff sich angeeignet haben, stehen sie alle mit einem Wesen der astralischen Welt in Verbindung, und dieses Wesen der astralischen Welt können wir geradezu wie ein Zentrum, wie einen Mittelpunkt ansehen, von welchem nach all den Menschen, die da in Betracht kommen, Strahlen ausgehen. Und sooft diese Menschen sich vergegenwärtigen den Begriff des Rechtes, sooft stehen sie in Verbindung mit diesem einzigen Wesen. Genau so, wie die Menschen Fleisch und Blut haben und sich daraus zusammensetzen, so besteht dieses Wesen in dem Begriff des Rechtes; es lebt darinnen. Ebenso gibt es eine astralische Wesenheit für den Begriff des Mutes, des Wohlwollens, der Tapferkeit, der Rache und so weiter. Also für das, was im Menschen Eigenschaften sind, Seeleninhalte, gibt es Wesenheiten in der astralischen Welt. Dadurch ist über eine größere Anzahl von Menschen etwas ausgebreitet wie ein astralisches Netz. Wir alle, die wir gleiche Rechtsbegriffe haben, sind eingebettet in einen Körper einer astralischen Wesenheit, die wir geradezu nennen können das Rechtswesen. Wir alle, die wir die gleichen Begriffe haben von Mut, Tapferkeit und so weiter, stehen mit einem und demselben astralischen Wesen in Verbindung, das als seine Substantialität Recht, Mut oder Tapferkeit hat. Dadurch ist aber auch jeder einzelne von uns eine Art Konglomerat von Strömungen, denn wir können jeden Menschen so ansehen, wie wenn von allen Seiten die astralischen Wesen Strömungen in seinen Körper hineinsenden. Wir alle sind ein Zusammenfluß von Strömungen, die aus der astralischen Welt herauskommen.

Nun werden wir im Verlaufe der Wintervorträge immer mehr und mehr darauf hinweisen können, wie der Mensch, der im Grunde genommen auf diese Art ein Zusammenfluß ist von solchen Strömungen, diese Strömungen in sich selber, um seinen Ich-Mittelpunkt konzentriert. Denn das ist das Wichtigste für des Menschen Seelenleben, daß er alle diese Strömungen zusammenfaßt um einen Mittelpunkt, der in seinem Selbstbewußtsein liegt. Dieses Selbstbewußtsein ist deshalb etwas so Wichtiges im Menschen, weil es wie ein Beherrscher sein muß in der inneren menschlichen Wesenheit, der die verschiedenen Strömungen, die von allen Seiten in uns einfließen, zusammenfaßt und in sich verbindet. Denn in dem Augenblicke, wo das Selbstbewußtsein nachlassen würde, könnte es eintreten, daß der Mensch sich nicht mehr als eine Einheit fühlte; es könnte eintreten, daß alle die verschiedenen Begriffe des Mutes, der Tapferkeit und so weiter, auseinanderfallen würden. Der Mensch würde dann kein Bewußtsein mehr davon haben, daß er eine Einheit ist, sondern er würde sich fühlen, als ob er aufgeteilt wäre in alle die verschiedenen Strömungen. Es gibt eine Möglichkeit – und da zeigt sich uns, wie wir durch Kenntnis des wahren Sachverhaltes auch wirklich in das Verständnis der geistigen Welt eindringen können –, daß der Mensch sozusagen die dirigierende Herrschaft verlieren kann über das, was da in ihn hineinströmt. Denken Sie sich, Sie haben als einzelner Mensch ein gewisses Leben hinter sich, Sie haben mancherlei erlebt, haben von Jugend auf eine Anzahl Ideale gehabt, die sich nach und nach in Ihnen entwickelt haben. Ein jedes solches Ideal kann von dem andern verschieden sein. Sie haben das Ideal des Mutes, der Tapferkeit, des Wohlwollens gehabt und so weiter. Dadurch sind Sie in die Strömungen der verschiedensten astralischen Wesen hineingekommen. Es kann auch auf eine andere Weise der Mensch in eine solche verschiedene Aufeinanderfolge von Strömungen der astralischen Wesen hineinkommen. Nehmen wir an, der Mensch habe im Verlaufe seines Lebens eine Anzahl Freundschaften gehabt. Ganz bestimmte Gefühle und Empfindungen haben sich unter dem Einfluß dieser Freundschaften, ganz besonders in der Jugend, entwickelt. Dadurch gingen Strömungen zu einem ganz bestimmten Wesen der astralischen Welt. Dann trat eine neue Freundschaft in das Leben des Menschen ein; dadurch wurde er wieder mit einem andern Wesen der astralischen Welt verbunden, und so das ganze Leben hindurch. Nun nehmen wir an, durch eine Erkrankung der Seele träte das ein, daß das Ich die Herrschaft über die verschiedenen Strömungen verlöre, daß es sie nicht mehr gruppieren könnte. Da würde der Mensch dahin kommen, daß er sich nicht mehr als ein Ich fühlte, als geschlossene Wesenheit, als eine Einheit in seinem Selbstbewußtsein. Wenn er sein Ich durch einen Krankheitsprozeß der Seele verlieren würde, so würde er diese Strömungen so empfinden, als wenn er nicht sich wahrnehmen würde, sondern diese einzelnen Strömungen, als wenn er in sie ausflösse. Bestimmte Irrsinnsfälle sind nur darauf zurückzuführen. Ein besonders tragischer Irrsinnsfall wird Ihnen erklärlich werden, wenn wir ihn von diesem Gesichtspunkt aus, von der astralischen Welt aus betrachten: *Friedrich Nietzsche*.

Viele von Ihnen werden wohl davon gehört haben: Im Winter 1888 auf 1889 brach bei Friedrich Nietzsche der Wahnsinn aus. Es ist interessant für den Leser seiner letzten Briefe zu beobachten, wie Friedrich Nietzsche sich aufteilte, in verschiedene Strömungen zerteilte in dem Augenblick, wo er sein Ich verlor. Da schreibt er an diesen oder jenen Freund oder an sich selber auch: «Da lebt ein Gott in Turin, der einmal ein Professor der Philosophie in Basel gewesen ist; aber er war nicht egoistisch genug, das geblieben zu sein.» Also er hatte sein Ich verloren, und das kleidete er in solche Worte. «Und es schreitet der Gott Dionysos am Po.» Und er schaut herab auf alle seine Ideale und Freundschaften, die unter ihm hinwandeln. Er kommt sich vor bald als der König Carlo Alberto, bald als ein anderer, bald sogar als einer der Verbrecher, von denen er in den letzten Tagen seines Lebens damals gelesen hatte. Zu dieser Zeit gab es zwei aufsehenerregende Fälle von Morden, und in den Augenblicken seiner Krankheit identifizierte er sich mit den betreffenden Frauenmördern. Da empfand er nicht sein Ich, sondern eine Strömung, die in die astralische Welt hineinging. So tritt in abnormen Fällen an die Oberfläche des Lebens, was sonst durch das Zentrum des Selbstbewußtseins zusammengehalten wird.

Es wird immer mehr und mehr für die Menschen nötig sein, zu wissen, was auf dem Grunde der Seele ist. Denn der Mensch wäre ein unendlich armes Wesen, wenn er nicht imstande wäre, viele solcher Strömungen zu bilden in die astralische Welt hinein; und er wäre doch auch ein sehr begrenztes Wesen, wenn er nicht durch die spirituelle Vertiefung seines Lebens die Möglichkeit gewinnen könnte, allmählich Herr zu werden über alle diese Strömungen. So daß wir uns wirklich sagen müssen: Wir sind nicht innerhalb unserer Haut begrenzt, sondern wir ragen überall hinein in die andern Welten, und andere Wesen ragen in unsere Welt herein. Ein ganzes Netz von Wesenheiten ist ausgesponnen über die astralische Welt.

Nun wollen wir gerade einige dieser Wesenheiten ein wenig genauer betrachten, die in dieser Art mit uns in Beziehung stehen. Das sind Wesen, die sich uns vergleichsweise etwa so darstellen: Die astralische Welt umgibt uns. Denken wir uns hier eine solche Wesenheit, meinetwillen die, welche mit dem Begriff und der Empfindung des Mutes etwas zu tun hat. Sie erstreckt ihre Fangarme nach allen Seiten, und diese Fangarme gehen in die menschlichen Seelen hinein; und indem die Menschen Mut entwickeln, ist eine Verbindung zwischen diesem Wesen des Mutes und der menschlichen Seele hergestellt. Andere Menschen sind anders. Alle zum Beispiel, welche eine bestimmte Form des Angst- oder des Liebesgefühls entwickeln, stehen ja mit einem Wesen der astralischen Welt in Verbindung. Wenn wir uns auf diese Wesen einlassen, kommen wir zu dem, was wir nennen können die Verfassung, das soziale Leben in der astralischen Welt. Die Menschen, wie sie hier auf dem physischen Plan leben, sind nicht bloß einzelne Wesen; auch auf dem physischen Plan stehen wir in hundertfältigen und tausendfältigen Verbindungen. Wir stehen in Rechtsverbindung, in Freundschaften zueinander und so weiter. Es regeln sich unsere Verbindungen auf dem physischen Plan nach unseren Ideen, Begriffen, Vorstellungen und so weiter. In einer gewissen Weise müssen sich auch die sozialen Verbindungen derjenigen Wesen auf dem Astralplan, die wir jetzt eben vor unsere Seele hingestellt haben, in irgendeiner Art regeln. Wie leben denn diese Wesen miteinander? Diese Wesen haben keinen so dichten physischen Körper aus Fleisch und Blut wie wir Menschen; sie haben astralische Körper, sind höchstens ätherischer Substanz. Sie strecken ihre Fühlhörner aus in unsere Welt hinein. Aber wie leben sie nun zusammen? Wenn diese Wesen nicht zusammenwirken würden, wäre auch unser menschliches Leben ein ganz anderes. Im Grunde genommen ist ja unsere physische Welt nur der äußere Ausdruck dessen, was auf dem astralischen Plan geschieht. Wenn also ein Wesen in der Astralwelt ist, welches das Rechtswesen ist und zu dem alle Gedanken hingehen, die sich auf Recht beziehen, und ein anderes Wesen, zu dem alle Gedanken hingehen, die sich auf Schenken beziehen, und dann in unserer Seele der Gedanke entsteht: Schenken ist Recht – dann geht eine Strömung von beiden Wesen aus und in unsere Seele hinein. Wir stehen mit beiden in Verbindung. Wie vertragen sich nun diese Wesen untereinander?

Man könnte leicht versucht sein, zu glauben, daß das soziale Leben auf dem astralen Plan ähnlich sei dem Leben auf dem physischen Plan. Aber es unterscheidet sich das Zusammenleben auf dem astralischen Plan ganz wesentlich von dem Zusammenwirken auf dem physischen Plan. Die Menschen, welche die einzelnen Plane nur so übereinander gruppieren und die höheren Welten so charakterisieren, als wenn es dort ganz ähnlich zuginge wie in der physischen Welt, beschreiben die höheren Welten nicht richtig. Es ist ein gewaltiger Unterschied zwischen der physischen Welt und den höheren Welten, und dieser Unterschied wird immer größer, je höher wir hinaufkommen. Es ist vor allen Dingen in der astralischen Welt eine bestimmte Eigentümlichkeit vorhanden, die gar nicht auf dem physischen Plan zu finden ist. Das ist die Durchlässigkeit, die Durchdringlichkeit der Materie des astralischen Plans. Es ist in der physischen Welt unmöglich, daß Sie sich hinstellen auf denselben Platz, wo schon ein anderer steht; es ist die Undurchdringlichkeit ein Gesetz der physischen Welt. In der astralischen Welt ist es nicht so, da besteht das Gesetz der Durchlässigkeit. Und durchaus möglich ist es, es ist sogar die Regel, daß sich die Wesen durchdringen und in den Raum, wo schon ein Wesen ist, ein anderes hineindringt. Es können zwei, vier, hundert Wesen an einem und demselben Ort der astralischen Welt sein. Das hat aber nun etwas anderes zur Folge, nämlich, daß auf dem astralen Plan die Logik des Zusammenlebens eine ganz andere ist als auf dem physischen Plan. Sie werden am besten begreifen, wie die Logik des Astralplans ganz verschieden ist von der Logik des physischen Plans – nicht etwa die Logik des Denkens, sondern die Logik der Tat, des Zusammenlebens –, wenn Sie das folgende Beispiel nehmen.

Denken Sie sich einmal, eine Stadt hätte beschlossen, eine Kirche zu bauen auf einem bestimmten Platz. Dann muß notwendigerweise der weise Rat dieser Stadt erstens sich beraten, wie diese Kirche zu bauen ist, was für Anstalten dafür zu treffen sind und so weiter. Nehmen wir nun an, es bildeten sich in der Stadt zwei Parteien. Die eine Partei will auf diesem einen Platze eine Kirche bauen in einer bestimmten Gestalt, mit einem gewissen Baumeister und so weiter, die andere Partei will eine andere Kirche bauen mit einem andern Baumeister. Da werden auf dem physischen Plan die beiden Parteien ihre Absicht nicht ausführen können. Also es ist notwendig, bevor man überhaupt an etwas geht, daß eine Partei siegt, daß eine Partei die Oberhand gewinnt und daß es ausgemacht ist, welche Gestalt die Kirche haben soll. Sie wissen ja, daß tatsächlich der weitaus größte Teil des menschlichen sozialen Lebens abfließt in solchen Beratungen und solchen gegenseitigen Verhandlungen, bevor man irgend etwas ausführt; daß man sich einigt über das, was eigentlich zu geschehen hat. Es würde ja nichts geschehen, wenn nicht in den meisten Fällen doch irgendeine Partei die Oberhand gewänne und in der Majorität bliebe. Aber die Partei, die in der Minorität bleibt, wird nicht ohne weiteres sagen: Ich habe unrecht gehabt –, sondern wird weiter glauben, sie habe recht gehabt. Es handelt sich in der physischen Welt um die Diskussion über die Vorstellungen, die rein innerhalb der physischen Welt entschieden werden müssen, weil es unmöglich ist, daß man an einem und demselben Ort zwei Pläne ausführen kann.

Ganz anders ist es in der astralischen Welt. Da wäre es durchaus möglich, daß an einem und demselben Orte, sagen wir, zwei Kirchen gebaut würden. Solches geschieht tatsächlich in der astralischen Welt fortwährend, und es ist das einzig Richtige in der astralischen Welt. Dort streitet man sich nicht so wie in der physischen Welt. Man hält dort nicht solche Versammlungen ab und sucht eine Majorität für dieses oder jenes herauszubringen; es ist das dort auch gar nicht einmal nötig. Wenn sich hier der Rat einer Stadt zusammensetzt und von fünfundvierzig Menschen vierzig eine Meinung haben

19

und die andern eine andere, da mögen sich die beiden Parteien, wie sie so dasitzen, in Gedanken morden wollen wegen ihrer verschiedenen Meinung, so ist es doch nicht so schlimm, weil sich äußerlich die Dinge gleich stoßen. Es sucht nicht gleich jede Partei ohne Rücksicht auf die andere ihre Kirche dahin zu bauen, weil auf dem physischen Plan der Gedanke Seelengut bleiben kann; er kann da drinnen bleiben. Auf dem astralischen Plan ist es nicht so einfach. Da ist es so: Wenn der Gedanke gefaßt ist, steht er in einer gewissen Beziehung auch schon da. So daß also, wenn eine solche astralische Wesenheit wie die, von denen ich eben gesprochen habe, einen Gedanken hat, diese Wesenheit gleich die entsprechenden Fühlfäden ausstreckt, welche die Form dieses Gedankens haben, und ein anderes Wesen streckt von sich die Fühlfäden aus; beides durchdringt sich nun gegenseitig und ist im selben Raum als neugebildete Wesenheit drinnen.

So durchdringen sich fortwährend die verschiedensten Meinungen, Gedanken und Empfindungen. Das Allerentgegengesetzteste kann sich durchdringen in der astralischen Welt. Und wir müssen sagen: Wenn in der physischen Welt über die Punkte, die wir besprochen haben, Widerspruch herrscht, in der astralischen Welt herrscht sogleich Widerstreit. Denn als Wesen der astralischen Welt kann man nicht die Gedanken in sich zurückhalten, die Gedanken werden sogleich Tat, die Gegenstände sind gleich da. Nun werden dort zwar nicht solche Kirchen gebaut, wie wir sie auf dem physischen Plan haben; aber nehmen wir einmal an, ein Wesen der astralischen Welt wollte etwas realisieren, und ein anderes Wesen wollte das durchkreuzen. Diskutieren kann man da nicht, sondern da gilt der Grundsatz: eine Sache muß sich bewähren! Wenn nun die beiden Fühlhörner wirklich in demselben Raume sind, dann fangen sie an, sich zu bekämpfen, und dann wird die Idee, welche die fruchtbarere ist, die also recht hat – das ist die, die bestehen kann –, die andere vernichten und wird sich geltend machen. So daß wir da fortwährend den Widerstreit haben der verschiedensten Meinungen, Gedanken und Empfindungen. Auf dem astralischen Plan muß eine jede Meinung zur Tat werden. Da streitet man sich nicht, da läßt man die Meinungen kämpfen, und diejenige, welche die fruchtbarere ist, schlägt die andere aus dem Felde. Es ist sozusagen die astralische Welt die viel gefährlichere, und manches von dem, was über die Gefährlichkeit der astralischen Welt gesagt wird, hängt mit dem zusammen, was eben ausgesprochen worden ist. Also dort wird alles zur Tat. Und die Meinungen, die da sind, müssen miteinander kämpfen, nicht diskutieren.

Jetzt werde ich eine Sache berühren, die zwar für die heutige materialistische Zeit schockierend ist, die aber doch wahr ist. Wir haben oft betont, daß unsere Zeit sich ja heute immer mehr einlebt in das bloße Bewußtsein der physischen Welt, also auch in die Charaktereigenschaften und Charaktereigentümlichkeiten der physischen Welt; wo also, wenn die Diskussion angeschlagen wird, jeder den andern, der nicht seiner Meinung ist, vernichten möchte oder ihn für einen Toren hält. So ist es in der astralischen Welt nicht. Da wird ein Wesen sagen: Ich kümmere mich nicht um andere Meinungen! – Da herrscht absoluteste Toleranz. Ist eine Meinung die fruchtbarere, so wird sie die andern aus dem Felde schlagen. Man läßt die andern Meinungen ebenso bestehen wie die eigene, weil sich die Dinge schon zurecht richten müssen durch den Kampf. Wer sich nach und nach in die spirituelle Welt einlebt, muß sich nach den Gewohnheiten der spirituellen Welt richten lernen; und der erste Teil der spirituellen Welt ist einmal die astralische Welt, wo solche Usancen herrschen, wie sie eben charakterisiert wurden, so daß in einem Menschen, der sich einlebt in die geistige Welt, in einer gewissen Beziehung auch die Gewohnheiten der Wesen der geistigen Welt Platz greifen müssen. Und das ist auch richtig. Immer mehr soll unsere physische Welt ein Abbild der geistigen Welt werden, und wir werden dadurch in unsere Welt immer mehr Harmonie bringen, daß wir uns eines vornehmen: das Leben in der physischen Welt soll sich abspielen wie das Leben in der astralischen Welt. Wir können zwar nicht an einem Orte zwei Kirchen bauen, aber wo die Meinungen verschieden sind, läßt man sie sich gegenseitig in bezug auf ihre Fruchtbarkeit in der Welt durchdringen. Die Meinungen, welche die fruchtbarsten sind, werden schon den Sieg davontragen, wie das auch in der astralischen Welt ist.

So können innerhalb einer spirituellen Weltenströmung die Charaktereigentümlichkeiten der astralischen Welt geradezu hineinreichen in die physische Welt. Das wird ein großes Feld der Erziehung sein, welches die geisteswissenschaftliche Bewegung zu bebauen haben wird: immer mehr auf dem physischen Plan ein Abbild zu schaffen der astralischen Welt. So sehr es den Menschen schockiert, der nur den physischen Plan kennt und sich danach nur vorstellen kann, daß nur eine Meinung vertreten werden könne und daß alle, die andere Meinungen haben, Dummköpfe sein müssen, so wird es doch immer mehr und mehr selbstverständlich sein für die Angehörigen einer spirituellen Weltanschauung, daß eine absolute innerliche Toleranz der Meinungen herrscht, eine Toleranz, die sich nicht darstellt wie die Konsequenz einer Predigt, sondern wie etwas, was in unserer Seele Platz greifen wird, weil wir uns immer mehr und mehr naturgemäß die Usancen der höheren Welten aneignen.

Was jetzt geschildert worden ist, diese Durchdringlichkeit, ist eine sehr wichtige und wesentliche Eigentümlichkeit der astralischen Welt. Kein Wesen der astralischen Welt wird einen solchen Wahrheitsbegriff entwickeln, wie wir ihn auf der physischen Welt kennen. Die Wesen der astralischen Welt finden das, was im Physischen Diskussion und so weiter ist, ganz unfruchtbar. Für sie gilt auch der Ausspruch Goethes: «Was fruchtbar ist, allein ist wahr!» Die Wahrheit muß man nicht durch theoretische Erwägungen kennenlernen, sondern durch ihre Fruchtbarkeit, durch die Art, wie sie sich geltend machen kann. Es wird also ein Wesen der astralischen Welt mit einem andern Wesen niemals streiten, wie die Menschen es tun, sondern ein solches Wesen wird zu dem andern sagen: Schön, tu du das Deine, ich tue das Meine. Es wird sich schon herausstellen, welches die fruchtbarere Idee ist, welche Idee die andern aus dem Felde schlagen wird.

Wenn wir uns in eine solche Denkweise hineinversetzen, haben wir auch schon an praktischem Wissen etwas gewonnen. Man darf nicht glauben, daß die Entwickelung des Menschen in die geistige Welt hinein sich in tumultuarischer Weise vollzieht, denn sie geschieht innerlich, in intimer Weise. Und können wir darauf achtgeben und uns so etwas aneignen, was jetzt als Eigentümlichkeit der astralischen

Welt charakterisiert wurde, dann werden wir immer mehr dahin kommen, solche Gefühle, wie die astralen Wesen sie haben, als Mustergefühle für unsere eigenen zu betrachten. Wenn wir uns nach dem Charakter der astralischen Welt richten, können wir hoffen, uns hinaufzuleben zu den geistigen Wesenheiten, deren Leben uns auf diese Weise immer mehr und mehr aufgeht. Das ist es, was sich dabei als das Fruchtbare für die Menschen erweist.

Es soll das heute Besprochene in vieler Beziehung wie eine Art von Vorbereitung sein für das, was wir in den nächsten Vorträgen behandeln werden. Wenn wir über Wesen der astralischen Welt und ihre Charaktereigentümlichkeit jetzt gesprochen haben, so müssen wir doch schon heute darauf aufmerksam machen, daß diese astralische Welt sich doch in einer viel schärferen Weise unterscheidet von den höheren Welten, sagen wir von der devachanischen Welt, als man leicht zu glauben geneigt sein könnte. Es ist ja wahr, die astralische Welt ist da, wo unsere physische Welt auch ist. Sie durchdringt unsere physische Welt, und alles, wovon wir schon manchmal gesprochen haben, ist immer um uns herum in demselben Raum, wo auch die physischen Tatsachen und die physischen Wesenheiten sind. Da ist aber auch die devachanische Welt. Sie unterscheidet sich dadurch, daß wir in einem andern Bewußtseinszustand die devachanische Welt erleben als die astrale.

Nun könnten Sie leicht glauben: Hier ist die physische Welt, sie wird durchdrungen von der astralischen Welt, der devachanischen und so weiter. – Das ist nicht so ganz einfach. Wenn wir die höheren Welten genauer, als wir das früher getan haben, beschreiben wollen, so müssen wir uns klar werden, daß doch noch ein anderer Unterschied besteht zwischen der astralischen Welt und der devachanischen Welt. Unsere astralische Welt nämlich, wie wir in ihr leben und wie sie unseren physischen Raum durchdringt, ist in einer gewissen Beziehung eine Doppelwelt, während die devachanische Welt in einer gewissen Weise eine einfache ist. Das ist etwas, was wir als eine Vorbereitung heute schon erwähnen wollen. Es gibt gewissermaßen zwei astrale Welten, und die beiden unterscheiden sich in der Weise, daß die eine sozusagen die astralische Welt des Guten, die andere die astralische Welt des Bösen ist, während es bei der devachanischen Welt noch unrichtig wäre, diesen Unterschied in so schroffer Weise hinzustellen. Wir müssen also sagen, wenn wir die Welten von oben nach unten betrachten: zuerst das höhere Devachan, dann die niedere devachanische Welt, dann die astralische Welt, und dann die physische Welt. Dann betrachten wir noch nicht die Gesamtheit unserer Welten, sondern wir müssen noch tiefere Welten betrachten als die physische. Es gibt noch eine unter unserer physischen Welt liegende untere astralische Welt. Diejenige, die die gute ist, liegt über dem physischen Plan, diejenige, die die böse ist, darunter, und auch diese durchdringt die physische Welt praktisch. Nun gehen die verschiedensten Strömungen hinüber zu den Wesen der astralischen Welt. Dabei müssen wir unterscheiden, daß Strömungen von guten und schlechten Eigenschaften von den Menschen ausgehen zu den astralen Wesenheiten. Die, welche gute Strömungen sind, gehen auch zu einer guten Wesenheit hin, und die schlechten Strömungen gehen zu einem entsprechenden schlechten Wesen der astralischen Welt hin. Und wenn wir die Summe aller guten und bösen Wesen der astralischen Welt nehmen, haben wir in einer gewissen Weise zwei astralische Welten. Wenn wir die devachanische Welt betrachten, werden wir sehen, daß das bei ihr in einem gleichen Maße nicht der Fall ist. Es stecken also in der astralischen Welt zwei Welten drinnen, die sich gegenseitig durchdringen und die in gleicher Weise zum Menschen eine Beziehung haben. Diese zwei Welten sind in bezug auf ihre Entstehungsweise vor allen Dingen voneinander zu unterscheiden.

Wenn wir zurückschauen in die Erdenentwickelung, kommen wir zu einer Zeit, wo die Erde mit Sonne und Mond noch zusammenhängend war. In einer späteren Zeit war die Erde selbst Mond und war ein Körper, der außerhalb der Sonne war in der alten Mondenzeit. Damals gab es schon eine astralische Welt, bevor unsere Erde die jetzige Erde geworden ist. Aber diese astralische Welt wäre, wenn sie sich hätte ohne Hindernisse gerade fortentwickeln können, die gute astralische Welt geworden. Dadurch aber, daß sich der Mond getrennt hat von der Erde, ist in die allgemeine astralische Welt eingegliedert worden die böse astralische Welt. Wir sind auf der

Erde in bezug auf die astralische Welt erst so weit, daß wir eine böse astralische Welt eingegliedert bekommen haben. In der Zukunft wird auch der devachanischen Welt eine böse eingegliedert werden. Vorläufig wollen wir uns durchaus vor die Seele halten, daß es nicht eine; sondern im Grunde genommen zwei astralische Welten gibt: eine, in die hineingehen alle die Strömungen, die für den menschlichen Fortschritt und die Fortentwickelung fruchtbar sind, und in die andere astralische Welt, der zugleich auch Kamaloka angehört, gehen alle die Strömungen, welche die menschliche Entwickelung hemmen. In beiden astralischen Welten sind Wesenheiten, von denen wir in mehr abstrakter Art heute kennengelernt haben, wie sie auf uns Einfluß haben, wie sie selbst miteinander leben. Von dieser Bevölkerung der höheren Welten, von ihrer Verfassung, ihrer Konstitution werden wir das nächstemal Genaueres kennenlernen.

ZWEITER VORTRAG

Berlin, 21. Oktober 1908

In diesem Vortrage, der noch zu den Einleitungen unserer eigentlichen «Generalversammlungs-Kampagne» gehören soll, wird namentlich ein Zweck verfolgt werden: zu zeigen, daß Geisteswissenschaft oder vielmehr die ihr zugrunde liegende spirituelle Betrachtungsweise der Welt in vollstem Einklange und vollster Harmonie gerade mit gewissen Ergebnissen der speziellen Wissenschaftlichkeit steht. Es ist für den Anthroposophen, wie es sich insbesondere bei populären und öffentlichen Vorträgen zeigen kann, nicht ganz leicht, volles Verständnis bei einem ganz unvorbereiteten Publikum zu finden. Wenn Geisteswissenschaft zusammenstößt mit einem ganz unvorbereiteten Publikum, muß sich der Anthroposoph dessen ein wenig bewußt sein, daß er ja in bezug auf viele Dinge eine ganz andere Sprache spricht als diejenigen, welche noch gar nichts oder nur ganz oberflächlich und äußerlich von den Erkenntnissen vernommen haben, die der geisteswissenschaftlichen Bewegung zugrunde liegen. Es gehört ein gewisses tieferes Eindringen dazu, um den Einklang, die Harmonie zu finden zwischen dem, was heute in der äußeren Wissenschaft so leicht gebracht werden kann, nämlich zwischen den Erlebnissen der sinnlichen Forschung und dem, was uns gegeben ist durch die Erkenntnis des spirituellen, des höheren, des übersinnlichen Bewußtseins. Man muß sich einleben, um ganz allmählich diese Harmonie wirklich zu überschauen. Dann aber wird man schon sehen, wie ein schöner Einklang besteht zwischen dem, was der Geistesforscher behauptet, und den Behauptungen, das heißt der Aufzählung von Tatsachen, die von der physischen Forschung vorgebracht werden. Man darf deshalb auch nicht gar zu ungerecht sein gegen diejenigen, welche den Anthroposophen nicht verstehen können, weil ihnen ja alle Vorbereitungen dazu fehlen, welche unbedingt erforderlich sind, um die Ergebnisse der Geistesforschung erfassen zu können, und so müssen sie, in den meisten Fällen, schon in den Worten und auch in den Begriffen etwas ganz anderes denken als das, was gemeint ist. Deshalb kann in weitem Umfange ein größeres Verständnis für die Geisteswissenschaft nur dadurch erzielt werden, daß man ganz unverhohlen vom spirituellen Standpunkt aus auch vor einem unvorbereiteten Publikum spricht. Dann wird es unter diesen unvorbereiteten Leuten eine große Anzahl von solchen geben, welche sagen: Das ist ja alles nur Torheit, Phantasterei, nur ausgeklügeltes dummes Zeug, was da vorgebracht wird! – Einige aber wird es immer geben, die durch die innersten Bedürfnisse ihrer Seele zuerst eine Ahnung davon bekommen, daß doch etwas dahintersteckt, und die werden weitergehen und sich nach und nach einleben. Solches geduldiges Einleben ist es, worauf es ankommen muß, und das ist es auch, was wir erzielen können. Daher wird es sehr natürlich sein, daß ein großer Teil von denen, die aus bloßer Neugier zu einem Vortrage über Geisteswissenschaft kommen, nachher leicht in der Welt das Urteil verbreitet: Das ist eine Sekte, die nur ihr besonderes Kauderwelsch verbreitet! – Aber wenn man die Schwierigkeiten kennt, wird man auch die ruhige Geduld haben zu der Selektion, die herausgebildet werden muß. Es werden sich die Persönlichkeiten aus dem Publikum selbst herausfinden und einen Kern bilden, durch den dann die Geisteswissenschaft allmählich einfließen wird in unser ganzes Leben.

An einem besonderen Beispiel soll heute gezeigt werden, wie es für vorbereitete Schüler der Geisteswissenschaft, die sich schon daran gewöhnt haben, in den Vorstellungen zu denken und zu leben, welche die Geist-Erkenntnis erweckt, leicht wird, sich abzufinden mit den scheinbar schwierigsten Mitteilungen, die durch die positive physisch-sinnliche Forschung gemacht werden. So daß sich der Lernende allmählich das Bewußtsein aneignen wird: es gibt durchaus die Möglichkeit für mich, daß ich, je weiter ich fortschreite, einsehe, ein wie gutes Fundament für alle Welterkenntnis die Geistesforschung ist. – Das wird dem Suchenden die Ruhe geben, die er braucht den Stürmen gegenüber, die sich deshalb gegen die Geisteswissenschaft ergießen, weil sie ja für viele eine ganz fremde Sprache spricht. Und wenn wir die Geduld haben, uns in diese Harmonie einzuleben, so werden wir auch immer größere Sicherheit gewinnen. Wenn dann die

Leute sagen: Was ihr uns da erzählt, stimmt ja nicht überein mit den elementarsten Forschungen der Wissenschaft! – dann wird der Anthroposoph antworten: Ich weiß, daß durch das, was die Geisteswissenschaft geben kann, volle Harmonie in bezug auf alle diese Tatsachen geschaffen werden kann, wenn es auch vielleicht im Augenblick keine Möglichkeit gibt, sich da zu verständigen. Als ein besonderes Kapitel, um mehr das Bewußtsein zu stärken, wollen wir das, was jetzt gesagt werden soll, vor unsere Seele hintreten lassen.

Der Schüler der Geisteswissenschaft ist gewohnt, wenn er eine Zeitlang in der spirituellen Weltanschauung lebt, vom physischen Leib, Ätherleib, Astralleib so zu sprechen, daß sie für ihn immer mehr Begriffe werden, die er handhaben kann und die ihn führen und leiten, wenn er ein Weltverständnis der äußeren Dinge sucht. Er muß sich nach und nach daran gewöhnen, in dem, was als physische Leiblichkeit um ihn herum ist, nicht eine gleichartige, sondern eine differenzierte Leiblichkeit zu sehen. Er sieht den Stein an und sagt nicht: der Stein besteht aus diesen und jenen Stoffen, der Menschenleib auch, und deshalb kann ich den Menschenleib ebenso behandeln wie den Stein. Denn schon der Pflanzenleib ist, wenn er auch aus denselben physischen Stoffen besteht wie der Stein, etwas ganz anderes: er hat in sich den Ätherleib, und der physische Leib der Pflanze würde zerfallen, wenn ihn nicht in allen Teilen der Ätherleib durchziehen würde. Daher sagt der Geisteswissenschafter: der physische Leib der Pflanze würde in Verwesung übergehen, wenn nicht während des Lebens der Ätherleib ihn vor dieser Auflösung behütete, gegen diese Auflösung kämpfte. Wenn wir so die Pflanze betrachten, finden wir sie als eine Ineinanderfügung des Prinzips des physischen Leibes und des Ätherleibes.

Nun ist schon öfters betont worden, was das elementarste Prinzip des Ätherleibes ist, nämlich das der Wiederholung. Ein Wesen, das nur unter dem Prinzip des Ätherleibes und des physischen Leibes stände, würde in sich selbst das Prinzip der Wiederholung zum Ausdruck bringen. Das sehen wir an der Pflanze in ausgesprochenstem Maße heraustreten. Wir sehen, wie sich an der Pflanze Blatt für Blatt entwickelt. Das rührt davon her, daß der pflanzliche physische Leib von einem Ätherleib durchzogen ist, und der hat das Prinzip der Wiederholung. Er bildet ein Blatt, dann ein zweites, ein drittes und fügt so in steter Wiederholung Blatt an Blatt. Aber auch wenn das Pflanzenwachstum oben zum Abschluß kommt, herrscht auch da noch die Wiederholung. Sie sehen an der Pflanze oben ebenso sozusagen einen Kranz von Blättern, die den Kelch der Blüte bilden. Diese Kelchblätter haben eine andere Form als die andern Blätter. Aber Sie können auch da noch das Bewußtsein entwickeln, daß das nur eine etwas umgeänderte Form der Wiederholung derselben Blätter ist, die in einer gleichen Wiederholung über den ganzen Stengel sich hinaufentfaltet. So daß wir sagen können: Auch da oben, wo sich die Pflanze zum Abschluß bringt, sind die grünen Kelchblätter eine Art Wiederholung. Und selbst die Blütenblätter sind eine Wiederholung. Freilich haben sie eine andere Farbe. Sie sind zwar im wesentlichen noch Blätter, aber schon stark umgewandelte Blätter. Nun war es *Goethes* große Arbeit auf dem pflanzlichen Gebiet, daß er zeigte, wie nicht nur die Kelchblätter und Blütenblätter umgeänderte Blätter sind, sondern wie man auch Stempel und Staubgefäße nur als eine solche umgewandelte Wiederholung der Blätter anzusehen hat.

Es ist aber nicht nur eine bloße Wiederholung, die uns bei der Pflanze entgegentritt. Wäre nur das bloße elementare Prinzip des Ätherleibes allein tätig, so würde es geschehen, daß von unten bis oben der Ätherleib die Pflanze durchdringt. Da würde sich Blatt an Blatt entwickeln, und das würde kein Ende finden, nirgends würde ein Abschluß eintreten.

Wodurch tritt denn dieser Abschluß in der Blüte ein, so daß die Pflanze ihr Dasein abschließt und neuerdings fruchtbar wird, um eine neue Pflanze hervorzubringen? Dadurch, daß in demselben Maße, in dem die Pflanze nach oben wächst, von oben ihr entgegenkommt, sie äußerlich in sich schließend, der astralische Leib der Pflanze. Die Pflanze hat in sich keinen eigenen astralischen Leib, aber indem sie nach oben wächst, begegnet ihr von oben der pflanzliche Astralleib. Er bringt das zum Abschluß, was der Ätherleib in ewiger Wiederholung tun würde, er bewirkt die Umwandlung der grünen Blätter in Kelchblätter, in Blütenblätter, Staubgefäße und Stempel. Wir können daher sagen: Für den okkulten Blick wächst die Pflanze ihrem seelenhaften Teil, ihrem astralischen Teil entgegen; der bewirkt die Umwandlung. Daß nun die Pflanze eben Pflanze bleibt, daß sie nicht übergeht zur willkürlichen Bewegung oder Empfindung, das rührt davon her, daß dieser astralische Leib, welcher der Pflanze da oben begegnet, nicht innerlich Besitz ergreift von ihren Organen, sondern sie nur äußerlich umfaßt, von oben hineinwirkt. In dem Maße, als der astralische Leib die Organe innen anfaßt, in demselben Maße geht die Pflanze in das Tier über. Das ist der ganze Unterschied.

Nehmen Sie ein Blütenblatt der Pflanze, so können Sie sagen: Auch in dem Blütenblatt der Pflanze wirken zusammen Ätherleib und astralischer Leib, aber der Ätherleib hat sozusagen die Oberhand. Der astralische Leib ist nicht imstande, seine Fühlfäden nach dem Innern zu erstrecken, er wirkt nur von außen ein. – Wenn wir das spirituell ausdrücken wollen, können wir sagen: Was beim Tier innerlich ist, was es als Lust und Leid, Freude und Schmerz, Trieb, Begierde und Instinkt innerlich erlebt, das ist bei der Pflanze nicht innerlich, das senkt sich aber fortwährend von außen auf die Pflanze hernieder. Das ist durchaus etwas Seelenhaftes. Und während das Tier seine Augen nach außen wendet, seine Freude an der Umgebung hat und seine Geschmackswahrnehmung nach außen richtet und sich an einem ihm zukommenden Genuß erquickt, also die Lust im Innern empfindet, kann Ihnen derjenige, der die Dinge wirklich spirituell betrachten kann, sagen, daß diese astralische Wesenheit der Pflanze auch Freude und Schmerz, Lust und Leid hat, aber in der Art, daß sie herunterschaut auf das, was sie bewirkt. Sie freut sich über die rote Rosenfarbe und über alles, was ihr entgegenkommt. Und wenn die Pflanzen Blätter und Blüten bilden, dann durchzieht das und schmeckt das die Pflanzenseele, die da heruntersieht. Da kommt es zu einem Austausch zwischen dem sich heruntersenkenden Pflanzenseelenteil und den Pflanzen selber. Die Pflanzenwelt ist in ihrer Seelenhaftigkeit zur Freude, zuweilen auch zum Leide da. So sehen wir wirklich eine Austauschempfindung zwischen der Pflanzendecke unserer Erde und der die Pflanzen einhüllenden Astralität der Erde, welche die Seelenhaftigkeit der Pflanzen darstellt. Was als Astralität auf die Pflanzen äußerlich wirkt, ergreift die Seelenhaftigkeit des Tieres innerlich und macht es erst zum Tiere. Aber es ist ein wichtiger Unterschied zwischen der wirkenden Seelenhaftigkeit in der Astralität der Pflanzenwelt und in der Astralität des tierischen Lebens.

Wenn Sie hellseherisch prüfen, was als Astralität auf die Pflanzendecke wirkt, dann finden Sie in der Seelenhaftigkeit der Pflanzen eine gewisse Summe von Kräften, und alle diese Kräfte, die in den Pflanzenseelen wirken, haben eine gewisse Eigentümlichkeit. Wenn ich nun von Pflanzenseelenhaftigkeit spreche, von jener Astralität, welche die Erde durchdringt und worinnen sich das Seelenhafte der Pflanzen abspielt, so müssen Sie sich klar sein, daß diese Pflanzenseelen in ihrer Astralität nicht so leben wie zum Beispiel physische Wesen auf unserer Erde. Pflanzenseelen können sich durchdringen, so daß wie in einem flüssigen Element die Pflanzenseelen verrinnen. Aber eines ist ihnen eigentümlich: sie entwickeln nämlich gewisse Kräfte, und alle diese Kräfte haben die Eigenschaft, daß sie dem Mittelpunkt des Planeten zuströmen. Da wirkt in allen Pflanzen eine Kraft, die von oben nach unten geht und die dem Mittelpunkt der Erde zustrebt. Gerade dadurch wird das Pflanzenwachstum in seiner Richtung geregelt. Wenn Sie die Achse der Pflanzen verlängern, treffen Sie den Mittelpunkt der Erde. Das ist die Richtung, die ihnen von der von oben kommenden Seelenhaftigkeit gegeben wird. Untersuchen wir die Pflanzenseelenhaftigkeit, so finden wir also, daß ihre wichtigste Eigentümlichkeit die ist, daß sie durchstrahlt wird von Kräften, die alle dem Mittelpunkt der Erde zustreben.

Anders ist es, wenn wir im allgemeinen jene Astralität im Umkreis unserer Erde betrachten, welche dem Tierischen angehört, die das Tierische hervorruft. Was Pflanzenseelenhaftigkeit ist, würde als solche noch nicht tierisches Leben hervorrufen können. Zum Tierischen ist notwendig, daß noch andere Kräfte das Astralische durchziehen, so daß der okkulte Forscher, wenn er bloß im Astralischen bleibt, unterscheiden kann, ob irgendeine astralische Substantialität zum pflanzlichen Wachstum oder zum tierischen Wachstum Veranlassung geben wird. Das kann man in der astralischen Sphäre unterscheiden. Denn alles, was nur Kräfte zeigt, die dem Mittelpunkt der Erde oder eines andern Planeten zustreben, wird Veranlassung geben zum Pflanzenwachstum. Wenn dagegen Kräfte auftreten, die zwar senkrecht darauf stehen, aber wie fortwährende Kreisbewegungen mit außerordentlicher Beweglichkeit in jeder Richtung um den ganzen Planeten herumgehen, dann ist das eine andere Substantialität, die Veranlassung gibt zum tierischen Leben. In jedem Punkt, wo Sie Beobachtungen anstellen, finden Sie, daß die Erde in jeder Lage und in jeder Richtung und Höhe umzogen wird von Strömungen, die, wenn man ihre Richtung fortsetzt, Kreise bilden, welche die Erde umfließen. Diese Astralität verträgt sich ganz gut mit der Pflanzenastralität. Beide durchdringen einander und sind doch innerlich gesondert. Sie unterscheiden sich aber durch ihre inneren Eigenschaften. Es können also durchaus an einem und demselben Orte der Erdoberfläche beide Arten von Astralität durcheinanderströmen. Da findet der Hellseher, wenn er einen bestimmten Raumesteil prüft, Kräfte, die nur dem Mittelpunkt der Erde zustreben; sie werden durchsetzt von andern Kräften, die nur umkreisende sind, und der Hellseher weiß dann: diese enthalten die Veranlassung zum tierischen Leben.

Es ist schon hie und da von mir betont worden, daß das Astralische ganz andere Gesetze hat, auch andere Raumesgesetze als das Physische. Wenn wir morgen über den vierdimensionalen Raumbegriff einiges vor uns hinstellen können, werden Sie manches von dem, was ich Ihnen jetzt mehr aus okkulten Tatsachen heraus gebe, noch besser begreifen können. Heute wollen wir nur aus den okkulten Tatsachen heraus noch eine Eigentümlichkeit gerade dieser tierischen Astralität vor unsere Seele rücken.

Wenn Sie einen physischen Körper haben, gleichgültig ob Pflanze oder Tier, so müssen Sie ihn betrachten als etwas räumlich Abgeschlossenes, und Sie haben sozusagen kein Recht mehr, dasjenige zu dem betreffenden Leib oder Körper zu rechnen, was von ihm räumlich abgetrennt ist. Sie werden da, wo räumliche Trennung herrscht, sprechen müssen von verschiedenen Körpern. Nur dann, wenn auch ein räumlicher Zusammenhang besteht, können Sie sprechen von einem einzigen Körper. So ist es nicht in der astralischen Welt, besonders nicht in der, welche Veranlassung gibt, daß das Tierreich sich bilden kann. Da können tatsächlich voneinander getrennt lebende astralische Gebilde ein Ganzes ausmachen. Es kann hier irgendein astralisches Gebilde sein in einem Raumesteil, und in einem ganz anderen Raumesteil kann ein anderes astralisches Gebilde sein, das wiederum räumlich für sich abgeschlossen ist. Es kann aber sein, daß trotzdem diese zwei astralischen Gebilde, die nicht durch den geringsten Raumesstrich zusammenhängen, ein einziges Wesen ausmachen. Ja, es können drei, vier, fünf solcher voneinander räumlich getrennter Gebilde zusammenhängen. Und es kann sogar folgendes eintreten: Nehmen Sie an, Sie haben ein solches astralisches Wesen, das gar nicht irgendwie physisch sich verkörpert hat; dann können Sie ein anderes Gebilde finden, das zu diesem gehört. Nun beobachten Sie das eine Gebilde und finden, daß darin etwas vorgeht, das Sie bezeichnen, weil gewisse Stoffe aufgenommen und andere ausgeschieden werden, als Nahrungsaufnahme, als Verzehren von etwas. Und während Sie an dem einen Gebilde dieses wahrnehmen, können Sie bemerken, daß in einem andern, räumlich davon getrennten astralischen Gebilde andere Vorgänge vor sich gehen, welche ganz dem entsprechen, was da in dem einen als Nahrungsaufnahme vor sich geht. Auf der einen Seite frißt das Wesen, auf der andern Seite empfindet es den Geschmack. Und es entspricht, obwohl räumlich kein Zusammenhang da ist, der Vorgang in dem einen Gebilde ganz dem Vorgang in dem andern Gebilde. So können räumlich ganz getrennte astralische Gebilde doch innerlich zusammengehören. Ja, es kommt vor, daß hundert weit voneinander getrennte astralische Gebilde so voneinander abhängig sind, daß kein Vorgang geschehen kann, ohne daß er sich auch in den andern Gebilden in der entsprechenden Weise vollzieht. Wenn dann die Wesen im Physischen ihre Verkörperung finden, dann können Sie noch Nachklänge dieser astralischen Eigentümlichkeit im Physischen entdecken. So werden Sie gehört haben, daß Zwillinge einen merkwürdigen Parallelismus aufweisen. Das kommt davon her, daß sie, während sie in ihren Verkörperungen räumlich getrennt sind, in ihren astralischen Leibern verwandt geblieben sind. Und während in dem astralischen Leib des einen etwas geschieht, kann das gar nicht allein vor sich gehen, sondern es äußert sich auch in dem astralischen Teil des andern. Das Astralische zeigt selbst da, wo es als Pflanzenastralität auftritt, diese Eigentümlichkeit der Abhängigkeit bei räumlich ganz voneinander getrennten Dingen. So werden Sie in bezug auf das Pflanzliche schon von der Eigentümlichkeit gehört haben, daß der Wein in den Fässern einen ganz merkwürdigen Vorgang zeigt, wenn wiederum die Weinzeit kommt. Da macht sich dasjenige, was die Reife der neuen Weintrauben verursacht, wiederum bemerkbar, sogar in den Weinfässern.

Ich wollte nur anführen, daß sich im Offenbaren immer etwas verrät von dem Verborgenen, was mit den Methoden der okkulten Forschung zutage gefördert werden kann. Daraus werden Sie erkennen, daß es durchaus nicht unnatürlich erscheint, daß unser ganzer Organismus sich astralisch zusammengliedert aus voneinander ganz verschiedenen Wesensgliedern.

Es gibt eigentümliche Meerestierbildungen, die Ihnen erklärlich werden, wenn Sie das voraussetzen, was wir jetzt ein wenig über die Geheimnisse der astralischen Welt entwickelt haben. Im Astralischen ist es durchaus nicht so, daß die astralischen Kräfte, welche die Nahrungsaufnahme vermitteln, zusammenhängen müssen mit denen, welche die Bewegung oder die Fortpflanzung regeln. Wenn der hellseherische Forscher den astralischen Raum durchforscht nach solchen Gebilden, die Veranlassung geben zum tierischen Leben, dann findet er etwas sehr Merkwürdiges. Er findet eine gewisse astralische Substantialität, von der er sich sagen muß: wenn sie in einem tierischen Leibe arbeitet, ist sie durch die Kräfte, die in ihr walten, besonders dazu geeignet, das Physische so umzuwandeln, daß es ein Organ der Nahrungsaufnahme wird. Nun können irgendwo ganz andere astralische Wesensglieder sein, wodurch, wenn sie sich hineinsenken in einen Leib, nicht Organe der Nahrungsaufnahme gebildet werden, sondern Organe der Bewegung oder der Wahrnehmung. Sie können sich vorstellen: Wenn Sie auf der einen Seite einen Apparat haben, um die Nahrung aufzunehmen, haben Sie auf der andern Seite einen Apparat, um Hände und Füße zu bewegen. So haben sich aus der astralischen Welt die Kräfte in Sie hineingesenkt, aber diese Kräfte können von ganz verschiedenen Seiten zusammenströmen. Die eine astralische Kraftmasse hat Ihnen das eine, die andere hat Ihnen das andere gegeben, und sie finden sich zusammen in Ihrem physischen Leib, weil Ihr physischer Leib ein räumlich zusammenhängendes Physisches sein muß. Das hängt von den Gesetzen der physischen Welt ab. Die verschiedenen Kraftmassen, die von außen sich zusammenfinden, müssen da ein Einheitliches bilden. Sie bilden nicht gleich von Anfang an ein Einheitliches. Wir können das, was wir jetzt eben als Ergebnis der okkulten Forschung auf astralischem Gebiete eingesehen haben, geradezu noch in seiner Wirkung auf die physische Welt konstatieren.

Da gibt es gewisse Tiere, die Siphonophoren, die sehr merkwürdig leben als Meerestiere. Wir sehen bei ihnen etwas wie einen gemeinschaftlichen Stamm, der eine Art hohler Schlauch ist. Daran bildet sich oben etwas aus, was eigentlich keine andere Fähigkeit hat, als sich mit Luft zu füllen und sich wiederum zu leeren; und dieser Vorgang bewirkt, daß das ganze Gebilde aufrecht steht. Wäre dieses glockenförmige Gebilde nicht da, so würde das Ganze, was daran hängt, sich nicht aufrecht erhalten können. Es ist das also eine Art Gleichgewichtswesen, das dem Ganzen das Gleichgewicht gibt. Das könnte uns vielleicht nicht als etwas Besonderes erscheinen. Aber es ist etwas Besonderes für uns, wenn wir uns klar werden, daß das Gebilde, das da oben ist und dem ganzen Wesen das Gleichgewicht gibt, nicht ohne Nahrung sein kann. Es ist etwas Tierisches, und Tierisches muß sich ernähren. Es hat dazu aber nicht die Möglichkeit, weil es gar keine Werkzeuge zur Nahrungsaufnahme hat. Damit sich nun dieses Gebilde ernähren kann, sind an ganz andern Stellen dieses Schlauches, und zwar verteilt, gewisse Auswüchse vorhanden, die einfach echte Polypen sind. Die würden fortwährend umpurzeln und sich nicht im Gleichgewicht halten können, wenn sie nicht an einem gemeinsamen Stamm angewachsen wären. Sie können aber jetzt von außen die Nahrung in sich aufnehmen. Die geben sie dem ganzen Schlauch, der sie durchzieht, und dadurch wird auch das Luft-Gleichgewichtswesen ernährt. So ist da schon auf der einen Seite ein Wesen, das nur das Gleichgewicht erhalten kann, und auf der andern Seite ein Wesen, welches das Ganze dafür ernähren kann. Jetzt haben wir ein Gebilde, bei dem es aber doch mit der Nahrungsaufnahme sehr hapern kann: wenn die Nahrung aufgenommen ist, ist nichts mehr da. Das Tier muß andere Stellen aufsuchen, wo es neue Nahrung findet. Dazu muß es Bewegungsorgane haben. Auch dafür ist gesorgt; denn es sind noch andere Gebilde an diesem Schlauch angewachsen, die noch etwas anderes können, die nicht das Gleichgewicht halten und nicht ernähren können, die aber dafür in sich gewisse Muskelbildungen haben. Diese Gebilde können sich zusammenziehen, dadurch das Wasser auspressen und damit im Wasser einen Gegenstoß verursachen, so daß, wenn das Wasser ausgestoßen ist, das ganze Gebilde sich nach der entgegengesetzten Seite bewegen muß. Und damit hat es die Möglichkeit, andere Tiere zur Nahrung zu erlangen. Die Medusen bewegen sich durchaus so vorwärts, daß sie Wasser herauspressen und dadurch den Gegenstoß verursachen. Solche Medusen, die sozusagen echte Bewegungsgebilde sind, sind nun auch da angewachsen.

So haben Sie nun hier ein Konglomerat von verschiedenen tierischen Gebilden: eine Art, die nur das Gleichgewicht erhält, eine andere Art, die nur ernährt, dann andere Wesen, die die Bewegung vermitteln. Solch ein Wesen würde aber, wenn es nur für sich wäre, absolut zugrunde gehen, es könnte sich nicht fortpflanzen. Aber auch dafür ist gesorgt. Wiederum wachsen dafür an anderen Stellen des Schlauches kugelartige Gebilde hervor, die gar keine andere Fähigkeit haben als die der Fortpflanzung. In diesen Wesen bilden sich innerlich in einem Hohlraum männliche wie weibliche Befruchtungsstoffe aus, die sich im Innern gegenseitig befruchten; und dadurch werden Wesen ihrer Art hervorgebracht. So ist also auch das Fortpflanzungsgeschäft bei diesen Wesen auf ganz bestimmte Gebilde verteilt, die sonst etwas anderes gar nicht können.

Außerdem finden Sie noch gewisse Auswüchse an diesem Schlauch, an diesem gemeinsamen Stamm: das sind andere Wesen, bei denen alles verkümmert ist. Sie sind nur dazu da, daß das, was darunter liegt, einen gewissen Schutz hat. Da haben sich gewisse Gebilde geopfert, haben alles andere hingegeben und sind nur Deckpolypen geworden. Jetzt sind noch gewisse lange Fäden zu bemerken, die man Tentakel nennt, die wiederum umgewandelte Organe sind. Die haben alle die Fähigkeiten der andern Gebilde nicht, aber wenn das Tier einen Angriff von irgendeinem feindlichen Tier erfährt, wehren sie den Angriff ab. Das sind Verteidigungsorgane. Und noch eine andere Art von Organen ist da, die man Taster nennt. Das sind feine, bewegliche und sehr empfindliche Fühl- und Tastorgane, eine Art Sinnesorgan. Der Tastsinn, der beim Menschen über den ganzen Leib verbreitet ist, ist hier in einem besonderen Glied vorhanden.

Eine solche Siphonophore – so heißt dieses Tier, das Sie im Wasser herumschwimmen sehen –, was ist sie für den, der die Dinge mit dem Blick eines Okkultisten betrachten kann? Da sind die verschiedensten Gebilde astralisch zusammengeströmt: Gebilde der Ernährung, der Bewegung, der Fortpflanzung und so weiter. Und weil sich diese verschiedenen Tugenden der astralischen Substantialität physisch verkörpern wollten, mußten sie sich auffädeln auf eine gemeinsame Substantialität. So sehen Sie hier eine Wesenheit, die auf eine höchst merkwürdige Art uns den Menschen vorherverkündet. Denken Sie sich alle die Organe, die hier als selbständige Wesen auftreten, in einem innerlichen Kontakt miteinander, verwachsen miteinander, so haben Sie den Menschen, und auch die höheren Tiere, in physischer Beziehung. Da sehen Sie, wie handgreiflich durch die Tatsachen der physischen Welt das bestätigt wird, was die hellseherische Forschung Ihnen zeigt, daß auch im Menschen die verschiedensten astralischen Kräfte zusammenströmen, die er dann durch sein Ich zusammenhält, und die, wenn sie nicht mehr zusammenwirken, den Menschen auseinanderstreben lassen als ein Wesen, das sich nicht mehr als eine Einheit fühlt.

Im Evangelium wird davon gesprochen: so und so viele dämonische Wesenheiten, die zusammengeströmt sind, sind in dem Menschen drinnen, um eine Einheit zu bilden. Sie erinnern sich, daß in gewissen abnormen Lebenslagen, in Krankheitsfällen der Seele, der Mensch den inneren Zusammenhang verliert. Es gibt gewisse Irrsinnsfälle, wo der Mensch nicht mehr sein Ich festhalten kann und wo er gewahr wird, daß seine Wesenheit aufgeteilt wird in verschiedene Gebilde; er verwechselt sich mit den ursprünglichen partiellen Gebilden, die da in dem Menschen zusammengeflossen sind.

Es gibt einen gewissen okkulten Grundsatz, der da sagt: Es ist im Grunde alles, was in der geistigen Welt vorhanden ist, so, daß es sich irgendwo in der äußeren Welt schließlich verrät. So sehen Sie das Zusammengefügtsein des menschlichen astralischen Leibes physisch verkörpert in einer solchen Siphonophore. Da guckt zu einem Guckloch die okkulte Welt in die physische hinein. Würde der Mensch mit seiner Verkörperung nicht haben warten können, bis er die genügende physische Dichte erlangen konnte, so würde er – nicht physisch, aber geistig – ein solches Wesen sein, das aus einem solchen Stückwerk zusammengesetzt ist. Die Größe hat dabei gar nichts zu tun. Ein solches Wesen, das in die Gattung der Hohltiere gehört, das Ihnen jede Naturgeschichte heute schön beschreibt und das in einer gewissen Beziehung eine Art Entzücken für den naturwissenschaftlichen Forscher bildet, es wird uns innerlich begreiflich, wenn wir es aus den okkulten Grundlagen der tierischen Astralität verstehen können. Das ist ein solches Beispiel. Da können Sie dem ruhig zuhören, der eine ganz andere Sprache spricht und sagt, die physische Forschung widerspreche dem, was die Anthroposophie verkündet; denn darauf können Sie antworten: Wenn man sich wirklich geduldig Zeit läßt, um die Dinge in Einklang zu bringen, dann wird sich schon die Harmonie herausstellen selbst für die kompliziertesten Dinge. Die Vorstellung, die man gewöhnlich von Entwickelung hat, ist meistens eine sehr einfache. Die Entwickelung hat sich aber durchaus nicht so einfach zugetragen.

Zum Schluß möchte ich eine Art von Problem aufwerfen, das wie eine Aufgabe dastehen soll; und wir werden versuchen, gerade ein solches Problem vom okkulten Standpunkte aus zu lösen. Wir haben an einem verhältnismäßig niederen Tier eine wichtige okkulte Wahrheit äußerlich dokumentiert gesehen. Gehen wir nun zu einer etwas höheren Tiergattung, zum Beispiel zu den Fischen über, die uns noch mehr Rätsel aufgeben können. Nur einzelne Merkmale will ich Ihnen hinstellen.

Immer wieder werden Sie, wenn Sie in den Aquarien Fische beobachten, das wunderbare Leben des Wassers bewundern können. Aber glauben Sie nicht, daß irgendeine okkulte Einsicht diese Betrachtungen stören wird. Wenn Sie mit den Tatsachen der okkulten Forschung da hineinleuchten und sehen, was für andere okkulte Wesen da noch herumwimmeln, um diese Tiere gerade so zu bilden, wie sie sind, so wird das Verständnis Ihre Bewunderung nicht vermindern, sondern nur erhöhen. Aber nehmen wir einen gewöhnlichen Fisch. Er bietet uns schon ganz gewaltige Rätsel dar. Der Durchschnittsfisch hat zunächst, an der Seite verlaufend, merkwürdige Streifen, die auch die Schuppen in einer andern Form zeigen. Sie verlaufen an beiden Seiten wie zwei Längslinien. Wenn Sie dem Tier diese Längslinien abtöteten, dann würde der Fisch wie verrückt. Dann nämlich hätte er die Fähigkeit verloren, um die Druckdifferenzen im Wasser zu finden, zu finden, wo das Wasser mehr trägt und wo weniger, wo es dünner und dichter ist. Der Fisch hätte dann nicht mehr die Fähigkeit, sich nach den Druckdifferenzen im Wasser zu bewegen. Das Wasser ist an verschiedenen Stellen verschieden dicht, es wird also ein verschiedener Druck ausgeübt. Der Fisch bewegt sich oben an der Wasseroberfläche anders als unten. Die verschiedenen Druckverhältnisse und alle die Bewegungen, die dadurch hervorgerufen werden, daß das Wasser in Bewegung ist, das empfindet der Fisch durch diese Längslinien. Aber nun stehen die einzelnen Punkte dieser Längslinien durch feine Organe, die Sie auch in jeder Naturgeschichte beschrieben finden können, in Verbindung mit dem ganz primitiven Gehörorgan der Fische. Und die Art, wie der Fisch so die Bewegungen und das innere Leben des Wassers wahrnimmt, das geschieht auf ganz ähnliche Weise, wie der Mensch den Luftdruck wahrnimmt. Nur üben zunächst die Druckverhältnisse auf die Längslinien ihre Einflüsse aus, und das überträgt sich auf das Gehörorgan. Der Fisch hört das. Die Sache ist aber noch komplizierter. Der Fisch hat eine Schwimmblase. Die dient ihm zunächst dazu, die Druckverhältnisse des Wassers zu benützen und sich gerade in bestimmten Druckverhältnissen zu bewegen. Der Druck, der da auf die Schwimmblase ausgeübt wird, gibt ihm erstens die Kunst des Schwimmens. Aber weil die verschiedenen Bewegungen und Schwingungen die Schwimmblase berühren und sie wie eine Membrane behandeln, wirkt das wiederum zurück auf das Gehörorgan, und mit Hilfe des Gehörorganes orientiert sich der Fisch in allen seinen Bewegungen. Die Schwimmblase ist also in der Tat eine Art Membrane, die da ausgespannt ist und in Schwingungen gerät, welche der Fisch hört. Da wo der Kopf des Fisches nach hinten endet, hat der Fisch die Kiemen, wodurch er die Möglichkeit bekommt, die Luft des Wassers zu benutzen, um atmen zu können.

Wenn Sie in den gewöhnlichen biologischen Theorien über die Entwickelung diese Dinge alle verfolgen, finden Sie eigentlich immer die Entwickelung ziemlich primitiv dargestellt. Man denkt: der Kopf des Fisches entwickelt sich etwas höher, und dann entsteht der Kopf eines höher organisierten Tieres, und es entwickelt sich die Flosse etwas höher, und dann entstehen die Bewegungsorgane der höheren Tiere und so weiter. So einfach ist aber diese Sache nicht, wenn man die Vorgänge mit der geistigen Beobachtung verfolgt. Denn damit ein geistiges Gebilde, das sich zum Fisch verkörpert hat, sich höher entwickeln kann, muß etwas viel Komplizierteres geschehen. Es muß vieles von den Organen umgestülpt und umgeändert werden. Dieselben Kräfte, die in der Schwimmblase des Fisches wirken, bergen in sich, gleichsam wie in einer Muttersubstanz, die Kräfte, die der Mensch in der Lunge hat. Aber sie selbst gehen auch nicht verloren. Kleine Stücke bleiben zurück, nur stülpen sie sich um; materiell vergeht alles, was zu ihnen gehört, und sie bilden dann das Trommelfell des Menschen. In der Tat ist das Trommelfell, als ein sehr weit abstehendes Organ in bezug auf das Räumliche am Menschen, ein Stück jener Membrane; in ihm wirken die Kräfte, die da in der Schwimmblase des Fisches funktioniert haben. Und weiter: Die Kiemen gestalten sich um zu den Gehörknöchelchen, wenigstens zum Teil, so daß Sie in dem menschlichen Gehörorgan zum Beispiel umgeänderte Kiemen haben. Jetzt können Sie sehen, es ist etwa so, wie wenn die Schwimmblase des Fisches umgestülpt worden wäre gerade über die Kiemen. Daher haben Sie beim Menschen das Trommelfell draußen, die Gehörorgane drinnen. Das, was ganz draußen ist beim Fisch, die merkwürdigen Längslinien, durch die der Fisch sich orientiert, bilden beim Menschen die drei halbzirkelförmigen Kanäle, durch die der Mensch sich im Gleichgewicht erhält. Wenn Sie diese drei halbzirkelförmigen Kanäle zerstörten, würde der Mensch taumelig werden und könnte sich nicht mehr im Gleichgewicht halten.

So haben Sie nicht einen einfachen Prozeß aus der Naturgeschichte, sondern Sie haben eine merkwürdige astralische Arbeit, wo geradezu die Dinge fortwährend umgestülpt werden. Denken Sie sich: diese Hand hätten Sie mit einem Handschuh bedeckt, drinnen im Innern hätten Sie aber Gebilde, welche elastisch sind. Wenn Sie ihn jetzt umkehren, ihn umstülpen, wird er ein ganz kleines Gebilde sein; da werden die Organe, die außen waren, klein und winzig werden, und die Organe, die innen waren, werden eine weite Fläche bilden. Erst dadurch verstehen wir die Entwickelung, wenn wir wissen, daß in der geheimnisvollsten Weise innerhalb des Astralischen eine solche Umstülpung stattfindet, und wie von da heraus der Fortgang des Physischen zustande kommt.

DRITTER VORTRAG

Berlin, 23. Oktober 1908

Wir sprechen in bezug auf die äußere physische Welt von einer «Geschichte». Wir blicken zurück an der Hand äußerer Dokumente und Nachrichten in die verflossenen Zeiten der Geschichte der Völker, der Menschheit. Sie wissen ja, daß man auf diesem Wege durch die Erschließung so mancher neuerer Dokumente bis in frühe Jahrtausende vor Christi Geburt zurückblicken kann. Nun haben Sie aus den Vorträgen, die wir auf dem Felde der Geisteswissenschaft gehört haben, entnehmen können, daß wir an der Hand von okkulten Dokumenten noch viel weiter, in unbegrenzte Weiten der Vergangenheit zurücksehen können. Wir erkennen also eine äußere Geschichte der äußeren physischen Welt an. Wir wissen, wenn wir sprechen über die Lebensgewohnheiten, über die Kenntnisse, überhaupt über die Erlebnisse der Völker, welche lebten in den unmittelbar hinter uns liegenden Jahrhunderten, wenn wir über ihre Entdeckungen und Erfindungen sprechen wollen, daß wir anders sprechen müssen, als wenn wir ein oder zwei Jahrtausende zurückgehen und von den Sitten und Gewohnheiten, von den Kenntnissen und Erkenntnissen weit zurückliegender Völker sprechen. Und immer anders wird die Geschichte, wenn wir weiter zurückgehen in der Zeit. Es ziemt sich vielleicht, einmal zu fragen, ob denn das Wort «Geschichte», «historische Entwickelung» nur eine Bedeutung hat für diese äußere physische Welt, ob nur da im Laufe der Zeiten sich die Ereignisse, die Physiognomie des Geschehens ändern, oder ob vielleicht das Wort Geschichte auch eine Bedeutung haben kann für die andere Seite des Daseins, für jene Seite, die wir eben gerade durch die Geisteswissenschaft beschreiben, die der Mensch zu durchleben hat in der Zeit zwischen dem Tode und einer neuen Geburt.

Zunächst, bloß äußerlich angesehen, müssen wir uns ja sagen, daß nach alle dem, was wir wissen, das Leben des Menschen in diesen anderen, für den heutigen Menschen übersinnlichen Welten sogar ein längeres ist als das in der physischen Welt. Hat das Wort «Geschichte» auch für diese Welt, für diese andere Seite des Daseins, eine Bedeutung? Oder sollen wir uns der Anschauung hingeben, daß in den Gefilden, die der Mensch durchlebt in der Zeit zwischen dem Tode und einer neuen Geburt, immer alles gleichbleibt, daß es dasselbe ist, wenn wir zum Beispiel zurückgehen durch das 18., 17. Jahrhundert hindurch bis in das 8., 7., 6. Jahrhundert nach dem Erscheinen des Christus Jesus auf der Erde und noch weiter, in die vorchristlichen Jahrhunderte? Die Menschen, die mit der Geburt das irdische Dasein betreten, treffen ja mit jeder neuen Geburt andere Verhältnisse auf der Erde an. Denken wir uns einmal in die Seele eines Menschen hinein – und es sind ja unsere eigenen Seelen, um die es sich handelt –, der erschienen ist in einer Verkörperung im alten Ägypten oder im alten Persien. Stellen wir uns lebhaft vor, in welche Verhältnisse ein Mensch hineingeboren wurde, der im alten Ägypten gegenüberstand den gigantischen Pyramiden und Obelisken und all den Lebensverhältnissen, die uns in dem alten Ägypten gegeben sind. Denken wir uns, was das gerade für das Leben zwischen Geburt und Tod für Lebensverhältnisse sind. Sagen wir nun, dieser Mensch stirbt, er macht eine Zeit durch zwischen dem Tode und einer neuen Geburt und wird nunmehr hineingeboren in eine Zeit des 7., 8. Jahrhunderts der nachchristlichen Epoche. Vergleichen wir die Zeiten: Wie anders stellt sich der Seele in dem irdischen Dasein die Welt dar in den Zeiten vor dem Erscheinen des Christus Jesus äußerlich hier auf dem physischen Plan! Und fragen wir weiter: Was erlebt die Seele, die vielleicht in den ersten Jahrhunderten der nachchristlichen Zeit erschienen ist und die jetzt wiederum unseren physischen Plan betritt? – Da findet sie die neueren staatlichen Einrichtungen, von denen dazumal keine Rede war. Sie erlebt das, was unsere modernen Kulturmittel gebracht haben, kurz, ein ganz anderes Bild bietet sich einer solchen Seele dar gegenüber dem, was sich ihr in den vorhergehenden Inkarnationen dargeboten hat. Und wir sind uns bewußt, wenn wir diese einzelnen Inkarnationen vergleichen, wie verschieden sie voneinander sind. Ist es da nicht berechtigt, die Frage aufzuwerfen: Wie ist es denn mit den Lebensverhältnissen eines Menschen zwischen dem Tode und der neuen Geburt, also zwischen zwei Inkarnationen?

Wenn ein Mensch früher im alten Ägypten gelebt hat und nach dem Tode in die geistige Welt gegangen ist, dort bestimmte Tatsachen, bestimmte Wesenheiten gefunden hat, wenn er dann wieder ins physische Dasein trat in den ersten christlichen Jahrhunderten, wieder starb und wieder hinüberging in die andere Welt und so weiter – ist es da nicht berechtigt, zu fragen, ob sich auf der anderen Seite des Daseins bei all den Erlebnissen, die der Mensch da durchmacht, nicht auch eine «Geschichte» abspielt, ob nicht auch da im Verlaufe der Zeit sich vieles ändert?

Sie wissen ja, daß, wenn wir das Leben des Menschen zwischen dem Tode und der neuen Geburt schildern, wir ein allgemeines Bild davon geben, wie dieses Leben ist. Wir schildern da, ausgehend von dem Moment des Todes, wie der Mensch, nachdem sich vor seiner Seele jenes große Erinnerungstableau entwickelt hat, eintritt in die Zeit, wo seine im astralischen Leib befindlichen Triebe, Begierden, Leidenschaften, kurz, wo alles, was ihn noch an die physische Welt bindet, noch in ihm ist, wo sich das abspielt, was man gewohnt worden ist Kamaloka zu nennen, und wie der Mensch, nachdem er diese Verbindung abgestreift hat, dann in das Devachan eingeht, in eine rein geistige Welt. Und wir schildern dann weiter, was in dieser Zeit zwischen dem Tode und der neuen Geburt für den Menschen in diesem rein geistigen Dasein sich weiter entwickelt bis zu seinem Wiederkommen in der physischen Welt. Sie haben gesehen, wie das, was wir da schildern, zunächst immer sozusagen mit Rücksicht darauf besprochen wurde, daß es sich auf die Gegenwart, auf unser unmittelbares Leben bezieht. Und so ist es auch. Man muß natürlich von irgend etwas ausgehen, man muß auf irgendeinem Posten stehen, wenn man schildert. Geradeso wie man bei Schilderungen der Gegenwart ausgehen muß von den Beobachtungen und Erfahrungen in der Gegenwart, so ist es auch bei Schilderungen über die geistige Welt notwendig, das Bild, das sich dem hellseherischen Blick darbietet für das Leben zwischen dem Tode und der neuen Geburt, ungefähr so zu schildern, wie es sich in der Gegenwart durchschnittlich abspielt, wenn der Mensch stirbt und durch die geistige Welt einem neuen Dasein entgegenlebt. Aber für eine umfassende okkulte Beobachtung ergibt sich durchaus, daß auch für diese Welt, die der Mensch durchlebt zwischen dem Tode und der neuen Geburt, das Wort «Geschichte» eine gute Bedeutung hat. Auch da geschieht geradeso etwas, wie hier in der physischen Welt. Und ebenso wie wir aufeinanderfolgende sich unterscheidende Ereignisse erzählen, wie wir etwa anfangen bei dem 4. Jahrtausend vor Christus und die Ereignisse schildern bis in unsere nachchristliche Zeit hinein, so müssen wir für die andere Zeit des Daseins ebenso eine «Geschichte» konstatieren, müssen uns auch da bewußt werden, daß das Leben zwischen dem Tode und der neuen Geburt in der Zeit der ägyptischen, der altpersischen oder der uralt indischen Kultur nicht genau so war, wie es zum Beispiel in unserer Zeit ist. Wenn man sich also zunächst eine vorläufige Vorstellung in unserer Gegenwart über das Kamaloka-Leben und über das Devachan-Leben gebildet hat, dann ist es wohl auch an der Zeit, diese Schilderungen auszudehnen und zu einer geschichtlichen Betrachtung dieser Welten vorzurücken. Und wir wollen, um uns über diese Dinge klar zu werden, wenn wir einiges über das Kapitel «okkulte Geschichte» vorführen, uns gleich an ganz bestimmte geistige Tatsachen halten. Wir müssen allerdings, um uns verständigen zu können, weit zurückgreifen, etwa bis in die atlantische Zeit zurück. Wir sind ja heute so weit, daß wir etwas für jeden Bekanntes voraussetzen, wenn wir von solchen Zeiten sprechen.

Wir fragen uns, wie in diesen Zeiten, in denen schon von Geburt und Tod die Rede sein kann, wie da das Leben des Menschen – um einen Ausdruck zu haben – im Jenseits sich ausnahm. Es unterschied sich das Leben im Jenseits damals von dem Leben im Diesseits ganz anders, als es sich heute unterscheidet. Wenn der Atlantier starb, was geschah da mit seiner Seele? Sie ging über in einen Zustand, wo sie sich im eminentesten Sinne geborgen fühlte in einer geistigen Welt, in einer Welt höherer geistiger Individualitäten. Wir wissen ja, daß auch hier auf dieser physischen Erde das Leben des Atlantiers anders verlief als unser heutiges Leben. Der heutige Wechsel zwischen Wachen und Schlafen und das Unbewußtsein während der Nacht – es ist öfter davon gesprochen worden –, das war in der atlantischen Zeit nicht da. Während der Mensch hinüberschlummerte und während sich zurückzog von seinem Bewußtsein das Wissen der physischen Dinge um ihn herum, ging er ein in eine Welt des Geistigen. Da tauchte auf für ihn der Anblick von geistigen Wesenheiten. So wie er hier mit Pflanzen, Tieren, Menschen und so weiter zusammen ist bei Tag, so tauchte drüben auch während des Schlafbewußtseins auf eine Welt von niederen und höheren geistigen Wesenheiten in demselben Maße, als der Mensch einschlief. Der Mensch lebte sich in diese Welt hinein. Und wenn der Atlantier mit dem Tode hinüberging in eine jenseitige Welt, dann tauchte um so heller diese Welt der geistigen Wesenheiten, der geistigen Geschehnisse auf. Der Mensch fühlte sich in diesen atlantischen Zeiten in seinem ganzen Bewußtsein viel mehr heimisch in diesen höheren Welten, in diesen Welten geistiger Begebenheiten und geistiger Wesenheiten als in der physischen Welt. Und wir dürfen nur in die ersten atlantischen Zeiten zurückgehen, da finden wir, daß die Menschen dieses physische Dasein so auffaßten – alle Ihre Seelen taten das so – wie einen Besuch in einer Welt, wo man eben eine Zeitlang verweilt, die aber anders ist als die eigentliche Heimat, welche nicht in dieser irdischen Sphäre verfloß.

Eines aber war in den atlantischen Zeiten eine Eigenartigkeit dieses Lebens zwischen dem Tode und der neuen Geburt, wovon sich der heutige Mensch schwer eine Vorstellung machen kann, weil er sie ganz verloren hat. Jene Fähigkeit, «Ich» zu sich zu sagen, sich als ein selbstbewußtes Wesen zu fühlen, sich als ein «Ich» zu empfinden, was das Wesentliche des heutigen Menschen ausmacht, das ging mit dem Verlassen der physischen Welt für den Atlantier ganz verloren. Indem er sich hinaufbewegte in die geistige Welt, sei es im Schlafe oder in höherem Maße während des Lebens zwischen dem Tode und der neuen Geburt, da setzte sich an die Stelle des Ich-Bewußtseins: «Ich bin ein selbstbewußtes Wesen», «ich bin in mir», an diese Stelle setzte sich das Bewußtsein: «Ich bin geborgen in den höheren Wesenheiten», «ich tauche gleichsam hinein in das Leben dieser höheren Wesenheiten selber». Eins fühlte sich der Mensch mit den höheren Wesenheiten, und in dem Sich-eins-Fühlen empfand er eine unendliche Seligkeit in diesem Jenseits. Und so wuchs seine Seligkeit immer mehr und mehr, je weiter er sich von dem Bewußtsein des physisch-sinnlichen Daseins entfernte. Es war ein beseligendes Leben, je weiter wir zurückgehen in der Zeit. Und wir haben es öfter gehört, worin der Sinn der Menschheitsentwickelung in dem irdischen Dasein besteht. Er besteht darin, daß der Mensch immer mehr und mehr verstrickt wird mit dem physischen Dasein auf unserer Erde. Wenn der Mensch der atlantischen Zeit in dem Schlafbewußtsein sich im Jenseits ganz zu Hause fühlte, diese Welt als hell und klar und freundlich empfand, so war dafür auch sein Bewußtsein im Diesseits noch ein halb traumhaftes. Es war noch kein rechtes Besitzergreifen des physischen Leibes vorhanden. Wenn der Mensch aufwachte, vergass er in einer gewissen Beziehung die Götter und Geister, die er im Schlafe erlebt hatte, aber er lebte sich doch nicht so hinein in das physische Bewußtsein wie heute, wenn er des Morgens aufwacht. Die Gegenstände hatten noch keine klaren Umrisse. Es war für den Atlantier immer so, wie wenn Sie an einem Nebelabend hinausgehen und die Straßenlaternen umgeben sehen mit einem Hof, mit einer Aura von allen möglichen Farben. So undeutlich waren alle Gegenstände des physischen Planes. Das Bewußtsein des physischen Planes war erst im Aufdämmern. Es war noch nicht das starke Bewußtsein des «Ich bin» in den Menschen hineingefahren. Erst gegen die letzten atlantischen Zeiten entwickelte sich immer mehr und mehr das menschliche Selbstbewußtsein, das Persönlichkeitsbewußtsein in dem Maße, als der Mensch jenes beseligende Bewußtsein im Schlafe verlor. Der Mensch eroberte sich nach und nach die physische Welt, er lernte immer mehr den Gebrauch seiner Sinne, und damit bekamen auch die Gegenstände der physischen Welt immer festere und bestimmtere Umrisse. In demselben Maße, als der Mensch sich die physische Welt eroberte, änderte sich aber auch das Bewußtsein drüben in der geistigen Welt.

Wir haben die verschiedenen Zeiträume der nachatlantischen Zeit verfolgt. Wir haben zurückgeschaut in die uralt indische Kultur. Wir haben gesehen, wie sich da der Mensch das Äußere so weit erobert hatte, daß er es als Maja empfand, daß er sich zurücksehnte in die Gefilde des alten geistigen Landes. Wir haben gesehen, wie in der persischen Kulturzeit die Eroberung des physischen Planes schon so weit gegangen war, daß der Mensch sich verbinden wollte mit den guten Kräften des Ormuzd, um die Kräfte der physischen Welt umzugestalten. Wir haben ferner gesehen, wie in der ägyptisch-babylonisch-chaldäisch-assyrischen Zeit die Menschen in der Feldmeßkunst, die zur Bearbeitung der Erde führte, oder auch in der Sternenkunde die Mittel fanden, die sie weiterbrachten in der Eroberung der äußeren Welt. Und endlich sahen wir, wie die griechisch-lateinische Zeit noch weiter ging, wie in Griechenland jene schöne Ehe zustande kam zwischen dem Menschen und der physischen Welt, in der griechischen Städtebildung oder auch in der griechischen Kunst. Und wir sahen, wie im vierten Zeitraum das Persönliche, das so zum ersten Male da war, auftauchte im alten römischen Recht. Während sich der Mensch früher in einem Ganzen geborgen fühlte, was noch der Abglanz war früherer geistiger Wesenheiten, fühlte sich der Römer zuerst als der Erdenbürger. Der Begriff des Bürgers kam auf.

Die physische Welt war Stück für Stück erobert. Sie wurde aber auch dafür von dem Menschen lieb gewonnen. Die Neigungen und Sympathien des Menschen verbanden sich mit der physischen Welt, und in dem gleichen Maße, wie die Sympathie für die physische Welt wuchs, verband sich auch das Bewußtsein des Menschen mit den physischen Dingen. Aber in demselben Maße verdunkelte sich auch für den Menschen das Bewußtsein in dem Jenseits, in der Zeit zwischen dem Tode und der neuen Geburt. Jenes beseligende Sichgeborgen-Fühlen in dem Dasein höherer geistiger Wesenheiten, das verlor der Mensch in demselben Maße im Jenseits, als er im Verlaufe der in der Geschichte sich folgenden Eroberungen der physischen Welt das Diesseits lieb gewann. Es wuchs von Stufe zu Stufe die Eroberung der physischen Welt durch den Menschen, immer neue Naturkräfte entdeckte er, immer neue Werkzeuge erfand er. Lieber und immer lieber gewann er dies Leben zwischen Geburt und Tod. Dafür aber verdunkelte sich sein altes dämmerhaftes Hellseherbewußtsein in der jenseitigen Welt. Es hörte niemals vollständig auf, aber es verdunkelte sich. Und während sich der Mensch die physische Welt eroberte, stellt die Geschichte der jenseitigen Welt einen Niedergang dar. Dieser Niedergang steht im Verhältnis zu dem Heraufsteigen der Kultur, das wir schildern, wenn wir die Menschen in den ersten primitiven Kulturanfängen betrachten, wie sie zwischen zwei Reibsteinen sich ihr Getreide zerreiben, und dann sehen, wie sie von Stufe zu Stufe aufsteigen, wie sie die ersten Entdeckungen machen, sich Werkzeuge verschaffen und gebrauchen lernen, und wie das im Laufe der Zeit immer weiter vorwärtsschreitet. Immer reicher wird das Leben auf dem physischen Plan. Der Mensch lernt gigantische Bauten aufführen. Aber indem wir so Geschichte schildern, durch die ägyptisch-babylonisch-chaldäisch-assyrische Zeit, durch die griechisch-römische Zeit hindurch bis in unsere Zeit, müssen wir allerdings einen Einschnitt machen, wenn wir einen kulturgeschichtlichen Fortgang schildern wollen. In demselben Maße müßten wir schildern einen Weg des Niederganges der Verbindung zwischen höheren Göttern und dem, was der Mensch den Göttern leisten durfte, was er tat im Sinne der geistigen Welt und inmitten der geistigen Welt. Und wir sehen, wie in den späteren Zeiten der Mensch immer mehr seine Verbindung mit den geistigen Welten und geistigen Fähigkeiten verliert. Wir müßten für das Jenseits ebenso eine Geschichte des Niederganges schreiben für die Menschen, wie wir für das Diesseits eine Geschichte des Aufschwunges, der fortlaufenden Eroberung der physischen Welt schreiben können. So ergänzen sich sozusagen geistige Welt und physische Welt, oder noch besser gesagt: so bedingen sie sich.

Es gibt – wie Sie ja auch wissen – eine Beziehung zwischen dieser geistigen Welt und unserer physischen Welt. Es ist ja oft gesprochen worden von den großen Vermittlern zwischen der geistigen Welt und der physischen Welt, von den Eingeweihten, von denjenigen, die zwar im physischen Leibe verkörpert sind, aber dennoch mit ihrer Seele hinaufragen in die geistige Welt zwischen Geburt und Tod, wo sonst der Mensch ganz abgeschlossen ist von der geistigen Welt, die auch in dieser Zeit Erfahrungen machen können in der geistigen Welt, sich hineinleben können in die geistige Welt. Was waren sie für den Menschen, diese mehr oder weniger großen oder kleinen Boten der geistigen Welt, wenn wir von den Spitzen derselben reden, meinetwillen von den alten heiligen Rishis der Inder, von dem Buddha, dem Hermes, Zarathustra, Moses oder all denen, die in den älteren Zeiten die großen Gottesboten waren? Wenn wir von all denen sprechen, die so Gottes- oder Geistesboten für die Menschen waren, was waren sie in bezug auf das Verhältnis zwischen der physischen und der geistigen Welt?

Während ihrer Einweihung und durch ihre Einweihung erlebten sie die Verhältnisse der geistigen Welt. Sie konnten nicht nur mit ihren physischen Augen sehen und mit ihrem physischen Verstand wahrnehmen, was in der physischen Welt hier vorging, sondern sie konnten durch ihre gesteigerte Wahrnehmungsfähigkeit auch das wahrnehmen, was in der geistigen Welt vorgeht. Der Eingeweihte lebt nicht nur auf dem physischen Plan mit den Menschen, sondern er kann auch verfolgen, was die Toten tun in der Zeit zwischen dem Tode und der neuen Geburt. Sie sind ihm ebenso vertraute Gestalten wie die Menschen auf dem physischen Plan. Daraus können Sie sehen, daß alles, was so erzählt wird als okkulte Geschichte, eben fließt aus den Erlebnissen der Eingeweihten.

Eine wichtige Wendung, auch für die von uns jetzt berührte Geschichte, tritt auf der Erde ein durch das Erscheinen des Christus. Und wir bekommen ein Bild von dem Fortrücken der Geschichte in der jenseitigen Welt, wenn wir uns fragen: Welche Bedeutung hat die Tat des Christus auf der Erde? Welche Bedeutung hat das Mysterium von Golgatha für die Geschichte im Jenseits?

An verschiedenen Orten konnte ich in manchen Vorträgen hinweisen auf die einschneidende Bedeutung des Ereignisses von Golgatha für die Entwickelung der Geschichte des physischen Planes. Fragen wir jetzt einmal: Wie stellt sich das Ereignis von Golgatha dar, wenn wir es betrachten von der Perspektive des Jenseits aus? Wir kommen zur Beantwortung dieser Frage, wenn wir gerade den Zeitpunkt der Entwickelung im Jenseits ins Auge fassen, wo die Menschen am meisten herausgetreten waren auf den physischen Plan, wo das Persönlichkeitsbewußtsein am stärksten sich entwickelt hatte: den Zeitpunkt der griechisch-lateinischen Zeit. Und das ist auch der Zeitpunkt des Erscheinens des Christus Jesus auf der Erde: Auf der einen Seite das intensivste Persönlichkeitsbewußtsein, die intensivste

Freude an der sinnlichen Welt, auf der anderen Seite der stärkste, der gewaltigste Ruf nach der jenseitigen Welt in dem Ereignis von Golgatha, und die größte Tat, die der Überwindung des Todes durch das Leben, wie es sich in diesem Ereignis von Golgatha darstellt. Diese zwei Dinge fallen durchaus zusammen, wenn wir die physische Welt ins Auge fassen. Es war wirklich eine große Freude und eine gesteigerte Sympathie am äußeren Dasein in der griechischen Zeit. Nur solche Menschen konnten jene wunderbaren griechischen Tempel schaffen, in welchen, wie Ihnen geschildert worden ist, die Götter selber wohnten. Nur diese Menschen, die *so* in der physischen Welt standen, konnten jene Kunstwerke der Bildhauerei schaffen, wo eine so wunderbare Vermählung des Geistes mit der Materie zutage tritt. Dazu gehörte Freude und Sympathie für den physischen Plan. Die haben sich allmählich erst entwickelt, und wir spüren geradezu den Fortgang in der Geschichte, wenn wir vergleichen das Aufgehen des Griechen in der physischen Welt mit der erhabenen Weltanschauung, welche die ersten nachatlantischen Kulturmenschen von ihren heiligen Rishis entgegengenommen haben: Kein Interesse hatten diese an der physischen Welt, heimisch fühlten sich diese Menschen in der geistigen Welt, beseligt schauten sie noch hinauf in die Welt des Geistes, die sie zu erreichen suchten an der Hand der Lehren und Übungen, die ihnen die heiligen Rishis gaben. Zwischen diesem Verschmähen der Sinnesfreude bis zu der größten Freude an der Sinneswelt in der griechisch-lateinischen Zeit liegt ein großes Stück menschlicher Geschichte – bis zu dem Punkt, wo jene Ehe zwischen dem Geiste und der Sinneswelt zustande gekommen ist, in der beide zu ihrem Rechte kamen.

Was aber war das Gegenstück zu dieser Eroberung des physischen Planes in der griechisch-lateinischen Zeit in der geistigen Welt? Wer da hineinschauen kann in die geistige Welt, der weiß, daß es nicht eine Sage ist, sondern daß es wirklich auf Wahrheit beruht, was die griechischen Dichter sagen von denen, die die besten Menschen ihrer Kultur waren. Diejenigen, welche sich so ganz mit ihren Sympathien drinnen fühlten in der physischen Welt, wie fühlten sie sich in der geistigen Welt? Es ist durchaus der Wahrheit entsprechend, wenn einem solchen die Worte in den Mund gelegt werden: Lieber ein Bettler sein in der Oberwelt, als ein König im Reiche der Schatten! – Der dumpfeste, der am wenigsten intensive Bewußtseinszustand trat ein gerade in dieser Zeit zwischen dem Tode und der neuen Geburt. Bei aller Sympathie für die physische Welt verstand der Mensch nicht das Dasein in der jenseitigen Welt. Es kam ihm vor, als wenn er alles verloren hätte, und die geistige Welt schien ihm wertlos. In demselben Maße als die Sympathie für die physische Welt wuchs, in demselben Maße fühlten sich verloren drüben in der geistigen Welt die griechischen Helden. Und ein Agamemnon, ein Achill fühlten sich drüben wie ausgepreßte Wesen, wie ein Nichts in dieser Welt der Schatten. Allerdings gab es dazwischen Zeiten – denn der Zusammenhang mit der geistigen Welt ist niemals ganz verlorengegangen –, in denen auch diese Menschen mit den geistigen Wesenheiten und geistigen Tätigkeiten leben konnten. Aber der Bewußtseinszustand, der eben angedeutet worden ist, war durchaus vorhanden. So haben wir eine Geschichte der jenseitigen Welt, eine Geschichte des Niederganges, wie wir eine Geschichte des Aufschwunges haben für die diesseitige Welt.

Diejenigen, welche als Gottes- oder Geistesboten genannt worden sind, haben immer die Möglichkeit gehabt, herüber und hinüber zu gehen, von der einen Welt in die andere. Versuchen wir uns einmal zu vergegenwärtigen, was diese Geistesboten in den vorchristlichen Zeiten den Menschen des physischen Planes waren. Sie waren diejenigen, welche aus ihren Erfahrungen in der geistigen Welt heraus den Menschen der alten Welt sagen konnten, wie es eigentlich in der geistigen Welt ist. Freilich erlebten sie auch da drüben das ausgelöschte Bewußtsein der physischen Erdenmenschen, dafür aber auch die ganze geistige Welt in ihrer glanzvollen Fülle. Und sie konnten den Erdenmenschen Nachricht bringen, daß es eine geistige Welt gibt, und ihnen sagen, wie sie ausschaut. Zeugnis konnten sie ablegen für diese geistige Welt. Das war in diesen Zeiten ganz besonders wichtig, wo die Menschen auf dem physischen Plan immer mehr und mehr herausgingen mit ihren Interessen auf den physischen Plan. Und je mehr die Menschen die Erde eroberten, je mehr Freude und Sympathie sich einlebten in bezug auf die physische Welt, desto mehr auch mußten die Gottesboten immer betonen, daß die geistige Welt da ist. Sie konnten immer so sprechen: Dies und jenes wißt ihr von der Erde. Aber es gibt auch eine geistige Welt. Dies und das muß euch gesagt werden von der geistigen Welt! – Kurz, das ganze Tableau der geistigen Welt ist durch die Gottesboten den Menschen enthüllt worden. Die Menschen kannten es in den verschiedensten Religionen. Aber immer, wenn sozusagen diese Gottesboten herüberkamen nach ihrer Einweihung oder sonst nach einem Besuch in der geistigen Welt, da konnten sie für die physische Welt, die ja immer schöner und schöner für das Leben auf dem physischen Plan wurde, Erfrischungen und Erhebungen aus der geistigen Welt mitbringen, irgend etwas von den Schätzen der geistigen Welt. Da brachten sie die Früchte des geistigen Lebens hinein in das physische Leben. Immer war es so, daß durch das, was ihnen die Gottesboten brachten, die Menschen in den Geist hineingeführt wurden. Gewonnen hat die Welt des Physischen, das Diesseits, durch die Gottesboten und ihre Botschaften.

Nicht in demselben Maße konnten diese Gottesboten fruchtbar wirken für die jenseitige Welt. Sie können es sich durchaus so vorstellen: Wenn der Eingeweihte, der Gottesbote, hinübergeht in die jenseitige Welt, sind ihm die Wesen drüben geradeso Genossen wie die Wesen in der physischen Welt. Er kann zu ihnen sprechen und ihnen Mitteilung machen von dem, was in der physischen Welt vorgeht. Aber je mehr wir uns dem griechisch-lateinischen Zeitraume nähern, desto weniger Wertvolles konnte der Eingeweihte, wenn er von der Erde in das Jenseits hinüberkam, den Seelen im Jenseits bieten. Denn sie fühlten zu sehr den Verlust dessen, woran sie gehangen hatten in der physischen Welt. Nichts mehr war für sie wertvoll von dem, was ihnen der Eingeweihte erzählen konnte. So war in den vorchristlichen Zeiten im höchsten Grade fruchtbar das, was die Eingeweihten als ihre Botschaften den Menschen in der physischen Welt herüberbrachten, und so war für die geistige Welt unfruchtbar, was sie den Abgeschiedenen von der physischen Welt hinüberbringen konnten. Buddha, Hermes, Zarathustra, so große

Botschaft sie den Menschen der physischen Welt brachten, so wenig konnten sie drüben erreichen. Denn sie konnten wenig erfreuliche und belebende Botschaften hinübertragen in das Jenseits.

Stellen wir jetzt das, was durch den Christus für das Jenseits geschah, was gerade sozusagen in der Zeit tiefster Dekadenz, wenn wir die okkulte Geschichte schildern, in der griechisch-lateinischen Zeit für das Jenseits der Fall ist, stellen wir das mit dem zusammen, was vorher durch die Eingeweihten geschah. Wir wissen, was das Ereignis von Golgatha für die Erdengeschichte bedeutet. Wir wissen, daß es die Besiegung des irdischen Todes durch das Leben des Geistes ist, die Überwindung allen Todes durch die Erdenevolution. Wenn wir auch heute nicht auf alles eingehen können, was das Mysterium von Golgatha bedeutet, so können wir es doch in ein paar Worten zusammenfassen: Es bedeutet den endgültigen und unumstößlichen Tatsachenbeweis, daß das Leben den Tod besiegt. Und auf Golgatha hat das Leben den Tod besiegt, hat der Geist den Keim zur endgültigen Besiegung der Materie gelegt! Was im Evangelium erzählt wird über jenen Besuch, den der Christus nach dem Ereignis von Golgatha in der Unterwelt bei den Toten getan hat, das ist nicht eine Legende oder ein Symbolum. Die okkulte Forschung zeigt Ihnen, daß es eine Wahrheit ist. Ebenso wahr, wie der Christus unter den Menschen in den drei letzten Jahren des Jesus-Lebens gewandelt hat, ebenso konnten sich die Toten seines Besuches erfreuen. Unmittelbar nach dem Ereignis von Golgatha erschien er den Toten, den abgeschiedenen Seelen. Das ist eine okkulte Wahrheit. Und jetzt konnte er ihnen sagen, daß in der physischen Welt drüben der Geist unumstößlich den Sieg über die Materie davongetragen hat! Das war eine Lichtflamme in der jenseitigen Welt für die abgeschiedenen Seelen, die wie geistig-elektrisch einschlug und das erstorbene Jenseitsbewußtsein der griechisch-lateinischen Zeit anregte, eine ganz neue Phase beginnend für die Menschen zwischen dem Tode und der neuen Geburt. Und immer heller und heller wurde seit jener Zeit das Bewußtsein des Menschen zwischen dem Tode und der neuen Geburt.

So können wir, wenn wir Geschichte schildern, die Angaben über die Gegenwartsverhältnisse durch das ergänzen, was wir über Kamaloka und über das Devachanleben zu sagen haben, und wir müssen darauf hinweisen, daß durch das Erscheinen des Christus auf der Erde eine ganz neue Phase beginnt für das Jenseitsleben, daß die Frucht dessen, was der Christus für die Erdenevolution geleistet hat, sich auslebt in einer radikalen Änderung des Jenseitslebens. Dieser Besuch des Christus im Jenseits bedeutet Ungeheures, eine Auffrischung des Lebens im Jenseits zwischen Tod und neuer Geburt. Seit jener Zeit fühlten sich die Abgeschiedenen, die sich in diesem wichtigen Augenblick der griechisch-lateinischen Zeit, trotz aller ihrer Freude für die physische Welt, wie Schatten empfanden, so daß sie lieber Bettler sein wollten in der Oberwelt, als Könige im Reiche der Schatten, sie fühlten sich jetzt immer mehr und mehr heimisch werdend im Jenseits. Und seither ist das der Fall, daß die Menschen immer mehr und mehr hineinwachsen in die geistige Welt, und eine Periode des Aufstieges, des Aufblühens in der geistigen Welt war damit angebrochen.

So haben wir einmal das Ereignis von Golgatha von dem Gesichtspunkte der anderen Welt aus – wenn auch nur skizzenhaft – berührt und zu gleicher Zeit darauf hingewiesen, daß es eine Geschichte für die geistige Welt geradeso gibt wie eine Geschichte für die physische Welt. Und erst dadurch, daß wir diese wirklichen Beziehungen zwischen der physischen Welt und der geistigen Welt erforschen, wird die eine Welt auch für die andere Welt im Menschenleben fruchtbar. Immer werden wir sehen, was wir gewinnen für die Betrachtung des Menschenlebens auf der Erde, wenn wir die wahren Eigenschaften der geistigen Welt vor uns hinstellen.

VIERTER VORTRAG

Berlin, 26. Oktober 1908

Unser heutiger Vortrag soll handeln von den Bedingungen, die der Mensch zu erfüllen hat, wenn er die in ihm schlummernden Kräfte und Fähigkeiten ausbilden und zu eigener Erfahrung und Beobachtung der höheren Welten kommen will. Sie haben in den Artikeln «Wie erlangt man Erkenntnisse der höheren Welten?» ein Bild von mancherlei, was der Mensch zu erfüllen hat, wenn er den Erkenntnispfad gehen will, wenn er hinaufdringen will in die höheren Welten. Doch können diese Artikel nur Einzelheiten geben. Selbst wenn man sie dreimal, ja zehnmal größer im Umfang machen würde – es ist über alles in diesem Gebiete unendlich viel zu sagen! Es wird daher immer nützlich sein, wenn man nach dieser oder jener Richtung hin weitere Ausführungen gibt. Man kann die Dinge jedesmal nur von einer gewissen Seite her beleuchten, und man muß den Grundsatz festhalten, das, was man von einer Seite her gewonnen hat, zu ergänzen dadurch, daß es von einer anderen Seite her beleuchtet wird. Wir wollen uns heute zur Aufgabe setzen, manches von dem, was Bedingungen des Erkenntnispfades, Bedingungen des Aufstieges in die höheren Welten ist, skizzenhaft von einer gewissen Seite her zu beleuchten.

Sie erinnern sich an die Andeutungen, die in der Interpretation über Goethes «Märchen» gegeben worden sind. Es handelt sich darum, daß der Mensch Seelenkräfte verschiedener Art hat und daß von der Ausbildung derselben: also des Denkens in sich selbst, des Fühlens in sich selbst und des Wollens in sich selbst, der Aufstieg auf der einen Seite abhängt, und auf der anderen Seite, daß der Mensch durch die Methode der Übungen diese drei in das richtige Maßverhältnis zueinander bringt. Das Wollen, Fühlen und Denken muß in Erkenntnis der einzelnen, geistigen Lebensziele immer in genau richtigem Maße zur Entwickelung gebracht werden. Für ein bestimmtes Ziel muß zum Beispiel das Wollen zurücktreten, das Fühlen dagegen stärker hervortreten, für ein anderes Ziel muß das Denken zurücktreten und wieder für ein anderes Ziel das Fühlen. Alle diese Seelenkräfte müssen durch die okkulten Übungen in richtiger Proportion ausgebildet werden. Mit der Ausbildung des Denkens, Fühlens und Wollens hängt der Aufstieg in die höheren Welten zusammen.

Vor allem handelt es sich um eine Läuterung, Reinigung des Denkens. Das ist nötig, damit das Denken nicht mehr abhängig ist von der äußeren Sinnesbeobachtung, die auf dem physischen Plan gewonnen werden kann. Doch nicht nur das Denken, sondern auch das Fühlen und Wollen können Erkenntniskräfte werden. Sie gehen im gewöhnlichen Leben persönliche Wege. Sympathie und Antipathie gehen auf die einzelne Persönlichkeit hin zugeschnittene Wege. Sie können aber zu objektiven Erkenntniskräften werden. Es mag dieses unglaublich klingen für die heutige Wissenschaft. Vom Denken, besonders von dem auf die sinnliche Beobachtung gerichteten vorstellungsmäßigen Denken, glaubt man das leicht, aber wie sollten Menschen zugeben können, daß das Gefühl eine Erkenntnisquelle werden könne, wenn sie sehen, wie gegenüber demselben Dinge der eine so, der andere so fühlt? Wie könnte man annehmen, daß etwas so Schwankendes, was so von der Persönlichkeit abhängt wie Sympathie und Antipathie, maßgebend werden könne für eine Erkenntnis, und daß sie so weit diszipliniert werden können, daß sie das innerste Wesen eines Dinges erfassen könnten. Daß der Gedanke es tut, dies kann man leicht begreifen; daß aber auch dann, wenn wir einem Dinge gegenüberstehen und dieses Ding in uns ein Gefühl erweckt, dieses Fühlen so in uns vorhanden sein kann, daß nicht die Sympathie oder Antipathie des einzelnen spricht, sondern es selbst zum Ausdrucksmittel werden kann für das, was im Innersten des Dinges vorhanden ist, das scheint schwer glaublich. Daß ferner auch die Kraft des Willens und Begehrens Ausdrucksmittel werden kann für das Innere, das scheint zunächst geradezu frivol.

Ebenso aber, wie das Denken gereinigt und dadurch objektiv werden kann, so daß es zum Ausdrucksmittel der Tatsachen sowohl in der sinnlichen als auch in den höhern Welten wird, so kann auch das Fühlen und das Wollen objektiv werden. Doch diese Sache darf nicht mißverstanden werden. So wie das Gefühl im heutigen Menschen im gewöhnlichen Leben ist, in seinem unmittelbaren Gefühlsinhalte, so wird es nicht zum Ausdrucksmittel einer höheren Welt. Dies Gefühl ist etwas Persönliches; die okkulten Übungen, die der Schüler erhält, gehen darauf aus, dies Gefühl zu kultivieren, das heißt zu verändern, zu verwandeln. Dadurch wird das Gefühl allerdings etwas anderes, als es war, da es noch persönlich war. Nun darf man aber nicht glauben, wenn man auf dem okkulten Pfade durch die Ausbildung des Gefühls eine gewisse Stufe erlangt hat, daß man dann etwa vom Gesichtspunkte des erkennenden Menschen aus sagen könne: Ich habe eine Wesenheit vor mir und ich fühle etwas von dieser Wesenheit –, und daß dasjenige, was man da im Gefühl hat, eine Wahrheit, eine Erkenntnis sei. Der Vorgang ist ein viel intimerer, innerlicherer, der an der Hand der okkulten Übungen das Gefühl umwandelt. Das drückt sich darin aus, daß derjenige, der durch die Übungen sein Gefühl verwandelt hat, zu der imaginativen Erkenntnis kommt, so daß sich ihm ein geistiger Inhalt in Symbolen offenbart, die Ausdruck sind dessen, was in der astralischen Welt an Tatsachen und Wesenheiten vorhanden ist. Das Gefühl wird anders, es wird Imagination, so daß im Menschen die astralen Bilder auftauchen, die ihm die Geschehnisse des Astralraumes ausdrücken. Der Mensch sieht nicht so, wie in der physischen Welt, zum Beispiel eine Rose mit Farben überzogen, sondern in symbolischen Bildern, und zwar alles, was uns in der okkulten Wissenschaft vorgeführt wird, in Bildern. So das schwarze Kreuz, das mit Rosen geziert ist. Alle solche Symbole sollen eine bestimmte Tatsache zum Ausdruck bringen und entsprechen ebenso astralen Tatsachen, wie das, was wir in der äußeren physischen Welt sehen, physischen Tatsachen entspricht. Man bildet also das Gefühl aus, erkennt aber in der Imagination.

Ebenso ist es mit dem Willen. Wenn man die Stufe erlangt hat, die durch Schulung des Willens bis zu einem gewissen Grade erlangt werden kann, dann sagt man nicht, wenn eine Wesenheit einem entgegentritt: sie erweckt in mir ein Begehrungsvermögen, sondern, wenn der Wille ausgebildet ist, beginnt man dasjenige wahrzunehmen, was Gegenstand des Tönens im Devachan ist.

Das Gefühl wird in uns ausgebildet, und das astralische Schauen in der Imagination ist die Folge. Der Wille wird in uns ausgebildet, und das Erleben des devachanischen Geschehens in der geistigen Musik, der Sphärenharmonie, aus der uns heraustönt die innerste Natur der Dinge: das ist die Folge. Ebenso wie man das Denken ausbildet und dadurch zum objektiven Denken gelangt, was die erste Stufe ist, so bildet man das Fühlen aus, und es wird auf der Stufe der Imagination eine neue Welt aufgehen. Und ebenso bildet man den Willen aus, und es ergibt sich in der Inspiration die Erkenntnis der niederen devachanischen Welt, und endlich tut sich in der Intuition die höhere devachanische Welt vor dem Menschen auf.

So können wir sagen: Indem sich der Mensch in die nächste Stufe des Daseins hinaufhebt, ergeben sich ihm Bilder, die wir aber jetzt nicht mehr so anwenden wie unsere Gedanken, so daß wir fragen: wie entsprechen diese Bilder der Wirklichkeit? Sondern die Dinge zeigen sich ihm in Bildern, die aus Farben und Formen bestehen, und durch die Imagination muß der Mensch selber die Wesenheiten, die sich ihm so symbolisch zeigen, enträtseln. In der Inspiration sprechen die Dinge zu uns, da brauchen wir nicht zu fragen, nicht zu enträtseln in Begriffen, das wäre ein Übertragen der Theorie des Erkennens vom physischen Plan, sondern da spricht das innerste Wesen der Dinge selbst zu uns. Wenn uns ein Mensch entgegentritt, der sein innerstes Wesen uns zum Ausdruck bringt, so ist das anders, als wenn wir einem Stein gegenüber sind. Den Stein müssen wir enträtseln und über ihn nachdenken. Beim Menschen ist etwas, was wir nicht so erfahren, sondern wir erfahren sein Wesen in dem, was er zu uns sagt: er spricht zu uns. So ist es mit der Inspiration. Da ist es nicht ein begriffliches diskursives Denken, sondern da hört man hin, was die Dinge sagen; sie sprechen selber ihr Wesen aus. Es hätte keinen Sinn, wenn man sagen wollte: Wenn jemand stirbt und ich treffe ihn im Devachan wieder, werde ich da wissen, wen ich da treffe, da doch die devachanischen Wesenheiten anders ausschauen müssen und nicht verglichen werden können mit dem, was auf dem physischen Plan ist? – Im Devachan sagt das Wesen selbst, was es für ein Wesen ist, so wie wenn ein Mensch uns nicht nur seinen Namen sagen würde, sondern wie wenn er fortwährend sein

Wesen uns zufließen ließe. Das strömt uns durch die Sphärenmusik zu; ein Verkennen ist da nicht mehr möglich.

Nun ist das ein gewisser Anhaltspunkt zur Beantwortung einer Frage. Man kommt sehr leicht zu Mißverständnissen durch die verschiedenen geisteswissenschaftlichen Darstellungen und glaubt leicht, daß die physische, die astralische und die devachanische Welt sich räumlich voneinander unterscheiden. Wir wissen ja: da, wo die physische Welt ist, da ist auch die astralische und devachanische; sie sind ineinander. Nun könnte man da die Frage aufwerfen: Wenn alles ineinander ist, da kann ich die drei Welten ja nicht unterscheiden wie im physischen Raum, wo alles nebeneinander ist. Wenn das Jenseits im Diesseits darin steckt, wie unterscheide ich dann die astralische und die devachanische Welt voneinander? – Dadurch unterscheidet man sie, daß, wenn man vom Astralischen zum Devachanischen aufsteigt, die Summe von Bildern und Farben in demselben Maße, als man hinaufsteigt in das Devachanische, in ihren Formen durchklungen werden. Dasjenige, was vorher geistig leuchtend war, wird nunmehr geistig tönend. Es gibt auch einen Unterschied im Erleben der höheren Welten, so daß derjenige, der sich hinauflebt, immer an bestimmten Erlebnissen erkennen kann, ob er in dieser oder jener Welt ist.

Heute sollen die Unterschiede in bezug auf das Erleben der astralischen und der devachanischen Welt charakterisiert werden. Also nicht nur dadurch, daß die astralische Welt durch Imagination und die devachanische durch Inspiration erkannt werden, sondern auch durch andere Erlebnisse wissen wir, in welcher Welt wir sind.

Ein Glied in der astralischen Welt ist diejenige Zeit, die der Mensch unmittelbar nach dem Tode zu durchleben hat und die in der geisteswissenschaftlichen Literatur die Kamaloka-Zeit genannt wird. Was heißt im Kamaloka sein? Wir haben öfters versucht, durch Umschreibungen zu geben, was es heißt, im Kamaloka zu sein. Ich habe oft das charakteristische Beispiel herangezogen von dem Feinschmecker, der da lechzt nach dem Genuß, den ihm nur der Geschmackssinn verschaffen kann. Der physische Leib ist abgestreift und zurückgelassen beim Tode, der Ätherleib zum großen Teil auch, aber der astralische Leib ist noch vorhanden, und der Mensch ist im Besitz seiner Eigenschaften und Kräfte, die er im Leben innerhalb des physischen Leibes gehabt hat. Diese ändern sich nicht sofort nach dem Tode, sondern erst nach und nach. Wenn der Mensch Sehnsucht gehabt hat nach leckeren Speisen, so bleibt ihm diese Sehnsucht, dieses Lechzen nach dem Genuß, aber es fehlt ihm nach dem Tode das Instrument, dieselbe zu befriedigen, denn der physische Leib mit seinen Organen ist nicht mehr da. Er muß den Genuß entbehren, und er lechzt nach etwas, was er entbehren muß. Das gilt für alle eigentlichen Kamaloka-Erlebnisse, und diese bestehen eigentlich in nichts anderem als in dem Leben, in dem Zustande innerhalb des astralischen Leibes, wo der Mensch noch Sehnsucht hat nach Befriedigungen, die nur durch den physischen Leib erfüllt werden können. Und weil er diesen nicht mehr hat, ist er genötigt, das Streben und Lechzen nach den Genüssen sich zu untersagen: das ist die Zeit des Abgewöhnens. Erst dann ist er davon befreit, wenn er diese Sehnsucht aus dem Astralleib herausgerissen hat.

Während dieser ganzen Kamaloka-Zeit lebt etwas in dem Astralleib, was man Entbehrung nennen kann, Entbehrung in den verschiedensten Formen und Nuancen und Differenzierungen; das ist der Inhalt des Kamaloka. Ebenso wie man das Licht in rote, gelbe, grüne, blaue Töne differenzieren kann, so sind auch die Entbehrungen in den verschiedensten Qualitäten zu differenzieren, und das Merkmal der Entbehrung ist das Kennzeichen des Menschen, der in Kamaloka ist. Doch der Astralplan ist nicht nur Kamaloka, sondern er ist weit umfassender. Aber niemals würde ein Mensch, der nur in der physischen Welt gelebt und nur ihren Inhalt erlebt hat, zunächst – sei es nach dem Tode oder durch andere Mittel, die astralische Welt zu erleben –, wenn er sich nicht vorbereitet hat, die anderen Teile der astralischen Welt erleben können. Er kann zunächst die astralische Welt nicht anders erleben als in der Entbehrung.

Wer in die höheren Welten hinaufkommt und weiß: ich entbehre dies oder jenes, und es ist keine Aussicht, es zu erhalten – der erlebt den Bewußtseinsinhalt der astralischen Welt. Auch wenn sich jemand als Mensch okkulte Mittel geben lassen könnte, so daß er aus seinem

Leibe heraus den Astralplan betreten könnte, er würde immer die Entbehrung in der astralischen Welt erleiden müssen.

Wie kann man sich nun so ausbilden, daß man nicht nur den Teil der astralischen Welt kennenlernt, der in der Entbehrung zum Ausdruck kommt, die Entbehrungsphase, sondern daß man die astralische Welt im besten Sinne erlebt, daß man jenen Teil erlebt, der wirklich diese Welt auch im guten und besten Sinne zum Ausdruck bringt? Durch die Ausbildung dessen, was das Gegenteil der Entbehrung ist, kann der Mensch in den anderen Teil der astralischen Welt hineinkommen. Daher werden die Methoden, die in dem Menschen die Kräfte wachrufen, die dem Entbehren entgegengesetzt sind, diejenigen sein, die den Menschen in den anderen Teil der astralischen Welt bringen. Diese müssen ihm gegeben werden. Das sind die Kräfte der Entsagung. Ebenso wie das Entbehren, so ist auch das Entsagen in mannigfachen Nuancen denkbar. Mit der kleinsten Entsagung, die wir uns auferlegen, machen wir einen Schritt vorwärts in dem Sinn, daß wir uns zu der guten Seite der astralischen Welt hinaufentwickeln. Wenn man sich das Unbedeutendste versagt, so ist dies ein Anerziehen von etwas, das etwas Wesentliches beiträgt zum Erfahren der guten Seiten der astralischen Welt. Darum wird in den okkulten Überlieferungen so viel Gewicht darauf gelegt, daß der Schüler sich probeweise dies oder jenes entzieht, daß er Entsagung übt. Dadurch bekommt er Eintritt in die gute Seite der astralischen Welt.

Was wird dadurch bewirkt? Denken wir zunächst einmal an die Erfahrungen im Kamaloka. Denken wir, jemand geht durch den Tod oder durch andere Dinge aus dem physischen Leib hinaus, so werden ihm die physischen Instrumente des Leibes fehlen. Dadurch fehlt ihm unbedingt das Werkzeug für irgendeine Befriedigung. Es tritt sofort Entbehrung ein, und diese tritt als imaginatives Bild in der astralischen Welt auf. Zum Beispiel erscheint ein rotes Fünfeck, oder ein roter Kreis. Dies ist nichts anderes als das Bild dessen, was in das Gesichtsfeld der Menschen eintritt und dem Entbehren ebenso entspricht, wie in der physischen Welt ein Objekt auf dem physischen Plan dem entspricht, was man in der Seele als Vorstellung davon erlebt. Hat man sehr niedere Gelüste, sehr tiefstehende Begierden, dann treten grauenvolle Tiere dem Menschen entgegen, wenn er aus dem Leib heraus ist. Diese furchtbaren Tiere sind das Symbolum für diese niedrigsten Gelüste. Hat man aber Entsagung gelernt, dann verwandelt sich in dem Augenblick, wo man durch den Tod oder die Initiation aus dem Leib heraus ist, der rote Kreis, weil man das Rot mit dem Gefühl der Entsagung durchdringt, in nichts, und es entsteht ein grüner Kreis. Ebenso wird das Tier durch die Entsagungskräfte verschwinden, und ein edles Gebilde der astralischen Welt wird erscheinen.

So muß der Mensch erst das, was ihm objektiv gegeben ist, den roten Kreis oder das scheußliche Tier, durch die ausgebildeten Entsagungskräfte, durch den Verzicht, in sein Gegenteil umwandeln. Die Entsagung zaubert heraus aus unbekannten Tiefen die wahren Gestalten der astralischen Welt. So darf also kein Mensch glauben, wenn er sich im echten Sinne in die astralische Welt hinaufschwingen will, daß dabei nicht das Mittun seiner Seelenkräfte notwendig sei. Er würde ohne dieses nur in einen Teil der astralischen Welt gelangen. Er muß verzichten, auch auf alle Imagination. Wer verzichtet, der entsagt, und das ist dasjenige, was die wahre Gestalt der astralischen Welt hervorzaubert.

Im Devachan hat man Inspiration. Auch hier gibt es eine innerliche Unterscheidung für die Teile des Devachan, die der Mensch nicht passiv erleben kann, wenn er sie nach dem Tode erlebt. Im Devachan ist es so, daß durch einen gewissen Weltenzusammenhang noch nicht soviel Unheil angerichtet ist. Die astralische Welt hat das furchtbare Kamaloka in sich, aber das Devachan hat das noch nicht. Das wird erst im Jupiter- und Venuszustand der Fall sein, wenn durch Anwendung der schwarzen Magie und dergleichen dasselbe in den Dekadenzzustand übergegangen sein wird. Dann freilich wird sich im Devachan Ähnliches entwickeln wie dasjenige, was heute in der astralischen Welt ist. Hier im Devachan ist also im jetzigen Entwickelungszyklus das Verhältnis etwas anders.

Was tritt zunächst vor dem Menschen auf, wenn er auf dem Erkenntnispfad aufsteigt von der astralischen Welt zum Devachan, oder wenn er den Weg des einfachen Menschen geht und er nach dem

Tode hinaufgeführt wird, was erlebt er dann im Devachan? Seligkeit erlebt er! Das, was sich aus den Farbennuancen in Töne herausdifferenziert, das ist unter allen Umständen Seligkeit. Im Devachan ist auf der heutigen Stufe der Entwickelung alles ein Hervorbringen, Produzieren, und in bezug auf die Erkenntnis ein geistiges Hören. Und Seligkeit ist alles Produzieren, Seligkeit ist alles Hören der Sphärenharmonie. Der Mensch wird im Devachan nur Seligkeit, lauter Seligkeit empfinden. Wenn er durch Mittel geistigen Wissens durch die Leiter der menschlichen Entwickelung, die Meister der Weisheit und des Zusammenklanges der Empfindungen, oder aber im Falle des gewöhnlichen Menschen nach dem Tode hinaufgeführt wird: er wird immer Seligkeit dort erleben. Das ist dasjenige, was der Eingeweihte erleben muß, wenn er so weit gekommen ist auf dem Erkenntnispfad. Aber es liegt in der Fortentwickelung der Welt, daß es nicht bei der bloßen Seligkeit bleiben darf. Das würde nur eine Steigerung des raffiniertesten spirituellen Egoismus bedeuten. Die Individualität des Menschen würde immer nur in sich aufnehmen die Wärme der Seligkeit, die Welt aber würde so nicht weitergehen. So würden Wesen ausgebildet, die sich in sich selbst seelisch verhärten. Zum Heile und Fortschritt der Welt muß daher derjenige, der durch die Übungen in das Devachan hineinkommt, nicht nur die Möglichkeit erhalten, in der Sphärenmusik alle Nuancen der Seligkeit zu erleben, sondern er muß in sich Gefühle des Gegenteils der Seligkeit entwickeln. Wie das Entsagen dem Entbehren gegenübersteht, so verhält sich das Gefühl der Opferung zur Seligkeit, der Opferung, die da bereit ist, dasjenige, was man als Seligkeit erhält, auszugießen, es in die Welt fließen zu lassen.

Dies Gefühl des Sich-Opferns haben jene göttlichen Geister, die wir die Throne nennen, gehabt, als sie begannen ihren Anteil zu haben in der Schöpfung. Als sie ihren eigenen Stoff auf dem Saturn ausgegossen haben, da haben sie sich hingeopfert für die werdende Menschheit. Das, was wir heute als Stoff haben, ist dasselbe, was sie ausströmten auf dem Saturn. Und ebenso haben sich die Geister der Weisheit auf der alten Sonne hingeopfert. Diese göttlichen Geister sind hinaufgestiegen in die höheren Welten, sie haben das Erlebnis der Seligkeit nicht nur passiv hingenommen, sondern sie haben bei dem Durchgang durch das Devachan gelernt, sich zu opfern. Sie sind nicht ärmer durch dies Opfer geworden, sondern reicher. Nur ein Wesen, das ganz in der Materie lebt, glaubt, durch das Opfern schwinde es dahin – nein, ein Sich-höher-, Sich-reicher-Entwickeln ist mit dem Hinopfern im Dienst der universalen Evolution verknüpft.

So sehen wir, daß der Mensch aufsteigt zur Imagination und Inspiration und eintritt in jene Sphäre, wo sein ganzes Wesen sich durchdringt mit immer neuen Nuancierungen der Seligkeit, wo er sozusagen alles um sich herum so erlebt, daß es nicht nur zu ihm spricht, sondern wo alles um ihn herum wird ein Aufsaugen der geistigen Töne der Seligkeit.

In der Wandlung der ganzen Gefühle, die der Mensch hat, besteht der Aufstieg zum höheren Erkenntnisvermögen, und die okkulte Schulung besteht in nichts anderem, als daß die Regeln und Methoden, die uns die Meister der Weisheit und des Zusammenklanges der Empfindungen gegeben haben und die durch jahrtausendealte Erfahrung erprobt sind, daß durch diese Regeln und Methoden Gefühl und Wille des Menschen gewandelt wird und daß ihn dies hinaufführt zu höheren Erkenntnissen und Erlebnissen. Dadurch, daß der Schüler nach und nach seinen Gefühls- und Willensinhalt okkult kultiviert und umbildet, erlangt er diese höheren Fähigkeiten.

Wer in der geisteswissenschaftlichen Bewegung darinnensteht, darf es nicht gleichgültig nehmen, ob er drei oder sechs oder sieben Jahre dazu gehört. Das hat etwas zu bedeuten. Das Gefühl des Miterlebens dieses inneren Wachstums durch seine innere Gesetzmäßigkeit, das soll sich der Schüler klarmachen. Es handelt sich darum, daß wir unsere Aufmerksamkeit darauf lenken, sonst gehen die Wirkungen desselben an uns vorüber.

FÜNFTER VORTRAG

Berlin, 27. Oktober 1908

Es soll heute ausgegangen werden von einfachen Formen des Schmerzes, von den Elementargestalten desselben. Wenn man sich in den Finger schneidet und Schmerz empfindet oder die Hand gequetscht wird, oder wenn die Hand abgehauen wird und man Schmerz empfindet, ist es eine einfachste, primitivste Art des Schmerzes; damit soll diese Betrachtung beginnen. Wenn wir seelenkundige Gelehrte, Psychologen fragen, was sie zur Erklärung des einfachsten Schmerzes herbeitragen können, so sind gerade in der Gegenwart diese Psychologen etwas drollig geworden. Sie haben eine merkwürdige Entdeckung gemacht: denn sie haben gefunden, daß der Schmerz nicht anders erklärt werden kann, als wenn man noch zu den verschiedenen Sinnen, dem Geruchs-, Gesichts- und Gehörsinn, auch einen Schmerzessinn dazunimmt, so daß der Mensch mit diesem Sinne den Schmerz wahrnimmt, geradeso wie er mit den Augen das Licht und mit dem Ohr die Töne wahrnimmt. Sie sagen: der Mensch empfinde Schmerz, weil er einen Schmerzessinn habe. Die äußere Erfahrung gibt uns zwar keinen Anhaltspunkt, der dafür sprechen würde, einen Schmerzessinn anzunehmen, aber trotzdem fühlt sich die auf die reine Beobachtung sich stützende Wissenschaft durchaus nicht abgehalten, ihn anzunehmen. Sie erfindet eben den Schmerzessinn. Aber wir wollen davon keine weitere Notiz nehmen, sondern uns fragen: Wie kommt ein solcher einfacher, primitiver Schmerz zustande, wie wird er empfunden, wenn man sich in den Finger schneidet?

Der Finger ist ein Teil des physischen Leibes. In diesem sind die Stoffe der äußeren physischen Welt vorhanden. Der Finger ist durchsetzt von dem ätherischen und dem astralischen Teil des Leibes, der zum Finger gehört. Was haben diese höheren Teile, das Ätherische und das Astralische, für eine Aufgabe? Dieser physische Aufbau des Fingers, der aus Kohlenstoff, Wasserstoff, Sauerstoff, Stickstoff und so weiter besteht, diese Zellen, die in ihm angeordnet sind, könnten nicht so sein, wenn nicht hinter ihnen der tätige Akteur, der Bildner und Aufbauer, der Ätherleib wäre, der sowohl in der Entwickelung des Fingers gewirkt hat, so daß die Zellen sich zum Finger zusammengefügt haben, als auch diese Zellen in ihrer jetzigen Zusammenfügung erhält, denn er verhindert, daß der Finger abfällt und verwest. Dieser Ätherleib durchsetzt, durchätherisiert den ganzen Finger, er ist in demselben Raum wie der physische Finger. Aber auch der Astralfinger ist da. Wenn wir im Finger irgendeine Empfindung haben, einen Druck oder eine sonstige Wahrnehmung, so ist natürlich der Astralleib des Fingers der Vermittler desselben, denn die Empfindung ist im Astralleibe.

Es ist aber keineswegs ein bloß mechanischer Zusammenhang zwischen dem physischen, ätherischen und astralischen Finger, sondern dieser Zusammenhang ist ein fortwährend lebendiger. Der ätherische Finger durchglüht und durchkraftet immer den physischen Finger, er arbeitet fortwährend an der Gestaltung der inneren Teile desselben. Was hat denn der ätherische Finger für ein eigentliches Interesse an dem physischen Finger? Er hat das Interesse, überall diese Teile, mit denen er bis in die kleinsten Teile verbunden ist, an die richtige Stelle, in das richtige Verhältnis zu bringen.

Denken wir nun, wir machten uns ein Ritzchen in die Haut und verletzten sie dadurch: da verhindern wir durch diesen Einschnitt den Ätherfinger daran, daß er die Teile in der richtigen Weise anordnet. Er ist im Finger und sollte die Teile zusammenhalten. Dieser mechanische Einschnitt hält sie auseinander, da kann der Ätherfinger nicht tun, was er tun soll. Er ist in derselben Lage, wie wir sein würden, wenn wir selbst uns zum Beispiel irgendein Gerät hergerichtet hätten, um im Garten zu arbeiten, und jemand uns das Gerät zerstörte. Da kann man seine Arbeit nicht so verrichten, wie man möchte. Jetzt muß man entbehren, was man in Angriff nehmen wollte. Dieses Nichtkönnen bezeichnet man am besten mit Entbehrung. Diese Unmöglichkeit, einzugreifen, empfindet der astralische Teil des Fingers als Schmerz.

Wenn man die Hand wegschlägt, kann man nur die physische Hand wegschlagen, nicht die Ätherhand, und diese Ätherhand kann dann nicht wirken; diese ungeheure Entbehrung empfindet die Astralhand als Schmerz. So haben wir durch Zusammenwirken des Ätherischen und Astralischen das Wesen des primitivsten, elementarsten Schmerzes kennengelernt. So entsteht in der Tat der Schmerz, und er dauert so lange, bis nunmehr das Astralische in diesem einzelnen Teil sich daran gewöhnt hat, daß diese Tätigkeit nicht mehr ausgeführt wird.

Vergleichen wir nun damit den Schmerz im Kamaloka. Dort ist plötzlich dem Menschen sein ganzer Leib entrissen, er ist nicht mehr da, und die Ätherkräfte können nicht mehr eingreifen. Der Astralleib spürt, daß das Ganze nicht mehr organisiert werden kann, er begehrt die Tätigkeit, die man nur mit dem physischen Leibe ausführen kann, er empfindet diese Entbehrung als Schmerz. Jeder Schmerz ist eine unterdrückte Tätigkeit. Jede unterdrückte Tätigkeit im Kosmos führt zum Schmerz, und weil oft Tätigkeit im Kosmos zu unterdrücken ist, ist der Schmerz etwas Notwendiges im Kosmos.

Es kann aber auch etwas anderes eintreten. Es kann in einem gewissen Grade die Hand durch Entbehrungsprozesse und dergleichen langsam zurückgebracht werden von ihrer besonders lebendigen Tätigkeit, und dadurch können ihre Funktionen unterdrückt werden. Das ist ja zum Beispiel der Fall, wenn der Mensch beginnt sich zu kasteien. Da bringt er die früher regen und tätigen Organe des Körpers in gewisser Weise zum Stillstand. Dann entzieht sich zum Beispiel bei der Hand der astralische Teil der Ätherhand. Diese hat dann einen Überschuß an Kräften, sie hat an Aufgaben verloren, trotzdem sie ebenso rege die Tätigkeit fortsetzen könnte. Sie hat auf diese Weise, trotzdem eine eigentliche Verletzung nicht da ist, ihre Aufgabe verloren. Wenn der Mensch sich nun so behandelt, daß er diese überschüssige Kraft in dem Astralleib zu spüren beginnt und sich sagen kann: Ich habe da überschüssige Kraft übrig; vorher habe ich alle Kraft gebraucht, um den physischen Leib zu regulieren, jetzt habe ich den physischen Leib gebändigt. – Er nimmt nicht mehr so viel Kraft in Anspruch –, so verspürt der Astralleib die so geartete überschüssige Kraft als Seligkeit. Denn geradeso wie unterdrückte Tätigkeit Schmerz bereitet, so gibt angesammelte Kraft das Gefühl von Seligkeit. Die Möglichkeit, mehr zu tun, als er von vorneherein veranlagt war zu tun, bedeutet für den Astralleib Seligkeit. Dies Bewußtsein einer strotzenden Kraft, die hinaufgehen kann in der Produktion, die von innen heraus dirigiert werden darf, da der äußere Körper sie nicht in Anspruch nimmt: das bedeutet Seligkeit.

Welchen Sinn hat es nun, daß in Ordensgemeinschaften etwas zur Abtötung des physischen Körpers getan wird? Was heißt das also? Das heißt: die Funktionen des physischen Leibes nicht so in Anspruch nehmen, sie dadurch ruhig machen und so im Ätherleibe etwas an Kraft zurückbehalten. Denken wir uns nebeneinander einen Menschen, der entbehrungsvoll gelebt hat, der es nach und nach dazu gebracht hat, daß der Stoffwechsel des physischen Leibes ruhig vor sich geht, ohne den Ätherleib viel in Anspruch zu nehmen, und einen andern Menschen, der möglichst viel essen will, bei dem alles drunter und drüber geht, bei dem viel verdaut wird. Bei dem einen, bei dem alles in der Ruhe vor sich geht, ja bei dem die physischen Funktionen sogar eine gewisse Trägheit zeigen und nicht so sehr die Kräfte des Ätherleibes aufzehren, da bleibt dem Ätherleibe Kraft übrig. Bei dem anderen aber muß die ganze Kraft des Ätherleibes für die Bedürfnisse des Gaumens und Magens verwendet werden; da werden alle Kräfte des Ätherleibes verbraucht, um den physischen Leib in seinen Funktionen zu erhalten. Die Folge davon ist, daß derjenige, der seinen Leib zur Ruhe und Anspruchslosigkeit gebracht hat, überschüssige Kräfte in seinem Ätherleibe hat, und der Astralleib spiegelt dieselben als Erkenntniskräfte, nicht bloß als Seligkeit, und es treten vor einem solchen die imaginativen Bilder der astralischen Welt auf. *Savonarola* zum Beispiel hatte keinen ihn besonders in Anspruch nehmenden physischen Leib; er war schwächlich, sogar eigentlich fortwährend kränklich, er hatte viel in seinem Ätherleib, was nicht in den physischen Leib hinein verbraucht wurde, und er konnte diese Kräfte dazu verwenden, um seine gewaltigen Kraftgedanken und Impulse zu finden, er konnte jene mächtigen Reden halten, durch die er seine Zuhörer begeisterte. Durch seine Visionen, die er auch hatte, konnte er dasjenige, was in der Zukunft geschehen soll, mächtig vor seine Hörer hinstellen.

Und jetzt können wir das auf die geistigen Welten übertragen. Ebenso wie gehemmte Tätigkeit im Kamaloka Entbehrung ist – und im Kamaloka ist immer Entbehrung –, fällt nun, wenn der Mensch in das Devachan kommt, alle gehemmte Tätigkeit hinweg, weil dort nichts mehr da ist, was irgendwie mit dem Physischen zusammenhängt und mit Gier sich zurücksehnt in das Physische. Da ist dem Menschen die geistige Substantialität überliefert, welche nach und nach aufbaut die Gestalt seiner künftigen Inkarnation. Da ist reinste, ungehemmteste Tätigkeit, und die empfindet der Mensch als reinste Seligkeit. Der Mensch lernt fortwährend in seinem Leben durch alles, was um ihn herum ist. Seine Leiber aber, die er jetzt hat, die hat er aufgebaut nach den Kräften seiner früheren Inkarnationen, die hat er sich durch diese Kräfte aufgebaut. Was er jetzt in seinem Leben kennenlernt, das ist noch nicht in seinem Leibe. Der Mensch ändert sich innerhalb seines Lebens, seine Gefühle und Empfindungen ändern sich, seine Ideale wachsen, eine große Summe gehemmten Tätigkeitsdranges steckt im Menschen – seinen Leib aber kann er nicht umgestalten, er muß den Körper so lassen, wie er nach den Erfahrungen der früheren Inkarnationen aufgebaut ist. Von diesen Hemmungen ist er im Devachan befreit, und die Folge davon ist, daß sich sein ungehemmter Tätigkeitsdrang in Seligkeit auslebt. Er schafft sich seinen Astralleib, seinen ätherischen und seinen physischen Leib dort für das neue Leben. Was hier unverbraucht bleibt, das wird in Anwendung gebracht im Devachan. Er nimmt hinauf ins Devachan nicht nur sein jetziges, gegenwärtiges Bewußtsein, sondern auch dasjenige, was über seine Persönlichkeit hinausgeht. Das gibt ihm im Devachan ein erhöhtes Dasein, so daß er also zu dem, was hier seine Individualität ist, noch das im Devachan erlebt, was er zur Individualität hinzuerobert hat und was er während seines Lebens noch nicht hat zum Ausdruck bringen können. So begreifen wir Schmerz und Entbehrung von der untersten Stufe bis hinauf zur Seligkeit. In einer Welt können wir immer die Spuren dessen verfolgen, was durch alle Welten hindurchgeht.

So können wir heute auch die asketischen Methoden der Entwickelung besser würdigen. Wir können sagen: Wie der Schmerz zusammenhängt mit einer äußeren Verletzung des physischen Leibes, so hängt die Seligkeit, die empfunden wird, zusammen mit einer Verringerung der äußeren und dadurch mit einer Erhöhung der inneren Tätigkeit. Das ist die vernünftige Seite der alten Askese, und wir können verstehen, warum in Entsagung dasjenige gesucht worden ist, was in die höheren Welten hinaufführen sollte. So müssen wir uns oft die primitivsten Seiten der Sache klarmachen, um in gewisser Weise begreifen zu lernen, wie uns die Geisteswissenschaft durch das Einfachste, wie die Verletzung eines Fingers, den Weg von Entbehrung und Entsagung zur Seligkeit erklärlich macht, und ebenso wie die Ertragung des Körperschmerzes eine Art Erkenntnisweg werden kann. Denn alles ist Gleichnis, und wenn wir uns das Kleine, das vor uns liegt, erklären, wie es die Geisteswissenschaft erkennen läßt, dann erheben wir uns allmählich zu einer geistigen Höhe, die uns das Größte begreifen läßt.

Wenn wir das vergleichen mit dem, was gestern gesagt worden ist, so wird es erklärlich, daß das Ertragen von körperlichen Schmerzen eine Art Schulung, eine Art Erkenntnisweg sein kann. Denken wir uns einen Menschen, der noch nie Kopfschmerzen gehabt hat. Er kann sagen: Ich weiß nichts davon, daß ich ein Gehirn habe, denn ich habe es noch nie gefühlt. Denken wir uns, daß nicht durch äußere Einflüsse solcher Kopfschmerz zustande kommt, sondern durch eine gewisse Stufe der christlichen Einweihung, die man «die Dornenkrönung» nennt. Da hat der Mensch das Gefühl zu erleben: Was auch für Leiden und Schmerzen und Hemmungen an mich herantreten, die mir dasjenige, was mir das Wichtigste ist, meine Mission, untergraben wollen – ich will aufrecht stehen, wenn ich auch allein stehe! – Wenn jemand monate-, ja jahrelang sich in diesen Gefühlen üben würde, würde er zuletzt zu einem solchen Gefühl von Kopfschmerz kommen, wie wenn Stacheln sich in seinen Kopf hineinbohrten. Das ist ein Übergang zum Erkennen derjenigen okkulten Kräfte, die das Gehirn gebildet haben. Wenn die Ätherkräfte des Gehirns genau tun, was sie tun müssen, dann finden sie nichts, was dem Menschen diese Kräfte zum Bewußtsein bringen könnte. In dem Augenblick aber, wo das physische Gehirn in einer gewissen

Weise verwundet ist unter dem Einfluß dieser Gefühle, muß der Ätherleib sich loslösen, er muß sich zurückziehen aus dem Gehirn, er wird hinausgetrieben aus dem Gehirn, und die Folge dieser Selbständigkeit des Ätherkopfes ist die Erkenntnis. Dieser vorübergehende Schmerz ist nur der Übergang zur Erreichung der Erkenntniskräfte, und das ist nichts anderes als die Objektivierung dessen, was der Mensch vorher nicht wußte. Früher wußte er nicht, daß er ein Gehirn habe, jetzt lernt er erkennen die Ätherkräfte und ihre Wirksamkeit, die sein Gehirn aufgebaut haben und die es erhalten.

So könnte man noch verschiedenes sagen. Wenn ein physisches Organ getrennt wird von seinem Ätherglied, so daß der Ätherleib nicht eingreifen kann, empfindet man Schmerz. Dann, wenn der Astralleib sich daran gewöhnt hat, wenn die Vernarbung eintritt, die ein Freiwerden des Ätherkörpers bedeutet, wenn also nicht alle Kräfte des Ätherleibes verwendet werden, tritt das Umgekehrte ein: nämlich das Gefühl von Lust und Seligkeit.

SECHSTER VORTRAG

Berlin, 29. Oktober 1908

Wir werden heute eine Betrachtung anstellen über Dinge, die von einer gewissen Seite her Ihnen bekannt sind. Aber es geht ja bei allen geisteswissenschaftlichen Dingen so, daß wir sie erst dann vollständig durchdringen, wenn sie von verschiedenen Seiten beleuchtet werden; und es sind innerhalb der anthroposophischen Strömung hier in unseren mitteleuropäischen Gegenden Dinge zur Besprechung zu bringen, die aus den weit vorgeschrittenen Forschungen des Okkultismus geholt sind, die also leicht mißverständlich aufgefaßt werden können. Auf der anderen Seite aber würden wir nicht weiterkommen, wenn wir nicht wagen würden, über solche Dinge einmal ganz ungeschminkt zu sprechen.

Denken Sie daran, daß, wenn wir zurückgehen in der Menschheitsentwickelung durch die verschiedenen Kulturepochen der nachatlantischen Zeit bis hinein in die Atlantis, und in immer ältere Zeiten hinaufsteigen auch innerhalb der Atlantis, daß wir da, wenn wir den geistigen Blick richten auf die Vorgänge, immer andere Gestalten des Menschen finden. Im letzten Drittel der atlantischen Epoche ist der Ätherleib, bis zu einem gewissen Grade noch außerhalb des physischen Leibes, der Kopf des Ätherleibes ist noch nicht mit den Kräften des physischen Leibes verbunden, die die Kräfte des Ichs, des Selbstbewußtseins sind. Wenn wir den Vorgang, der da zugrunde liegt, beobachten, so können wir sagen: Die Fortentwickelung besteht darin, daß der Ätherkopf sich hineinschiebt in den physischen Kopf. Betrachten wir heute ein Pferd, dann ragt über den physischen Kopf der Ätherkopf des Pferdes heraus. Er hat noch eine mächtige Größe über den physischen Kopf hinaus. Ich habe Ihnen auch gesagt, welche mächtige Organisation die Ätherteile des Elefanten bilden, die weit, weit über den physischen Leib hinausragen. So war auch beim Menschen in der atlantischen Zeit noch der Ätherleib heraußen und schob sich allmählich immer mehr hinein. Ein solches Hineinschieben von einem dünneren Gliede in ein dichteres bedeutet zugleich eine

Verdichtung desjenigen, was physisch ist. Der physische Kopf des Menschen hat also damals noch ganz anders ausgesehen als später. Würden wir noch weiter zurückgehen, bis in die letzten lemurischen Zeiten, so würde man geistig erst sehr wenig vom physischen Kopf sehen; erst in ganz weicher, durchsichtiger Materie war er vorhanden. Erst durch das allmähliche Hineinschieben des Ätherkopfes wurden Teile des Kopfes verdichtet, erst losgelöst von den Teilen der Umgebung. Auch in der späteren Atlantis war der Mensch noch in ungeheurer Weise begabt mit dem, was sich in krankhafter Weise erhalten hat im Wasserkopf, in einem wässerigen Gehirn. Außerdem haben wir uns noch dazu zu denken eine Knochenerweichung, eine völlige Erweichung der oberen Glieder des Menschen. Das klingt schrecklich für den heutigen Menschen. Aus dieser wässerigen Substanz hat sich verhärtet, was heute den menschlichen Kopf bildet und umschließt. Es ist das nicht einmal ein sehr ungeeignetes Bild, das ich manchmal brauche, das Verhärten, Auskristallisieren aus den Wassermassen, aus einer Salzlösung in einem Glase; es gibt die Dinge ziemlich genau wieder, dies Herauskristallisieren des Salzes aus der wässerigen Salzlösung. Was mit dem Kopf in so später Zeit vor sich ging, ist mit dem übrigen Menschen viel früher geschehen. Auch die übrigen Glieder haben sich allmählich aus einer weichen Masse herausgebildet.

So daß wir sagen können: Wo ist denn damals eigentlich das menschliche Ich, das heutige Ich? Im Menschen eigentlich nicht; es ist noch in der Umgebung. Durch das Einziehen des Ichs können wir auch sagen, verhärten sich die oberen Glieder des Menschen. Dadurch, daß das Ich außerhalb des Menschen war, war es in einer anderen Beziehung noch mit einer Eigenart behaftet, die später anders wurde. Durch Einziehen in den physischen Leib wurde das Ich veranlaßt, ein individuelles Ich zu werden, während es vorher noch eine Art Gruppenseele war. Ich will Ihnen hier ein Bild geben für den Tatbestand. Denken Sie sich, es säße ein Kreis von zwölf Menschen; irgendwo in einem Kreis angeordnet säßen diese zwölf Menschen. Durch die Entwickelung, wie sie heute ist, hat jeder Mensch sein Ich in sich. Es sitzen also zwölf Ichs im Kreis herum. Betrachten wir aber in der atlantischen Zeit einen solchen Kreis von Menschen, so säßen die physischen Körper auch herum, aber das Ich ist erst im Ätherleibe, der noch draußen ist. Vor einem jeden also befindet sich sein Ich. Das Ich hat aber eine andere Eigenschaft, es ist nicht so zentralisiert, es entfaltet gleich seine Kräfte und verbindet sich mit den Ichs der anderen Menschen, so daß sie einen Ring bilden, der wiederum seine Kräfte nach seinem Mittelpunkt schickt. Also haben wir hier einen ätherischen Kreiskörper, der eine Einheit in sich bildet, und in ihm die Ichs, also ein Kreis von physischen Körpern und innerhalb eine ätherische Kreisfläche, die eine Einheit bildet, dadurch, daß die Ichs eingefangen werden, wird eingeschlossen das Einzel-Ich und durch dieses Bild kommen wir zu einer anschaulichen Vorstellung der Gruppenseelen.

Gehen wir immer weiter zurück, so können wir dieses Bild festhalten, aber wir müssen uns nicht mehr einen solchen regelmäßigen Kreis von Menschen vorstellen, sondern diese Menschen können in der mannigfaltigsten Weise in der Welt zerstreut sein. Denken wir uns einen Menschen im westlichen Frankreich, einen andern im Osten von Amerika und so weiter, also nicht zusammensitzend, aber da, wo es sich um die Gesetze der geistigen Welt handelt, können die Iche doch zusammenhängen, wenn die Menschen auch über der Erde zerstreut sind. Diese Menschen bilden dann diesen Reigen. Das, was durch das Zusammenfließen ihrer Ichs gebildet wird, ist dann zwar nicht ein so geometrisch schöner Ätherkörper, aber es ist doch ein Einheitliches. Es hat also eine Gruppe von Menschen damals gegeben, die dadurch verbunden waren, daß ihre Ichs eine Einheit bildeten; und zwar gab es im wesentlichen vier solche Gruppen-Ichs. Sie müssen sich diese Menschen wieder entsprechend den Gesetzen der geistigen Welt vorstellen. Die Gruppenseelen der vier Gruppen gingen ineinander; sie waren nicht innerlich verbunden, gingen aber ineinander. Man nennt diese vier Gruppenseelen mit den Namen der vier apokalyptischen Tieren: Adler, Löwe, Stier, Mensch. Der Mensch war aber auf einer anderen Stufe der damaligen Entwickelung wie der heutige Mensch. Die Namen sind aus der Organisation der Gruppenseelen genommen. Warum konnte man sie so nennen? Das möchte ich Ihnen heute von einer anderen Seite begreiflich machen.

Wir versetzen uns einmal so recht anschaulich in frühe Zeiten des lemurischen Lebens zurück. Die Seelen, die heute in menschlichen Leibern verkörpert sind, waren da noch nicht bis zu den physischen Körpern heruntergestiegen; sie hatten noch gar nicht die Tendenz dazu, sich mit physischer Materie zu verbinden. Auch die Körper, die später Menschenkörper werden sollten, sind noch sehr, sehr tierähnlich. Auf Erden sind die groteskesten physischen Wesenheiten, die sich selbst noch grotesk ausnehmen würden gegenüber dem, was wir heute die groteskesten Tiere nennen. Alles war noch in einer weichen, schlüpfrigen Materie, wässerig oder feurig siedend, sowohl die Menschen wie auch die Umgebung. Es waren natürlich schon unter diesen grotesken Gestalten die Vorfahren des physischen Menschenkörpers, aber diese waren nicht in Besitz genommen von den Ichs. Tatsächlich lebten die vier Gruppenseelen, die wir charakterisiert haben, schon als vier Gruppenseelen vor dem Einzug des Geistigen in die physische Organisation, so daß vier Ichs warteten auf ihre Verkörperung, solche Ichs, die veranlagt waren zu ganz besonderen Gestalten, die sich da unten befanden. Die einen waren veranlagt, zu den Organisationen sich hinzuziehen, die schon in physischer Form in ganz bestimmten Gestalten vorhanden waren, die anderen wieder zu anderen; die Gestalten, die unten waren, mußten in ihren Formen in gewisser Weise entsprechen den Arten der Ichs, die da warteten. Es waren Formen vorhanden, die besonders geeignet waren, die Löwen-Ichs zu empfangen, andere die Stier-Ichs und so weiter. Das war in einer sehr frühen Zeit der Erdentwickelung. Nun denken Sie sich, die Gruppenseele, die wir Stierseele genannt haben, zieht sich zu ganz bestimmten Formen, die da unten sind. Diese schauen in einer bestimmten Weise aus; ebenso wurde die Löwenseele zu besonderen Formen hingezogen. Also zeigt uns auch das Physische auf Erden ein vierfaches Bild. Die eine Gruppe entwickelt besonders stark die Organe, deren Funktionen mehr mit den Funktionen des Herzens übereinkamen; sie waren einseitig auf das Herz hin organisiert; ein besonders aggressives, mutvolles, angreifendes Element war in ihnen. Sie sind mutvoll, wollen sich Geltung verschaffen, wollen die anderen überwinden, sind sozusagen schon Eroberer, geborene Eroberernaturen, schon in der Gestalt. Das sind solche, bei denen das Herz, der Sitz des Ichs, stark gemacht worden ist. Bei anderen sind die Organe der Verdauung, der Ernährung, der Fortpflanzung besonders entwickelt; bei der dritten Gruppe besonders die Bewegungsorgane; bei der vierten Gruppe aber sind gleichmäßig die Sachen verteilt, sowohl das Mutvolle, Aggressive wie das Ruhige, das durch die Ausbildung der Verdauungsorgane hineinkommt; beides wurde ausgebildet. Die Gruppe, bei der das Aggressive, das zu der Organisation des Herzens gehört, ausgebildet wurde, das waren die Menschen, deren Gruppenseelen zu den Löwen gehörten; die zweite Gruppe war die des Stieres, die dritte Gruppe, die mit dem beweglichen Element, das nicht viel vom Irdischen wissen will, gehört zur Gruppenseele des Adlers. Es sind die, die sich erheben können über das Irdische. Und die, bei denen die Dinge sich im Gleichgewicht hielten, gehörten zur Gruppenseele des «Menschen». So haben wir förmlich im Physischen die Projektion der vier Gruppenseelen.

Damals würde sich ein ganz eigenartiger Anblick für den Beschauer geboten haben. Man hätte eine Art Rasse gefunden, von der man sich mit prophetischer Gabe hätte sagen können: Das sind physische Wesen, die etwas an Löwen erinnern, die den Charakter des Löwen wiedergeben, wenn sie auch anders aussahen als heute die Löwen. Es waren löwenmutige Menschen, aggressive Menschenkeime. Dann wieder gab es eine Gruppe von stierähnlichen Menschen, alles auf dem physischen Plan angesehen. Die dritte und vierte Rasse können Sie sich leicht ergänzen. Die dritte Rasse war schon stark visionär. Während die erste kampfmutig war, während die zweite alles pflegte, was mit dem physischen Plan, mit der Verarbeitung des physischen Planes zusammenhängt, hätten Sie eine dritte Klasse von Menschen gefunden, die sehr visionär waren. In der Regel hatten sie etwas, was im Verhältnis zu den anderen Leibern mißgestaltet war. Sie würden Sie erinnert haben an solche Menschen, die viel Psychisches haben und an Visionen glauben, die aber, weil sie sich um das Physische nicht viel kümmern, etwas Vertrocknetes haben, etwas Verkümmertes gegenüber dem Kraftstrotzenden der beiden anderen Gruppen. Sie würden Sie erinnert haben an die Vogelnatur. «Ich will zurückbehalten meinen Geist», das war die Tendenz der Adlermenschen. Die anderen hatten etwas, was sozusagen aus allen Teilen gemischt war.

Dazu kommt noch etwas: Wenn wir so weit zurückgehen, daß wir solche Verhältnisse auf Erden antreffen, dann müssen wir auch den anderen Gedanken uns etwas nahelegen, daß ja alles, was geschehen war im Verlaufe der Erdenevolution, geschehen war, um zu regeln die Angelegenheiten der Erde aus dem Geistigen heraus. Es war alles nur ein Umweg, um zu dem heutigen Menschen zu kommen. Wer noch mehr in die Dinge hinein hätte schauen können, der hätte die Erfahrung machen können, daß diese Löwennaturen, die erinnerten an das, was wir heute in ganz anderer Weise an dem Löwenleib sehen, eine besondere Anziehungskraft bildeten für die männlichen Gestalten der Ätherleiber. Diese fühlten sich besonders hingezogen zu diesen Löwenmenschen, so daß dies Wesen waren, die äußerlich einen Löwenleib hatten, innerlich aber einen männlichen Ätherleib. Es war ein mächtiges Ätherwesen mit männlichem Charakter, und ein kleiner Teil dieses Ätherwesens verdichtete sich zu dem physischen Löwenleib. Der physische Leib war förmlich der Kometenkern, während der Ätherleib den Kometenschweif bildete, der der eigentliche Schöpfer des Kernes war. Die Stierrasse aber hatte eine besondere Anziehungskraft für den weiblichen Ätherleib. Also der Stierkörper hatte gerade die Kraft, den weiblichen Ätherleib anzuziehen und sich mit ihm zu verbinden. Und nun denken Sie sich noch, daß das fortwährend arbeitet, die Ätherleiber fortwährend eindringend, umgestaltend.

Das Verhältnis der löwenartigen Menschen zu den stierartigen ist besonders wichtig in den älteren Zeiten. Die anderen kommen weniger in Betracht. Die männlichen Ätherleiber, die einen physischen Löwenleib aus sich herauskristallisierten, hatten die Fähigkeit, den physischen Löwenleib selbst zu befruchten, so daß also geradezu die Fortpflanzung der Menschheit besorgt wurde durch die löwenartige Rasse. Es war eine Art Befruchtung aus dem Geistigen heraus, eine ungeschlechtliche Fortpflanzung. Dasselbe konnte aber auch die stierartige Rasse bewirken. Das, was physisch geworden war, wirkte hier zurück auf den weiblichen Ätherleib. Im Laufe der Entwickelung gestalten sich die Sachen anders. Während die Löwennatur die Art der Fortpflanzung behält, weil die befruchtende Kraft aus dem Geistigen heraus von oben kam, während hier der Prozeß sich steigerte, wurde der andere Prozeß immer mehr und mehr zurückgedrängt. Unfruchtbarer und unfruchtbarer wurde die Stiermenschheit. Die Folge war, daß wir auf der einen Seite eine Menschheit hatten, die durch Befruchtung erhalten wurde, auf der anderen Seite eine andere Hälfte, die immer unfruchtbarer wurde. Die eine Seite wurde zum weiblichen, die andere zum männlichen Geschlecht. Die heutige weibliche physische Natur hat ja einen männlichen Ätherleib, während der Ätherleib des Mannes weiblich ist. Der physische Leib der Frau ist hervorgegangen aus der Löwennatur, während der physische Stierleib der Vorfahre des männlichen Leibes ist.

Das Geistige im Menschen hat einen gemeinsamen Ursprung, ist neutral, ging erst in den physischen Leib hinein, als sich die Geschlechter schon differenziert hatten; da wurde erst das Geistige in Angriff genommen, da erst der Kopf verhärtet. Da erst verband sich der Ätherleib des Kopfes mit dem physischen Leib, dem war es ganz einerlei, ob er auf einem Männer- oder Frauenleib sich aufsetzte, da sind beide Geschlechter gleich. Wir müssen sagen, es hat die Frau durch ihre Entwickelung, solange wir absehen von dem, was überhaupt über die Differenzierung hinausgeht, in ihrer Natur etwas Löwenartiges. Dieses verborgene Mutvolle wird man schon finden. Die Frau kann den Mut der Innerlichkeit zum Beispiel im Kriege, in der Krankenpflege, für gewisse Dienste der Menschheit entwickeln. Der männliche physische Leib hat dasjenige, was wir im echten Sinne die Stiernatur nennen können. Das hängt damit zusammen, daß der Mann, wie er sonst organisiert ist, mehr die im physischen Schaffen begründete Tätigkeit hat. Okkult betrachtet stellen sich die Dinge durchaus so dar, wenn es auch sehr merkwürdig klingt. Sie sehen also, wie diese Gruppenseelen zusammengewirkt haben. Sie arbeiten so, daß sie ihre Arbeit zusammenlegen, die Löwen- und die Stier-Gruppenseele. Diese göttlichen Wesenheiten wirken zusammen und im heutigen Menschen stecken die Arbeiten der verschiedenen göttlichen Gruppenseelen.

Diese Bilder, die ich hier skizzenhaft vor Sie hingestellt habe, werden schon ihre Wirkung haben. Verfolgen Sie die Menschen immer weiter zurück, bis zu der Zeit, als noch keine Fortpflanzung möglich war, so müssen wir also sagen: Es verwandelt sich der äußere physische Frauenleib in etwas, was löwenartig war, während der Männerleib stierartig war. Solche Dinge müssen nur in heiligem, ernstem Sinne genommen werden, wenn wir sie im richtigen Sinne verstehen wollen. Es würde denjenigen, die die Anatomie des Menschen studiert haben, leicht werden, die anatomischen Verschiedenheiten des physischen Leibes von Mann und Weib abzuleiten von diesen Naturen des Löwen und des Stieres. So lange wird die physische Wissenschaft ganz unfruchtbar sein, nur äußere Tatsachen berichten, solange sie nicht eindringt in diesen Geist der Tatsachen.

Nun wird es Ihnen nicht mehr so sonderbar erscheinen, wie es einmal eine Rasse von Menschen gegeben hat, die einen Löwenkörper hatten. Diese nahmen die Ich-Natur auf und dadurch wandelte sich die Löwennatur immer mehr zum Frauenleib. Die, die nichts von diesem Geistigen abbekommen haben, wandelten sich in ganz anderer Weise um, nämlich zu den heutigen Löwen, und was mit ihnen verwandt ist. Warum auch diese Tiere zweigeschlechtlich sind, davon ein anderes Mal. Die, die nichts abbekommen hatten von der Geistigkeit, bildeten die heutigen Löwen heraus, während die, die etwas abbekommen hatten, den heutigen Frauenleib herausbildeten.

Im Verlaufe der Zeit können noch viele, viele andere Seiten dieser Dinge gezeigt werden. Das anthroposophische Lernen ist nicht so wie das mathematische. Zuerst wird aufmerksam darauf gemacht, daß es zum Beispiel die vier Gruppenseelen gibt; damit sind zunächst nur die Namen gegeben. Dann wird irgendein Gesichtspunkt gewählt, und es wird die Sache von außen her beleuchtet. Und so kommen wir immer wieder von einer anderen Seite heran. Wir gehen um das, was zuerst hingestellt wurde, herum und beleuchten es von den verschiedensten Seiten her. Wer sich das gesagt sein läßt, wird niemals dazu kommen können, zu sagen, daß sich irgendwelche anthroposophischen Dinge widersprechen. So ist es selbst bei den größten Dingen, die wir betrachten. Die Verschiedenheit rührt her von den verschiedenen Standpunkten, von denen aus man die Dinge betrachtet.

Lassen Sie uns von dieser Versammlung das mitnehmen, was man innere Toleranz nennen könnte. Möge es uns gerade innerhalb unserer anthroposophischen Spezialströmung gelingen, diesen inneren Geist der Toleranz in die anthroposophische Bewegung hineinzubringen. Das nehmen wir noch als einen Gefühlsinhalt mit, und versuchen nun wieder draußen zu wirken, so daß dieser Geist allerinnerlichster Verständigung Platz greifen kann. Auch von verschiedenen Orten aus können wir unsere Seele, unser Herz hinneigen lassen zu dem, was uns alle verbindet, zu den großen anthroposophischen Idealen. Und wir können dann das herausbringen, was ein geistiger Organismus sein soll, was wächst und gedeiht: das Leben unserer anthroposophischen Sache, zu der wir unsere Kraft von den verschiedensten Seiten sollen hinstrahlen lassen.

SIEBENTER VORTRAG

Berlin, 2. November 1908

Wir wollen heute eine derjenigen geisteswissenschaftlichen Betrachtungen anstellen, die uns zeigen, wie das Wissen, das wir durch die anthroposophische Weltanschauung erlangen, geeignet ist, uns Aufschlüsse zu geben über das Leben im weitesten Sinne. Nicht nur das Leben der alltäglichen Wirklichkeit wird uns verständlich durch solches Wissen, wir erhalten auch Aufschlüsse über das Leben in jenem großen, weiten Umfange, den wir dann ins Auge fassen, wenn wir es hinausverfolgen über den Tod bis in die Zeiten hinein, die zwischen dem Tod und einer neuen Geburt für den Menschen verfließen. Gerade aber für das tägliche Leben kann uns die Geisteswissenschaft großen Nutzen bringen, sie kann uns manches Rätsel lösen, sie kann uns zeigen, wie wir sozusagen mit dem Leben fertigwerden können. Denn für den Menschen, der nicht hineinzuschauen vermag in die Untergründe des Daseins, bleibt eben vieles unverständlich von dem, was ihm im Leben täglich, ja stündlich begegnet. Es türmen sich ihm viele Fragen auf, die aus der Sinneserfahrung nicht beantwortet werden können und die, wenn sie unbeantwortet bleiben, Rätsel bleiben und störend in das Leben eingreifen, indem sie Unbefriedigung hervorrufen. Unbefriedigtsein im Leben kann aber niemals zur Entwickelung und zum wahren Heile der Menschheit dienen. Wir könnten Hunderte solcher Lebensrätsel hinstellen, die viel tiefer in das Leben hineinleuchten, als man gewöhnlich nur ahnt.

Ein solches Wort, welches viele Rätsel birgt, ist das Wort «Vergessen». Sie alle kennen es als das Wort, welches das Gegenteil von dem anzeigt, was wir das Behalten einer gewissen Vorstellung, eines gewissen Gedankens, eines Eindruckes nennen. Sie alle haben gewiß mit dem, was sich hinter dem Worte Vergessen verbirgt, allerlei trübe Erfahrungen gemacht. Sie alle haben wohl das Quälende durchgemacht, das oftmals dadurch entsteht, daß diese oder jene Vorstellung, dieser oder jener Eindruck, wie wir sagen, aus dem Gedächtnisse entschwunden ist. Vielleicht haben Sie dann auch nachgedacht:

Wozu muß so etwas wie das Vergessen zu den Erscheinungen des Lebens gehören?

Nun kann man Aufschluß, und zwar Aufschluß in fruchtbarer Art über eine solche Sache doch nur gewinnen aus den Tatsachen des okkulten Lebens heraus. Sie wissen ja, daß das Gedächtnis, die Erinnerung, etwas zu tun hat mit dem, was wir den menschlichen Ätherleib nennen. So dürfen wir auch voraussetzen, daß sozusagen das Gegenteil des Gedächtnisses, der Erinnerung, das Vergessen, etwas zu tun haben wird mit dem Ätherleib. Die Frage ist vielleicht berechtigt: Hat es einen Sinn im Leben, daß der Mensch die Dinge, die er einmal in seinem Vorstellungsleben gehabt hat, auch vergessen kann? Oder müssen wir uns damit begnügen, was ja hinsichtlich dieser Vorstellung so häufig geschieht, daß sozusagen das Vergessen nur negativ charakterisiert wird, daß man sagt: Es ist eben ein Mangel der menschlichen Seele, daß sie nicht alles in jedem Augenblick gegenwärtig haben kann. – Wir werden nur einen Aufschluß gewinnen über das Vergessen, wenn wir uns die Bedeutung seines Gegenteils vor die Seele führen, die Bedeutung und das Wesen des Gedächtnisses.

Wenn wir sagen, daß das Gedächtnis etwas zu tun hat mit dem Ätherleib, so müssen wir uns wohl fragen: Wie kommt es, daß beim Menschen der Ätherleib diese Aufgabe erhält, die Eindrücke und Vorstellungen zu behalten, da doch der Ätherleib schon bei der Pflanze vorhanden ist und da eigentlich eine wesentlich andere Aufgabe hat? Wir haben öfter davon gesprochen, daß ein Pflanzenwesen, das wir vor uns haben, im Gegensatz zu dem bloßen Stein seine ganze Materialität durchdrungen hat von dem Ätherleib. Und der Ätherleib ist in der Pflanze das Prinzip des Lebens im engeren Sinne, dann das Prinzip der Wiederholung. Wenn die Pflanze nur der Tätigkeit des Ätherleibes unterworfen wäre, so würde, von der Wurzel der Pflanze angefangen, immerfort das Prinzip des Blattes sich wiederholen. Daß sich in einem Lebewesen Glieder immer von neuem wiederholen, daran ist der Ätherleib schuld, denn er will immer wieder dasselbe hervorbringen. Deshalb gibt es ja auch so etwas im Leben, was wir Fortpflanzung nennen, die Hervorbringung seinesgleichen. Sie beruht im wesentlichen auf einer Tätigkeit des Ätherleibes. Alles, was beim Menschen und auch beim Tier auf Wiederholung beruht, ist auf das ätherische Prinzip zurückzuführen. Daß sich beim Rückgrat Ringknochen um Ringknochen wiederholt, rührt von dieser Tätigkeit des Ätherleibes her. Daß die Pflanze in ihrem Wachstum oben abschließt, daß uns in der Blüte eine Zusammenfassung des ganzen Wachstums erscheint, das rührt davon her, daß sich von außen die Astralität der Erde in das Wachstum der Pflanze hineinsenkt. Daß sich beim Menschen die Ringknochen des Rückgrates nach oben erweitern zur Gehirnkapsel und da Hohlknochen werden, das hat seinen Ursprung in der Tätigkeit des Astralleibes des Menschen. So können wir sagen, daß alles, was Abschlüsse hervorbringt, dem Astralischen unterliegt, und alle Wiederholung vom Ätherprinzip herrührt. Die Pflanze hat diesen Ätherleib und der Mensch hat ihn auch. Bei der Pflanze kann natürlich von einem Gedächtnis nicht die Rede sein. Denn etwa gar zu behaupten, daß die Pflanze durch ein gewisses unbewußtes Gedächtnis sich merkt, wie das Blatt war, das sie hervorgebracht hat, und nun ein Stückchen weiter wächst und dann nach dem Muster des ersten Blattes das nächste hervorbringt, das führt zu den Phantastereien, zu denen heute eine neuerliche Naturwissenschaft hinneigt. Da spricht man zum Beispiel auch davon, daß die Vererbung herrühre von einer Art unbewußten Gedächtnisses. Das bildet jetzt einen gewissen, man möchte fast sagen, Unfug in der naturwissenschaftlichen Literatur, denn bei der Pflanze von Gedächtnis zu reden, ist eigentlich bloßer Dilettantismus in höherem Sinne.

Wir haben es zu tun mit dem Ätherleib, der das Prinzip der Wiederholung ist. Um den Unterschied fassen zu können zwischen dem pflanzlichen Ätherleibe und dem menschlichen, der neben den Eigenschaften des pflanzlichen Ätherleibes auch noch die Fähigkeit hat, das Gedächtnis auszubilden, müssen wir uns klarmachen, worinnen sich denn überhaupt Pflanze und Mensch unterscheiden. Denken Sie einmal, Sie senken einen Pflanzensamen in die Erde; dann entsteht aus diesem Pflanzensamen eine ganz bestimmte Pflanze. Aus einem Weizensamen wird Weizenhalm und Weizenähre entstehen, aus einem Bohnensamen die Bohnenpflanze. Und Sie werden sich sagen müssen: Es ist in einer gewissen Weise unabänderlich bestimmt durch die

Natur des Samens, wie diese Pflanze sich entwickeln wird. Es ist ja wahr, daß der Gärtner hinzukommen mag und durch allerlei Gartenkünste die Pflanze veredelt, in einer gewissen Weise umgestaltet. Aber das ist im Grunde genommen doch etwas Ausnahmsweises und hat außerdem doch nur einen geringen Umfang gegen das, was wir vorhin damit bezeichneten, daß wir sagten: Es wird sich aus dem Samen eine Pflanze entwickeln, die eine ganz bestimmte Gestalt, ein ganz bestimmtes Wachstum und so weiter hat. Ist das nun beim Menschen auch so? Gewiß, bis zu einem gewissen Grade ist das der Fall, aber nur bis zu einem gewissen Grade. Wir sehen, wenn ein Mensch entsteht aus dem Menschenkeim, daß auch er an einer gewissen Grenze der Entwickelung sich abschließt. Wir sehen, daß von Negereltern ein Neger entsteht, von Weißen ein Weißer, und so könnten wir mancherlei anführen, was uns zeigen würde, daß ebenso wie bei der Pflanze auch beim Menschen die Entwickelung innerhalb gewisser Grenzen eingeschlossen ist. Aber das geht nur bis zu einer gewissen Grenze, bis zur Grenze der physischen, der ätherischen, auch noch der astralischen Natur. Es wird manches nachweisbar sein in den Gewohnheiten und Leidenschaften eines Kindes, das durch das ganze Leben bleibend ist, das sozusagen ähnlich ist den Leidenschaften, den Instinkten der Vorfahren. Aber wenn der Mensch ebenso eingeschlossen wäre in den Grenzen eines gewissen Wachstumes wie die Pflanze, dann gäbe es gar nicht so etwas wie die Erziehung, wie die Entwickelung der seelischen und geistigen Eigenschaften. Wenn Sie sich zwei Kinder verschiedener Elternpaare denken, die aber in bezug auf Anlagen und auf äußere Eigenschaften sehr verwandt sind, und sich nun vorstellen, das eine Kind werde verwahrlost, man wende nicht viel an auf seine Erziehung, das andere aber werde sorgfältig erzogen, in eine gute Schule geschickt, daß es eine inhaltsvolle Entwickelung durchmacht, dann können Sie unmöglich sagen, daß diese inhaltsvolle Entwickelung schon so im Keim beim Kinde enthalten gewesen wäre wie etwa bei der Bohne. Die Bohne wächst auf jeden Fall aus dem Keim hervor, Sie brauchen sie nicht besonders zu erziehen. Das gehört zu ihrer Natur. Wir können nicht die Pflanzen erziehen, den Menschen aber können wir erziehen. Wir können dem Menschen etwas überliefern, in ihn etwas hineinbringen, während wir ähnliches in die Pflanze nicht hineinbringen können. Woher rührt das? Das hat seinen Grund darin, daß der Ätherleib der Pflanze in jedem Falle eine bestimmte innere Gesetzmäßigkeit hat, die abgeschlossen ist, die sich von Samen zu Samen hindurchentwickelt und die einen bestimmten Kreis hat, über den nicht hinausgegangen werden kann. Anders ist es beim Ätherleib des Menschen. Da ist es so, daß außer demjenigen Teil des Ätherleibes, der verwendet wird auf das Wachstum, auf dieselbe Entwickelung, die der Mensch auch in gewissen Grenzen eingeschlossen hat wie die Pflanze, daß außer diesem Teil sozusagen noch ein anderer Teil im Ätherleibe ist, der frei auftritt, der von vornherein keine Verwendung hat, wenn wir nicht dem Menschen in der Erziehung allerlei beibringen, der menschlichen Seele allerlei einfügen, was dann dieser freie Teil des Ätherleibes verarbeitet. So also ist wirklich ein durch die Natur selbst nicht verbrauchter Teil des Ätherleibes im Menschen vorhanden. Diesen Teil des Ätherleibes bewahrt sich der Mensch; er verwendet ihn nicht zum Wachstum, nicht zu seiner natürlichen organischen Entwickelung, sondern behält ihn als etwas Freies in sich, durch das er die Vorstellungen, die durch die Erziehung in ihn hineinkommen, aufnehmen kann.

Nun aber geschieht ja dieses Aufnehmen von Vorstellungen so, daß der Mensch zunächst die Eindrücke empfängt. Eindrücke muß der Mensch immer empfangen, denn auch die ganze Erziehung beruht auf Eindrücken und auf dem Zusammenwirken zwischen Ätherleib und astralischem Leib. Denn um Eindrücke zu empfangen, dazu gehört der astralische Leib. Daß Sie diesen Eindruck behalten, daß er nicht wieder verschwindet, dazu ist der Ätherleib notwendig. Auch zu der kleinsten, scheinbar unbedeutendsten Erinnerung ist schon die Tätigkeit des Ätherleibes notwendig. Wenn Sie zum Beispiel einen Gegenstand anschauen, so ist dazu der Astralleib nötig. Daß Sie ihn aber behalten, wenn Sie den Kopf wegwenden, dazu brauchen Sie schon den Ätherleib. Zum Anschauen gehört der astralische Leib; um die Vorstellung zu haben, dazu brauchen Sie schon den Ätherleib. Also wenn auch diese Tätigkeit des Ätherleibes für ein solches Behalten der Vorstellungen noch eine sehr geringe ist, wenn sie auch eigentlich erst dann in Betracht kommt, wenn sich bleibende Gewohnheiten, bleibende Neigungen, Temperamentsveränderungen und so weiter ergeben, man braucht hierzu doch schon den Ätherleib. Er muß da sein, schon wenn man eine einfache Vorstellung in der Erinnerung behalten will. Denn alles Behalten von Vorstellungen beruht in gewisser Weise auf Erinnerung.

Nun haben wir also durch die Erziehungseindrücke, durch die geistige Entwickelung des Menschen seinem freien Ätherglied allerlei eingefügt, und wir können uns nun fragen: Bleibt nun dieses freie Ätherglied ganz ohne Bedeutung für Wachstum und Entwickelung des Menschen? Nein, das ist nicht der Fall. Es beteiligt sich nach und nach, je älter der Mensch wird – nicht so sehr in den Jugendjahren –, dasjenige, was so seinem Ätherleib durch die Eindrücke der Erziehung einverleibt worden ist, an dem ganzen Leben des menschlichen Leibes, auch innerlich. Und Sie können sich am besten eine Vorstellung davon machen, wie sich das beteiligt, wenn Sie sich eine Tatsache mitteilen lassen, die gewöhnlich im Leben nicht in Betracht gezogen wird. Man meint ja, Seelisches hätte für das Leben des Menschen im allgemeinen keine sehr große Bedeutung. Dennoch kann folgendes vorkommen: Denken Sie sich einmal, ein Mensch bekomme eine Krankheit, einfach aus dem Grunde, weil er irgendwelchen ungeeigneten Verhältnissen eines Klimas ausgesetzt war. Nun müssen wir uns einmal hypothetisch vorstellen, daß dieser Mensch unter zweierlei Bedingungen krank sein kann: zum Beispiel so, daß er in dem freien Glied des Ätherleibes nicht viel zu verarbeiten hat. Nehmen wir an, er sei ein indolenter Mensch, auf den die Außenwelt wenig Eindruck machte, der der Erziehung große Schwierigkeiten entgegengesetzt hat, bei dem die Dinge zu dem einen Ohr hinein und aus dem anderen wieder herausgegangen sind. Ein solcher Mensch wird als Mittel des Gesundwerdens etwas nicht haben, was zum Beispiel ein anderer hat, dem ein reger, lebhafter Sinn eigen ist, der viel in der Jugend aufgenommen, der viel verarbeitet hat und daher für sein freies Glied des Ätherleibes sehr gut gesorgt hat. Das wird natürlich für die äußere Medizin erst noch festzustellen sein, warum sich bei dem einen größere Schwierigkeiten dem Heilungsprozeß entgegenstellen als bei dem anderen. Dieses freie Glied des Ätherleibes, das energisch geworden ist durch mannigfaltige Eindrücke, das macht sich eben hier geltend, das beteiligt sich durch seine innerliche Beweglichkeit am Heilungsprozeß. In zahlreichen Fällen verdanken die Menschen ihre schnelle Gesundung oder ihre schmerzlose Gesundung dem Umstande, daß sie in reger geistiger Beteiligung in der Jugend fleißig die Eindrücke, die sich ihnen darboten, aufgenommen haben. Da sehen Sie die Einflüsse des Geistes auf den Leib! Mit etwas ganz anderem hat man es in der Heilung bei einem Menschen zu tun, der stumpfsinnig durch das Leben geht, als bei einem, der dieses freie Glied des Ätherleibes nicht schwer und lethargisch hat, sondern bei dem es regsam geblieben ist. Sie können sich ja schon äußerlich von dieser Tatsache überzeugen, wenn Sie die Welt mit offenen Augen betrachten, wenn Sie beobachten, wie sich bei Erkrankungen geistig indolente und geistig regsame Menschen verhalten.

So sehen Sie, daß beim Menschen der Ätherleib doch noch etwas ganz anderes ist als bei der bloßen Pflanze. Der Pflanze fehlt dieses freie Glied des Ätherleibes, das den Menschen weiterentwickelt, und daß der Mensch ein solches freies Glied des Ätherleibes hat, darauf beruht im Grunde genommen die ganze Entwickelung des Menschen. Wenn Sie vergleichen die Bohnen von vor tausend Jahren mit den heutigen Bohnen, so werden Sie zwar einen gewissen Unterschied wahrnehmen, doch ist er im wesentlichen sehr klein; die Bohnen sind im wesentlichen in derselben Gestalt geblieben. Aber vergleichen Sie einmal die Menschen Europas im Zeitalter Karls des Großen mit den Menschen von heute: warum haben die Menschen heute ganz andere Vorstellungen und ganz andere Empfindungen? Weil sie immer ein freies Glied des Ätherleibes gehabt haben, wodurch sie etwas aufnehmen und ihre Natur umwandeln konnten. Das alles gilt im allgemeinen. Jetzt müssen wir aber einmal betrachten, wie sich im einzelnen diese ganze Wirkungsweise ausnimmt, die wir da charakterisiert haben.

Setzen wir den Fall, es könnte ein Mensch, wenn er einen Eindruck empfangen hat, diesen Eindruck nicht wieder aus seiner Erinnerung verwischen, sondern es bliebe dieser Eindruck da. Es wäre eine kuriose Sache zunächst, wenn Sie denken müßten, daß alles, was seit Ihrer Jugend auf Sie Eindruck gemacht hat, an jedem Tag des Lebens, von morgens bis abends, immer gegenwärtig wäre. Sie wissen ja, daß das nur eine gewisse Zeit nach dem Tode gegenwärtig ist. Da hat es seinen guten Zweck. Aber im Leben vergißt es der Mensch. Sie alle haben nicht nur Unzähliges vergessen, was Sie in Ihrer Kindheit erlebt haben, sondern auch vieles, was im vorigen Jahr – und auch gewiß einiges von dem, was gestern an Sie herangetreten ist. Eine Vorstellung, die aus dem Gedächtnis entschwunden ist, die Sie «vergessen» haben, ist nun keineswegs etwa aus Ihrer ganzen Wesenheit, aus Ihrem ganzen geistigen Organismus verschwunden. Das ist durchaus nicht der Fall. Wenn Sie gestern eine Rose gesehen und es nun vergessen haben, so ist doch das Bild der Rose noch in Ihnen vorhanden, und ebenso die anderen Eindrücke, die Sie aufgenommen haben, wenn sie auch für Ihr unmittelbares Bewußtsein vergessen sind.

Nun ist ein großer, gewaltiger Unterschied zwischen einer Vorstellung, während wir sie in unserer Erinnerung haben, und derselben Vorstellung, wenn sie aus unserer Erinnerung verschwunden ist. Also wir fassen ins Auge eine Vorstellung, die wir uns durch einen äußeren Eindruck gebildet haben und die jetzt in unserem Bewußtsein lebt. Dann blicken wir seelisch hin, wie sie nach und nach verschwindet, nach und nach vergessen wird. Aber sie ist da, sie bleibt im ganzen geistigen Organismus. Was tut sie da? Womit beschäftigt sich diese sozusagen vergessene Vorstellung? Sie hat ihr ganz bedeutungsvolles Amt. Sie fängt nämlich erst dann an, in der richtigen Weise an diesem Ihnen geschilderten freien Glied des Ätherleibes zu arbeiten und dieses freie Glied des Ätherleibes für den Menschen brauchbar zu machen, wenn sie vergessen ist. Es ist, als wenn sie erst dann verdaut wäre. Solange sie der Mensch verwendet, um durch sie etwas zu wissen, so lange arbeitet sie nicht innerlich an der freien Beweglichkeit, an der Organisation des freien Gliedes des Ätherleibes. In dem Augenblick, wo sie in die Vergessenheit hinuntersinkt, fängt sie an zu arbeiten. So daß wir sagen können: Es wird in dem freien Gliede des menschlichen Ätherleibes fortwährend gearbeitet, fortwährend an ihm geschafft. Und was ist es, was da schafft? Das sind die vergessenen Vorstellungen. Das ist der große Segen des Vergessens! Solange eine Vorstellung in Ihrem Gedächtnis haftet, solange beziehen Sie diese Vorstellung auf einen Gegenstand. Wenn Sie eine Rose betrachten und die Vorstellung davon im Gedächtnis haben, beziehen Sie die Rosen-Vorstellung auf den äußeren Gegenstand. Dadurch ist die Vorstellung an den äußeren Gegenstand gefesselt und muß zu ihm ihre innere Kraft senden. In dem Augenblick aber, wo die Vorstellung von Ihnen vergessen wird, ist sie innerlich entfesselt. Da fängt sie an, Keimkräfte zu entwickeln, die innerlich an dem Ätherleib des Menschen arbeiten. So haben unsere vergessenen Vorstellungen für uns eine ganz wesentliche Bedeutung. Eine Pflanze kann nicht vergessen. Sie kann natürlich auch nicht Eindrücke empfangen. Sie könnte aber schon deshalb nicht vergessen, weil ihr ganzer Ätherleib zu ihrem Wachstum aufgebraucht wird, weil kein unverbrauchter Rest da ist. Sie hätte nichts, wenn Vorstellungen in sie hinein könnten, was da zu entwickeln wäre.

Aber alles, was geschieht, geschieht aus der gesetzmäßigen Notwendigkeit heraus. Überall, wo etwas vorhanden ist, was sich entwickeln soll und nicht in seiner Entwickelung unterstützt wird, da wird für die Entwickelung ein Hindernis geschaffen. Alles, was in einem Organismus nicht in die Entwickelung eingefügt wird, das wird zu einem Hindernis für die Entwickelung. Nehmen Sie an, im Innern des Auges sonderten sich allerlei Einschlüsse ab, Substanzen, die nicht in die allgemeine Wässerigkeit des Auges aufgenommen werden könnten; da würde das Auge gestört werden in seinem Sehen. Es darf nichts bleiben, was nicht hineinverwoben wird, was nicht aufgenommen werden kann. So ist es auch mit den geistigen Eindrücken. Ein Mensch, der zum Beispiel Eindrücke empfangen könnte und diese Eindrücke ständig in seinem Bewußtsein behalten würde, der könnte sehr leicht dahin kommen, daß das Glied, das sich von den vergessenen Vorstellungen nähren soll, zu wenig von diesen vergessenen Vorstellungen erhielte und wie ein lahmes Glied die Entwickelung stören würde, anstatt sie zu fördern. Da haben Sie zugleich den Grund, warum es schädlich ist, wenn ein Mensch in der Nacht daliegt, und, weil er an gewissen Sorgen leidet, die Eindrücke durchaus nicht aus seinem Bewußtsein herausschaffen kann. Würde er sie vergessen können, so würden sie zu wohltätigen Bearbeitern seines Ätherleibes werden. Hier haben Sie handgreiflich den Segen des Vergessens, und hier haben Sie zugleich einen Hinweis auf die Notwendigkeit, daß Sie nicht zwangsmäßig diese oder jene Vorstellung festhalten, sondern vielmehr lernen sollen, dieses oder jenes zu vergessen. Es ist für die innere Gesundheit eines Menschen im höchsten Grade schädlich, wenn er gewisse Dinge durchaus nicht vergessen kann.

Was wir hier für die alltäglichsten Dinge des Augenblickes sagen können, das hat auch seine Anwendung auf ethisch-moralische Verhältnisse. Etwas, was wir die wohltätige Wirkung eines Charakters nennen können, der nichts nachträgt, beruht wirklich auch darauf. Es zehrt an der Gesundheit eines Menschen, wenn wir nachträgerisch sind. Wenn uns jemand einen Schaden zugefügt hat und wir den Eindruck dessen, was er uns getan hat, in uns aufgenommen haben und immer wieder darauf zurückkommen, sobald wir ihn sehen, dann beziehen wir diese Vorstellung des Schadens auf den Menschen, wir lassen sie dann nach außen strömen. Nehmen wir aber an, wir hätten es dahin gebracht, dem Menschen, der uns einen Schaden zugefügt hat, so die Hand zu drücken, wenn wir ihm wieder begegnen, als ob nichts geschehen wäre: dann ist das in Wahrheit heilsam. Und es ist kein Bild, sondern eine Tatsache, daß es heilsam wirkt. Eine solche Vorstellung, die sich als stumpf und unwirksam nach außen erweist, wenn uns ein Mensch etwas getan hat, die ergießt sich in demselben Augenblick nach innen wie lindernder Balsam für gar mancherlei, was im Menschen ist. Diese Dinge sind Tatsachen, und daraus können wir in einem noch weiteren Sinne den Segen des Vergessens sehen. Das Vergessen ist kein bloßer Mangel für den Menschen, sondern etwas, was zu den wohltuendsten Dingen im Menschenleben gehört. Würde der Mensch nur das Gedächtnis entwickeln und würde alles in dem Gedächtnis bleiben, was auf ihn einen Eindruck macht, dann würde ja sein Ätherleib immer mehr zu tragen haben, würde immer reicheren Inhalt bekommen, aber er würde gleichzeitig innerlich immer mehr und mehr verdorren. Daß er entwickelungsfähig wird, das verdankt er dem Vergessen. Ohnedies ist es ja so, daß keine Vorstellung ganz aus dem Menschen verschwunden ist. Das zeigt sich am besten bei jener großen Rückerinnerung, die wir unmittelbar nach dem Tode vor uns haben. Da zeigt es sich, daß kein Eindruck vollständig verlorengegangen ist.

Nachdem wir so den Segen des Vergessens für das alltägliche Leben in den neutralen und auch in den moralischen Gebieten ein wenig gestreift haben, können wir dieses Vergessen in seiner Wirksamkeit für das Leben in seinem großen Umfange während der Zeit zwischen dem Tode und einer neuen Geburt in Erwägung ziehen. Was ist denn im Grunde genommen Kamaloka, jene Durchgangszeit des Menschen, die da liegt vor seinem Eintritt in das Devachan, in die eigentliche geistige Welt? Dieses Kamaloka ist da, weil der Mensch unmittelbar nach dem Tode nicht vergessen kann seine Neigungen, seine Begierden, seine Genüsse, die er im Leben gehabt hat. Der Mensch verläßt im Tode zunächst seinen physischen Leib. Dann steht jenes Ihnen oft geschilderte große Erinnerungstableau vor der Seele. Das hört nach zwei, drei, spätestens vier Tagen vollständig auf. Dann bleibt eine Art Extrakt des Ätherleibes. Während der eigentliche umfängliche Teil des Ätherleibes sich herauszieht und sich auflöst im allgemeinen Weltenäther, bleibt eine Art von Essenz, von Gerippe, von Gerüst des Ätherleibes zurück, aber zusammengezogen. Der astralische Leib ist der Träger aller Instinkte, Triebe, Begierden, Leidenschaften, der Gefühle, Empfindungen und Genüsse. Nun würde ja der astralische Leib in Kamaloka nicht zu dem Bewußtsein der quälenden Entbehrung kommen können, wenn er nicht dadurch, daß er noch mit den Resten des Ätherleibes verbunden ist, fortwährend die Möglichkeit hätte, sich zu erinnern an das, was er im Leben genossen und begehrt hat. Und das Abgewöhnen ist ja im Grunde nichts anderes als ein allmähliches Vergessen dessen, was den Menschen an die physische Welt kettet. So also muß der Mensch, wenn er in das Devachan eintreten will, erst das Vergessen dessen lernen, was ihn an die physische Welt kettet. Also auch da sehen wir, daß der Mensch gequält wird dadurch, daß er noch eine Erinnerung hat an die physische Welt. So wie Sorgen für den Menschen quälend werden können, wenn sie nicht fort wollen aus dem Gedächtnis, so quälend werden auch die Neigungen und Instinkte, die nach dem Tode bleiben, und diese quälende Erinnerung an den Zusammenhang mit dem Leben drückt sich aus in alledem, was der Mensch durchzumachen hat während seiner Kamaloka-Zeit. Und in dem Augenblick, wo es ihm gelungen ist, alles das zu vergessen, was von Wünschen und Begierden gegenüber der physischen Welt vorhanden war, da treten erst die Errungenschaften und die Früchte des vorherigen Lebens so heraus, wie sie im Devachan wirksam sein müssen. Da werden sie Bildner und Werkmeister an der Gestaltung des neuen Lebens. Denn im Grunde ist es ja so, daß der Mensch im Devachan arbeitet an der neuen Gestalt, die er haben soll, wenn er wieder ins Leben tritt. Dieses Arbeiten, dieses Vorbereiten seiner späteren Wesenheit, das gibt ihm die Seligkeit, die er während des Devachans hindurch empfindet. Wenn der Mensch durch das Kamaloka durchgegangen ist, dann beginnt er schon mit der Vorarbeit für seine künftige Gestaltung. Das Leben im Devachan ist immer damit ausgefüllt, daß er jenen Extrakt, den er mitbekommen hat, dazu verwendet, um seine nächste Gestalt in ihrem Urbild auszubauen. Dieses Urbild formt er so, daß er da hineinarbeitet die Früchte des verflossenen Lebens. Das kann er aber nur dadurch, daß er vergißt, was ihm das Kamaloka so schwer gemacht hat.

Wenn wir also sprechen von einem Leiden und Entbehren im Kamaloka, so sehen wir, daß das davon herrührt, daß der Mensch nicht imstande ist, gewisse Zusammenhänge mit der physischen Welt zu vergessen, daß die physische Welt wie eine Erinnerung vor seiner Seele schwebt. Dann aber, wenn er durchgegangen ist durch «Lethes Flut», wenn er durch den Fluß des Vergessens geschritten ist, wenn er dieses Vergessen gelernt hat, dann werden die Errungenschaften und Erlebnisse der vorherigen Inkarnation dazu verwendet, um das Urbild, den Prototyp des nachfolgenden Lebens Stück für Stück heranzubilden. Und dann beginnt an die Stelle des Leidens die selige Lust des Devachans zu treten. Geradeso wie wir im gewöhnlichen Leben, wenn uns Sorgen quälen, wenn gewisse Vorstellungen aus unserem Gedächtnisse nicht herauswollen, wie wir da unserem Ätherleibe ein verholzendes Stück, ein verdorrendes Stück einschieben, das zu unserer Ungesundung beiträgt, geradeso haben wir in unserer Wesenheit ein Stück nach dem Tode, das zu unseren Leiden und Entbehrungen so lange beiträgt, als wir uns nicht durch das Vergessen alle Zusammenhänge mit der physischen Welt hinweggeschafft haben. So wie diese vergessenen Vorstellungen für den Menschen zu einem Keim von Gesundung werden können, so werden alle Erfahrungen des vorhergehenden Lebens zu einem Quell von Lust im Devachan, wenn der Strom des Vergessens durchschritten ist, wenn der Mensch alles das vergessen hat, was ihn an das Leben in der sinnlichen Welt bindet.

So also sehen wir, wie auch für den großen Umfang des Lebens diese Gesetze von Vergessen und Erinnerung durchaus gelten.

Nun könnten Sie vielleicht die Frage aufwerfen: Wie kann denn überhaupt der Mensch nach dem Tode Vorstellungen von dem haben, was im verflossenen Leben geschehen ist, wenn er dieses Leben vergessen muß? Es könnte jemand sagen: Könnt ihr denn überhaupt von Vergessen sprechen, da doch der Mensch den Ätherleib abgelegt hat und Erinnerung und Vergessen doch etwas mit dem Ätherleib zu tun haben? Es bekommen natürlich Erinnerung und Vergessen nach dem Tode eine gewisse andere Gestalt. Sie wandeln sich so, daß dann an die Stelle des gewöhnlichen Erinnerns das Lesen in der Akasha-Chronik tritt. Was in der Welt geschehen ist, ist ja nicht verschwunden, es ist objektiv da. Indem im Kamaloka hinschwindet die Erinnerung an den Zusammenhang mit dem physischen Leben, tauchen diese Ereignisse auf in einer ganz anderen Weise, indem sie sich dem Menschen in der Akasha-Chronik entgegenstellen. Er braucht also dann nicht den Zusammenhang mit dem Leben, der sich ihm aus der gewöhnlichen Erinnerung ergibt. Es werden sich uns alle solche Fragen, die aufgeworfen werden können, lösen. Dazu gehört aber, daß wir uns Zeit lassen, daß wir nach und nach diese Dinge erledigen, denn es ist nicht möglich, gleich alles zur Hand zu haben, was eine Sache begreiflich machen kann.

Es erklärt sich uns auch vieles im alltäglichen Leben, wenn wir diese Dinge, wie sie jetzt besprochen worden sind, wissen. Da zeigt sich uns vieles, was zum menschlichen Ätherleib gehört, in der eigenartigen Zurückwirkung der Temperamente auf den Menschen. Wir haben ja gesagt, daß diese bleibende Charaktereigentümlichkeit, die wir als Temperament bezeichnen, auch ihren Ursprung im Ätherleib hat. Nehmen wir einen Menschen mit einem melancholischen Temperament, der gar nicht hinauskommt über gewisse Vorstellungen, über die er immer nachsinnen muß. Das ist ganz anders als bei einem sanguinischen oder bei einem phlegmatischen Temperament, wo die Vorstellungen nur so hinschwinden. Ein melancholisches Temperament wird gerade in dem Sinn, wie wir es eben gesehen haben, der Gesundheit des Menschen abträglich sein, während ein sanguinisches Temperament der Gesundheit des Menschen in einem gewissen Sinne außerordentlich zuträglich sein kann. Natürlich dürfen diese Dinge nicht so genommen werden, daß man sagt: Der Mensch muß sich bemühen, alles zu vergessen. Aber Sie sehen, daß gerade aus diesen Dingen, wie wir sie kennengelernt haben, das Gesunde und Zuträgliche eines sanguinischen oder phlegmatischen Temperamentes sich erklärt und das Ungesunde eines melancholischen Temperamentes. Natürlich ist die Frage, ob dann ein solches phlegmatisches Temperament auch in der richtigen Weise wirkt. Ein Phlegmatiker, der nur triviale Vorstellungen aufnimmt, wird sie leicht vergessen. Das kann ihn nur gesund machen. Aber wenn er nur solche Vorstellungen aufnimmt, kann es wiederum durchaus nicht für ihn gut sein. Da wirken verschiedene Dinge durcheinander.

Die Frage: Ist das Vergessen nur ein Mangel der Menschennatur oder doch vielleicht etwas Nützliches? – diese Frage wird uns durch die geisteswissenschaftliche Erkenntnis beantwortet. Und wir sehen auf der anderen Seite, wie auch starke moralische Impulse folgen können aus der Erkenntnis solcher Dinge. Wenn der Mensch glaubt, daß es für sein Heil – das ganz objektiv zu betrachten ist – zuträglich ist, wenn er zugefügte Beleidigungen und Verletzungen vergessen kann, so wird ein ganz anderer Impuls da sein. Solange er aber glaubt, daß das keine Bedeutung hat, wird kein Moralpredigen etwas nützen. Wenn er aber weiß, daß er vergessen soll und daß sein Heil davon abhängt, dann wird er wohl ganz anders diesen Impuls auf sich wirken lassen. Man braucht das nicht gleich egoistisch nennen, sondern wir dürfen sagen: Bin ich krank und siech, verderbe ich mein geistiges und seelisches und leibliches Innere, so bin ich auch für die Welt nichts nütze. Man kann auch die Frage des Wohlbefindens von einem ganz anderen Standpunkte aus betrachten. Wer ein ausgesprochener Egoist ist, bei dem werden ja auch solche Betrachtungen nicht viel nützen. Aber wer der Menschheit Heil im Auge hat und deshalb auch darauf bedacht ist, daß er mitwirken kann, also in der mittelbaren Art auch sein eigenes Heil im Auge hat – wenn der Mensch imstande ist, das zu bedenken, dann wird er aus solchen Betrachtungen auch moralische Früchte ziehen können. Und es wird sich eben zeigen, wenn Geisteswissenschaft eingreift in des Menschen Leben, indem sie ihm über gewisse geistige Verhältnisse die Wahrheit zeigt, daß sie ihm die größten ethisch-moralischen Impulse liefern wird, wie sie keine andere Erkenntnis und keine bloß äußerlichen Moralgebote ihm bieten können. Tatsachenerkenntnis der geistigen Welt, wie Geisteswissenschaft sie vermittelt, ist daher ein starker Impuls, der auch in bezug auf die Moral die größten Fortschritte im Menschenleben hervorbringen kann.

ACHTER VORTRAG

Berlin, 10. November 1908

Diejenigen von Ihnen, welche seit Jahren diese Zweigvorträge besucht haben, werden vielleicht haben ersehen können, daß dieselben nicht etwa in bezug auf ihre Themata zufällig zusammengewürfelt sind, sondern daß ein gewisser Fortgang in denselben war. Auch innerhalb eines Winters selbst haben die Vorträge immer einen gewissen inneren Zusammenhang, wenn das auch äußerlich nicht von vornherein sichtbar ist. Daher wird es natürlich von größter Bedeutung sein, daß auf die verschiedenen Kurse Rücksicht genommen werde, die neben den eigentlichen Zweigabenden hier stattfinden, und welche dazu bestimmt sind, später hinzugekommene Mitglieder sozusagen bis zu dem Stand dieser Zweigvorträge hinzuführen; mancherlei, was hier in diesen Zweigvorträgen gesagt wird, kann nicht so von vornherein von jedem, der frisch hinzukommt, ohne weiteres verstanden werden. Aber es ist dabei noch etwas zu bemerken, was nach und nach Berücksichtigung finden sollte in den verschiedenen Zweigen unserer deutschen Sektion. Da ein gewisser innerer Gang in den Vorträgen ist, so obliegt es mir insbesondere, jeden Vortrag so zu gestalten, wie er sich in ein Ganzes einfügt. Es ist daher nicht möglich, die Dinge, die in einem solchen einzelnen Zweigvortrag für fortgeschrittenere Teilnehmer gesagt werden, so zu sagen, daß sie auch für den, der erst kurze Zeit da ist, in derselben Weise gelten können. Man würde über dasselbe Thema natürlich auch durchaus elementar sprechen können, aber es würde das nicht angehen, wenn ein fortschreitender Gang der Entwickelung unseres geisteswissenschaftlichen Zweiglebens gerade im Zweige in Aussicht genommen ist. Das hängt nun wieder damit zusammen, daß von Veröffentlichungen von Vorträgen, von Mitteilung von Vorträgen auch von einem Zweig zum andern, doch im weitesten Umfange immer mehr und mehr – und gerade je weiter wir kommen – abgesehen werden sollte. Denn es handelt sich wirklich bei den Vorträgen, die von mir in den Zweigen gehalten werden, immer mehr darum, daß es zum Beispiel gar nicht einerlei ist, ob man den einen Vortrag an dem einen Montag und den nächsten Vortrag am nächsten Montag hört. Wenn auch das für den Zuhörer nicht gleich durchsichtig ist, warum der eine Vortrag auf den anderen folgt, so ist das doch wichtig; und wenn man so Vorträge herumleiht, kann man gar nicht darauf Rücksicht nehmen, um was es sich dabei handelt. Es wird da unter Umständen ein Vortrag vor dem andern gelesen, und notwendigerweise wird er dann mißverstanden und richtet in den Köpfen mancherlei Verwirrung an. Das sei als etwas, was zu unserem anthroposophischen Leben gehört, durchaus als wichtig bemerkt. Schon ob da oder dort ein Nebensatz bei den Dingen eingeschoben ist, ob da oder dort ein Wort besonders oder weniger hervorgehoben wird, das hängt von der ganzen Entwickelung des Zweiglebens ab. Und nur dann, wenn das Veröffentlichen der Vorträge streng überwacht wird, so daß im Grunde genommen von jedem Veröffentlichen abgesehen wird, was mir nicht zuerst unterbreitet wird, kann irgendwie etwas Gedeihliches aus diesem Vervielfältigen oder Publizieren der Vorträge erfolgen.

Dies ist auch in gewisser Beziehung eine Art Einleitung zu den Vorträgen, die demnächst hier in unserem Zweig werden gehalten werden. Es wird ein gewisser innerer Zusammenhang sein im Verlaufe der Vorträge dieses Winters, und das, was an vorbereitendem Material zusammengeholt werden wird, das wird zuletzt, gerade bei den Vorträgen dieses Winters, nach einem ganz bestimmten Gipfelpunkt hin gerichtet sein, in dem es dann seinen Abschluß finden wird. Was vor acht Tagen hier besprochen wurde, hat einen kleinen Anfang gemacht; was heute besprochen werden wird, wird eine Art Fortsetzung sein. Aber «Fortsetzung» nicht etwa so wie bei Zeitungsromanen, wo die achtunddreißigste Fortsetzung die siebenunddreißigste fortsetzt, sondern es wird alles einen innerlichen Zusammenhang haben, wenn auch scheinbar verschiedene Gegenstände behandelt werden, und der Zusammenhang wird darin liegen, daß das Ganze dann am Ende in den letzten Vorträgen gipfeln wird. So werden wir gerade heute schon in bezug auf die letzten der Vorträge etwas Skizzenhaftes zu sagen haben über das

Wesen der Krankheiten, und am nächsten Montag über den Ursprung, die historische Bedeutung und den Sinn der «Zehn Gebote» zu sprechen haben. Das kann nun scheinen, als wenn es gar nicht zusammengehörte; aber Sie werden zuletzt sehen, wie das alles einen inneren Zusammenhang hat und wie es eigentlich nicht als etwas gelten soll, was irgendwie einen abgeschlossenen Vortrag darstellt, wie es sonst für ein weiteres Publikum sehr wohl der Fall sein kann.

Über das Wesen des Krankseins, der Krankheiten wollen wir heute vom Standpunkt der Geisteswissenschaft einiges sprechen. Um das Kranksein oder wenigstens um diese oder jene Form des Krankseins kümmert sich ja der Mensch in der Regel erst dann, wenn er von dieser oder jener Krankheit befallen ist, und da interessiert ihn dann im Grunde genommen auch nicht viel anderes als zumeist nur die Heilung, das heißt es interessiert ihn die Tatsache, daß er geheilt werde. Das, wie er geheilt werde, ist ihm zuweilen höchst gleichgültig, und es ist ihm auch höchst angenehm, wenn er sich um dieses «Wie» nicht weiter zu kümmern braucht. Dazu sind ja die da, die dazu von den entsprechenden Stellen eben angestellt sind, so denken die meisten unserer Zeitgenossen. Auf diesem Gebiet herrscht ein viel ärgerer Autoritätsglaube innerhalb unserer Zeitströmung, als er eigentlich auf religiösem Gebiete je geherrscht hat. Das medizinische Papsttum, gleichgültig, wie es sich da oder dort gestaltet, ist ein solches, welches sich bis heute schon in der intensivsten Weise geltend macht und das sich in Zukunft noch viel mehr geltend machen wird. Aber nicht zum geringsten Teil haben die Laien Schuld daran, daß das so sein kann oder so werden wird. Denn man denkt nicht nach, kümmert sich nicht um diese Dinge, wenn es einem nicht an den Kragen geht, wenn nicht gerade ein akuter Fall da ist, wo man selbst einer Heilung bedürftig ist. Und so sieht denn auch ein großer Teil der Bevölkerung mit einem großen Gleichmute zu, wenn das medizinische Papsttum immer größere Dimensionen annimmt und in den verschiedensten Formen sich einnistet, so zum Beispiel, wenn es jetzt mitredet und in einer ungeheuren Weise in die Erziehung der Kinder eingreift, in das

Schulleben, und dabei eine bestimmte Therapie für sich in Anspruch nimmt. Man kümmert sich nicht darum, welche tieferen Dinge eigentlich dahinter stecken. Man sieht zu, wenn diese oder jene Anstalten in der Öffentlichkeit gemacht werden, sei es in Form dieses oder jenes Gesetzes. Man will in diese Dinge keinen wirklichen Einblick gewinnen. Dagegen werden sich allerdings immer wieder Leute finden, die, wenn es ihnen an den Kragen geht und sie nicht auskommen mit der gewöhnlichen materialistischen Medizin, um deren Grundlagen sie sich nicht kümmern und nur sehen, ob sie geheilt werden oder nicht, dann auch zu solchen Leuten kommen, die auf dem Boden des Okkultismus stehen – und sie kümmern sich dann aber auch wieder nur darum, ob sie geheilt werden können oder nicht. Darum jedoch kümmern sie sich nicht, ob das ganze öffentliche Leben in bezug auf die Methoden und das Wissen der Dinge einer tieferen, aus dem Geistigen kommenden Methode allen Grund und Boden unterwühlt. Wer kümmert sich darum, wenn bei einer Methode, die auf okkultem Boden erwachsen ist, die Öffentlichkeit alle Heilung auf diesem Gebiet unterbindet, oder wenn der Heiler eingesperrt wird? Alle diese Dinge werden eben nicht gründlich genug betrachtet; man betrachtet sie nur, wenn der Fall daliegt. Aber es ist gerade die Aufgabe einer wirklichen geistigen Bewegung, das Bewußtsein dafür wachzurufen, daß es sich nicht bloß handeln kann um das egoistische Suchen nach Heilung, sondern um die Erkenntnis der tieferen Gründe in diesen Dingen und um die Verbreitung einer solchen Erkenntnis.

In unserem Zeitalter des Materialismus ist es ja für den, der die Dinge durchschauen kann, nur allzu natürlich, daß gerade die Lehre von den Krankheiten den gewaltigsten Einfluß von der materialistischen Denkweise erfährt. Aber man wird ebenso fehlgehen, wenn man diesem oder jenem Schlagwort nachjagt, der oder jener Methode etwas Besonderes zuschreibt, man wird ebenso fehlgehen mit einer bloßen Kritik dessen, was zwar aus naturwissenschaftlichen Grundlagen hervorgeht und in vieler Beziehung nützlich, jedoch mit materialistischen Theorien verbrämt ist, als wenn man auf der anderen Seite wieder alles subsummieren will unter psychische Heilung und dergleichen und auf diese Weise in alle möglichen Einseitigkeiten verfällt. Vor allen Dingen muß der heutigen Menschheit immer klarer werden, daß der Mensch ein kompliziertes Wesen ist und daß alles, was mit dem Menschen zusammenhängt, mit dieser Kompliziertheit seines Wesens zu tun hat. Wenn eine Wissenschaft der Ansicht ist, daß der Mensch bloß aus dem physischen Leib besteht, dann kann sie unmöglich in irgendeiner heilsamen Weise in das eingreifen, was mit dem gesunden oder kranken Menschen zu tun hat. Denn Gesundheit und Krankheit stehen in einem Verhältnis zu dem ganzen Menschen und nicht bloß zu einem Glied desselben, dem physischen Leibe.

Nun darf man die Sache wiederum nicht oberflächlich nehmen. Sie können heute genugsam Ärzte finden, die regelrecht anerkannte Mediziner sind und die Ihnen durchaus nicht zugeben werden, daß sie in bezug auf ihr Glaubensbekenntnis auf materialistischem Boden stehen, sondern dieses oder jenes religiöse Glaubensbekenntnis haben, und die es weit von sich weisen würden, wenn Sie ihnen den Vorwurf machten, sie seien von einer materialistischen Gesinnung durchseelt. Darauf kommt es aber nicht an. Es kommt überhaupt im Leben nicht auf das an, was einer sagt und wovon einer überzeugt ist. Das ist seine ganz persönliche Sache. Im Wirken kommt es darauf an, daß man diejenigen Tatsachen, die nicht nur in der Sinneswelt sind, sondern die die geistige Welt durchweben und durchwallen, anwenden kann und für das Leben fruchtbar zu machen versteht. Wenn also ein Arzt ein noch so frommer Mann ist und noch so viel Ideen hat über diese oder jene geistige Welt, wenn er aber in bezug auf das, was er ausführt, nach den Regeln vorgeht, die ganz und gar aus unserer materialistischen Weltengesinnung heraus geschaffen sind, wenn er also so kuriert, als ob es bloß einen Körper gäbe, dann mag er seiner Theorie nach noch so spirituell gesinnt sein: er ist ein Materialist. Denn es kommt nicht darauf an, was einer sagt oder glaubt, sondern daß er die Kräfte, die hinter der äußeren Sinneswelt stehen, in lebendige Bewegung zu versetzen versteht. Ebensowenig genügt es, wenn durch die Anthroposophie die Lehre verbreitet wird, daß der Mensch aus einer viergliedrigen Wesenheit besteht, und alles in der Welt nun nachplappern würde, daß der Mensch besteht aus physischem Leib, Ätherleib, astralischem Leib und Ich, auch wenn man diese Dinge in einer Art definieren und beschreiben kann. Auch das ist nicht das Wesentliche, sondern daß das lebendige Ineinanderspielen dieser Glieder der menschlichen Wesenheit immer mehr und mehr begriffen werde, daß begriffen werde, wie am gesunden und kranken Menschen beteiligt sind physischer Leib, Ätherleib, astralischer Leib und Ich und das, was wieder wechselseitig mit diesen Gliedern zusammenhängt. Wer sich zum Beispiel niemals mit dem beschäftigen wird, was die Geisteswissenschaft zu geben vermag über die Natur des vierten Gliedes der menschlichen Wesenheit, über das Ich, der kann niemals, und wenn er noch so viel Anatomie und Physiologie studieren würde, irgend etwas erkennen über die Natur des Blutes. Das ist ganz unmöglich. Daher kann er nie und nimmer etwas Erhebliches und Fruchtbares sagen über die Krankheiten, die mit der Natur des Blutes zusammenhängen. Das Blut ist der Ausdruck für die Ich-Natur des Menschen. Und wenn durch die Zeiten das Goethewort im «Faust» geht: «Blut ist ein ganz besonderer Saft», so ist in der Tat damit recht viel gesagt. Unsere heutige Wissenschaft hat keine Ahnung davon, daß man sich in einer ganz anderen Weise auch zu dem physischen Blute als Forscher zu verhalten hat als zu irgendeinem anderen Glied der menschlichen physischen Körperlichkeit, das der Ausdruck von etwas ganz anderem ist. Wenn die Drüsen der Ausdruck, das physische Gegenspiel des Ätherleibes sind, so haben wir auch physisch etwas ganz anderes zu sehen in demjenigen, was irgendeine Drüse, sei es Leber oder Milz, zusammensetzt, als wir im Blut zu sehen haben, das der Ausdruck eines viel höheren Gliedes der menschlichen Wesenheit ist, nämlich des Ichs. Und davon müssen die Forschungsmethoden abhängen, die uns zeigen, wie man sich mit diesen Dingen zu beschäftigen hat. Nun will ich etwas aussprechen, was eigentlich nur dem vorgerückten Anthroposophen verständlich sein kann, was aber wichtig ist auszusprechen.

Es erscheint heute dem materialistisch gesinnten Gelehrten ganz natürlich, daß, wenn er einen Stich in den Körper macht, da Blut herausfließt, das man untersuchen kann mit allen Mitteln, die es gibt. Und jetzt beschreibt man: das ist Blut – so etwa, wie man irgendeinen anderen Stoff, eine Säure oder so etwas, beschreibt nach den chemischen Untersuchungsmethoden, nach denen man dabei zu Werke geht. Man beachtet aber nur das eine dabei nicht, was allerdings einer materialistischen Wissenschaft nicht nur unbekannt, sondern geradezu als eine Torheit und Phantasterei erscheinen muß, was aber doch wahr ist: das Blut, das in den Adern rinnt, das den lebendigen Leib unterhält, das ist gar nicht das, was herausrinnt, wenn ich den Stich mache und einen roten Tropfen erhalte. Denn das Blut geht in dem Augenblick, wo es aus dem Körper geht, eine solche Verwandlung ein, daß wir sagen können, es ist überhaupt etwas ganz anderes; und was herausrinnt als gerinnendes Blut, und wenn es noch so frisch ist, ist unmaßgebend für das, was die ganze Essenz im lebendigen Organismus ist. Blut ist der Ausdruck für das Ich, für ein hohes Glied der menschlichen Wesenheit. Blut ist schon als Physisches etwas, was Sie überhaupt nicht seiner Totalität nach physisch untersuchen können, weil es, wenn Sie es sehen können, gar nicht mehr das Blut ist, das im Körper rinnt, was es war. Es kann gar nicht physisch geschaut werden, denn in dem Augenblick, wo es bloßgelegt wird, wenn es dahin kommt, daß es untersucht werden kann durch irgendwelche der Röntgen-Methode ähnliche Methoden, dann untersucht man gar nicht mehr das Blut, sondern etwas, was der äußere Abglanz des Blutes auf dem physischen Felde ist. Diese Dinge werden erst nach und nach begriffen werden. Es hat immer in der Welt solche Forscher gegeben, die auf dem Boden des Okkultismus standen und das gesagt haben, aber sie sind Phantasten oder Philosophen oder sonstwie benannt worden.

Nun hängt alles im gesunden oder kranken Menschen eben wirklich zusammen mit der Vielgliedrigkeit des Menschen, mit der Kompliziertheit des Menschen; und so kommt man auch nur durch eine Erkenntnis des Menschen, die der Geisteswissenschaft entnommen ist, zu einer Anschauung über den gesunden oder kranken Menschen. Es gibt ganz bestimmte Schäden der menschlichen Natur, die nur verstanden werden können, wenn wir uns bewußt sind, daß sie zusammenhängen mit der Natur des Ichs, und wiederum in bestimmter Weise – aber innerhalb bestimmter Grenzen – sich zeigen im Ausdruck des Ichs, im Blut. Dann gibt es bestimmte Schäden im menschlichen Organismus, die zurückzuführen sind auf eine Erkrankung des astralischen Leibes und die dadurch den äußeren Ausdruck des astralischen Leibes, das Nervensystem, affizieren. Aber nun müssen Sie schon, indem dieser zweite Fall genannt wird, sich der Feinheit, mit der hier gedacht werden muß, ein wenig bewußt werden. Wenn des Menschen astralischer Leib in sich eine solche Unregelmäßigkeit hat, daß sie sich im Nervensystem, im äußeren Abbild des astralischen Leibes ausdrückt, dann tritt zunächst physisch zutage eine gewisse Unfähigkeit des Nervensystems, seine Arbeit zu leisten. Wenn nun das Nervensystem nach einer bestimmten Richtung hin seine Arbeit nicht leisten kann, dann können als Folge dieser Unfähigkeit alle möglichen Krankheitssymptome auftreten: Magen, Kopf, Herz können dabei krank werden. Es braucht aber durchaus nicht eine Krankheit, die etwa im Magen ihr Symptom zeigt, zurückzuführen sein auf eine Unfähigkeit des Nervensystems nach einer bestimmten Richtung und daher zurückzuführen sein in ihrem Ursprung auf den astralischen Leib, sondern sie kann von ganz woanders her kommen.

Diejenigen Krankheitsformen, die zusammenhängen mit dem Ich selbst und dadurch mit seinem äußeren Ausdruck, dem Blut, äußern sich in der Regel – aber nur in der Regel, denn in der Welt sind die Dinge nicht so abgezirkelt, trotzdem man scharfe Konturen ziehen kann, wenn man die Dinge betrachten will – als diejenigen Krankheiten, die als chronische Krankheiten auftreten. Was sonst zunächst wahrgenommen werden kann als diese oder jene Schäden, ist in der Regel Symptom. Es kann dieses oder jenes Symptom auftreten, zugrunde liegen kann aber ein Schaden des Blutes, und der hat seinen Ursprung in einer Unregelmäßigkeit desjenigen Teiles der menschlichen Wesenheit, den wir den Ich-Träger nennen. Nun könnte ich Ihnen stundenlang reden über die Krankheitsformen, die sich chronisch äußern, und die, wenn wir physisch sprechen, im

Blut, wenn wir geistig sprechen, im Ich ihren Ursprung haben. Das sind vorzugsweise die Krankheiten, die so im rechten Sinne vererbbar sind, übergehen von einer Generation auf die andere. Und diese Krankheiten sind es, die nur von dem durchschaut werden können, der überhaupt die menschliche Natur geistig betrachtet. Da kommt dieser oder jener, der chronisch krank ist, das heißt also im Grunde genommen niemals recht gesund ist; es tritt bald dieses, bald jenes auf, er fühlt bald dieses oder jenes Unwohlsein. Da handelt es sich darum, daß man tiefer auf den Grund der Sache sieht und da vor allem darauf zu achten versteht: Wie ist denn der eigentliche Grundcharakter des Ichs beschaffen? Was ist denn das eigentlich für ein Mensch? Wer auf diesem Felde wirklich dem Leben gemäß etwas weiß, der kann sagen, daß ganz bestimmte Formen der chronischen Krankheiten zusammenhängen mit diesem oder jenem rein seelischen Grundcharakter des Ichs. Niemals werden gewisse chronische Krankheiten auftreten bei einem Menschen, der zum Ernst und zur Würde bestimmt ist, dagegen wohl bei einem Menschen, der zum Pfeifen und Singen aufgelegt ist. Das kann hier nur angedeutet werden, um einmal den Weg in diesen propädeutischen Vorträgen zu weisen.

Aber Sie sehen, es kommt viel darauf an, wenn irgend jemand auftritt, der da sagt, ich habe eigentlich seit Jahren dieses oder jenes, daß man sich da zunächst klar werden muß: Was ist das überhaupt für ein Mensch? Man muß wissen, welche Grundcharakterfärbung sein Ich hat, sonst wird man immer in der äußeren Medizin unbedingt danebengreifen müssen, wenn nicht ein eigenartiger Zufall darauf führt. Das Wesentliche wird es nun sein, daß bei diesen Krankheiten, die also zugleich im eminentesten Sinne diejenigen sind, die im eigentlichen Sinne vererbbar sind, in bezug auf die Heilung die ganze Umgebung des Menschen zu berücksichtigen sein wird, insofern sie auf sein Ich einen direkten oder indirekten Einfluß ausüben kann. Wenn man den Menschen also wirklich auf diese Weise kennengelernt hat, wird man manchmal urteilen müssen, daß man ihn vielleicht in diese oder jene Naturumgebung zu bringen hat, während des Winters in diese oder jene Umgebung, wenn es sein kann; oder daß man ihm zu raten hat, wenn er in einem bestimmten

Berufe ist, den Beruf zu wechseln, daß er diese oder jene Seite des Lebens aufzusuchen hat. Hier wird es sich also vorzugsweise darum handeln, daß man das Richtige zu treffen sucht in bezug auf das, was auf den Charakter des Ichs gerade den richtigen Einfluß ausüben kann. Besonders muß der, der heilen will, eine weite Lebenserfahrung haben, so daß er sich hineinversetzen kann in die Natur des Menschen, daß er sagen kann: dieser Mensch muß, um seine Heilung zu bekommen, seinen Beruf wechseln. Es handelt sich hier darum, daß dasjenige, was in bezug auf die Menschennatur notwendig ist, hervorgehoben werde. Vielleicht wird gerade auf diesem Felde manchmal jegliche Heilung daran scheitern, daß dies eben gar nicht ausgeführt werden kann; aber in vielen Fällen kann es ausgeführt werden, wenn es nur gewußt wird. So kann zum Beispiel viel bei manchem Menschen gewirkt werden, wenn er einfach statt in der Ebene in den Bergen lebt. Das sind nun Dinge, die sich auf solche Krankheiten beziehen, die sich äußerlich als chronische Krankheiten äußern und die physisch mit der Natur des Blutes, geistig mit der Natur des Ichs zusammenhängen.

Dann kommen wir vorzugsweise zu denjenigen Krankheiten, welche ursprünglich – geistig – in Unregelmäßigkeiten des astralischen Leibes ihren Sitz haben und die sich äußern in bestimmten Unfähigkeiten des Nervensystems nach dieser oder jener Richtung hin. Nun hängt ein großer Teil der verbreiteten akuten Krankheiten eben mit dem zusammen, was jetzt besprochen worden ist, sogar die meisten der akuten Krankheiten hängen damit zusammen. Denn es ist ein Aberglaube, wenn man oftmals meint, wenn einer am Magen oder am Herzen leidet, oder selbst wenn er diese oder jene deutlich wahrnehmbaren Unregelmäßigkeiten da oder dort hat, daß er richtig kuriert wird, wenn man direkt auf dieses Krankheitssymptom losgeht. Das Wesentliche kann es sein, daß dieses Krankheitssymptom da ist, weil das Nervensystem unfähig ist zu funktionieren. So kann das Herz krank sein, weil einfach das Nervensystem nach dieser Richtung hin unfähig geworden ist zu funktionieren, nach welcher es das Herz in seiner Bewegung unterstützen soll. Da ist es ganz unnötig, das Herz oder im anderen Falle den Magen zu malträtieren, dem im Grunde genommen nichts direkt fehlen würde, sondern wo nur die Nerven, die ihn versorgen sollen, unfähig sind, ihre Arbeit zu verrichten. Wenn in einem solchen Falle der Magenerkrankung der Magen mit Salzsäure behandelt wird, macht man denselben Fehler wie bei einer Lokomotive, die immer zu spät kommt und wo man sich sagt, da muß der Lokomotive etwas fehlen, und an ihr herumhämmert – aber sie kommt trotzdem immer noch nicht zur rechten Zeit. In Wahrheit würde man finden, wenn man der Sache auf den Grund ginge, daß der Lokomotivführer sich jedesmal vorher, wenn es zum Fahren kommt, betrinkt; man würde also das Richtige treffen, wenn man bei dem Lokomotivführer ansetzte, denn sonst würde doch die Lokomotive zur richtigen Zeit eintreffen. So kann es durchaus sein, daß man bei Magenerkrankungen, statt bei dem Magen anzufangen, bei den den Magen versorgenden Nerven einzugreifen hat. Sie werden vielleicht auch in der materialistischen Medizin mancherlei solche Bemerkungen finden. Aber darauf kommt es nicht an, daß jemand sagt, wenn der Magen ein Krankheitssymptom zeigt, daß man sich da zunächst an den Nerv zu wenden hat. Denn damit ist wieder nichts getan. Getan ist erst etwas, wenn man weiß, daß der Nerv der Ausdruck des astralischen Leibes ist, daß man zurückgehen kann auf das Gefüge des astralischen Leibes und in den Unregelmäßigkeiten des astralischen Leibes die Ursachen suchen kann. Da fragt es sich nun: auf was kommt es denn da an?

Zunächst wird es sich bei solchen Erkrankungen darum handeln, daß bei der Heilweise das in Betracht kommt, was man Diät nennt, daß man die richtige Zusammenmischung der Speisen und dessen, was der Mensch genießt, trifft. Also auf die Lebensweise, nicht in bezug auf das Äußere, sondern in bezug auf das, was vom Menschen verdaut und verarbeitet werden soll, kommt es an, und darüber kann überhaupt niemals jemand auf Grund einer bloß materialistischen Wissenschaft etwas wissen. Da muß man sich klar sein, daß alles, was um uns herum ist in der weiten Welt als Makrokosmos, einen Bezug hat zu unserem komplizierten Inneren, zu dem Mikrokosmos, daß also ein jedes Nahrungsmittel, das gefunden werden kann, in einem ganz bestimmten Zusammenhang steht mit dem, was in unserem Organismus ist. Wir haben es ja hinlänglich kennengelernt, wie der Mensch eine lange Evolution durchgemacht hat, wie die ganze äußere Natur als eine Ausstoßung des Menschen gebildet worden ist. Wir sind immer wieder in den verschiedenen Betrachtungen zurückgegangen bis zur alten Saturnzeit. Da haben wir gefunden, daß auf dem alten Saturn nichts anderes da war als bloß der Mensch, und daß gleichsam der Mensch, die menschliche Evolution, die anderen Naturreiche ausgeschieden hat, Pflanzenreich, Tierreich und so weiter. Der Mensch hat in dieser Evolution seine Organe gebildet ganz entsprechend dem, was durch sie ausgeschieden wurde. Selbst bei der Ausscheidung des Mineralreiches sind ganz bestimmte innere Organe entstanden. Es hätte das Herz nicht entstehen können, wenn nicht äußerlich gewisse Pflanzen, Mineralien und mineralische Möglichkeiten sich im Laufe der Zeit gebildet hätten. Nun steht das, was so äußerlich entstanden ist, in einem gewissen Bezug zu dem, was sich innerlich gebildet hat. Und nur der, welcher weiß, wie das Äußere zum Innern in einem Verhältnis steht, kann im einzelnen Falle sagen, wie das Äußere, das Makrokosmische, für das Mikrokosmische verwendet werden kann, sonst wird es der Mensch in einer gewissen Weise erleben, daß er etwas in sich hineinstopft, was für ihn gar nicht paßt. Da haben wir also in der Geisteswissenschaft die eigentlichen Gründe zu suchen, die uns unser Urteil leiten können. Es ist immer ein oberflächliches Urteil, wenn im Erkrankungsfalle die Diät eines Menschen bestimmt werden soll nach rein äußerlich gefundenen Gesetzen, die der Statistik oder der Chemie entnommen worden sind. Da handelt es sich um ganz andere Gründe. So sehen wir, wie hier das geistige Erkennen dasjenige durchströmen und durchglühen muß, was mit dem gesunden und kranken Menschen zu tun hat.

Dann gibt es gewisse Krankheitsformen, welche zum Teil mehr chronischen, zum Teil mehr akuten Charakter annehmen, die aber jetzt zusammenhängen mit dem menschlichen Ätherleib und daher ihren Ausdruck finden in den menschlichen Drüsenorganen. Diese Krankheiten haben in der Regel gar nichts eigentlich mit dem zu tun, was man Vererbung nennt, Generationen-Vererbung, dagegen haben sie viel zu tun mit dem Volkszusammenhang, mit dem Rassen- und Stammeszusammenhang, der sich in der Menschenwelt findet. So daß wir bei den Krankheiten, die in dem Ätherleibe ihren Ursprung haben und als Drüsenerkrankungen herauskommen, immer in Erwägung ziehen müssen die Frage: Hat ein Russe diese Krankheit oder ein Italiener, ein Norweger oder Franzose? – Denn diese Krankheiten hängen mit dem Volkscharakter zusammen und äußern sich daher ganz verschieden. So zum Beispiel wird auf dem medizinischen Felde ein großer Fehler gemacht: es wird in ganz Westeuropa eine ganz falsche Anschauung aufgestellt über Tabes, Rückenmarksschwindsucht. Zwar wird sie richtig beurteilt für die westeuropäische Bevölkerung, ganz falsch aber für die osteuropäische Bevölkerung, weil sie da einen ganz anderen Ursprung hat; denn heute variieren auch diese Dinge noch in der mannigfaltigsten Weise. Nun werden Sie begreifen, daß das bei der Bevölkerungsmischung einen gewissen Umblick erfordert. Nur derjenige, der zu sondern versteht in bezug auf das Innere der Menschennatur, kann sich überhaupt darüber ein Urteil bilden. Diese Krankheiten werden einfach heute äußerlich behandelt, in Bausch und Bogen mit den akuten Krankheiten, während sie da auf ein ganz anderes Feld gehören. Vor allem muß dabei eines gewußt werden: daß die Organe des Menschen, die unter dem Einflusse des Ätherleibes stehen und durch Unregelmäßigkeiten des Ätherleibes erkranken können, in ganz bestimmten Verhältnissen zueinander stehen. So gibt es zum Beispiel ein ganz bestimmtes Verhältnis zwischen Herz und Gehirn eines Menschen, und das ist, aber auch mehr bildlich, in einer gewissen Weise so auszudrücken, daß man sagen kann: dieses gegenseitige Verhältnis von Herz und Gehirn entspricht dem Verhältnis von Sonne und Mond – hier aber das Herz der Sonne und das Gehirn dem Mond. Da kommen wir dazu, daß wir uns klar sein müssen, wenn zum Beispiel eine Erkrankung im Herzen auftritt, insofern sie im Ätherleib wurzelt, sie zurückwirken muß auf das Gehirn, wie etwa, wenn auf der Sonne etwas geschieht, zum Beispiel eine Verdunkelung, das zurückwirken muß auf den Mond. Das ist gar nicht anders, denn die Dinge stehen in einem unmittelbaren Zusammenhang.

Diese Dinge werden in der okkulten Medizin auch so bezeichnet, daß man auf die Konstellation der verschiedenen Organe des Menschen die Bilder der Himmelskörper anwendet: Herz als Sonne, Gehirn als Mond, Milz als Saturn, Leber als Jupiter, Galle als Mars, Nieren als Venus, Lungen als Merkur. Wenn Sie die gegenseitigen Verhältnisse der Gestirne studieren, haben Sie ein Bild für das gegenseitige Verhältnis der Organe des Menschen, soweit sie im Ätherleib liegen. Es ist unmöglich, daß die Galle erkrankt – was also geistig im Ätherleibe zu suchen ist –, ohne daß diese Krankheit nach den Organen, die eben genannt worden sind, in irgendeiner Weise hin wirkt, und zwar, wenn die Galle als Mars bezeichnet worden ist, wirkt das so, wie die Marswirkung in unserem Planetensystem ist. So muß man die Zusammenhänge der Organe kennen, wenn es sich um eine Erkrankung des Ätherleibes handelt, und doch sind das vorzugsweise die Krankheiten – und daran werden Sie sehen, daß jede Einseitigkeit auf okkultem Felde vermieden werden muß –, für welche spezifische Heilmittel anzuwenden sind. Da treten die Heilmittel ein, die Sie draußen in Pflanzen und Mineralien finden. Denn was den Pflanzen und Mineralien angehört, hat eine tiefe Bedeutung für das, was dem menschlichen Ätherleib angehört. Also wenn wir wissen, daß eine Krankheit ihren Urstand hat im Ätherleib und sich daher in einer bestimmten Weise im Drüsensystem ausdrückt, müssen wir das Heilmittel finden, das in einer richtigen Weise den Komplex des Zusammenwirkens ausbessern, reparieren kann. Vorzugsweise bei diesen Krankheiten, bei denen man zuerst zu beachten hat, was selbstverständlich die Hauptsache ist, daß sie urständen im Ätherleib, dann, daß sie mit dem Volkscharakter zusammenhängen, daß bei ihnen die Organe regelmäßig zusammenwirken, bei ihnen ist es erst der Fall, daß Spezifika als Heilmittel in Anwendung kommen können.

Nun haben Sie vielleicht die Vorstellung bekommen: Ja, wenn man einen Menschen da oder dort hinschicken soll, dann kann man ihm in der Regel, wenn er an einen Beruf gefesselt ist und die Dinge nicht ausführen kann, nicht helfen. Da tritt in der Tat die psychische Methode in jedem Falle als wirksam ein. Was man psychische Methode nennt, ist am allerwirksamsten, wenn man die Krankheit im eigentlichen Ich des Menschen zu suchen hat. Wenn also eine solche chronische Krankheit auftritt, die also in irgendeiner Weise im Blut wurzelt, dann treten die psychischen Heilmittel als das Berechtigte ein. Und werden sie in der richtigen Weise ausgeführt, dann können sie durch das, was auf das Ich wirkt, einen vollgültigen Ersatz bilden für das, was von außen auf den Menschen einströmt. Da werden Sie einen feinen, intimen Zusammenhang überall sehen können, wenn Sie beobachten, was die menschliche Seele erleben kann, wenn sie sonst zum Beispiel an den Schraubstock gefesselt ist und nun für einen kurzen Augenblick einmal Landluft genießen kann. So ist die Freude, welche die Seele mit Gefühlen erhebt, etwas, was wir im weitesten Sinne eine psychische Methode nennen können. Nun kann der Heiler, wenn er seine Methode richtig ausübt, das durch seinen persönlichen Einfluß nach und nach ersetzen, und die psychischen Methoden haben ihre stärkste Berechtigung bei dieser Form der Erkrankungen, und das ist aus dem Grunde schon nicht zu übergehen, weil der größte Teil der Krankheiten auf einer Unregelmäßigkeit des Ich-Teiles des Menschen beruht.

Dann kommen wir zu den Krankheiten, die durch Unregelmäßigkeiten des astralischen Leibes entstehen. Da verlieren allerdings die bloß psychischen Methoden, trotzdem sie anwendbar sind, ihren großen Wert; daher sind diese Methoden auch bei diesen Krankheiten die selteneren. Da tritt nun die diätetische Heilmethode ein. Erst bei den Krankheiten, die wir als die dritte Art bezeichnet haben, ist es eigentlich berechtigt, mit den äußeren medizinischen Heilmitteln den Verlauf der Heilung zu unterstützen. Also wenn man den Menschen in seiner Kompliziertheit betrachtet, kommt es auch in der Heilweise auf eine Allseitigkeit hinaus, und man kann nicht in Einseitigkeit verfallen.

Es fehlt nun noch das, was die eigentlichen Erkrankungen sind, die im physischen Leibe selber urständen, die sich auf den physischen Leib beziehen, und das sind die eigentlichen Infektionskrankheiten. Das ist ein wichtiges Kapitel, und das werden wir genauer betrachten in einem der nächsten Vorträge, wenn wir erst den wirklichen, richtigen Ursprung der «Zehn Gebote» werden betrachtet haben. Denn Sie werden sehen, daß das doch zusammenhängt. Heute kann ich daher nur darauf hinweisen, daß diese vierte Krankheitsform vorliegt und daß es bei ihrer tiefen Grundlage auf eine Erkenntnis der ganzen Natur, mit der der menschliche physische Leib zusammenhängt, ankommt. Nicht das Physische ist hier die Grundlage, sondern erst recht wiederum das Geistige. Wenn wir diese vierte Krankheitsform betrachtet haben, haben wir noch immer nicht alle wesentlichen Krankheiten erschöpft, sondern wir werden sehen, daß es auch noch auf das menschliche Karma ankommt, das da hineinspielt. Das ist ein Fünftes, was in Betracht kommt.

So werden wir sagen: Es wird sich uns nach und nach etwas enthüllen über die fünf verschiedenen Formen der Erkrankungen des Menschen, Erkrankungen, die auf dem Felde des Ich urständen, die auf dem Felde des astralischen Leibes, des ätherischen Leibes oder des physischen Leibes urständen, und was an den Krankheiten als karmischer Anteil zu betrachten ist. Davon kann es erst abhängen, daß ein Heil eintritt in bezug auf die medizinische Denkweise, daß sich die ganze medizinische Denkweise durchdringt mit der Erkenntnis der höheren Glieder der menschlichen Natur. Vorher hat man es gar nicht mit einer Medizin zu tun, die in Wahrheit wirklich in das eingreifen kann, worum es sich handelt. Obwohl diese Dinge, wie viele unserer okkulten Einsichten, auf die Höhe der Zeit heraufgeholt und in eine moderne Form gebracht werden müssen, dürfen Sie nicht glauben, daß das nicht auch in gewisser Beziehung eine alte Weisheit ist.

Die Medizin hat ihren Ausgang genommen von der geistigen Erkenntnis und ist immer materialistischer und materialistischer geworden. Und vielleicht an keiner anderen Wissenschaft wie an der Medizin kann man so sehen, wie der Materialismus hereingebrochen ist über die Menschheit. Es hat in früheren Zeiten wenigstens ein Bewußtsein gegeben davon, daß eine Erkenntnis der Viergliedrigkeit der Menschennatur notwendig ist, wenn man in sie hineinschauen will. Freilich hat sich der Materialismus auch früher gezeigt, so daß auf diesem Gebiete hellsichtige Menschen auch schon vor der Zeit der letzten vier Jahrhunderte gesehen haben, wie um sie herum alles materialistisch zu denken beginnt, und *Paracelsus*, der heute nicht verstanden wird, den man für einen Phantasten oder Träumer hält, hat zum Beispiel voll darauf hingewiesen, daß rings um ihn herum die medizinische Wissenschaft, wie sie ausging von Salerno, Montpellier, Paris, wie sie aber auch in gewissen deutschen Gegenden wurzelte, materialistisch war oder wenigstens immer mehr sich anschickte, materialistisch zu werden. Und gerade die Weltenstellung des Paracelsus hat es ihm notwendig erscheinen lassen – was heute wieder notwendig wird –, darauf aufmerksam zu machen, wie sich eine auf den Geist gehende medizinische Anschauung ausnimmt gegen das, was auf rein materialistischem Felde gewonnen wird. Heute ist es vielleicht noch schwerer, als es dem Paracelsus schon war, mit einer paracelsisch gehaltenen Denkweise durchzudringen. Denn es stand damals das materialistische Denken der Medizin nicht so schroff und nicht so fremd gegenüber dem Denken des Paracelsus, wie heute die materialistische Wissenschaft fremd, ohne jedes Verständnis einem Einblick in die wirklich geistige Natur des Menschen gegenübersteht. Daher gilt für uns das, was in dieser Beziehung gerade Paracelsus gesagt hat, noch heute, was aber heute in seiner Geltung weniger erkannt wird. Wenn man sieht, wie heute über die Dinge gedacht wird von denen, die am Seziertisch oder im Laboratorium arbeiten, und wie die Forschungen verwendet werden, um den gesunden und kranken Menschen zu verstehen, dann könnte man in einer gewissen Weise sich sehr wohl ähnlich gegen diese materialistische Denkweise wenden, wie das Paracelsus getan hat. Nur wird man vielleicht nicht gerade einige Worte mit einiger Hoffnung auf Verständnis, und vielleicht auch auf Verzeihung, anführen dürfen, wie sie Paracelsus in bezug auf die um ihn herum lebenden Mediziner gesagt hat – also wirklich mit der Hoffnung auf Verzeihung, denn Paracelsus hat selbst gesagt, er sei kein Mensch, fein und subtil, der an den Tafeln der Oberen gelebt habe, er sei grob geartet, aufgewachsen bei Käs und Milch und Haberbrot; und daher werden Sie schon verzeihen, wenn diese Dinge nicht immer sehr fein klingen. – Paracelsus sagt über die welschen Ärzte, aber auch über die deutschen Ärzte, als er die verschiedenen Krankheitsnaturen bespricht:

«Denn es ist ein großer Irrsal, und steht übel über, daß so viel welscher Ärzt, und namentlich zu Montpellier, Salerno, Paris, die da wollen vor allen den Kranz haben und jedermann verachten, und doch selbst nichts wissen noch können, sondern öffentlich erfunden wird, daß ihr Maul und ihre Pracht alle ihre Kunst ist, das ist ihr Schwätzwerk. Sie schämen sich nicht der Klistieren, Purgieren; ob es schon zum Tod sei, so muß alles wohl geraten sein. Und berühmen sich großer Anatomie, so sie haben und gebrauchen, und haben dennoch noch nie gesehen, daß der Weinstein in Zähnen hanget, ich geschweige anderst mehr. Das sind gute Augenärzt, dörfen keines Spiegels an der Nasen. Was ist euer Sehen und Anatomia? Ihr könnt doch ein Dreck nichts damit umgehen, und habt nicht so viel Augen, daß ihr seht, was da ist. Solches befleißen sich auch die deutschen Guckgauch der Ärzte und gesehen Dieb und dergleichen und junge, ausgebrütete Narren, wenn sie alles gesehen haben, so wissen sie weniger, denn vor. Also ersticken sie im Dreck und Kadaver, und darnach gehen die Lappen zum Requiem – gingen sie zu den Leuten dafür!»

NEUNTER VORTRAG

Berlin, 16. November 1908

Vorschreitend von dem Beginn, den wir heute vor acht Tagen mit der Betrachtung der Krankheitsformen und des Gesundheitslebens des Menschen gemacht haben, werden wir im Verlaufe dieses Winters immer genauer und genauer eingehen auf damit zusammenhängende Dinge. Alle unsere Betrachtungen werden dann gipfeln in einer Erkenntnis der menschlichen Natur überhaupt, die genauer ist, als wir sie schon mit den bisherigen Mitteln der Anthroposophie haben konnten. Heute muß sich in unsere Betrachtungen eine Auseinandersetzung über das Wesen und die Bedeutung der Zehn Gebote des Moses einreihen, denn wir werden das später brauchen. Wir werden ja demnächst zu sprechen haben über die tiefe Bedeutung solcher Begriffe wie Erbsünde, Erlösung und dergleichen, und wir werden sehen, daß diese Begriffe im Lichte unserer neuesten, auch wissenschaftlichen Errungenschaften ihre Bedeutung wieder erhalten. Dazu müssen wir aber einmal das Grundwesen dieses merkwürdigen Dokumentes näher untersuchen, das aus den Urzeiten der israelitischen Geschichte herüberragt und das uns wie einer der bedeutendsten Bausteine an dem Tempel erscheint, der als eine Art Vorhalle zum Christentum errichtet worden ist. Gerade bei einem solchen Dokument kann es immer mehr anschaulich werden, wie wenig eigentlich diejenige Gestalt, in der der Mensch die Bibel heute kennen kann, diesem Dokument selbst entspricht. Aus den Einzelheiten, die in den letzten beiden öffentlichen Vorträgen über «Bibel und Weisheit» besprochen worden sind, werden Sie das Gefühl erhalten haben, daß es nicht richtig wäre, wenn jemand meinte: Ach, das sind ja doch alles nur einzelne Ausstellungen an den Übersetzungen, auf solche Genauigkeiten wird es dabei doch nicht ankommen! Es wäre sehr oberflächlich geurteilt, diese Dinge so zu behandeln! Erinnern Sie sich nur einmal daran, daß darauf aufmerksam gemacht werden konnte, daß der vierte Vers des zweiten Kapitels in der Genesis, richtig übersetzt, eigentlich heißt: «Dieses Folgende wird erzählen die Geschlechter oder das, was hervorgeht aus Himmel und Erde», und daß in der Genesis dasselbe Wort hier gebraucht wird für sozusagen «die Nachkommen von Himmel und Erde» wie dort, wo später gesagt wird: «Dies ist das Buch über die Geschlechter – oder die Nachkommenschaft – des Adam.» In beiden Fällen steht dasselbe Wort. Und es bedeutet viel, daß da, wo der Hervorgang des Menschen aus Himmel und Erde geschildert wird, mit demselben Wort gesprochen wird wie später, wo von der Nachkommenschaft des Adam die Rede ist. Solche Dinge sind nicht etwa bloß eine Verbesserung pedantischer Art, die ein wenig die Übersetzung zurechtrücken würde, sondern solche Sachen greifen an den Nerv nicht nur unserer Übersetzung, sondern des Verständnisses dieses Urdokumentes der Menschheit. Und man spricht eigentlich sozusagen aus den Lebensquellen unserer anthroposophischen Weltanschauung heraus, wenn man sagt, daß es zu den wichtigsten Aufgaben dieser Weltanschauung, ja der Anthroposophie selbst gehöre, die Bibel in einer wahren Gestalt der Menschheit wiederzugeben. Vor allem interessiert uns hier das, was im allgemeinen gesagt worden ist, nunmehr in bezug auf die Zehn Gebote.

Diese Zehn Gebote werden heute eigentlich von der Mehrzahl der Menschen so genommen, als wenn es Gesetzesbestimmungen wären so, wie auch von irgendeinem modernen Staate Gesetze gegeben werden. Man wird ja zugeben, daß diese Gesetze, die in den Zehn Geboten enthalten sind, umfassender, allgemeiner sind und daß sie unabhängig von diesem Ort und dieser Zeit gelten. Man wird sie also für allgemeinere Gesetze halten, aber man hat dabei im Bewußtsein, daß sie doch nur die Wirkung oder dasselbe Ziel haben sollen wie die Gesetze, die heute von einer Gesetzgebung gegeben werden. Dadurch aber verkennt man den eigentlichen Lebensnerv, der in diesen Zehn Geboten lebt. Und wie man ihn verkannt hat, zeigt sich eben darin, daß alle Übersetzungen, die der heutigen Menschheit zugänglich sind, schon unbewußt eine wesentlich oberflächliche, gar nicht in den Geist dieser Zehn Gebote eingehende Erklärung der Sache in sich aufgenommen haben. Wenn wir in diesen Geist eingehen, dann werden Sie sehen, wie sich der Sinn dieser Zehn Gebote einreiht in die Betrachtungen, die wir eben jetzt begonnen haben und in bezug auf welche es scheint, als wenn wir einen gar nicht dazugehörigen Seitensprung machen würden, wenn wir die Zehn Gebote betrachten.

Vor allem lassen Sie uns, wie eine Art von Einleitung, einen Versuch machen, wenigstens in einer einigermaßen entsprechenden Weise die Zehn Gebote in deutscher Sprache zu geben, und erst dann vor die Sache hintreten. An dieser, wenn man es so nennen will, Übersetzung der Zehn Gebote wird noch mancherlei gefeilt werden müssen. Aber der Lebensnerv, der eigentliche Sinn, soll zunächst einmal mit dieser Form der Zehn Gebote in deutscher Sprache getroffen werden, wie wir gleich nachher sehen werden. Wenn man sie sinngemäß übersetzt so, daß man nicht das Lexikon aufschlägt und Wort für Wort übersetzt – wobei natürlich nur das Allerschlechteste herauskommen kann, denn es kommt auf den Wortwert und den ganzen Seelenwert an, den die Sache zu seiner Zeit hatte –, wenn man also den Sinn herausnimmt, dann würden sich diese Zehn Gebote so darstellen:

Erstes Gebot. Ich bin das ewig Göttliche, das du in dir empfindest. Ich habe dich aus dem Lande Ägypten geführt, wo du nicht Mir in dir folgen konntest. Fortan sollst du andere Götter nicht über Mich stellen. Du sollst nicht als höhere Götter anerkennen, was dir eine Abbildung zeigt von etwas, das oben am Himmel scheint, das aus der Erde heraus oder zwischen Himmel und Erde wirkt. Du sollst nicht anbeten, was von alledem unter dem Göttlichen in dir ist. Denn Ich bin das Ewige in dir, das hineinwirkt in den Leib und daher auf die kommenden Geschlechter wirkt. Ich bin ein fortwirkendes Göttliches. Wenn du Mich nicht in dir erkennst, werde Ich als dein Göttliches verschwinden bei Kindern und Enkeln und Urenkeln, und deren Leib wird veröden. Wenn du Mich in dir erkennst, werde Ich bis ins tausendste Geschlecht als Du fortleben, und die Leiber deines Volkes werden gedeihen.

Zweites Gebot. Du sollst nicht im Irrtum von Mir in dir reden; denn jeder Irrtum über das Ich in dir wird deinen Leib verderben.

Drittes Gebot. Du sollst Werktag und Feiertag scheiden, auf daß dein Dasein Bild Meines Daseins werde. Denn was als Ich in dir lebt, hat in sechs Tagen die Welt gebildet und lebte in sich am siebenten

Tage. Also soll dein Tun und deines Sohnes Tun und deiner Tochter Tun und deiner Knechte Tun und deines Viehes Tun und dessen, was sonst bei dir ist, nur sechs Tage dem Äußeren zugewandt sein; am siebenten Tage aber soll dein Blick Mich in dir suchen.

Viertes Gebot. Wirke fort im Sinne deines Vaters und deiner Mutter, damit dir als Besitztum verbleibt das Eigentum, das sie sich durch die Kraft erworben haben, die Ich in ihnen gebildet habe.

Fünftes Gebot. Morde nicht.

Sechstes Gebot. Brich nicht die Ehe.

Siebentes Gebot. Stehle nicht.

Achtes Gebot. Setze den Wert deines Mitmenschen nicht herab, indem du Unwahres von ihm sagst.

Neuntes Gebot. Blicke nicht mißgönnend auf das, was dein Mitmensch besitzt als Eigentum.

Zehntes Gebot. Blicke nicht mißgönnend auf das Weib deines Mitmenschen und auch nicht auf die Gehilfen und die anderen Wesen, durch die er sein Fortkommen findet.

Nun fragen wir uns: Was zeigen uns diese Zehn Gebote vor allen Dingen? Wir werden sehen, sie zeigen uns überall, nicht nur in dem ersten Teil, sondern auch in dem letzten Teil, wo es scheinbar verborgen ist, daß durch Moses zu dem jüdischen Volke gesprochen wird in dem Sinne, daß jene Macht nunmehr bei dem jüdischen Volke sein soll, die sich im brennenden Dornbusch dem Moses angekündigt hat mit den Worten als der Bezeichnung seines Namens: «Ich bin der Ich bin!» – «Ehjeh asher ehjeh!» Hingewiesen ist darauf, daß die anderen Völker in der Entwickelung unserer Erde jenes «Ich bin», den eigentlichen Urgrund des vierten Teiles der menschlichen Wesenheit, nicht so intensiv, so klar haben erkennen können, wie das jüdische Volk das erkennen soll. Jener Gott, der einen Tropfen seines Wesens in den Menschen gegossen hat, so daß das vierte Glied der menschlichen Wesenheit der Träger dieses Tropfens wurde, der Ich-Träger, jener Gott wird zum ersten Male seinem Volke bewußt durch Moses. Wir können daher sagen: Es liegt den Zehn Geboten die Auffassung zugrunde: zwar hat jener Jahve-Gott gearbeitet und gewirkt an der Hinaufentwickelung der Menschheit auch bis dahin.

Aber die geistigen Wesenheiten wirken früher, als sie in Klarheit erkannt werden. Dasjenige, was bei den alten Völkern der vormosaischen Zeit gewirkt hat, war zwar ein Wirkendes, ein Arbeitendes, aber als Begriff, als Vorstellung, als eigentlich wirksame Kraft im Innern der Menschenseele wurde es zuerst durch Moses seinem Volke verkündet. Und es handelte sich nun darum, daß diesem Volke klargemacht wurde, welches die ganze umfassende Wirkung dessen sei, sich als ein Ich in dem Maße zu fühlen, wie das beim jüdischen Volke der Fall war. Bei diesem Volke haben wir das Jahve-Wesen als eine Art Übergangswesen zu betrachten: Jahve ist einmal diejenige Wesenheit, welche den Tropfen in die eigene Individualität des Menschen gießt. Aber er ist zu gleicher Zeit Volksgott. Der einzelne Jude fühlte sich in einer Beziehung noch verbunden mit dem Ich, das in Abrahams Inkarnation auch lebte und das durch das ganze jüdische Volk hinuntergeströmt ist. Das jüdische Volk fühlte sich verbunden mit dem Gott Abrahams, Isaaks und Jakobs. Es war eine Übergangszeit. Das sollte ja erst durch die Verkündigung des Christentums anders werden. Aber was durch Christus auf die Erde kommen soll, wird vorherverkündigt durch die alttestamentlichen Verkündigungen, vor allem durch das, was Moses seinem Volke zu sagen hat. So sehen wir langsam sich ergießen die volle Kraft der Ich-Erkenntnis in das jüdische Volk im Verlaufe jener Geschichte, die uns das Alte Testament schildert. Es sollte dem jüdischen Volke voll zum Bewußtsein gebracht werden, welche Wirkung es auf des Menschen ganzes Leben hat, wenn er nicht mehr in einer gewissen Unbewußtheit über das Ich lebt, sondern wenn er gelernt hat, das Ich in sich zu fühlen, den Gottesnamen «Ich bin der Ich bin» in seiner Wirkung auf das Innerste seiner Seele zu empfinden.

Heute empfindet man über diese Dinge abstrakt. Heute bleibt es ein Wort, wenn man von dem Ich und über das, was damit zusammenhängt, spricht. In der Zeit, als dieses Ich zuerst in der Gestalt des alten Jahve-Gottes dem jüdischen Volke verkündet worden ist, empfand man dieses Ich als den Einschlag einer Kraft, die in den Menschen hineinkommt und das ganze Gefüge seines astralischen Leibes, seines ätherischen Leibes und seines physischen Leibes verändert. Und man mußte diesem Volke sagen: Anders sind die Bedingungen deines Lebens und deiner Gesundheit gewesen, als das Ich noch nicht in deiner Seele als Erkenntnis lebte; vorher waren die Bedingungen von Krankheit und Gesundheit für dein ganzes Leben andere, als sie jetzt werden. Daher kam es darauf an, dem jüdischen Volke zu sagen, in welche neuen Bedingungen es dadurch einrückte, daß es nicht mehr hinaufschauen sollte bloß zum Himmel, hinunterschauen sollte bloß zur Erde, wenn es von Göttern spricht, sondern hineinschauen soll in die eigene Seele. Das der Wahrheit gemäße Hineinschauen in die eigene Seele bringt ein richtiges Leben, bis hinunter in die Gesundheit. Dieses Bewußtsein liegt durchaus den Zehn Geboten zugrunde, während ein falsches Auffassen dessen, was als Ich in die Seele eingezogen ist, den Menschen nach Leib und Seele verdorren macht, ihn zerstört. Man braucht wirklich nur dokumentarisch vorzugehen, und man kann bemerken, wie wenig diese Zehn Gebote bloß äußere Gesetze sein sollen, wie sie tatsächlich das sein sollen, was eben auseinandergesetzt worden ist: etwas, was für Gesundheit und Heil vom astralischen, ätherischen und physischen Leibe von der einschlagendsten Bedeutung ist. Aber wo liest man denn heute Bücher richtig und genau? Man brauchte nur einige Seiten weiterzublättern und würde finden, daß in einer weiteren Auslegung der Zehn Gebote dem jüdischen Volke gesagt worden ist, welches die Wirkung der Zehn Gebote auf den ganzen Menschen ist. Da heißt es: «Ich entferne jede Krankheit aus deiner Mitte; es wird keine Fehlgeburt noch Unfruchtbarkeit in deinem Lande sein, und ich werde die Zahl deiner Tage voll werden lassen.»

Das heißt: Wenn das Ich sich so auslebt, daß es sich durchdringt mit dem Wesen der Zehn Gebote, so wird unter anderm das eintreten, daß du nicht in der Blüte deiner Jahre dahinsterben kannst, sondern durch das richtig erfaßte Ich kann in die drei Leiber, astralischen Leib, Ätherleib und physischen Leib, etwas einströmen, was die Zahl deiner Jahre voll werden läßt, was dich bis ins höchste Alter gesund leben läßt. Das wird ganz deutlich gesagt. Aber es ist notwendig, ganz tief in diese Dinge einzudringen. Das können allerdings moderne Theologen nicht so leicht. Denn ein populäres Büchlein, das auch sonst recht geeignet ist, Ärgernis zu erregen, weil es für ein paar Pfennige zu haben ist, sagt über die Zehn Gebote auch den Satz: Man kann ja leicht sehen, daß in den Zehn Geboten die hauptsächlichsten menschlichen Gesetze gegeben sind, in der einen Hälfte die Gebote gegen Gott, in der andern Hälfte die Gebote gegen die Menschen. Damit er nicht zu sehr danebenhaut, sagt der betreffende Verfasser, das vierte Gebot müsse man noch zu der ersten Hälfte hinzunehmen, die sich auf Gott bezieht. Wie es der Herr dann zuwege bringt, daß vier die eine Hälfte, sechs die andere Hälfte ist, das sei nur ein kleines Zeichen dafür, wie man heute zu Werke geht. Alles andere in diesem Buche entspricht auch der schönen Gleichung: Vier ist gleich sechs.

Wir haben es mit der Erklärung zu tun, die dem jüdischen Volke gegeben wird über die richtige Einlebung des Ichs in die drei Leiber des Menschen. Da handelt es sich vor allem darum, daß gesagt wird – und das tritt uns gleich im ersten Gebot entgegen –: Wenn du dir dieses Ichs als eines Funkens der Göttlichkeit bewußt wirst, so bist du so, daß du im Ich einen Funken, einen Ausfluß der höchsten, mächtigsten Göttlichkeit, die an dem Schaffen der Erde beteiligt ist, zu empfinden hast.

Erinnern wir uns, was wir über die Entwickelungsgeschichte des Menschen haben sagen können. Wir haben sagen können, daß der physische Leib des Menschen während des uralten Saturndaseins entstanden ist. Da haben Götter daran gearbeitet. Dann ist auf der Sonne der Ätherleib dazugekommen. Wie beide Leiber weiter verarbeitet worden sind, das ist wieder das Werk von geistig-göttlichen Wesenheiten. Dann auf dem Monde hat sich der Astralleib eingegliedert, alles als das Werk göttlich-geistiger Wesenheiten. Was dann den Menschen zum Menschen im heutigen Sinne gemacht hat, das war auf der Erde die Eingliederung seines Ichs. Dabei hat die höchste Göttlichkeit mitgewirkt. Solange sich daher der Mensch nicht dieses vierten Gliedes seiner Wesenheit voll bewußt werden konnte, konnte er auch nicht eine Ahnung haben von dem höchsten Göttlichen, das an seinem Werden beteiligt und in ihm vorhanden ist. Der Mensch muß sich sagen: An meinem physischen Leib haben Göttlichkeiten gearbeitet, die aber niedriger sind als diejenige Göttlichkeit, die mir jetzt das Ich geschenkt hat. Ebenso ist es mit dem Ätherleib und dem astralischen Leib. Also mußte dem jüdischen Volke, das zuerst die prophetische Kunde erhielt von diesem Ich, gesagt werden: Werde dir bewußt, daß die Völker um dich herum Götter verehren, die nach ihrer gegenwärtigen Stufe am astralischen Leib, Ätherleib und physischen Leib mitwirken können. Aber sie können nicht mitwirken an dem Ich. Dieser Gott, der im Ich wirkt, war zwar immer da; er hat sich angekündigt durch sein Wirken und Schaffen. Seinen Namen aber verkündet er dir jetzt.

Durch die Anerkennung der andern Götter ist der Mensch kein freies Wesen. Da ist er ein Wesen, welches die Götter seiner niederen Glieder anbetet. Wenn der Mensch aber den Gott bewußt erkennt, von dem ein Teil in seinem Ich ist, dann ist er ein freies Wesen, ein Wesen, das sich als freies Wesen seinen Mitmenschen gegenüberstellt. Der Mensch steht heute nicht so zu seinem astralischen Leib, Ätherleib und physischen Leib, wie er zu seinem Ich steht. In diesem Ich ist er drinnen. Es ist ihm unmittelbar das nächste, dem er gegenübersteht. Zu seinem astralischen Leib wird er erst so stehen, wenn er ihn zum Manas umgewandelt hat, und zu seinem Ätherleib erst, wenn er ihn zur Budhi umgestaltet, wenn er ihn von seinem Ich aus zu einem Göttlichen entwickelt hat. Wenn das Ich auch zuletzt entstanden ist, es ist doch das, worin der Mensch lebt. Und wenn er das Ich erfaßt, so erfaßt er daher das, in dem ihm das Göttliche in seiner unmittelbaren Gestalt entgegentritt, in seiner ureigenen Gestalt, während diejenigen Formen seines astralischen Leibes, Ätherleibes und physischen Leibes, die er heute an sich hat, von vorhergehenden Göttern gebildet sind. So verehrten die umliegenden Völker im Gegensatz zu dem israelitischen Volke diejenigen Gottheiten, die an diesen niederen Wesensgliedern des Menschen gearbeitet haben. Und wenn ein Bild gemacht wurde von diesen niederen Gottheiten, so wurde dieses Bild irgendeiner Form, die auf der Erde oder am Himmel oder zwischen Himmel und Erde war, ähnlich. Denn alles, was der Mensch in sich hat, ist ja in der ganzen übrigen Natur ausgebreitet. Macht sich der Mensch Bilder aus dem Mineralreiche, so können sie ihm nur diejenigen Gottheiten vorstellen, die am physischen Leibe gearbeitet haben. Macht er sich Bilder aus dem Pflanzenreiche, so können sie ihm nur die Gottheiten vorstellen, die an dem Ätherleib gearbeitet haben, denn den Ätherleib hat der Mensch gemeinschaftlich mit der Pflanzenwelt. Und Bilder aus dem Tierreich können ihm nur diejenigen Gottheiten symbolisieren, die an dem astralischen Leibe gearbeitet haben. Das aber, wodurch der Mensch die Krone der Erdenschöpfung ist, ist das, was er in seinem Ich erfaßt. Das kann kein äußeres Bild ausdrücken. Und in aller Schärfe mußte daher dem jüdischen Volke klargemacht und betont werden: Es ist etwas in dir, das der unmittelbare Ausfluß des gegenwärtig höchsten der Götter ist. Das kann nicht symbolisiert werden durch ein Bild aus dem Mineralreich, Pflanzenreich oder Tierreich, und wäre es ein noch so erhabenes. Alle Götter, denen auf diese Weise gedient wird, sind niederere Götter als der Gott, der in deinem Ich lebt. Willst du diesen Gott in dir verehren, dann müssen die andern zurücktreten, dann hast du die gesunde, wahre Kraft deines Ich in dir.

Also es hängt zusammen mit den tiefsten Geheimnissen der Menschheitsentwickelung, was uns gleich im ersten der Zehn Gebote gesagt wird: «Ich bin das ewig Göttliche, das du in dir empfindest. Die Kraft, die Ich in dein Ich gelegt, wurde der Antrieb, die Kraft, durch die du aus dem Lande Ägypten entflohest, wo du nicht Mir in dir folgen konntest.»

Da heraus hat Moses auf die Weisung des Jahve hin sein Volk geführt. Und um uns das ganz deutlich zu machen, wird noch besonders darauf hingewiesen, daß der Gott Jahve sein Volk zu einem Volk von Priestern machen wollte. Bei den andern Völkern waren diejenigen, die dem Volke als die Freien gegenüberstanden, die Priester-Weisen. Das waren die Freien, die um das große Geheimnis des Ich wußten, die auch den unbildlichen Ich-Gott kannten. So daß man in diesen Ländern sich gegenüberstehend hatte diese wenigen ich-bewußten Priester-Weisen und die große unfreie Masse, die sozusagen nur hören konnte auf das, was die Priester-Weisen aus den Mysterien unter der strengsten Autorität herausfließen ließen. Nicht der einzelne aus dem Volke hatte ein solches unmittelbares Verhältnis, sondern die Priester-Weisen hatten es für die einzelnen vermittelt. Daher hing alles Wohl, alles Heil von diesen Priester-Weisen ab: wie sie die Einrichtungen schufen, alles organisierten, davon hing Heil und Gesundheit ab. Viel müßte ich Ihnen erzählen, wenn ich Ihnen den tieferen Sinn des ägyptischen Tempelschlafes und seine Wirkung auf die Volksgesundheit schildern wollte, wenn ich schildern wollte, was einfach an Volks-Heilmitteln für die Gesundheit ausfloß durch einen solchen Kultus, wie es zum Beispiel der Apis-Kultus war. In einem solchen Volke war die ganze Lenkung und Leitung des Volkes darauf bedacht, daß unter der Führung der Eingeweihten aus diesen Kultusstätten heraus die Fluida für die Gesundheit kamen. Das sollte nun anders werden. Zu einem Volke von Priestern sollten die Juden werden. Jeder einzelne sollte in sich einen Funken dieses Jahve-Gottes fühlen und ein unmittelbares Verhältnis zu ihm erhalten. Nicht mehr sollte der Priester-Weise der einzige Vermittler sein. Daher mußte man dem Volke auch dafür Anweisung geben. Es mußte darauf aufmerksam gemacht werden, daß die falschen Bilder, also die niedrigeren Bilder des höchsten Gottes, auch ungesund wirken. Da kommen wir auf ein Kapitel, von dem sich der heutige Mensch nicht leicht ein Bewußtsein wird verschaffen können. Heute wird ja in dieser Beziehung Ungeheures gesündigt.

Nur wer in die Geisteswissenschaft eindringen kann, der weiß, auf welche geheimnisvolle Art Gesundheit und Krankheit sich entwickeln. Wenn Sie durch die Straßen einer Stadt gehen und da die Scheußlichkeiten an den Anschlagsäulen und in den Schaufenstern vor die Seele geführt bekommen, übt das einen schaurigen Einfluß aus. Die materialistische Wissenschaft hat keine Ahnung davon, wie viel an Krankheitskeimen in diesen Scheußlichkeiten liegt. Man sucht bloß die Krankheitserreger in den Bazillen und weiß nicht, wie auf dem Umwege durch die Seele Gesundheit und Krankheit in den Körper geführt werden. Hier wird erst eine mit der Geisteswissenschaft bekannte Menschheit wissen, welche Bedeutung es hat, wenn der Mensch diese oder jene bildlichen Vorstellungen in sich aufnimmt.

Vor allen Dingen wird in dem ersten Gebote gesagt, es müsse nunmehr der Mensch sich eine Vorstellung davon machen können, daß über alles hinaus, was durch ein Bildliches geistig ausgedrückt werden kann, es noch einen Impuls geben kann, der unbildlich ist, der an diesem Punkt des Ich an das Übersinnliche angrenzt. «Fühle stark dieses Ich in dir, und fühle es so, daß in diesem Ich ein Göttliches dich durchwebt und durchwallt, das höher ist als alles, was du durch ein Bild ausdrücken kannst; dann hast du in einem solchen Gefühl eine Kraft der Gesundheit, die deinen physischen Leib, deinen Ätherleib und deinen astralischen Leib gesund machen wird!» Es sollte ein starker Ich-Impuls dem jüdischen Volke mitgeteilt werden, der gesund macht. Wird dieses Ich in richtiger Weise erkannt, dann wird dadurch der astralische, der ätherische und der physische Leib wohl gebildet, und das schafft eine starke Lebenskraft und eine starke Gesundheitskraft, die sich, von einem jeden ausgehend, dem ganzen Volke mitteilt. Da man ein Volk durch tausend Geschlechter zählte, so sagte der Jahve-Gott dieses Wort, daß durch die richtige Einprägung des Ichs der Mensch selbst zu einem Quell der ausstrahlenden Gesundheit wird, so daß das ganze Volk, wie es ausgedrückt ist, «bis ins tausendste Geschlecht hinein» ein gesundes Volk sein wird. Wird aber das Ich nicht in der richtigen Weise verstanden, so verdorrt der Leib, wird siech und krank. Stellt sich der Vater das Wesen des Ichs nicht in der richtigen Weise in seine Seele hinein, so wird sein Leib siech und krank, das Ich zieht sich langsam zurück; der Sohn wird noch siecher, der Enkel noch siecher, und zuletzt haben wir nur noch eine Hülle, aus der der Jahve-Gott gewichen ist. Was den Ich-Impuls nicht aufkommen läßt, das bringt allmählich bis ins vierte Glied hinein den Leib zum Verdorren.

So sehen wir, daß es die Lehre von der richtigen Wirkung des Ichs ist, die in dem ersten der Zehn Gebote vor das Volk des Moses hingestellt wird:

«Ich bin das ewig Göttliche, das du in dir empfindest. Ich habe dich aus dem Lande Ägypten geführt, wo du nicht Mir in dir folgen konntest. Fortan sollst du andere Götter nicht über Mich stellen. Du sollst nicht als höhere Götter anerkennen, was dir eine Abbildung zeigt von etwas, das oben am Himmel scheint, das aus der Erde heraus oder zwischen Himmel und Erde wirkt. Du sollst nicht anbeten, was von alledem unter dem Göttlichen in dir ist. Denn Ich bin das Ewige in dir, das hineinwirkt in den Leib und daher auf die kommenden Geschlechter wirkt. Ich bin ein fortwirkendes Göttliches – nicht: ‹Ich bin ein eifriger Gott›, denn das sagt hier nichts. – Wenn du Mich nicht als dein Göttliches erkennst, werde Ich als dein Ich verschwinden bei Kindern, Enkeln und Urenkeln, und ihr Leib wird veröden. Wenn du Mich in dir erkennst, werde Ich bis ins tausendste Geschlecht als Du fortleben, und die Leiber deines Volkes werden gedeihen.»

Da sehen wir, daß nicht bloß ein Abstraktes gemeint ist, sondern ein lebendig Wirksames, das bis in die Volksgesundheit hineinwirken soll. Zurückgeführt wird der äußere Gesundheitsprozeß auf das Geistige, das darin liegt und das stufenweise der Menschheit verkündet wird. Darauf wird im besonderen noch hingedeutet im zweiten Gebot, wo ausdrücklich gesagt wird: Du sollst dir keine falschen Vorstellungen von meinem Namen, von dem, was als Ich in dir lebt, machen; denn eine richtige Vorstellung macht dich gesund und lebenskräftig und ist dir zum Heil, eine falsche Vorstellung aber läßt deinen Leib veröden! – So wurde jeder Angehörige des mosaischen Volkes im besonderen darauf hingewiesen, daß jedesmal, wenn der Gottes-Name ausgesprochen wird, er sich dieses eine Warnung sein lassen soll: Ich soll den Namen dessen, was in mir eingezogen ist, so wie es in mir lebt, erkennen, denn das ist Anregung zur Gesundung.

«Du sollst nicht im Irrtum von Mir in dir reden; denn jeder Irrtum über das Ich in dir wird deinen Leib verderben!»

Und dann im dritten Gebot der deutliche strenge Hinweis darauf, wie der Mensch, wenn er ein wirkendes, ein schaffendes Ich ist, ein wirklicher Mikrokosmos ist, gleich wie der Jahve-Gott sechs Tage geschaffen hat und am siebenten Tage ruhte und damit das Urbild hinstellte, das der Mensch in seinem Schaffen nachbilden soll. Es wird im dritten Gebot ausdrücklich darauf hingewiesen: Du Mensch, du sollst, indem du ein richtiges Ich bist, auch ein Abbild deines höchsten Gottes sein, und in deinen Taten so wirken wie dein Gott! – Es ist also die Aufforderung, dem Gotte, der sich dem Moses im brennenden Dornbusch geoffenbart hat, immer ähnlicher zu werden.

«Du sollst Werktag und Feiertag scheiden, auf daß dein Dasein Bild Meines Daseins werde. Denn was als Ich in dir lebt, hat in sechs Tagen die Welt gebildet und lebte in sich am siebenten Tage. Also soll dein Tun und deines Sohnes Tun und deiner Tochter Tun und deiner Knechte Tun und deines Viehes Tun und dessen, was sonst bei dir ist, nur sechs Tage dem Äußeren zugewandt sein; am siebenten Tage aber soll dein Blick Mich in dir suchen.»

Nun geht das Zehn-Gebote-Werk immer mehr auf das einzelne über. Aber immer ist im Hintergrund dabei der Gedanke, daß es die fortwirkende Kraft ist, die als Jahve oder Jehova wirkt. Es wird im vierten Gebote der Mensch hinausgeleitet von den Beziehungen zu dem Übersinnlichen zu dem äußerlich Sinnlichen. Es wird auf etwas sehr Wichtiges in diesem vierten Gebot hingewiesen, und das muß verstanden werden. Da, wo der Mensch als ein selbstbewußtes Ich ins Dasein tritt, da tritt er so in dieses Dasein ein, daß er äußere Mittel braucht, um dieses Dasein ins Werk zu setzen. Er entwickelt das, was man einzelnes, individuelles Eigentum und Besitztum nennt. Wenn wir zurückgingen in die alte ägyptische Zeit, würden wir bei der großen Masse des Volkes ein solches individuelles Besitztum noch nicht finden. Wir würden finden, daß die, welche über das Besitztum zu entscheiden haben, auch die Priester-Weisen sind. Jetzt aber, wo jeder ein individuelles Ich entwickeln soll, wird er in die Notwendigkeit versetzt, in das Äußere einzugreifen, etwas Eigenes um sich herum zu haben, um sein Ich in der Außenwelt darzustellen. Es wird deshalb im vierten Gebot darauf hingewiesen, daß derjenige, der das individuelle Ich in sich wirken läßt, Besitztum erwirbt, daß aber dieses Besitztum an die Kraft des Ichs gebunden bleibt, das fortlebt im jüdischen Volke und von Vater auf Sohn und Enkel sich fortpflanzen soll, und daß das Eigentum, das der Vater gehabt hat, nicht unter der starken Kraft des Ichs stände, wenn der Sohn das Werk seines Vaters nicht fortführen würde unter der Kraft des Vaters. Es wird daher gesagt: Lasse das Ich in dir so stark werden, daß es hinunter dauert und daß der Sohn mit den Mitteln, die er vom Vater ererbt, auch die Mittel zum äußeren Einleben in die äußere Umgebung erhalten kann.

So bewußt wird der Konservatismus des Eigentumsgeistes in dieser

Zeit dem Volke des Moses gegeben. Es liegt auch in den folgenden Gesetzen noch durchaus das Bewußtsein zugrunde, daß okkulte Kräfte hinter allem stehen, was in der Welt geschieht. Während man heute nur ganz äußerlich abstrakt das Vererbungsrecht ansieht, waren sich diejenigen, die das vierte Gebot richtig verstanden haben, dessen bewußt, daß geistige Kräfte sich fortpflanzen mit dem Eigentum von Generation zu Generation, hinüberleben von einem Geschlecht zum anderen, daß sie die Ich-Kraft erhöhen und daß dadurch der Ich-Kraft der einzelnen Individualität etwas zufließt, was ihr zugeführt wird von der Ich-Kraft des Vaters. Man kann das vierte Gebot nicht grotesker übersetzen, als es gewöhnlich geschieht; denn der Sinn ist der folgende: Es soll in dir die starke Ich-Kraft entwickelt werden, die über dich hinauslebt, und das soll übergehen auf den Sohn, damit seiner Ich-Kraft etwas zuwachse, was als das Eigentum seiner Vorfahren in ihm fortwirken kann.

«Wirke fort im Sinne deines Vaters und deiner Mutter, damit dir als Besitztum verbleibt das Eigentum, das sie sich durch die Kraft erworben haben, die Ich in ihnen gebildet habe.»

Und weiter liegt allen folgenden Gesetzen zugrunde, daß die Ich-Kraft des Menschen erhöht wird durch die richtige Anwendung des Ich-Impulses, daß sie aber durch seine falsche Anwendung zugrunde gerichtet wird. Das fünfte Gebot sagt etwas, was eigentlich im richtigen Sinne nur aus der Geheimwissenschaft heraus zu verstehen ist. Alles, was mit Töten, mit der Vernichtung fremden Lebens zusammenhängt, schwächt die selbstbewußte Ich-Kraft im Menschen. Man kann dadurch im Menschen die schwarzmagischen Kräfte erhöhen; da erhöht man aber nur unter Umgehung der Ich-Kraft die astralischen Kräfte im Menschen. Was als Göttliches im Menschen ist, das wird vernichtet durch jedes Töten. Daher spielt dieses Gesetz nicht nur auf etwas Abstraktes an, sondern auch auf etwas, wodurch dem Menschen in seinem Ich-Impuls okkulte Kraft zuströmt, wenn er Leben erhöht, Leben gedeihen macht, Leben nicht vernichtet. Das wird als ein Ideal für die Erhöhung der individuellen Ich-Kraft hingestellt, und nur auf weniger stark betonten Gebieten wird dasselbe gefordert im sechsten und siebenten Gebot.

Durch die Ehe wird ein Zentrum für die Ich-Kraft begründet. Wer die Ehe zerstört, wird daher in demjenigen geschwächt, was der Ich-Kraft zufließen soll. Ebenso schwächt derjenige seine Ich-Kraft, der etwas von des anderen Ich-Kraft nehmen und durch Wegnehmen, Stehlen und so weiter Besitztum erwerben will. Es liegt auch da durchaus der führende Gedanke zugrunde, daß das Ich sich nicht schwächen soll. Und jetzt wird in den letzten drei Geboten sogar darauf hingewiesen, wie der Mensch durch eine falsche Richtung seiner Begierden seine Ich-Kraft schwächt. Das Begierdenleben hat eine große Bedeutung für die Ich-Kraft. Die Liebe erhöht die Kraft des Ichs, die Mißgunst, der Haß läßt die Ich-Kraft verdorren. Wenn also der Mensch seinen Mitmenschen haßt, wenn er seinen Wert herabsetzt, indem er etwas Falsches von ihm sagt, so schwächt er dadurch die Ich-Kraft, macht alles, was um ihn herum ist, an Gesundheit und an Lebenskraft geringer. Ebenso ist es mit der Mißgunst auf das Besitztum des anderen. Schon die Begierde nach dem Gute des Nächsten macht seine Ich-Kraft schwach. Und ebenso ist es im zehnten Gebote: wenn der Mensch neidisch hinschaut auf die Art und Weise, wie der andere sein Fortkommen sucht, und nicht nach der Liebe zum andern strebt und dadurch seine Seele erweitert und die Kraft seines Ichs hervorsprießen läßt. Nur dann, wenn wir die besondere Kraft des Jahve-Gottes darunter verstehen und seine Art der Offenbarung dem Moses gegenüber ins Auge fassen, können wir begreifen, was jetzt als ein besonderes Bewußtsein in das Volk einfließen soll, und es wird überall zugrunde gelegt, daß nicht abstrakte Gesetze gegeben werden, sondern gesunde, für Leib, Seele und Geist im weitesten Sinne heilsame Verordnungen. Wer diese Gebote nicht in abstrakter, sondern in lebendiger Weise hält, der wirkt auf das ganze Heil und den ganzen Fortschritt des Lebens. Es konnte in dem Zeitpunkt das auch gar nicht anders geoffenbart werden, als daß zugleich Vorschriften gegeben wurden, in welcher Art diese Gebote auch zu befolgen sind. Denn die andern Völker lebten dem jüdischen Volke gegenüber in einer ganz andern Weise; sie brauchten solche Gebote mit solchem Sinn nicht.

Wenn unsere Gelehrten heute die Zehn Gebote nehmen, sie lexikographisch übersetzen und sie vergleichen mit andern Gesetzen, zum Beispiel mit dem Gesetz des Hammurabi, so heißt das eben, daß sie keine Ahnung haben von dem Impuls, auf den es ankommt. Nicht auf das «Du sollst nicht stehlen!» oder «Du sollst diese oder jene Feiertage heiligen!» kommt es an, sondern darauf, welcher Geist durch diese Zehn Gebote hindurchströmt und wie dieser Geist mit dem Geiste dieses Volkes, aus dem heraus das Christentum geschaffen wurde, zusammenhängt. So müßte man alles, was man empfinden und fühlen könnte in dem Selbständigwerden, das Priesterwerden jedes einzelnen in diesem Volke, nachfühlen können, wenn man überhaupt dieses Zehn-Gebote-Werk verstehen will. Es ist heute noch gar nicht die Zeit, dieses so konkret zu fühlen, wie es die Glieder jenes Volkes haben empfinden können. Daher wird heute auch alles mögliche hineinübersetzt, was im Lexikon steht, was aber nicht dem Geist der Sache entspricht. Kann man es doch immer lesen, daß das Volk des Moses hervorgegangen wäre aus einem Beduinenvolk, und daß daher nicht Gebote wie bei einem Ackerbau treibenden Volke gegeben werden konnten. Und daher – so schließen die Gelehrten – müßten die Zehn Gebote später gegeben worden sein und wären nachher zurückdatiert worden. Wenn die Zehn Gebote das wären, was die Herren darunter verstehen, dann hätten sie damit recht. Aber sie verstehen es eben nicht. Gewiß, die Juden waren vorher eine Art Beduinenvolk. Aber diese Gebote wurden ihm eben gegeben, damit das Volk unter dem Impuls der Ich-Kraft einer ganz neuen Zeit entgegengehen sollte. Daß Völker sich aus dem Geiste heraus bilden, dafür ist das gerade der beste Beweis. Es gibt kaum ein so großes Vorurteil, als wenn gesagt wird: Ja, zur Zeit des Moses war das jüdische Volk noch ein wanderndes Beduinenvolk; was hätte es da für einen Sinn gehabt, diesem Volk die Zehn Gebote zu geben! – Es hat einen Sinn gehabt, solche Gesetze dem jüdischen Volke zu geben, damit eben der Ich-Impuls mit aller Kraft dem Volke eingeprägt werden konnte. Es hat sie bekommen, weil es durch diese Gebote seinem äußeren Leben eine ganz neue Form geben sollte, weil vom Geiste aus ein ganz neues Leben geschaffen werden sollte.

So haben in der Tat die Zehn Gebote fortgewirkt, und in diesem Sinn sprechen auch noch die verständnisvollen Angehörigen der ersten Zeit des Christentums von dem Gesetz des Moses. Sie finden daher, daß der Ich-Impuls ein anderer wird durch das Mysterium von Golgatha, als er es in den Zeiten des Moses war. Sie sagten sich: der Ich-Impuls ist durchtränkt worden durch das Zehn-Gebote-Werk; dadurch wurde das Volk stark, wenn es die Zehn Gebote befolgte. Jetzt ist ein anderes da. Jetzt ist die Gestalt da, die dem Mysterium von Golgatha zugrunde liegt. Jetzt kann dieses Ich hinschauen auf das, was so verborgen durch die Zeiten gegangen ist, es kann hinblicken auf das Größte, was es sich erwerben kann, was es stark und kräftig macht durch die Nachfolge dessen, der auf Golgatha gelitten hat und der das größte Vorbild des werdenden Menschen in der Zukunft ist. Dadurch trat der Christus für die, welche das Christentum wirklich verstanden, an die Stelle jener Impulse, die vorbereitend in dem Alten Testament gewirkt haben.

So also sehen wir, wie es tatsächlich eine tiefere Auffassung der Zehn Gebote gibt.

ZEHNTER VORTRAG

Berlin, 8. Dezember 1908

Wir werden unserem angegebenen Programm treu bleiben und im Laufe dieses Winters hier in diesen Zweigversammlungen eine Reihe von scheinbar weit auseinanderliegenden Einzelheiten über das menschliche gesunde und kranke Leben zusammentragen. Und diese Einzelheiten werden sich uns später zusammengliedern zu einem Ganzen, um dann in einer bestimmten Erkenntnis zu gipfeln, zu der wir uns allmählich hinaufarbeiten. Wir haben in dem ersten der für diese Serie in Betracht kommenden Vorträge eine Art Einteilung des Krankheitswesens gegeben, und wir haben uns dann das letztemal vor die Seele zu führen versucht, was wir eigentlich nur bezeichnen dürfen als den Wortlaut der Zehn Gebote. Alles Weitere, was über den Wortlaut hinausgeht, wird sich uns schon im Verlaufe der nächsten Zweigversammlungen ergeben. Das letztemal handelte es sich vor allem darum, daß wir den Inhalt und die eigentliche Tendenz der Gebote kennenlernten. Heute wollen wir über andere Einzelheiten sprechen, die kaum einen unmittelbaren Zusammenhang mit dem Vorhergehenden und Späteren zeigen werden, denn es ist ein Zusammentragen von Einzelheiten, deren umfassender Sinn uns erst später aufgehen soll.

Zunächst werden wir es heute zu tun haben mit einem Hinblick auf einen bedeutungsvollen Moment in der menschlichen Erdenentwickelung. Diejenigen, welche längere Zeit schon innerhalb der anthroposophischen Bewegung gearbeitet haben, sind damit längst vertraut; die anderen werden sich erst nach und nach in diese Gedankengänge hineinleben.

Der Moment in der menschlichen Evolution, an den wir uns erinnern wollen, liegt weit zurück. Wenn wir durch die nachatlantische Zeit, durch die atlantische Zeit bis in die alte lemurische Zeit zurückgehen, so begegnen wir da jenem Moment, wo für das Menschenreich unserer Erde die Teilung in die Geschlechter eingetreten ist. Sie wissen, daß man vorher von einer solchen Teilung in Geschlechter im menschlichen Reich nicht sprechen kann. Ausdrücklich sei darauf aufmerksam gemacht, daß wir jetzt nicht etwa sprechen von einem allerersten Auftreten des zweigeschlechtlichen Wesens überhaupt in der Erdentwickelung oder in unserer ganzen Entwickelung, sofern sie unsere uns umgebenden Reiche umfaßt. Erscheinungen, die zu der Zweigeschlechtlichkeit gerechnet werden müssen, treten schon früher auf. Aber das, was wir heute Menschenreich nennen, spaltet sich erst in der lemurischen Zeit in die beiden Geschlechter. Vorher haben wir es zu tun mit einer anders geformten Menschengestalt, die in einer gewissen Weise die beiden Geschlechter undifferenziert in sich enthalten hat. Wir können uns äußerlich den Übergang von der Doppelgeschlechtlichkeit zu der Teilung in die zwei Geschlechter so vorstellen, daß wir uns denken, allmählich bildete sich die frühere doppelgeschlechtliche Menschengestalt so aus, daß eine Gruppe von Individuen die Merkmale des einen Geschlechtes, des weiblichen, mehr ausgestaltete, die andere Gruppe hingegen mehr die Merkmale des männlichen Geschlechtes herausbildete. Damit ist aber noch lange nicht die Teilung in die Geschlechter gegeben, sondern erst durch eine immer noch zunehmende Ausbildung der Einseitigkeit, und zwar in einer Zeit, als die Menschheit noch in einer sehr dünnen Stofflichkeit lebte.

Wenn wir diesen Zeitpunkt uns zunächst vor die Seele gerückt haben, so geschieht es namentlich aus dem Grunde, weil wir uns heute nach dem Sinn der Entstehung der beiden Geschlechter fragen wollen. Nur wenn man auf dem Boden der Geisteswissenschaft steht, kann man nach einem solchen Sinn fragen, denn der physischen Entwickelung kommt ihr Sinn aus den höheren Welten zu. Solange wir in der physischen Welt stehen und die physische Welt auch, meinetwillen, philosophisch betrachten, ist es eine gewisse kindliche Anschauung, von Zwecken zu sprechen, und *Goethe* hat sich mit Recht mit noch anderen darüber lustig gemacht, wenn man so über die Zwecke in der Natur spricht, daß man sagt, die Natur habe in ihrer Weisheit den Kork entstehen lassen, damit sich der Mensch Stöpsel daraus machen könne. Solch eine Betrachtung ist eine kindliche Betrachtung, und die kann nur dazu führen, daß wir über das Wesentliche, worauf es dabei ankommt, uns hinwegtäuschen. Es wäre eine solche Betrachtung gerade so, wie wenn wir eine Uhr betrachteten und uns da kleine dämonische Wesen dahinter denken würden, die weisheitsvoll die Uhrzeiger vorwärtsbewegen. In Wahrheit müssen wir aber, wenn wir die Uhr erkennen wollen, zu dem Geist, der die Uhr hervorgebracht hat, gehen, zu dem Uhrmacher. Und ebenso müssen wir, wenn wir die Zweckmäßigkeit in unserer Welt einsehen wollen, die physische Welt überschreiten und in das Geistige hineingehen. Also Zweck und Sinn und Ziel sind Worte, die wir erst dann auf die Entwickelung anwenden dürfen, wenn wir sie von dem Boden der Geisteswissenschaft aus betrachten. In dieser Weise stellen wir die Frage: Welchen Sinn hat es, daß sich die beiden Geschlechter nach und nach ausbildeten und in Wechselwirkung miteinander kamen?

Der Sinn wird Ihnen klar werden, wenn man in Betracht zieht, wie dasjenige, was man Befruchtung nennt, was man den gegenseitigen Einfluß der Geschlechter nennen kann, vorher durch etwas anderes ersetzt war. Man darf nicht etwa glauben, daß mit dem Zeitpunkt, wo in der Menschheitsentwickelung die Teilung in die Geschlechter sich vollzog, auch erst dasjenige aufgetreten wäre, was man die Befruchtung nennen kann. Das ist nicht der Fall. Nur müssen wir uns vorstellen, daß in den Zeiten, die der Zweigeschlechtlichkeit vorausgehen, diese Befruchtung auf eine ganz andere Weise geschah. Dem hellseherisch rückblickenden Bewußtsein zeigt es sich, daß es eine Zeit in der irdischen Menschheitsentwickelung gab, wo Befruchtung schon geschah im Zusammenhange mit der Ernährung, so daß die Wesenheiten, die in einer früheren Zeit männlich und weiblich zugleich waren, mit der Ernährung gleichzeitig die Kräfte zur Befruchtung aufnahmen. Wenn also in dieser Zeit, wo natürlich die Ernährung auch noch eine viel feinere war, die Menschenwesen sich ernährten, so war in den Ernährungssäften gleichzeitig das enthalten, was den Wesen die Möglichkeit gab, ein Wesen gleicher Art aus sich selbst hervorzubringen. Das eine allerdings müssen Sie dabei in Betracht ziehen, daß die Nahrungssäfte, die aus der umgebenden Materie genommen wurden, diese Befruchtungssäfte nicht immer enthielten, sondern nur zu ganz bestimmten Zeiten. Das hing ab von den Veränderungen, die da vorgingen und die wir heute vergleichen könnten mit den Veränderungen in dem Ablauf eines Jahres, mit Klimawechsel und so weiter. Zu ganz bestimmten Zeiten hatten die Nahrungssäfte, die aus der Umgebung entnommen wurden von den doppelgeschlechtlichen Wesen, gleichzeitig die Kraft der Befruchtung.

Wenn wir mit dem hellseherischen Bewußtsein weiter zurückblicken in diese Zeiten, dann finden wir eine andere Eigentümlichkeit der alten Fortpflanzung. Was Sie heute kennen als die Verschiedenheit der einzelnen Menschen, was sich heute auswirkt als die Individualität der einzelnen Menschen, auf der die Vielgestaltigkeit des Lebens für unseren gegenwärtigen Menschheitszyklus beruht, diese Mannigfaltigkeit war vor der Entstehung der Geschlechter nicht vorhanden. Da war eine große Einförmigkeit. Die Wesen, die entstanden, waren sich untereinander ähnlich, und auch ihren Vorfahren waren sie ähnlich. Alle diese Wesen, die noch nicht in die zwei Geschlechter geteilt waren, boten äußerlich einen ähnlichen Anblick dar, und auch innerlich hatten sie sogar alle einen ziemlich gleichen Charakter. Und daß die Menschen so einander ähnlich waren, hatte für jene Zeiten nicht denselben Nachteil, den es für unsere Gegenwart haben würde. Denken Sie sich, wenn heute die Menschen so zur Welt kämen, daß sie alle gleiche Gestalt und auch gleichen Charakter hätten, wie unendlich langweilig wäre das Menschenleben dann, wie wenig könnte im menschlichen Leben eigentlich geschehen, da doch ein jeder dann dasselbe wollen würde wie der andere. Aber das war in den alten Zeiten nicht der Fall. Als der Mensch sozusagen noch ätherischer, geistiger war, noch nicht so dicht in die Stofflichkeit hineinverflochten, da waren wirklich die Menschen, wenn sie geboren wurden und auch noch durch eine gewisse Kindheit hindurch, einander sehr gleich, und die Erzieher hätten damals gar nicht nötig gehabt, darauf zu achten, ob das eine ein wilder Range und das andere ein sanftes Wesen ist. Die Menschen waren ja in verschiedenen Zeiten von verschiedenem Charakter, aber sie waren in gewisser Weise doch grundähnlich. Während des Lebens der einzelnen Menschen aber blieb es nicht so. Der Mensch war dadurch, daß er noch in einer weicheren, geistigeren Körperlichkeit war, viel mehr zugänglich den fortdauernden Einflüssen, die aus seiner Umgebung kamen, so daß er sich unter diesen Einflüssen in dieser alten Erdenzeit ungeheuer veränderte. Es individualisierte sich der Mensch in einer gewissen Weise dadurch, daß er eine, man könnte sagen, wachsartig weiche Natur hatte. Er wurde dadurch mehr oder weniger ein Abdruck seiner Umgebung. Insbesondere trat in einer ganz bestimmten Zeit des Lebens, die heute mit der Geschlechtsreife zusammenfallen würde, die Möglichkeit ein, alles, was in seiner Umgebung vorging, auf sich einwirken zu lassen. Die Verschiedenheit der einzelnen Zeiten, die wir heute mit der Verschiedenheit der Jahreszeiten vergleichen könnten, war damals eine große, und ob der Mensch auf dem einen oder auf dem anderen Stück der Erde lebte, war für ihn von großer Bedeutung. Wenn der Mensch dazumal nur einen kurzen Weg über die Erde machte, so war das von einem bedeutsamen Einfluß für ihn. Heute, wenn die Menschen weite Reisen machen und noch so viel sehen, im großen ganzen kommen sie doch so zurück, wie sie fortgegangen sind, oder der Mensch müßte schon eine ganz besondere Eindrucksfähigkeit haben. Das war in alten Zeiten nicht so. Da war alles noch für den Menschen von größtem Einfluß, so daß die Menschen, solange sie in der weichen Materialität waren, tatsächlich sich erst nach und nach im Leben individualisieren konnten. Diese Möglichkeit hörte dann auf.

Etwas Weiteres, was sich uns zeigt, ist, daß die Erde selbst immer mehr an Dichtigkeit zunahm, und in demselben Maße, als die Stofflichkeit, sagen wir das Erdenartige der Erde, intensiver wurde, wurde diese Einförmigkeit schädlich. Denn damit trat immer mehr und mehr für die Menschen die Möglichkeit zurück, sich im Leben noch zu verändern. Er wurde sozusagen ungeheuer dicht geboren. Das ist ja der Grund, warum sich die Menschen heute während des Lebens so wenig ändern. Das hat auch *Schopenhauer* dazu geführt, daß er meinte, im Grunde könnten sich die Menschen in ihrem Charakter überhaupt nicht ändern. Das hat seinen Grund darin, daß die Menschen in einer so dichten Materie sind. Sie können die Materie nicht so leicht bearbeiten und ändern. Würden die Menschen noch, wie es damals der Fall war, ihre Glieder ändern können, zum Beispiel nach Belieben, wie sie es brauchen, ein Glied kurz oder lang machen, dann würde natürlich der Mensch noch sehr starker Eindrücke fähig sein. Dann würde er im Grunde genommen dasjenige in seine eigene Individualität aufnehmen, was ihm gestattete, in sich selber eine Veränderung mit sich vorzunehmen. Immer steht der Mensch in einem innigen Kontakt mit der Umgebung, insbesondere mit der menschlichen Umgebung. Damit wir uns ganz genau verstehen, möchte ich Ihnen etwas sagen, was Sie vielleicht noch nicht beachtet haben, was aber durchaus der Fall ist.

Nehmen Sie an, Sie sitzen einem Menschen gegenüber und sprechen mit ihm. Wir erzählen das jetzt für den gewöhnlichen normalen Verlauf des Lebens und für den Verkehr der Menschen untereinander im gewöhnlichen Leben, also nicht etwa für den Fall, daß jemand tief okkult geschult ist. Es sitzen also zwei Menschen sich gegenüber; der eine redet, der andere hört nur zu. Da glaubt man gewöhnlich, der andere, der zuhört, tut nichts. Das ist nicht richtig. An solchen Dingen zeigt sich noch immer, wie der Einfluß der Umgebung ist. Für das äußere Wahrnehmen ist es nicht bemerkbar, aber für das innere Leben ist es sehr deutlich, auffällig sogar, daß von einem, der nur zuhört, alles mitgemacht wird, was der andere tut, sogar die Bewegungen der physischen Stimmbänder werden nachgemacht, und der Zuhörende spricht das mit, was der andere sagt. Alles, was Sie anhören, sprechen Sie mit einer leisen Bewegung der Stimmbänder und des anderen Apparates, der beim Reden in Betracht kommt, mit. Und es ist ein großer Unterschied, ob derjenige, der da spricht, eine krächzende Stimme hat und Sie dann die entsprechenden Bewegungen mitmachen, oder ob er eine angenehme Stimme hat. In dieser Beziehung macht der Mensch alles mit, und da das im Grunde genommen fortwährend geschieht, so ist es auch von einem großen Einfluß auf die ganze Bildung des Menschen, allerdings nur in diesen engen Beziehungen. Wenn Sie sich dies, was als ein letzter Rest geblieben ist vom Mitleben der Umgebung, nun in ausgiebigstem Maße denken, dann haben Sie eine Vorstellung davon, wie der Mensch in alten Zeiten mit seiner Umgebung mitlebte und empfand. Da war zum Beispiel das Nachahmungsvermögen der Menschen ganz grandios ausgebildet. Wenn der eine eine Bewegung machte, so machten alle sie durchaus mit. Es sind ja nur noch auf ganz bestimmten Gebieten unbedeutende Dinge heute davon übrig geblieben: wenn der eine gähnt, gähnen die anderen auch. Aber erinnern Sie sich, daß es sich dabei in diesen alten Zeiten durchaus um ein dämmerhaftes Bewußtsein handelt, und damit ist ein solches Imitationsvermögen verbunden.

Indem sich nun die Erde mit allem, was darauf ist, immer mehr und mehr verdichtete, wurde der Mensch immer weniger fähig, sich selbst umzubilden unter dem Einfluß seiner Umgebung. Ein Sonnenaufgang zum Beispiel war noch in verhältnismäßig gar nicht so alten Zeiten der Atlantis eine gewaltig bildende Kraft für den Menschen, weil dieser eben ganz unter seinem Einfluß stand und innerlich großartige Erlebnisse hatte, die, wenn sie immer wieder auftraten, ihn im Laufe seines Lebens sehr veränderten. Das alles wurde immer geringer und verschwand nach und nach, je weiter die Menschheit vorwärtsschritt.

In der lemurischen Zeit, bevor der Mond sich herausbewegte aus der Erde, war eine große Gefahr für die Menschen vorhanden. Es war die Gefahr, ganz zu erstarren, zu mumifizieren. Durch das nach und nach geschehende Herausrücken des Mondes aus unserer Erdenentwickelung wurde diese Gefahr hintangehalten. Gleichzeitig aber mit dem Hinausgang des Mondes ging die Trennung in die Geschlechter vor sich, und mit dieser Trennung in die Geschlechter ist ein neuerlicher Impuls für die Individualisierung der Menschen gegeben. Wenn es möglich gewesen wäre, daß sich die Menschheit ohne die zwei Geschlechter hätte fortpflanzen können, dann würde sie nicht in diese Individualisierung eingetreten sein. Dem Zusammenwirken der Geschlechter ist es zu verdanken, daß die heutige Art der Verschiedenheit der Menschen eingetreten ist. Würde das bloß Weibliche wirken, so würde die Individualität der Menschen ausgelöscht werden, die Menschen würden alle gleich werden. Durch das Dazuwirken des Männlichen werden die Menschen von der Geburt an als individuelle Charaktere geboren. So ist der Sinn des Zusammenwirkens der Geschlechter eigentlich dadurch gegeben, daß mit dem Auftreten, mit dem Absondern des männlichen Elementes die Individualisierung von Geburt aus an die Stelle der alten Individualisierung getreten ist. Was früher ringsherum die ganze Umgebung bewirkt hatte, wurde zusammengedrängt in die gegenseitige Einwirkung der Geschlechter, so daß die Individualisierung zurückgedrängt wird bis zur Entstehung des physischen Menschen, bis zur Geburt. Das ist der Sinn des Zusammenwirkens der beiden Geschlechter. Individualisierung geschieht durch die Einwirkung des männlichen Geschlechts auf das weibliche.

Nun wurde aber damit etwas anderes für den Menschen in Kauf genommen, und wenn das, was da in Kauf genommen wurde, geschildert wird, so bitte ich, es ganz genau als für die Menschheit charakteristisch zu betrachten, denn wenn wir auf dem Boden der Geisteswissenschaft stehen, dürfen wir es nicht in gleicher Art für die Menschen wie für die Tiere ansehen. Gesundheit und Krankheit unterliegen in ihren feineren Kräften bei den Tieren ganz anderen Ursachen als bei den Menschen. Also das, was gesagt wird, gilt ausschließlich für die Menschen, und es werden uns da die feineren Verhältnisse zunächst vor die Seele zu treten haben.

Versetzen Sie sich so recht in jene alte Zeit, wo der Mensch ganz und gar hingegeben war seiner Umgebung, wo die Umgebung den Menschen durchdrang und ihm auf der einen Seite durch die Nahrungssäfte, die sie ihm bot, die Befruchtung gab, während er auf der anderen Seite durch die Wirkung der Umgebung individualisiert wurde. Nun wissen wir ja, wenn wir auf dem Boden der Geisteswissenschaft stehen, daß alles, was um uns herum ist, was auf uns einwirkt, gleichgültig ob Licht oder Ton, Wärme oder Kälte, Härte oder Weiche, diese oder jene Farbe, alles, was auf uns einwirkt, die Offenbarung, der äußere Ausdruck eines Geistigen ist. Und in jenen alten Zeiten nahm der Mensch gar nicht die äußeren Sinneseindrücke wahr, sondern er nahm das Geistige wahr. Wenn er zur Sonne emporblickte, erblickte er nicht den physischen Sonnenball, sondern das, was in der persischen Religion als «Ahura Mazdao», als die «Große Aura», sich erhalten hat. Das Geistige, die Summe der geistigen Sonnenwesen erschien ihm, und so war es in Luft und Wasser und in der ganzen Umgebung. Wenn Sie heute die Schönheit eines Bildes einsaugen, können Sie etwas wie ein Destilliertes davon haben, nur war es damals vollsaftiger. Wollten wir in dem alten Sinne sprechen, so dürften wir nicht sagen: Dieses oder jenes schmeckt so oder so; sondern wir müßten sagen: Dieser oder jener Geist tut mir wohl! – So war es, wenn die Menschen sich essend – was eine ganz andere Tätigkeit war, als es heute ist – mit ihrer Umgebung auseinandersetzten, und ebenso war die Zeit, wo die Befruchtungskräfte aufgenommen wurden, etwas ganz anderes: eine Erscheinung der geistigen Umgebung. Geister kamen über den Menschen, überschatteten ihn und regten ihn an, seinesgleichen hervorzubringen, und das wurde auch als ein solcher geistiger Vorgang erlebt und beobachtet.

Nun trat ja immer mehr und mehr für den Menschen die Unmöglichkeit ein, das Geistige seiner Umgebung zu sehen. Das verhüllte sich immer mehr, namentlich im Tagesbewußtsein. Nach und nach nahm der Mensch nicht mehr die geistigen Hintergründe wahr, die hinter den Dingen sind, sondern nur die äußeren Gegenstände, die der äußere Ausdruck dafür sind, und er lernte vergessen, was als Geistiges dahinter ist. Und indem er sich immer mehr in der Gestalt verdichtete, wurde auch der geistige Einfluß immer geringer. Der Mensch wurde durch diese Verdichtung immer mehr ein selbständiges Wesen und schloß sich dadurch ab von seiner geistigen Umgebung. Je weiter wir zurückgehen in diesen alten Zeiten, desto mehr ist auch dieser Einfluß, der von der Umgebung geschieht, ein geistig-göttlicher. Die Menschen waren wirklich so organisiert, daß sie ein Abbild und ein Ebenbild der Umgebung waren, der um sie herumschwebenden geistigen Wesenheiten, Abbilder von Göttern, die in den alten Zeiten der Erde vorhanden waren.

Das ging immer mehr verloren insbesondere durch das Zusammenwirken der beiden Geschlechter. Dadurch zog sich die geistige Welt vor dem Anblick der Menschen zurück. Die Menschen sahen immer mehr und mehr in die Sinneswelt hinein. Wir müssen uns dieses Verhältnis ganz lebhaft vorstellen: Denken Sie sich, der Mensch wurde in jenen alten Zeiten aus der göttlich-geistigen Welt heraus befruchtet. Die Götter selber waren es, die ihre Kräfte hergaben und den Menschen sich ähnlich machten. Dadurch war in jener alten Zeit nicht vorhanden das, was man Krankheit nennt. Innere Krankheitsanlage gab es nicht, die konnte nicht da sein, weil alles, was im Menschen vorhanden war und an ihm arbeitete, von dem gesunden göttlich-geistigen Kosmos kam. Die göttlich-geistigen Wesenheiten sind gesund, und sie machten dazumal den Menschen zu ihrem Abbild. Der Mensch war gesund. Je mehr er aber dem Zeitpunkt entgegenlebte, wo das Zusammenwirken der Geschlechter eintrat und damit das Zurückziehen der geistigen Welten, je mehr der Mensch selbständig und individuell wurde, zog sich auch die Gesundheit der göttlich-geistigen Wesenheiten von ihm zurück und es trat nun etwas anderes an dessen Stelle. Es geschah ja, daß in der Tat diese Aufeinanderwirkung der Geschlechter eingehüllt, begleitet wurde von Leidenschaften und Instinkten, wie sie angeregt wurden in der physischen Welt. Namentlich müssen wir diese Anregung aus der physischen Welt suchen, nachdem die Menschen so weit gekommen waren, daß sich die beiden Geschlechter gefielen, physisch-sinnlich sich gefielen. Das war ja noch lange nicht da, als die Geschlechter schon vorhanden waren. Die Wirkung der beiden Geschlechter aufeinander – auch noch in der atlantischen Zeit – geschah dann, wenn das physische Bewußtsein eigentlich schlief, sozusagen in der nachtschlafenden Zeit. Erst in der Mitte der atlantischen Zeit trat das ein, was wir das Gefallen der Geschlechter, die leidenschaftliche Liebe nennen könnten, also alles das, was sich an sinnlicher Liebe beimischte der reinen übersinnlichen Liebe, wenn wir es so nennen wollen – der Ausdruck ist heute abgebraucht, aber er brauchte es nicht zu sein –: der platonischen Liebe. Die platonische Liebe wäre in einem viel größeren Maße vorhanden, wenn sich nicht die sinnliche Liebe beimischte. Und während früher alles, was an dem Menschen gestaltend wirkte, eine Folge der geistig-göttlichen Umgebung war, wurde es jetzt mehr eine Folge der Leidenschaften und Triebe der beiden Geschlechter, die aufeinander wirkten. Es ist mit dem Zusammenwirken der beiden Geschlechter die sinnliche Begierde verknüpft worden, die angeregt wurde durch das äußere Auge, durch das äußere Sehen des andersgeschlechtlichen Wesens. Daher wurde dem Menschen mit seiner Geburt etwas einverleibt, was mit der besonderen Art der Leidenschaften und Gefühle der Menschen, die im physischen Leben stehen, zusammenhängt. Während früher der Mensch das, was in ihm war, noch von den geistig-göttlichen Wesen seiner Umgebung erhielt, bekam er jetzt durch den Befruchtungsakt etwas mit, was er als ein in sich selbständiges, abgeschlossenes Wesen aus der Sinneswelt in sich aufgenommen hatte.

Nachdem die Menschen in die Zweigeschlechtlichkeit eingetreten waren, gaben sie das, was sie selber erlebten in der Sinneswelt, ihren Nachkommen mit. Da haben wir also jetzt zwei Menschenwesen. Diese zwei Menschenwesen leben in der physischen Welt und nehmen die Welt durch die Sinne wahr, entwickeln dadurch diese oder jene durch Äußerliches angeregten Triebe und Begierden, insbesondere entwickeln sie Triebe und Leidenschaften durch ihre eigene, von außen angeregte, sinnliche Neigung zueinander. Was jetzt von außen an die Menschen herantritt, ist in die Sphäre des selbständigen Menschen herabgezogen, ist nicht mehr im vollen Einklang mit dem göttlich-geistigen Kosmos. Das wird dem Menschen mitgegeben durch den physischen Befruchtungsakt, das impft sich in die Menschen ein. Und dieses ihr eigenes weltliches Leben, das sie nicht aus den göttlichen Welten haben, sondern aus der Außenseite der göttlich-geistigen Welt, das geben die Menschen durch die Befruchtung ihren Nachkommen mit. Ist ein Mensch in dieser Beziehung schlechter, so gibt er schlechtere Qualitäten seinen Nachkommen mit als der andere, der rein und gut ist.

Und damit haben wir jetzt das, was wir uns im echten, wahren Sinne vorzustellen haben unter der «Erbsünde». Das ist der Begriff der Erbsünde. Die Erbsünde wird dadurch herbeigeführt, daß der Mensch in die Lage kommt, seine individuellen Erlebnisse in der physischen Welt auf seine Nachkommen zu verpflanzen. Jedesmal, wenn die Geschlechter in Leidenschaften erglühen, mischen sich in den aus der astralischen Welt herabkommenden Menschen die Ingredienzien der beiden Geschlechter hinein. Wenn sich ein Mensch inkarniert, kommt er aus der devachanischen Welt herunter und bildet sich seine astralische Sphäre nach der Eigenart seiner Individualität. Dieser eigenen astralischen Sphäre mischt sich etwas bei aus dem, was den astralischen Leibern, den Trieben, Leidenschaften und Begierden der Eltern eigen ist, so daß dadurch der Mensch das mitbekommt, was seine Vorfahren erlebt haben. Was so durch die Generationen geht, was so innerhalb der Generationen wirklich menschlich erworben ist und als solches sich vererbt, das ist es, was unter dem Begriff der Erbsünde zu verstehen ist. Und jetzt kommen wir zu etwas anderem noch: ein ganz neues Moment trat ein in die Menschheit durch die Individualisierung des Menschen.

Früher bildeten die göttlich-geistigen Wesenheiten, und die waren ganz gesund, den Menschen zu ihrem Ebenbilde. Jetzt aber gliederte sich der Mensch als selbständiges Wesen aus der Gesamtharmonie der göttlich-geistigen Gesundheit heraus. Er widersprach in gewisser Beziehung in seiner Eigenheit dieser ganzen geistig-göttlichen Umgebung. Denken Sie, Sie haben ein Wesen, das sich nur unter den Einflüssen der Umgebung ausbildet. Da zeigt es das, was diese Umgebung ist. Denken Sie sich aber, es schließt sich ab mit einer Haut, dann hat es zu den Eigenschaften seiner Umgebung auch noch seine eigenen Eigenschaften. Als die Menschen mit der Teilung in die Geschlechter individuell wurden, entwickelten sie also ihre eigenen Eigenheiten in sich selber. Dadurch war ein Widerspruch vorhanden zwischen der großen, in sich gesunden göttlich-geistigen Harmonie und dem, was als Individuelles in dem Menschen war. Und indem dieses Individuelle fortwirkt, ein real wirksamer Faktor wird, gliedert sich in die Menschheitsentwickelung überhaupt erst die Möglichkeit einer innerlichen Erkrankung ein. Jetzt haben wir den Moment erfaßt, wo überhaupt in der Menschheitsentwickelung die Möglichkeit der Erkrankung auftritt, denn sie ist gebunden an die Individualisierung der Menschen. Vorher, als der Mensch mit der geistig-göttlichen Welt noch in Zusammenhang stand, gab es diese Möglichkeit der Erkrankung nicht. Sie trat mit der Individualisierung ein, und das ist der gleiche Zeitpunkt wie die Trennung in die Geschlechter. Das gilt für die Menschheitsentwickelung, und Sie dürfen das nicht in gleicher Weise auf die Tierwelt übertragen.

Die Krankheit ist in der Tat eine Wirkung dieser Ihnen eben geschilderten Vorgänge, und namentlich können Sie sehen, daß es im Grunde genommen der astralische Leib ist, der ursprünglich auf diese Art beeinflußt wird. Dem astralischen Leib, den sich der Mensch zunächst selbst eingliedert, wenn er aus der devachanischen Welt herunterkommt, wird dasjenige entgegengebracht, was durch die Wirkung der beiden Geschlechter in ihn einfließt. Der astralische Leib ist also der Teil, der am schärfsten das Ungöttliche zum Abdruck bringt. Göttlicher ist schon der Ätherleib, denn auf den hat der Mensch keinen so großen Einfluß, und am göttlichsten ist der physische Leib, dieser Tempel Gottes, denn der ist zu gleicher Zeit dem Einfluß des Menschen gründlich entzogen worden. Während der Mensch in seinem astralischen Leib alle möglichen Genüsse sucht und alle möglichen Begierden haben kann, die in schädlicher Weise auf den physischen Leib wirken, hat er seinen physischen Leib heute noch als ein so wundervolles Instrument, daß es jahrzehntelang den Herzgiften und den sonstigen störenden Einflüssen des astralischen Leibes widerstehen kann. Und so müssen wir sagen, daß der menschliche astralische Leib durch alle diese Vorgänge das Schlechteste am Menschen geworden ist. Wer tiefer hineingeht in die menschliche Natur, wird die tiefsten Krankheitsursachen im astralischen Leib und in den schlechten Einflüssen des astralischen Leibes auf den Ätherleib finden, und dann erst auf dem Umwege durch den Ätherleib in dem physischen Leib. Jetzt werden wir manches verstehen, was sonst nicht verstanden werden kann. Ich will jetzt von gewöhnlichen mineralischen Heilmitteln reden.

Ein Heilmittel aus dem Mineralreich wirkt zunächst auf den physischen Leib des Menschen. Welchen Sinn hat es nun, daß der Mensch seinem physischen Leib ein mineralisches Heilmittel übergibt? Also, beachten Sie wohl: Nicht von irgendwelchen pflanzlichen Heilmitteln soll jetzt gesprochen werden, sondern von rein mineralischen, was an Metallen, Salzen und so weiter verabreicht wird. Nehmen Sie an, der Mensch nimmt irgendein mineralisches Heilmittel zu sich. Dann bietet sich dem hellseherischen Bewußtsein etwas ganz Merkwürdiges dar. Das hellseherische Bewußtsein kann dann nämlich folgendes Kunststück ausführen: Es hat ja immer die Fähigkeit, die Aufmerksamkeit von etwas abzulenken. Sie können von dem ganzen physischen Menschenleib die Aufmerksamkeit ablenken. Sie sehen dann noch den Ätherleib, den astralischen Leib und die Ich-Aura. Den physischen Leib haben Sie sich also absuggeriert durch eine starke negative Aufmerksamkeit. Wenn nun jemand irgendein mineralisches Heilmittel zu sich genommen hat, dann können Sie alles aus Ihrer Aufmerksamkeit herausrücken und bloß auf das Mineral oder das Metall, das jetzt in ihm ist, Ihre hellseherische Aufmerksamkeit richten. Also Sie suggerieren sich ab, was an Knochen, Muskeln, Blut und so weiter in ihm ist, und wenden Ihre Aufmerksamkeit nur auf das, was ihn als eine bestimmte mineralische Substanz durchdrungen hat. Da tritt für das hellseherische Bewußtsein etwas ganz Merkwürdiges auf: Diese mineralische Substanz hat sich ganz fein verteilt und hat selber die Gestalt des Menschen angenommen. Sie haben eine menschliche Gestalt vor sich, ein menschliches Phantom, aus der Substanz bestehend, die der Mensch eingenommen hat. Nehmen Sie an, der Mensch hätte das Metall Antimon zu sich genommen, dann haben Sie eine menschliche Gestalt aus ganz fein verteiltem Antimon vor sich und so ist es bei jedem mineralischen Heilmittel, das der Mensch zu sich nimmt. Sie machen einen neuen Menschen in sich selber, der aus dieser mineralischen Substanz besteht; den gliedern Sie sich ein. Nun fragen wir uns: Was hat denn das für einen Zweck und für einen Sinn?

Der Sinn ist der folgende: Wenn Sie den Menschen, der so etwas nötig hat, so ließen, wie er ist, wenn Sie ihm das Heilmittel nicht geben würden und er es wirklich nötig hat, da würde es geschehen, weil gewisse schlechte Kräfte in seinem Astralleib sind, daß der Astralleib auf den Ätherleib und der Ätherleib auf den physischen Leib wirkte und diesen nach und nach zerstörte. Jetzt haben Sie den physischen Leib mit einem Doppelgänger durchsetzt. Der wirkt so, daß der physische Leib den Einflüssen des astralischen Leibes nicht folgt. Denken Sie, Sie haben eine Bohnenpflanze: wenn Sie ihr einen Stock geben, so windet sie sich daran herauf und folgt nun nicht mehr den Bewegungen des Windes. So ein Stock ist dieser Doppelgänger für den Menschen aus der eingegliederten Substanz. Das hält den physischen Leib an sich und entzieht ihn den Einflüssen vom astralischen und Ätherleib. Auf diese Weise machen Sie den Menschen seinem physischen Leibe nach sozusagen unabhängig von seinem astralischen und seinem Ätherleib. Das ist die Wirkung eines mineralischen Heilmittels. Aber Sie werden auch gleich das Schlimme der Sache einsehen, denn es hat das auch eine sehr schlimme Gegenseite. Da Sie künstlich den physischen Leib aus dem Zusammenhange mit den anderen Leibern herausgenommen haben, so haben Sie den Einfluß des astralischen Leibes und des Ätherleibes auf den physischen Leib geschwächt, haben den physischen Leib verselbständigt, und je mehr Sie Ihrem Körper solche Heilmittel zuführen, desto mehr schwindet auch der Einfluß des astralischen Leibes und des Ätherleibes dahin, und der physische Leib wird ein in sich verhärtetes und in sich verselbständigtes Wesen, das dann seinen eigenen Gesetzen unterliegt. Denken Sie nun, was die Menschen tun, die ihr ganzes Leben lang ihrem Körper solche verschiedenen mineralischen Heilmittel zuführen. Ein Mensch, der nach und nach viel an mineralischen Heilmitteln zu sich genommen hat, trägt dann in sich das Phantom dieser Mineralien; er hat ein ganzes Dutzend von mineralischen Heilmitteln in sich. Die halten den physischen Leib wie in festen Wänden. Ja, was soll denn da noch der astralische Leib und der Ätherleib auf ihn für einen Einfluß haben? Ein solcher Mensch schleppt in der Tat seinen physischen Leib mit sich herum und ist ziemlich machtlos gegen ihn. Versucht dann ein solcher Mensch, der lange Zeit so mediziniert hat, an einen anderen zu kommen, der ihn psychisch behandeln will, der besonders auf die feineren Leiber wirken will, da erfährt dann der Betreffende, daß er für psychische Einflüsse mehr oder weniger unempfänglich geworden ist. Denn er hat seinen physischen Leib erst verselbständigt und ihm die Möglichkeit entzogen, daß das, was in den feineren Leibern geschehen könnte, bis in den physischen Leib hineinwirkt. Und das ist namentlich dadurch geschehen, daß der Mensch so viele Phantome in sich hat, die dann gar nicht zusammenstimmen, das eine zerrt ihn dahin, das andere dorthin. Wenn der Mensch sich die Möglichkeit entzogen hat, vom geistig-seelischen Teile aus zu wirken, dann braucht er sich gar nicht zu wundern, wenn dann auch eine geistige Heilkur von geringerem Erfolge ist. Daher müssen Sie, wenn es sich um psychische Einwirkungen handelt, immer in Erwägung ziehen, was das für ein Mensch ist, der da kuriert werden soll. Hat der Mensch seinen astralischen Leib oder seinen Ätherleib in die Machtlosigkeit versetzt, indem er den physischen Leib in die Selbständigkeit versetzte, dann ist es sehr schwer geworden, einem solchen Menschen durch eine spirituelle Kur beizukommen.

So also verstehen wir jetzt, wie mineralische Substanzen auf den Menschen wirken. Sie erzeugen in ihm Doppelgänger, die seinen physischen Leib konservieren und ihn den Einflüssen seines Astralleibes oder Ätherleibes, die schädlich sein könnten, entziehen. Fast alle unsere Medizin geht heute darauf hinaus, weil diese materialistische Medizin die feineren Glieder des Menschen nicht kennt, nur den physischen Leib in irgendeiner Weise zu behandeln.

Wir haben das heute zunächst einmal für die Einflüsse der mineralischen Stoffe betrachtet. Wir werden einmal zu sprechen haben von den Einflüssen der pflanzlichen Heilkräfte und von den Einflüssen der tierischen Stoffe auf den menschlichen Organismus, und dann werden wir übergehen zu denjenigen Einflüssen, zu den Heilmitteln, die von Wesen zu Wesen psychisch, also spirituell sein können. Sie sehen aber, daß es notwendig ist, für unsere Betrachtungen erst wieder einmal solche Begriffe zu bekommen wie den Begriff der Erbsünde, und ihn richtig zu verstehen. Gewisse Dinge sind heute durchaus so, daß die Menschen darüber hinweglesen und kein Verständnis dafür haben.

ELFTER VORTRAG

Berlin, 21. Dezember 1908

Die Anordnung, die wir getroffen haben in bezug auf die Kurse, die diesen Zweigvorträgen parallel laufen, macht es ja allein möglich, daß wir hier in unserem Zweig zu immer höheren Gebieten aufsteigen können. Ich möchte deshalb bitten, diese Kurse möglichst zu berücksichtigen. Es ist notwendig, daß man eine Stätte hat, wo man weiter fortschreiten kann mit den Vorträgen. Sonst müßte man eigentlich jedes Jahr von vorne anfangen.

Heute soll uns etwas beschäftigen, was wieder scheinbar weit absteht von den letzten Vorträgen, was sich aber doch in unseren diesjährigen Gedankengang einfügen wird. Anknüpfen wollen wir an eine Bemerkung in einem der letzten öffentlichen Vorträge, in dem Vortrage über den «Aberglauben vom geisteswissenschaftlichen Standpunkte». Es wurde dort eine Bemerkung gemacht, die in einem öffentlichen Vortrag nicht weiter ausgeführt werden kann, weil man für ein tieferes Eingehen Vorkenntnisse voraussetzen muß, die sich weniger auf den Verstand, auf intellektuelles Erkenntnisvermögen beziehen als auf ein Erkenntnisvermögen, das in unserer ganzen Seelenkonstitution liegt und das wir nur durch jahrelanges Mitarbeiten mit dem Zweigleben erwerben können. Nur durch eine solche geduldige Arbeit können wir dahin gelangen, daß uns manches, was wir früher für absurd gehalten hätten, möglich und wahrscheinlich vorkommt, so daß wir es mit ins Leben nehmen und sehen, wie weit es sich bewahrheitet. Die Bemerkung, von der wir ausgehen wollen, war, daß es eine gewöhnliche Tatsache und nicht Aberglaube ist, wenn bei gewissen Krankheiten, wie die Lungenentzündung zum Beispiel eine ist, der siebente Tag eine Krisis darstellt, daß da bei dieser Krisis, die unweigerlich am siebenten Tag eintritt, wo der Kranke leicht sterben kann, der Arzt darauf bedacht sein muß, den Kranken darüber hinwegzubringen. Das ist heute von jedem vernünftigen Arzt anerkannt, aber nach den Ursachen können die Ärzte nicht forschen, weil sie keine Ahnung haben von den im

Geistigen zu findenden Urgründen der Dinge. Zuerst wollen wir einmal die Tatsache hinstellen, daß sich hier etwas ganz Merkwürdiges, mit der geheimnisvollen Sieben-Zahl Zusammenhängendes in der Lungenentzündung zeigt.

Wir müssen nun den Menschen so betrachten, daß sich uns eine Möglichkeit bietet zum Verständnis dieser und noch mancher anderen Tatsache. Sie alle wissen – es ist das ja unzählige Male hier erwähnt worden –, daß man den Menschen nur erkennen kann, wenn man ihn versteht aus dem Aufbau seiner vier Glieder, dem physischen Leib, dem Ätherleib, dem Astralleib und dem Ich. Diese vier Glieder der Menschennatur stehen in den mannigfaltigsten Beziehungen und gegenseitigen Abhängigkeiten. Jedes Glied wirkt auf das andere und somit wirken sie durchaus im Zusammenhang miteinander. Aber dieses Zusammenwirken ist ein sehr kompliziertes. Der Mensch kann diese Zusammenhänge nur sehr langsam und allmählich kennenlernen, ebenso die Beziehungen dieser Glieder zu gewissen Kräften, Vorgängen und Wesenheiten im ganzen Kosmos. Denn der Mensch steht durch alle seine Glieder in einer fortdauernden – und das ist auch wieder sehr wichtig –, und zwar wechselnden Verbindung mit dem Kosmos. Was wir erkennen als physischen Leib, Ätherleib und so weiter hängt miteinander zusammen, aber ebenso auch mit dem Kosmos, mit der ganzen um uns sich ausbreitenden Welt. Denn das, was wir in uns haben, ist in einer gewissen Weise auch draußen, außer uns, und so dürfen wir sagen, daß wir diese Beziehungen nach innen und außen wohl am besten erkennen, wenn wir einmal den Menschen im wachenden und im schlafenden Zustande betrachten.

Wenn der Mensch schlafend vor uns liegt, so haben wir im Bette liegen den physischen Leib und den Ätherleib, und in gewisser Beziehung außerhalb dieser beiden sind der astralische Leib und das Ich. Das ist aber nur ungenau gesagt. Das Ungenauere genügt ja allerdings für viele Dinge, aber heute wollen wir etwas genauer diese Verhältnisse kennenlernen. Der astralische Leib und das Ich also sind zunächst nicht im physischen Leib tätig. Der physische Leib mit seinem Nerven- und Blutsystem und der Ätherleib sind aber gar nicht möglich, ohne daß sie durchzogen sind von einem astralischen Leib und einem irgendwie gestalteten Ich. Auch der Ätherleib könnte nicht bestehen, ohne daß er durchzogen wäre von höheren Wesenheiten. In dem Augenblicke, wo der Mensch mit seinem eigenen astralischen Leibe und Ich hinausrückt, müssen die Tätigkeiten dieser beiden Glieder der Menschennatur ersetzt werden. Es kann der Menschenleib nicht liegen bleiben, ohne daß ein Ich und ein astralischer Leib in ihm tätig sind, so daß wir also auch im schlafenden Menschen ein Ich und einen astralischen Leib tätig haben müssen. Genau gesprochen, müßten wir aber sagen: Das Ich und der astralische Leib, die da im schlafenden physischen Leib des Menschen tätig sind, sind auch während des Tages im Menschen, nur ist ihre Tätigkeit durchaus untergraben durch des Menschen astralischen Leib und Ich, die durch ihre Tätigkeit die der anderen höheren Wesenheiten zunichte machen. Wenn wir das Ich, wie es heute im Menschen ist, uns vorstellen wollen beim wachenden Menschen, so müssen wir uns sagen: Dieses menschliche Ich ist beim wachenden Menschen innerhalb des menschlichen Leibes, und es entzieht während dieser Zeit durch seine Tätigkeit einem umfassenden Ich seine Wirkungssphäre. Was tut denn dieses unser eingeschränktes Ich eigentlich im Schlafe? In Wahrheit können wir, ziemlich genau gesprochen, sagen: Dieses Ich, das sich während des Tages befreit hat von dem großen Welten-Ich und das auf eigene Faust lebt im menschlichen Leibe, das taucht unter während der Nacht in das Welten-Ich, begibt sich seiner eigenen Tätigkeit. Und gerade durch dieses Eintauchen, dieses Untergehen des Tages-Ichs in das Welten-Ich kann das Welten-Ich ungehindert wirken und kann alles fortschaffen, was das Tages-Ich an Ermüdungsstoffen aufgehäuft hat. Dadurch, daß das Tages-Ich versinkt, untertaucht ins Welten-Ich, ist in umfassender Weise das Nacht-Ich möglich. Wenn Sie es sich bildlich vorstellen wollen, können Sie sich dieses Verhältnis des Tages-Ichs zum Nacht-Ich so vorstellen, daß das Tages-Ich gleichsam einen Kreis beschreibt und daß es den größten Teil dieses Kreises außerhalb des großen Ichs zubringt, während es nachts ins große Ich untertaucht. Sechzehn Stunden zum Beispiel ist es außerhalb und acht Stunden taucht es unter ins Nacht-Ich.

Sie verstehen das nur richtig, wenn Sie das, was ich eben gesagt habe, ganz ernst nehmen, daß nämlich Ihr Ich niemals dasselbe ist während der sechzehn Stunden – wenn wir das als die normale Zeit des Wachens annehmen –, daß das Ich während dieser Zeit fortwährend Veränderungen durchmacht, daß es einen Teil eines Kreises beschreibt und dann untersinkt und auch während der Nacht wieder Veränderungen durchmacht, von denen der gewöhnliche Mensch nichts weiß. Diese Veränderungen gehen immer mehr ins Unbewußte bis zu einem Höhepunkt, und dann wird das Ich wieder langsam bewußter. Wir müssen also sagen, daß im Verlaufe von vierundzwanzig Stunden das menschliche Ich fortwährend gewisse Veränderungen durchmacht, deren äußeres Symbolum wir uns als Kreislauf vorstellen, als einen Zeiger, der einen Kreis beschreibt und von Zeit zu Zeit untertaucht in das große Welten-Ich.

In ganz ähnlicher Weise macht des Menschen astralischer Leib Veränderungen durch. Der Astralleib ändert sich auch in der Weise, daß wir, symbolisch vorgestellt, uns einen Kreislauf denken müssen. Auch beim astralischen Leib sind die Veränderungen so, daß wir in der Tat in gewisser Beziehung von einem Untertauchen in einem Welten-Astralleib sprechen müssen. Nur bemerkt der heutige Mensch dieses Untertauchen in dem Welten-Astralleib nicht mehr, während er es früher sehr wohl bemerkt hat. Damals fühlte der Mensch sozusagen abwechselnd ureigene astralische Gefühle zu einer Zeit und ganz andere Gefühle zu einer anderen Zeit. So fühlte er in einer gewissen Zeit lebendiger in der ihn umgebenden Außenwelt, in einer anderen Zeit dagegen mehr sein eigenes Innere. So konnte man ganz verschiedene Nuancierungen in der Empfindungsweise des astralischen Leibes wahrnehmen, weil der astralische Leib im Verlaufe von sieben Tagen, also sieben mal vierundzwanzig Stunden, rhythmisch Veränderungen durchmacht, die sich wieder vergleichen lassen mit einem Umkreis. Wie das Ich in einer Zeit von vierundzwanzig Stunden rhythmische Veränderungen durchmacht, die sich heute noch ausdrücken im Wechsel von Wachen und Schlafen, so der Astralleib in sieben mal vierundzwanzig Stunden. Solche rhythmische Veränderungen sind beim Urmenschen in großer Lebendigkeit aufgetreten. Es gehen also im astralischen Leibe rhythmische Veränderungen vor sich, die in sieben Tagen ablaufen, und vom achten Tage an wiederholt sich der Rhythmus. Tatsächlich taucht einen Teil der Zeit, in welcher der Mensch diesen Rhythmus durchmacht, der astralische Leib in einen allgemeinen Welten-Astralleib ein. Sonst ist er mehr außerhalb dieses Welten-Astralleibes. Daraus können Sie sich eine Vorstellung bilden, daß das, was als allgemeiner Astralleib und allgemeines Ich im schlafenden Menschen auftritt, eine große Bedeutung für das Leben des Menschen hat. Jenes Ich, in das er untertaucht im Schlafe, das in der Nacht das Blut pulsieren macht, ist dasselbe, das in seinem Körper wirkt während des Schlafes. Auch wenn er bei Tage schläft, taucht er in dieses allgemeine Ich unter, und dadurch bringt er eine gewisse Unregelmäßigkeit in seinen Rhythmus hinein, die in früheren Zeiten zerstörend gewirkt haben würde, die heute aber nicht mehr so zerstörend ist, weil sich in unserer Zeit das menschliche Leben in dieser Beziehung bedeutend geändert hat. In denselben Teil des allgemeinen Welten-Astralleibes, der den physischen Leib und den Ätherleib während des Schlafes durchdringt, taucht während der sieben Tage der menschliche Astralleib wirklich unter. Dadurch ändern sich die inneren Gefühle und Empfindungen. Heute erregt das kaum die Aufmerksamkeit, früher konnte das gar nicht außer acht gelassen werden.

Aber nicht nur das Ich und der Astralleib, sondern auch der Ätherleib macht ganz bestimmte rhythmische Veränderungen durch. Diese spielen sich so ab, daß in vier mal sieben Tagen sozusagen sich der menschliche Ätherleib, symbolisch gesprochen, um seine eigene Achse dreht, und er kehrt nach vier mal sieben Tagen zu denselben Vorgängen zurück, bei denen er am ersten Tage war. Ein ganz bestimmter Rhythmus spielt sich hier in den vier mal sieben Tagen ab. Hier kommen wir aber schon in ein Gebiet, von dem man ausführlicher sprechen müßte, wenn alles verstanden werden sollte. Sie erinnern sich, daß ich gesagt habe, der Ätherleib des Mannes ist weiblich, der des Weibes männlich. Der Rhythmus ist schon nicht gleich für männlichen und weiblichen Ätherleib, aber wir wollen uns heute nicht näher darauf einlassen. Es sei nur hervorgehoben, daß sich ein solcher Rhythmus abspielt, und zwar, sagen wir, wegen der Verschiedenheit bei Mann und Weib in annähernd vier mal sieben Tagen.

Damit sind wir aber noch nicht zu Ende. Auch im physischen Leib wiederholen sich rhythmisch ganz bestimmte Vorgänge, so unwahrscheinlich das auch dem heutigen Menschen erscheint. Sie sind heute fast ganz verwischt, weil der Mensch unabhängig werden sollte von gewissen Vorgängen, aber für den okkulten Beobachter sind sie doch bemerkbar. Wenn der physische Leib ganz sich selbst überlassen wäre, so würde dieser Rhythmus in zehn mal sieben mal vier Tagen beim Weibe und in zwölf mal sieben mal vier Tagen beim Manne sich abspielen. So würde er sich abspielen, wenn der Mensch heute noch ganz allein den ihm eigenen Gesetzen seiner Rhythmen überlassen wäre. Einmal war es in der Tat so, aber der Mensch ist freier geworden von den ihn umgebenden kosmischen Einflüssen. So also haben wir ein rhythmisches Ablaufen der Vorgänge in den vier Gliedern der menschlichen Wesenheit. Sie können sich, wenn Sie wollen, jeden der vier Rhythmen vorstellen wie einen Kreislauf. Es fällt heute freilich dasjenige, was der Mensch zum Beispiel als Rhythmus in seinem physischen Leib ausführen würde, wenn er ganz sich selbst überlassen wäre, nur annähernd zusammen mit den äußeren physischen, rein räumlichen Vorgängen, die diesem Rhythmus entsprechen, weil durch die Zusammenschiebung der menschlichen Verhältnisse zugunsten der menschlichen Freiheit sich diese Beziehungen zum Kosmos verändert haben.

Sie haben schon aus der Zahl zehn mal sieben mal vier oder zwölf mal sieben mal vier sehen können, daß es sich hier bei dem Rhythmus des physischen Leibes um den ungefähren Jahreslauf handelt. Sie können sich äußerlich symbolisch diese Veränderungen im äußeren physischen Leib vorstellen, wenn Sie daran denken, daß der Mensch sich im Laufe eines Jahres gewissermaßen umdreht; er ist einmal auf dieser Seite der Sonne, einmal auf der anderen. Wenn wir uns nun denken, daß er immer der Sonne das Gesicht zukehrt, so muß er sich im Laufe eines Jahres einmal um sich und einmal um die Sonne drehen. Das wird einer, der nur äußerlich die Sache betrachtet, als etwas ganz Gleichgültiges ansehen, aber das ist eben sehr wichtig.

Das, was sich hier als Rhythmus in den vier Leibern abspielt, ist dem Menschen eingepflanzt worden in langen, langen Zeiten, und daß die verschiedenen Leiber aufeinander einwirken können, ist angeordnet von den Hierarchien, von Wesenheiten, die wir schon öfter erwähnt haben. Wir wissen, daß wir in höhere Wesen eingebettet sind. Das Wirken dieser geistigen Wesenheiten, die den physischen und geistigen Raum mit ihren Taten durchsetzen, ist es, was diese bestimmten Beziehungen hervorgebracht hat. Aber wenn Sie das, was jetzt gesagt worden ist, betrachten, dann kommen Sie von einer anderen Seite auf einen Gedanken, der im vorigen Winter hier öfter berührt worden ist. Die Feststellung des Rhythmus des physischen Leibes hat schon auf dem alten Saturn begonnen. Die Zugliederung des Ätherleibes, so daß Ätherleib und physischer Leib in ihrem Rhythmus zusammenpassen, kommt daher, daß dieser Rhythmus von anderen Geistern, den Sonnengeistern, hergestellt worden ist. Durch das Zusammenwirken der verschiedenen Rhythmen wird eine Beziehung hergestellt, wie das Verhältnis der beiden Zeiger an einer Uhr bestimmt ist durch ihren Rhythmus. Auf dem alten Mond wurde wieder ein anderer Rhythmus, der des Astralleibes, eingegliedert.

Nun mußten diejenigen Geister, die unseren ganzen Kosmos anordneten – denn alles Physische ist ein Ausdruck dieser Wesenheiten –, die äußere physische Bewegung entsprechend den inneren Verhältnissen der Wesenheiten gestalten. Daß die Sonne heute von der Erde umkreist wird in einem Jahre, das kommt her von dem Rhythmus, der dem physischen Leib eingepflanzt wurde, lange ehe die physische Konstellation vorhanden war. Aus dem Geistigen heraus ist also in diesen Himmelssphären das Räumliche angeordnet worden. Der Mond wird herumgeführt um die Erde, weil sein Kreislauf entsprechen sollte dem Kreislauf des menschlichen Ätherleibes, in vier mal sieben Tagen, weil dieser Rhythmus seinen Ausdruck finden sollte in der Mondbewegung. Der verschiedenen Beleuchtung des Mondes durch die Sonne, den vier Mondesvierteln, entsprechen die verschiedenen Rhythmen des astralischen Leibes, und dem Tageslauf der Umdrehung der Erde entspricht der Rhythmus des Ichs. Gerade an dem Rhythmus des Ichs kann man etwas klarmachen, was zwar in aller Geheimwissenschaft immer gelehrt worden ist, was aber heute den Menschen als phantastische Träumerei erscheinen wird, was aber doch wahr ist. Die Erde hat sich in uralten Zeiten nicht um ihre Achse gedreht; diese Achsendrehung ist erst im Laufe der Zeiten entstanden. Als der Mensch auf Erden noch in einem anderen Zustande war, bestand diese Bewegung noch nicht. Das, was zuerst zur Umdrehung angeregt worden ist, das war nicht die Erde, sondern das war der Mensch. Das menschliche Ich war von den Geistern, denen es untertan ist, angeregt worden, sich zu drehen, und das menschliche Ich nahm dann tatsächlich diese Erde mit und drehte sie um sich herum. Die Erdenumdrehung ist die Folge des Ich-Rhythmus. So erstaunlich das klingt, wahr ist es doch. Erst mußten die geistigen Glieder des Menschen, die sich zum Ich heranbildeten, den Antrieb bekommen, sich zu drehen, und dann nahmen sie die Erde mit. Das wurde ja später anders. Der Mensch wurde frei auf der Erde; die Verhältnisse änderten sich, so daß der Mensch von den umliegenden kosmischen Mächten frei wurde. Aber so war es ursprünglich. So sehen Sie, wie alles Physische um uns herum eigentlich ein Ausfluß des Geistigen ist. Das Geistige ist überall das erste. Aus ihm fließen auch alle Lageverhältnisse in der Welt.

Und nun denken Sie sich einmal den astralischen Leib, der im Verlaufe von sieben Tagen sozusagen einen Kreislauf vollendet. Denken Sie, wie mit gewissen Unregelmäßigkeiten des Astralleibes Krankheiten zusammenhängen, und zwar dadurch, daß diese Unregelmäßigkeiten sich durch den Ätherleib bis zum physischen Leib fortsetzen. Nun nehmen wir an, der astralische Leib habe einen gewissen Schaden in sich selber. Durch diesen Schaden wirkt er auf den Ätherleib, und so setzt sich der Schaden bis zum physischen Leibe fort. Dieser wird auch schadhaft. Dann fängt der Organismus an, gegen den Schaden zu revoltieren, Schutzkräfte in Anwendung zu bringen. Diese Revolte ist gewöhnlich das Fieber; das ist der Aufruf der Heilungskräfte im Menschen. Das Fieber ist nicht Krankheit, sondern der Mensch ruft aus seinem ganzen Organismus die Summe seiner Kräfte zusammen, um diesen Schaden wieder gutzumachen. Diese Revolte des ganzen Organismus gegen den Schaden drückt sich in der Regel im Fieber aus. Das Fieber ist das Wohltätigste, das Heilendste bei der Krankheit. Der einzelne schadhaft gewordene Teil kann sich nicht heilen, er muß von anderen Seiten her die Kräfte zugeführt bekommen, und das hat seinen Ausdruck im Fieber.

Nun denken Sie einmal, dieses Fieber tritt bei Lungenentzündung auf. Die Lunge ist schadhaft geworden durch irgendeine Ursache. Gerade wenn die menschliche Lunge irgendeinen Schaden zugeführt bekommen hat, dann war es zuerst der Astralleib, der den Schaden erlitten hatte, und dann erst ist er durch den Ätherleib hindurch auf den physischen Leib übergegangen. Bei der Lungenentzündung liegt immer der Urgrund im astralischen Leib; anders kann Lungenentzündung nicht auftreten. Nun denken Sie an den Rhythmus des Astralleibes. An dem Tage, an dem die Lungenentzündung auftritt, wirkt der Astralleib auf den physischen Leib. Jetzt fängt durch das Fieber der Körper an zu revoltieren. Nach sieben Tagen sind Astralleib und Ätherleib wieder in derselben gegenseitigen Stellung; Stücke derselben treffen sich wieder. Aber er trifft nicht auf dasselbe Stück im Ätherleibe auf, denn auch der Ätherleib hat inzwischen seinen Rhythmus durchgemacht. Er trifft jetzt auf ein nächstes Stück. Das wird jetzt ebenfalls vom astralischen Leib affiziert, beeinflußt, und zwar wird dieser andere Teil des Ätherleibes in entgegengesetzter Weise beeinflußt. Jetzt wird das Fieber unterdrückt. Dadurch, daß mit dem nächsten Viertel des Ätherleibes jetzt dasjenige Glied des astralischen Leibes zusammenfällt, das vor sieben Tagen mit dem vorhergehenden Viertel des Ätherleibes zusammengefallen ist, dadurch wird der entgegengesetzte Vorgang hervorgerufen wie vor sieben Tagen, nämlich die Reaktion gegen das Fieber. Der entgegengesetzte Rhythmus des Körpers unterdrückt das Fieber wieder. Denn der menschliche Körper ist da, um gesund zu sein, und das ist der Zweck des Rhythmus. Es steigen gewisse Wirkungen in den ersten sieben Tagen hinan, in den nächsten sieben Tagen müssen sie fallen. Das ist für den gesunden Menschen so der Fall, daß dieses Auf- und Absteigen abwechselt. Wenn aber nun der Mensch krank ist, dann ist es so, daß Lebensgefahr vorhanden ist, wenn das Fieber unterdrückt wird. Während beim gesunden Menschen ein aufsteigender Prozeß am siebenten Tag umkehrt, sollte beim kranken Menschen der aufsteigende Prozeß bleiben. Aber der vehemente Aufstieg veranlaßt einen vehementen

Abfall. Das ist der Grund der Krisis am siebenten Tage bei der Lungenentzündung.

Das kann man einsehen, wenn man bedenkt, daß die Lunge sich herausgebildet hat in einer Zeit, als der Mond sich schon abgespalten hatte und sich vorbereitete, seinen Rhythmus auszubilden, und als auch der Rhythmus der Tage schon anfing, sich auszubilden. Deshalb hängt mit dem Astralleib und dem Rhythmus des Ätherleibes heute noch die Lunge zusammen.

Sie sehen, wie gerade das menschliche Leben in seinen abnormen Verhältnissen aus der Geisteswissenschaft heraus beurteilt werden kann, wie der Mensch seiner ganzen Natur nach nur erkannt werden kann, wenn diese Zusammenhänge durchschaut werden. Deshalb wird Fruchtbarkeit in den Wissenschaften erst dann wieder möglich sein, wenn der Mensch durchsetzt sein wird von den großen Erkenntnissen der Geisteswissenschaft. Früher, etwa bis in die Mitte unserer Erdentwickelung hinein, stimmte der Mensch in allen seinen Rhythmen viel mehr überein mit den äußeren Naturrhythmen. Seit jener Zeit, also seit der Mitte der atlantischen Zeit aber haben sich die Dinge übereinandergeschoben. Das Innere des Menschen hat sich unabhängig gemacht von dem äußeren Rhythmus. Innen hat er seinen alten Rhythmus beibehalten. Gerade durch das Nicht-Zusammenstimmen der Rhythmen hat sich der Mensch Unabhängigkeit und Freiheit erworben, sonst wäre die freiheitliche Entwickelung in der Geschichte der Menschheit nicht möglich geworden. Der Rhythmus des Menschen ist gegen den der Sonne, beziehungsweise der der Erde gegen den der Sonne, vorangeeilt. Ähnlich ist es mit den anderen Rhythmen, zum Beispiel mit dem des Astralleibes. Früher erlebte der Mensch in den sieben Tagen ganz verschiedene Stimmungsnuancen. Eine Zeitlang machte alles Äußere einen großen Eindruck auf ihn, eine andere Zeit lebte er mehr in seinem Innern. Weil die Rhythmen heute nicht mehr zusammenstimmen, deshalb bleiben die Zustände des inneren Erlebens auch in der Zeit, wo der Mensch an der Außenwelt mehr Freude hat, und umgekehrt. Sie mischen sich ineinander und gleichen sich aus, und der astralische Leib wird dadurch sozusagen gleichtemperiert. Bei den Menschen, die mehr in ihrem astralischen

Leibe leben, kann man bei feiner Beobachtung solches Schwanken in den Stimmungen noch wahrnehmen. Bei Seelen- oder Geisteskranken kann man die Verschiedenheiten in den Zuständen des astralischen Leibes nachweisen.

Für das Ich ist der Rhythmus am spätesten entstanden, aber auch da schieben sich die Dinge schon durcheinander. Der Mensch kann ja auch bei Tage schlafen und in der Nacht wachen. Aber früher stimmte dieser Rhythmus immer mit dem äußeren überein. In der Atlantis hätte sich etwas sehr Schlimmes ergeben, wenn der Mensch hätte tagsüber schlafen und nachts wachen wollen. Da hätte er sein ganzes Leben in Unordnung gebracht. Der Rhythmus ist heute in gewisser Weise geblieben, nur ist er unabhängig von dem Äußeren geworden. Es ist das gerade so, wie wenn Sie eine richtiggehende Uhr genau nach der Stunde der Sonne, nach der Sonnenzeit richten. Sie können dann ganz genau die Stunden der Sonne ablesen. Jetzt könnten Sie aber einmal die Uhr um sieben Uhr nachmittags auf zwölf stellen. Dann wird der Rhythmus der Uhr noch richtig beibehalten, er ist nur verschoben gegen denjenigen der Sonne. So ist es auch beim Menschen. Der alte Rhythmus, in dem der Mensch früher mit dem ganzen Kosmos gestanden, ist beibehalten geblieben. Er hat sich nur verschoben. Wenn die Uhr ein lebendes Wesen wäre, so hätte sie recht, ihren Rhythmus herauszuschieben aus den umgebenden Rhythmen. Der Mensch soll in einer urfernen Zukunft dazu kommen, aus seiner inneren Entwickelung heraus seinen Rhythmus wieder in die Welt hinauslaufen zu lassen. Wie es einst Wesen gegeben hat, die aus ihren Rhythmen heraus Sonne, Mond und Erde sich haben bewegen lassen, so wird auch der Mensch einmal seinen Rhythmus in die Welt hinausversetzen, wenn er die göttliche Stufe erreicht hat. Das ist der Sinn des Unabhängigwerdens im Rhythmus. Hieraus können wir die tieferen Grundlagen der Astrologie ahnen. Aber das soll uns heute nicht beschäftigen. Wir wollten heute nur zeigen, wie die Geisteswissenschaft nicht eine Summe von abstrakten Ideen ist für den egoistischen Menschen, der sich dafür interessiert, sondern daß sie bis in die alleralltäglichsten Verhältnisse des Lebens hineinleuchten wird. Aber dann muß man den Willen haben, von den äußeren Erscheinungen zu den Urgründen zu gehen, die dahinter stehen. Der Rhythmus ist der Materie eingepflanzt durch den Geist; der Mensch trägt heute den Rhythmus als Erbschaft seiner geistigen Abstammung in sich. Allerdings kann man diesen Rhythmus für das Menschenwesen und auch für die anderen Naturwesen nur einsehen, wenn man auf die ursprünglichen Verhältnisse zurückgeht. Schon bei den Tieren stehen die einzelnen Leiber – physischer Leib, Ätherleib, Astralleib und Gruppen-Ich – in ganz anderen Verhältnissen zueinander. Für jede Tierart gibt es einen anderen Rhythmus. Für den physischen Leib ist es einigermaßen derselbe, aber ganz andere Rhythmen laufen ab für Äther- und Astralleib der verschiedenen Tiere. Man kann die Tierwelt einteilen, wie man sie heute äußerlich nach den äußeren Gestalten einteilt, in Gattungen nach den Rhythmen, je nachdem der Rhythmus der Astralleiber zu dem der Ätherleiber abläuft.

Glauben Sie nicht, daß diese Rhythmen nie klar erkannt worden sind. Wir werden noch zeigen können, daß es gar nicht so lange her ist, daß man wenigstens ein dunkles Bewußtsein von diesen Rhythmen hatte. Wer mit einem entsprechenden Bewußtsein durch die Welt geht, kann finden, daß in manchen Kalendern, die auf dem Lande gebraucht werden, in bezug auf bestimmte Verhältnisse zwischen Tier und Land gewisse Regeln angegeben werden. Durch die Beobachtung dieser Regeln in solchen Bauernkalendern ordnete früher der Landmann seine ganze Landwirtschaft. In das bäuerliche Wissen war das Bewußtsein solcher Rhythmen hineingeheimnißt. Das sind Dinge, die uns zeigen können, daß seit dem 15., 16. Jahrhundert ein Zeitalter der Abstraktion, der äußeren Wissenschaft eingetreten ist, einer Wissenschaft, die gar nicht mehr imstande ist, auf die Gründe einzugehen. Das ist besonders in der Medizin der Fall. Hier haben wir heute nur noch ein Tasten, und der solide Grundstock der Pathologie und Therapie geht auf uralte Zeiten zurück. Ich habe das Martyrium des Intellektes und der Empfindungen durchgemacht, als das Phenazetin ausprobiert wurde. Diese Art des Ausprobierens, ohne auch nur einen Leitfaden zu haben, zeigt, daß der Wissenschaft mit dem Geist auch der Ernst verlorengegangen ist. Dieser Ernst wird wieder erworben werden durch geistige Erkenntnis. Man muß durchaus unterscheiden, wo die Zerrbilder einer Wissenschaft liegen und wo wirklich auf den Geist gegründete Erkenntnis ist. Wenn man sich das in die Seele schreibt, wird man sehen, wie notwendig geisteswissenschaftliche Erkenntnis ist, wie sie eindringen muß in alle Gebiete des Wissens und des Lebens.

ZWÖLFTER VORTRAG

Berlin, 1. Januar 1909

Heute wollen wir einmal einiges besprechen aus einem tief okkulten Gebiete heraus, und zwar soll für heute unser Thema lauten, so sonderbar das zunächst klingen mag: «Mephistopheles und die Erdbeben der Erde». Wir werden sehen, daß wir nicht bloß mit dem Mephistopheles-Problem in ein tief okkultes Gebiet hineinleuchten, sondern auch gerade mit der Erdbebenfrage, wenn sie vom geistigen Standpunkte aus erörtert werden soll. Es ist ja von mir an den verschiedensten Orten und auch hier bereits über das Innere der Erde gesprochen und damit auch die Erdbebenfrage berührt worden. Wir wollen heute von einer anderen Seite noch die Sache betrachten, und es wird sich dann ja auch ein Zusammenschluß finden zwischen dem, was wir heute zu sagen haben, worinnen namentlich der Vortrag zuletzt gipfeln soll, und dem, was schon in den früheren Vorträgen über das Innere der Erde im Hinblick auf diese außerordentlich tragischen Ereignisse unserer Erdoberfläche gesagt worden ist.

Die Gestalt des Mephistopheles, von der wir heute ausgehen wollen, kennen Sie alle ja aus der Goetheschen Faust-Dichtung. Sie wissen, daß die Mephistopheles-Gestalt eine Wesenheit ist. Wir wollen uns heute nicht weiter darauf einlassen, inwiefern die dichterische Umkleidung den okkulten Tatsachen entspricht. Sie wissen, daß uns diese Gestalt in der Goetheschen Faust-Dichtung entgegentritt als der Verführer und der Versucher des Faust, der ja in gewisser Beziehung als der Typus des nach den Höhen des Lebens strebenden Menschen aufgefaßt werden darf, und es ist von mir auch in *Goethe*-Vorträgen darauf hingewiesen worden, welche geistige Perspektive die Szene von dem «Gang zu den Müttern» eröffnet, wo Mephistopheles den Schlüssel in der Hand hält zur Eröffnung eines Gebietes in dunkle Untergründe hinein, in denen die «Mütter» sitzen. Mephistopheles selbst kann dieses Gebiet nicht betreten. Er weist nur darauf hin, daß es sich um ein Gebiet handelt, wo unten gleich oben ist: «Versinke denn! Ich könnt' auch sagen: steige!» Beides würde dasselbe bedeuten für dieses geheimnisvolle Gebiet. Wir wissen auch, daß Mephistopheles dieses Gebiet als ein solches bezeichnet, wofür er das Wort Nichts anwendet. Er vertritt also in einer gewissen Weise den Geist, der in dem Nichts ein für ihn Wertloses in diesem Gebiete erblickt. Faust antwortet darauf, wie etwa heute noch der geistig Strebende dem materialistisch Denkenden antworten könnte: «In deinem Nichts hoff' ich das All zu finden!»

Die Goethe-Forschung – es gibt ja eine solche – hat die mannigfaltigsten Anstrengungen gemacht, um diese Gestalt zu enträtseln. Auch in anderen Vorträgen habe ich schon aufmerksam darauf gemacht, daß im Grunde genommen die Auflösung des Namens «Mephistopheles» einfach im Hebräischen zu suchen ist, wo mephiz der Hinderer, der Verderber heißt und tophel der Lügner, so daß wir den Namen aufzufassen haben als geltend für ein Wesen, das sich zusammensetzt aus einem Bringer des Verderbens, der Hindernisse für den Menschen, und auf der anderen Seite aus einem Geist der Unwahrheit, der Täuschung, der Illusion.

Wer die Einleitung des Goetheschen «Faust», den Prolog im Himmel einmal denkend verfolgt, dem wird auffallen können, wie da hineinklingt ein Wort, welches sozusagen über Jahrtausende hin reicht. Goethe hat hineinklingen lassen in den Anfang seines «Faust» die Worte zwischen dem Gotte und dem Hiob aus dem Buche «Hiob». Sie brauchen nur das Buch «Hiob» zu lesen, wie Hiob als ein gerechter, guter und frommer Mann lebt, wie da die Söhne des Gottes des Lichtes sich vor Gott einfinden und sich unter ihnen auch einfindet ein gewisser Feind des Lichtes, und wie sich ein Gespräch entspinnt zwischen dem Feind des Lichtes und dem höchsten Gotte, das dahin geht, daß dieser Feind des Lichtes sagt, er habe durch die Lande geschweift und habe Verschiedenes gesucht, Verschiedenes versucht. Da fragt ihn Gott: Kennst du meinen Knecht, den Hiob? Und da sagt der Feind des Lichtes – so wollen wir ihn vorläufig nennen – zu dem Gotte: er kenne ihn, und er wäre wohl imstande, ihn von dem Pfad des Guten abzubringen, ihn zu verderben. Und Sie wissen ja, wie zweimal dieser Geist versuchen muß, an Hiob heranzukommen, wie er ihm dann dadurch beikommt, daß er seinen äußeren physischen Körper verdirbt. Er bezeichnet das ausdrücklich dadurch, daß er dem Gott gegenüber sagt: Da wird er nicht abfallen, wenn man an seinen Besitz greift, aber wenn man an sein Fleisch greift und an sein Bein, da wird er abfallen! Wer möchte da nicht hineinklingen hören in den Worten des «Faust», wo Gott im Prolog im Himmel dem Mephistopheles die Worte entgegenruft: «Kennst du den Faust?... Meinen Knecht!» – Und dann hört man förmlich wiederholen die Widerrede des Geistes, der damals, entsprechend dem Buche Hiob, dem Gotte entgegengetreten ist, wenn dieser Mephistopheles sagt: er könne den Faust seine «Straße sacht führen», er könne ihn abbringen von den Wegen, die in die Welt hineinführen, die man die gute nennt. Also wir hören hier förmlich in einer Harmonie zusammenschlagen die Töne von Jahrtausenden.

Vielleicht haben Sie schon öfters, wenn die Gestalt des Mephistopheles an Sie herangetreten ist, die Frage aufgeworfen: Wer ist denn eigentlich dieser Mephistopheles? Und hier werden schwere Fehler gemacht, die allerdings nur ausgebessert werden können durch eine tiefere okkulte Einsicht. Daß Mephistopheles mit dem Teufel oder mit der Vorstellung des Teufels zusammengebracht werden darf, darauf zielt ja schon der Name; denn das Wort «tophel» ist dasselbe wie «der Teufel». Aber die andere Frage ist diese, und hier kommen wir in ein Gebiet schwerer Irrtümer hinein, die in der Auslegung der Gestalt des Mephistopheles oftmals gemacht werden: Ob Mephistopheles zusammengeworfen werden darf mit dem Geist, den wir als den Luzifer bezeichnen, von dem wir in der Entwickelungsgeschichte der Menschheit oft gesprochen haben, der in der lemurischen Zeit und nachher mit seinen Scharen an die Menschheit herantrat und in gewisser Weise in die menschliche Entwickelung eingriff? Man ist in Europa leicht geneigt, die Gestalt des Mephistopheles, wie sie im Goetheschen «Faust» gilt, wie sie aber in all den verschiedenen Produkten der Volksliteratur gegolten hat, in denen sie schon spielt und die dem Goetheschen «Faust» vorangegangen sind, in den Volksschauspielen, in den Puppenspielen und so weiter, mit dem Luzifer zusammenzuwerfen. Wir treffen da überall die Gestalt des Mephistopheles an, und die Frage ist diese: Sind die Gestalt und die Genossen des Mephistopheles dieselben wie jene Gestalt mit ihren Genossen, die wir als Luzifer kennen? Mit anderen Worten: Ist das, was an den Menschen herantritt durch mephistophelischen Einfluß dasselbe wie das, was an den Menschen herantrat durch luziferischen Einfluß? Die Frage müssen wir uns heute vorlegen.

Wir wissen ja, wann Luzifer an den Menschen herantrat. Wir haben die Entwickelung des Menschen verfolgt auf der Erde durch die Zeit hindurch, in welcher die Sonne mit ihren Wesenheiten sich losgetrennt hat von der Erde und in welcher dann der Mond sich losgetrennt hat von der Erde mit denjenigen Kräften, die es dem Menschen unmöglich gemacht hätten, weiterzukommen. Und wir haben gesehen, daß in einer Zeit, in der der Mensch noch nicht reif war, an seinen astralischen Leib die Selbständigkeit herantreten zu lassen, Luzifer mit seinen Scharen an den Menschen herangetreten ist und dadurch ein Zweifaches an den Menschen herankam. Es war gegen das Ende der lemurischen Zeit, da der Mensch tatsächlich in seinem astralischen Leibe den Einflüssen, die von Luzifer herkamen, ausgesetzt war. Wenn Luzifer nicht an den Menschen herangetreten wäre, so wäre der Mensch bewahrt geblieben vor gewissen Schäden, aber er wäre auch nicht zu dem gekommen, was wir zu den höchsten Gütern der Menschheit zählen müssen.

Wir können uns nun klarmachen, was der Einfluß des Luzifer für eine Bedeutung hat, wenn wir uns fragen, was geschehen wäre, wenn es seit der lemurischen Zeit keinen luziferischen Einfluß gegeben hätte, wenn der Mensch sich so entwickelt hätte, daß Luzifer und die Wesen, die zu ihm gehören, von dem Menschen ferngeblieben wären. Dann hätte sich der Mensch so entwickelt, daß er bis in die Mitte der atlantischen Zeit hinein ein Wesen geblieben wäre, das in allen Impulsen des astralischen Leibes, in allen Motiven des astralischen Leibes gefolgt wäre den Einflüssen gewisser über den Menschen stehender geistiger Wesenheiten, welche durch ihren Einfluß den Menschen geführt hätten bis in die Mitte der atlantischen Zeit hinein. Da würde der Mensch viel, viel später erst sein Wahrnehmungsvermögen, sein Erkenntnisvermögen auf die sinnliche Welt gerichtet haben, so daß den Menschen in der lemurischen Zeit und ersten atlantischen Zeit aus den Sinneswahrnehmungen heraus keine Leidenschaften, keine Begierden erwachsen wären und der Mensch sozusagen unschuldig der Sinneswelt gegenübergestanden hätte und in alledem, was er getan hätte, gefolgt wäre den ihm eingepflanzten Impulsen höherer geistiger Wesenheiten. Es wäre nicht ein Instinkt gewesen, wie der Instinkt der heutigen höheren Tiere, unter dem der Mensch alles unternommen hätte, sondern ein vergeistigter Instinkt. Zu jeder Tat, die er auf der Erde getan hätte, hätten ihn nicht gereizt die bloßen sinnlichen Impulse, sondern etwas geistig Instinktives. So aber ist der Mensch unter dem Einflusse Luzifers früher dazu gekommen, daß er sagte: Dies macht mir Freude, dies zieht mich an, dies stößt mich ab! – Er ist dazu gekommen, früher als sonst seinen eigenen Impulsen zu folgen, ein selbständiges Wesen zu werden, eine gewisse Freiheit in sich zu entwickeln. Eine gewisse Loslösung von der geistigen Welt trat dadurch für den Menschen ein. Man könnte sagen, wenn man sich klar ausdrücken wollte: Ohne diesen Einfluß Luzifers wäre der Mensch ein vergeistigtes Tier geblieben, ein Tier, das sich an Gestalt allmählich entwickelt hätte, sogar in edlerer und schönerer Form, als der Mensch unter dem Einflusse Luzifers sich entwickelt hat. Der Mensch wäre viel engelhafter geblieben, wenn dieser Einfluß Luzifers in der lemurischen Zeit nicht eingetreten wäre. Aber auf der anderen Seite wäre er von den höheren Wesenheiten wie an einem Gängelbande geleitet worden. In der Mitte der atlantischen Zeit wäre wie mit einem Schlage etwas an den Menschen herangetreten: seine Augen wären voll geöffnet worden, und er hätte um sich gehabt den Teppich der gesamten physisch-sinnlichen Welt; aber er hätte ihn so um sich gesehen, daß er hinter jedem physischen Dinge sogleich ein Göttlich-Geistiges wahrgenommen haben würde, eine Welt göttlich-geistiger Untergründe. Während also der Mensch bis dahin, wenn er rückwärts geschaut hätte in seiner Abhängigkeit in den göttlichen Schoß, aus dem er hervorgegangen war, erblickt hätte die auf ihn einwirkenden, die in seine Seele hineinscheinenden Licht-Gottheiten, die ihn lenken und führen, so würde dann eingetreten sein für den Menschen – es ist das nicht etwa bloß ein Bild, sondern es entspricht das im höheren Grade der Wirklichkeit – das, daß vor ihm ausgebreitet worden wäre die volle deutlich erkennbare Sinneswelt. Aber diese Sinneswelt hätte sich dargestellt wie ein Durchsichtiges, hinter dem erschienen wären die anderen göttlich-geistigen Wesenheiten, die an die Stelle dessen getreten wären, was der Mensch hinter sich verloren hätte. Eine geistige Welt hätte sich hinter ihm zugeschlossen, eine neue geistige Welt hätte sich vor ihm eröffnet. Der Mensch wäre ein Kind in der Hand höherer, geistig-göttlicher Wesenheiten geblieben. Die Selbständigkeit hätte sich nicht in die menschliche Seele hineingesenkt.

So ist es eben nicht gekommen, sondern es hat sich erst Luzifer herangemacht an den Menschen, und Luzifer hat sozusagen einen Teil der hinter dem Menschen stehenden geistigen Welt für diesen Menschen unsichtbar gemacht. Denn indem im menschlichen Astralleibe die eigenen Leidenschaften, Instinkte und Begierden auftraten, verfinsterten diese die hinter dem Menschen stehenden, sonst immer sichtbar gebliebenen geistigen Wesenheiten derjenigen Welt, aus der der Mensch herausgeboren ist. Daher war es auch so, daß in jenen großen Orakelstätten, von denen ich das letzte Mal gesprochen habe, die uralten atlantischen Eingeweihten gerade darauf sich vorbereitet hatten, denjenigen Teil der geistigen Welt zu sehen, der durch den Einfluß Luzifers verdeckt worden war. Alle Vorbereitungen der Hüter und Schüler der uralten Orakel der atlantischen Mysterien zielten darauf hin, hineinzusehen in diese lichte geistige Welt, die durch den luziferischen Einfluß auf den menschlichen astralischen Leib sich dem Menschen entzogen hatte. Und da kamen sie auch zum Vorschein, jene Gestalten, die der Mensch beobachtet in den verschiedenen Seelenzuständen, die der Einweihung parallel laufen, die aus einer Lichtwelt in die unsere hineinspielen und die sich dann kleiden in das Kleid, das ihnen die astralische Welt geben kann. Da sah der atlantische Eingeweihte in den alten Orakeln im Geiste jene Gestalten, die ihm mit Recht höhere geistige Wesenheiten waren, die nicht heruntergestiegen waren bis zur physischen Welt und die daher, als der Mensch verfrüht die physische Welt betreten hat, unsichtbar geblieben sind für den gewöhnlichen Blick. Aber es konnte nicht anders sein, als daß auch Luzifer selber, da er sozusagen ein Gegner dieser Lichtwelten war, auch für die Eingeweihten sichtbar wurde.

Die Scharen des Luzifer waren überhaupt sichtbar für die atlantischen Menschen, die in ihrem dämmerhaften Hellseherbewußtsein – in Schlafzuständen und in den Zwischenzuständen zwischen Schlaf und Wachen – sich hineinleben konnten in die höhere geistige Welt. Wenn ein Teil der Lichtwelt für diese Menschen zugänglich wurde, so wurde auch ein Teil der gegen die Lichtwelt gerichteten Welt sichtbar; nicht Luzifer selbst, aber die Genossen Luzifers wurden sichtbar. Und so entzückend und großartig die hehren Gestalten der Lichtwelt erschienen in ihren astralischen Farben, so furchtbar und entsetzlich erschienen die Gestalten, die der entgegengesetzten, der verführerischen Welt angehörten.

So können wir sagen: es gab innerhalb der Menschheitsentwickelung diesen Einfluß Luzifers, dem der Mensch die Möglichkeit des Irrtums, des Bösen verdankt, dem er aber auch seine Freiheit verdankt. Wäre dieser luziferische Einfluß nicht gekommen, so wäre das, was ich eben vor Ihnen besprochen habe, in der Mitte der atlantischen Zeit eingetreten: der Teppich der Sinneswelt hätte sich ausgebreitet vor dem Menschen, die Mineralien, die Pflanzenwelt, die Welt der Tiere wären sinnlich sichtbar geworden; die Welt der Naturerscheinungen, Blitz und Donner, Wolken und Luft, die Himmelserscheinungen wären dem äußeren Auge vollständig sichtbar geworden. Aber dahinter wären unverkennbar gestanden die göttlich-geistigen Wesenheiten, die auf den Menschen eindringen sollten. Weil vorher der Einfluß Luzifers gewirkt hatte, weil vorher der Mensch in seinem astralischen Leibe diesen Einfluß aufgenommen hatte, deshalb hatte er seit der lemurischen Zeit bis in die atlantische Zeit hinein seinen physischen Leib, der dazumal noch verwandlungsfähig war, so zubereitet, daß dieser physische Leib jetzt das Instrument werden konnte unmittelbar für den Teppich der sinnlich-physischen Welt, der sich hätte so ausbreiten sollen, daß hinter ihm die geistige Welt sichtbar geworden wäre. Und so konnte denn der Mensch die physisch-sinnliche Welt nicht sogleich in der Gestalt sehen, in der sie sich ihm zugleich als eine geistige gezeigt hätte. Da trat an den Menschen heran die Welt der drei Naturreiche, die unter dem Menschen standen. Sie trat heran, die physische Welt, als eine solche, die wie ein Schleier, wie eine dicke Decke unter Umständen sich hinüberlegte über die geistige Welt. So konnte der Mensch nicht durchschauen bis in die geistige Welt; er kann es ja bis heute im Grunde genommen noch nicht.

Dadurch aber, daß der Mensch diese Entwickelung durchgemacht hatte, konnte in der Mitte der atlantischen Zeit ein anderer Einfluß sich geltend machen, ein Einfluß von einer ganz anderen Seite. Und diesen Einfluß, der sich nunmehr geltend machte, dürfen wir nicht verwechseln mit dem Einfluß Luzifers und seiner Genossen. Wenn auch Luzifer den Menschen erst fähig gemacht hat, diesem anderen Einflusse zu unterliegen, wenn auch Luzifer erst den Menschen dazu gebracht hat, daß sein physischer Leib dichter geworden ist, als er sonst geworden wäre, so mußte doch noch ein anderer Einfluß an den Menschen herantreten, um den Menschen der physisch-sinnlichen Welt ganz zuzuführen, um die Welt der geistigen Wesenheiten vor dem Menschen ganz zuzusperren, ganz zuzuschließen, so daß der Mensch zu der Illusion geführt wurde: Es gibt keine andere Welt als die Welt des physisch-sinnlichen Daseins, die sich vor mir ausbreitet! Es trat ein ganz anderer Gegner seit der Mitte der atlantischen Zeit an den Menschen heran, als Luzifer es ist, derjenige Gegner, der sozusagen des Menschen Wahrnehmungsvermögen und Erkenntnisvermögen so umnebelt und umdunkelt, daß der Mensch nicht die Anstrengung macht, nicht die Triebe entwickelt, hinter die Geheimnisse der Sinneswelt zu kommen. Wenn Sie sich vorstellen, daß unter Luzifers Einfluß die Sinneswelt wie ein Schleier geworden wäre, so daß man dann durchaus die geistige Welt dahinter gehabt hätte, so ist durch den Einfluß dieses zweiten Wesens die physische Welt völlig zu einer dicken Rinde geworden, welche sich zuschließt vor der geistigen Welt, so daß wiederum nur die atlantischen Eingeweihten durch ihre Vorbereitungen dazu kommen konnten, diese Decke des Physisch-Sinnlichen zu durchdringen.

Diejenigen Mächte, die sich da an den Menschen heranmachten, um ihm den Ausblick in die andere Seite des göttlichen Daseins zu verfinstern, treten uns zuerst entgegen in den großen Lehren, welche der bedeutungsvolle Führer des uralt persischen Volkes seinen Anhängern und Bekennern gegeben hat, bei *Zarathustra*. Zarathustra war es, der ja die Mission hatte, einem Volke die Kultur zu geben, das nicht wie das altindische Volk durch seine Naturanlage die Sehnsucht hatte nach der geistigen Welt zurück, sondern Zarathustra hatte die Mission, einem Volke eine Kultur zu geben, dessen Blick auf die Sinneswelt gerichtet war, auf die Eroberung der physisch-sinnlichen Welt mit den Kulturmitteln, die eben nur durch die Anstrengungen des äußeren sinnlich-physischen Menschen hergestellt werden können. Daher trat innerhalb der uralt persischen Kultur weniger der luziferische Einfluß an den Menschen heran als gerade der Einfluß derjenigen Gestalt, die seit der Mitte der atlantischen Zeit an den Menschen herangetreten ist und bewirkt hat, daß dazumal ein großer Teil der Eingeweihten der schwarzen Magie verfallen ist, weil sie durch die Verführung dieses Versuchers dazu gebracht wurden, dasjenige, was ihnen aus der geistigen Welt zugänglich geworden war, zu dem Dienst der physisch-sinnlichen Welt zu mißbrauchen. Jener gewaltige Einfluß schwarzmagischer Kräfte, der zum schließlichen Untergang von Atlantis geführt hat, hat seinen Ursprung in den Versuchungen derjenigen Gestalt, die Zarathustra seinem Volke lehren mußte, als die Gestalt, die dem hellen Lichtgotte entgegenwirkt als Ahriman, Angra mainju, im Gegensatz zu dem Lichtgotte, den Zarathustra als die Große Aura, als Ahura Mazdao verkündete.

Diese zwei Gestalten, Luzifer und Ahriman, müssen wir wohl voneinander unterscheiden. Denn Luzifer ist eine Wesenheit, die sich abgezweigt hat von der Schar geistig-himmlischer Wesenheiten nach der Sonnentrennung, während Ahriman eine Gestalt ist, die sich bereits vor der Sonnentrennung losgelöst hat und ganz andere Mächte in sich vereinigt. Dadurch, daß Luzifer in der lemurischen Zeit auf den Menschen gewirkt hat, wurde dem Menschen nichts anderes verdorben als der Einfluß, den der Mensch noch in der atlantischen Zeit gehabt hat, indem er auf die Luft- und Wasserkräfte wirken konnte. Sie wissen aus meinem Buche «Akasha-Chronik», daß die Menschen in der atlantischen Zeit noch über die Samenkräfte, die in den pflanzlichen und tierischen Naturen sind, verfügten und sie so herausziehen konnten, wie der heutige Mensch aus der Steinkohle die Kräfte herauszieht, die er als Dampfkraft zum Treiben seiner Maschinen verwendet. Und ich habe Ihnen gesagt, wenn diese Kräfte extrahiert werden, herausgezogen werden, dann stehen sie in einem geheimnisvollen Zusammenhange zu den Naturkräften in Wind und Wetter und so weiter; und wenn sie der Mensch verwendet in einer den göttlichen Absichten entgegenstehenden Absicht, dann werden diese Naturkräfte heraufgezogen gegen den Menschen.

Dadurch kam die atlantische Überflutung und diejenigen verheerenden Naturgewalten, die dann den Untergang des ganzen atlantischen Kontinentes bewirkten. Aber der Mensch hat vorher schon nicht mehr eine Verfügung gehabt über die Kräfte des Feuers und der Verbindung dieser Kräfte mit gewissen geheimen Kräften der Erde. Feuer und Erde in einem gewissen Zusammenwirken wurden schon früher eigentlich dem Menschen entzogen. Jetzt aber, durch den Einfluß Ahrimans und seiner Genossen, kam in einer gewissen Weise der Mensch wiederum, und zwar jetzt in verderbenbringender Weise zur Macht über Feuer- und Erdenkräfte. Und manches, was Sie hören über die Verwendung des Feuers im alten Persien, hängt mit dem zusammen, was ich Ihnen jetzt sage: Manche Kräfte, die getrieben werden als schwarze Magie und die damit zusammenhängen und dazu führen, daß der Mensch sich noch über ganz andere Kräfte hermacht und da einen Einfluß gewinnt über Feuer und Erde, können gewaltige, verheerende Wirkungen wachrufen. Schwarze Magie hätte von den Nachkommen der Atlantier selbst noch im alten Persien getrieben werden können, wenn nicht durch die Lehre des Zarathustra darauf hingewiesen worden wäre, wie Ahriman als feindliche Macht auf die Menschen so wirkt, daß er sie umstrickt, sie verdüstert gegenüber dem, was hinter der Sinneswelt als wirkliche geistige Gewalt hervorkommen soll. So sehen wir, daß ein großer Teil der nachatlantischen Kultur – das ging von Zarathustra und seinen Anhängern aus – dadurch beeinflußt wurde, daß dem Menschen klargemacht wurde auf der einen Seite die Wirkung des hehren Lichtgottes, dem sich der Mensch zuwenden kann, und auf der anderen Seite die verderbliche Macht des Ahriman und seiner Genossen.

Dieser Ahriman wirkt durch die mannigfaltigsten Mittel und Wege auf den Menschen ein. Ich habe Sie darauf aufmerksam machen können, daß es ein großer Moment war für die Entwickelung der Welt, als das Ereignis von Golgatha eintrat. Da erschien der Christus in der Welt, die der Mensch nach dem Tode betritt. In dieser Welt war der Einfluß des Ahriman noch viel stärker, als er in der Welt war, die hier auf der Erde zwischen Geburt und Tod zu sehen ist. Gerade in der Welt zwischen dem Tode und der neuen Geburt wirkten mit einer furchtbaren Gewalt und Macht die Einflüsse des Ahriman auf den Menschen. Und wenn nichts anderes eingetreten wäre, so wäre der Mensch zwischen dem Tode und der neuen Geburt in dem Schattenreiche – wie es mit Recht der alte Grieche empfunden hat – allmählich verfinstert worden. Eine unendliche Vereinsamung und Zurückführung auf die menschliche Egoität wäre eingetreten in dem Leben zwischen Tod und neuer Geburt. Und der Mensch würde bei der Wiederverkörperung so in sein Leben hineingeboren werden, daß er zu einem krassen, zu einem furchtbaren Egoisten geworden wäre. So ist es daher mehr als eine bloß bildliche Redeweise, daß nach dem Ereignis von Golgatha, in dem Moment, als auf Golgatha das Blut aus den Wunden rann, der Christus in der jenseitigen Welt, in dem Schattenreiche erschien und Ahriman in Fesseln legte. Wenn auch der Einfluß Ahrimans blieb, und im Grunde auf ihn alle materialistische Denkweise der Menschen zurückzuführen ist, wenn auch dieser Einfluß nur dadurch paralysiert werden kann, daß die Menschen das Ereignis von Golgatha in sich aufnehmen, so ist doch dieses Ereignis das geworden, aus dem die Menschen Kraft saugen, um dadurch wieder hineinzukommen in die geistig-göttliche Welt.

So stieg vor dem Blick der menschlichen Erkenntnis zuerst Ahriman auf. So wurde er etwas, was man ahnte, wovon man etwas wußte durch den Einfluß der Zarathustra-Kultur; und von da aus verbreitete sich die Erkenntnis des Ahriman über die anderen Völker hin und über ihre Kulturvorstellungen. Unter den mannigfaltigsten Namen tritt Ahriman mit seinen Scharen bei den verschiedenen Kulturvölkern auf. Und durch die eigenartigen Verhältnisse, in denen die Seelen der europäischen Völker waren, die am weitesten zurückgeblieben waren auf den Zügen von Westen nach Osten, die am meisten unberührt geblieben waren von dem, was im alten Indien, im alten Persien, in Ägypten, selbst in der griechisch-lateinischen Periode vor sich gegangen war, bei diesen Völkern Europas, unter denen die fünfte Kulturperiode aufleben sollte, da waren Seelenverfassungen vorhanden, daß ihnen besonders die Gestalt des Ahriman als eine furchtbare erschien. Und während diese die verschiedensten Namen angenommen hat – beim hebräischen Volke Mephistopheles genannt wurde –, wurde sie in der europäischen Welt zu der Gestalt des Teufels in seinen verschiedenen Formen.

So sehen wir, wie wir in einen tiefen Zusammenhang der geistigen Welten hineinblicken, und manches Mal, wenn jemand hoch erhaben sich fühlt über den mittelalterlichen Aberglauben, wird man sich wohl auch erinnern an den Ausspruch unseres Faust-Dichters: «Den Teufel spürt das Völkchen nie, und wenn er sie beim Kragen hätte!»

Gerade dadurch, daß der Mensch seine geistigen Augen vor diesem Einfluß verschließt, dadurch verfällt er diesem Einflusse am allermeisten. Der Goethesche Mephistopheles ist nichts anderes als die Gestalt des Ahriman, und wir dürfen sie nicht verwechseln mit der Gestalt des Luzifer. Alle diejenigen Irrtümer, die uns zuweilen in der Erklärung der Goetheschen Faust-Dichtung entgegentreten, sind gerade auf diese Verwechslung zurückzuführen, obwohl natürlich Luzifer erst den Einfluß des Ahriman möglich gemacht hat und man daher, wenn man auf Ahriman sieht, auf einen Ureinfluß Luzifers zurückgeführt wird, der erst vor unsere Seele treten konnte, nachdem wir lange Vorbereitungen dazu gemacht haben, um diesen intimeren Zusammenhang zu erkennen.

Man darf diesen feineren Unterschied nicht übersehen, denn es handelt sich vor allen Dingen darum, daß Luzifer den Menschen im Grunde genommen nur unter den Einfluß derjenigen Gewalten gebracht hat, die mit den Wind- und Wassergewalten zusammenhängen. Dagegen war es Ahriman-Mephistopheles, der den Menschen unter Gewalten gebracht hat, die viel, viel furchtbarer sind, und es wird in den nächsten Kulturen mancherlei auftreten, was man in Zusammenhang zu bringen hat mit dem Einflusse des Ahriman. Für den okkult Strebenden, der nicht auf festem und sicherem Grunde strebt, kann sehr leicht gerade durch den ahrimanischen Einfluß die furchtbarste Illusion, die furchtbarste Täuschung eintreten. Denn in der Tat ist Ahriman ein Geist, der darauf ausgeht, über die wahre Natur der Sinneswelt zu täuschen, zu täuschen nämlich darin, daß sie ein Ausdruck ist der geistigen Welt. Wenn der Mensch nun Veranlagung hat zu abnormen Zuständen, zu somnambulen Zuständen oder durch eine gewisse unrichtige Schulung okkulte Kräfte in sich erweckt und irgend etwas in sich hat, was zur Egoität, zum Egoismus hindrängt, dann hat gerade auf die okkulten Kräfte Ahriman oder Mephistopheles leicht einen Einfluß, einen Einfluß, der leicht ein gewaltiger werden kann. Während Luzifers Einfluß nur dahin gehen kann, daß dasjenige, was sozusagen aus der geistigen Welt – auch bei dem in unrichtiger Schulung sich Befindenden – dem Menschen begegnet, als astralische Gestalt entgegentritt, als eine Gestalt, die für den astralischen Leib sichtbar wird, treten diejenigen Gebilde, die auf den Einfluß Ahrimans zurückzuführen sind, dadurch zutage, daß die schlechten Einflüsse, die auf den physischen Leib ausgeübt werden, sich durchdrücken in den Ätherleib und dann als Phantome sichtbar werden.

Wir haben es also bei dem Einflusse Ahrimans mit noch viel, viel niedrigeren Mächten zu tun als bei dem Einflusse Luzifers. Niemals können die Einflüsse Luzifers so schlimm werden wie die Einflüsse Ahrimans und jener Wesenheiten, die mit den Feuermächten zusammenhängen. Ahrimans oder Mephistopheles' Einfluß kann es dahin bringen, daß der Mensch, um okkulte Erkenntnisse zu erlangen, dazu geführt wird, sagen wir zum Beispiel Verrichtungen vorzunehmen mit seinem physischen Leibe. Es ist das schlimmste Mittel, das angewendet werden kann, um zu okkulten Kräften zu kommen, das in Verrichtungen und im Mißbrauch des physischen Leibes besteht. In gewissen schwarzmagischen Schulen werden in der Tat solche Verrichtungen in dem ausgiebigsten Maße gelehrt. Es gehört zu den furchtbarsten Verführungen des Menschen, wenn der Ausgangspunkt für okkulte Schulung von den physischen Leibeskräften aus genommen wird.

Es kann hier darauf nicht einmal näher hingewiesen werden, sondern nur darauf, daß alle Machinationen, die irgendwie in einem Mißbrauch der physischen Leibeskräfte bestehen, von den Einflüssen herrühren, die von Ahriman herkommen, und es, weil sich das in des Menschen Ätherleib hineindrängt, wie ein Phantom wirkt, aber wie eine Phantomenwelt, die nichts anderes ist als das Kleid von Mächten, die den Menschen unter das Niveau des Menschen herunterziehen. Fast alle alten Kulturen, die indische, die persische, die ägyptische Kultur, die griechisch-lateinische Kultur haben ihre Dekadenzzeit durchgemacht, in der sie verfallen sind, in der auch die Mysterien verfallen sind, in der man nicht mehr die reinen Überlieferungen der Mysterien bewahrte. In diesen Zeiten sind viele von denen, die entweder Schüler der Eingeweihten waren und doch sich nicht auf ihrer Höhe haben halten können, oder solche Menschen, denen die Geheimnisse auf unrechtmäßige Weise verraten worden waren, nun auf verkehrte und schlechte Wege gekommen. Stätten schwarzmagischer Kräfte gingen von diesen Einflüssen aus und haben sich erhalten bis in unsere Zeit hinein.

Ahriman ist ein Geist der Lüge, der dem Menschen Illusionen vorzaubert, der mit seinen Genossen allerdings in einer geistigen Welt wirkt. Nicht er ist ein Trugbild, o nein! Aber das, was sich unter seinem Einflusse vor des Menschen geistiges Auge gaukelt, das ist ein Trugbild. Wenn des Menschen Wünsche, wenn des Menschen Leidenschaften schlimme Wege gehen und er sich gleichzeitig irgendwie an okkulte Kräfte hingibt, dann drängen sich die okkulten Kräfte, die dadurch herauskommen, in den Ätherleib hinein, und es erscheinen unter den Trugbildern, die manchmal ganz ehrwürdige Gestalten sein können, die verderblichsten, die schlimmsten Mächte. So furchtbar ist der Einfluß des Ahriman auf den Menschen.

Aus dem, was gesagt worden ist, können Sie entnehmen, daß sozusagen gerade durch die Erscheinung des Christus, wenn wir den Ausdruck gebrauchen wollen, Ahriman in Fesseln gelegt worden ist, allerdings nur für diejenigen, die immer mehr versuchen, das Christus-Mysterium zu durchdringen. Und immer weniger wird der Schutz in der Welt sein gegen den Einfluß Ahrimans außerhalb der Kräfte, die von dem Christus-Mysterium ausströmen. In gewisser Weise geht unsere Zeit – und viele Erscheinungen künden das – diesen Einflüssen Ahrimans entgegen. Gewisse Geheimlehren nennen die Scharen des Ahriman auch die Asuras. Es sind natürlich die schlechten Asuras, die aus der Entwickelungsbahn der Asuras, die dem Menschen die Persönlichkeit gegeben haben, in einer gewissen Zeit herausgefallen sind. Darauf ist ja schon hingedeutet, daß es sich um geistige Wesenheiten handelt, die vor der Sonnentrennung sich von der gesamten Entwickelung der Erde abgesondert haben.

Es ist jetzt nur zunächst geschildert worden der furchtbare Einfluß, den auf eine gewisse abnorme Entwickelung, die in okkulten Bahnen gehen kann, Ahriman haben kann. Aber in gewisser Beziehung hat sich ja die ganze Menschheit in der zweiten Hälfte der atlantischen Zeit sozusagen unter den Einfluß Ahrimans begeben. Die ganze nachatlantische Zeit hat in einer gewissen Weise die Nachwirkungen des Einflusses Ahrimans in sich, auf dem einen Gebiete der Erde mehr, auf dem anderen weniger. Aber der Einfluß Ahrimans hat sich überall geltend gemacht, und alles, was in den Lehren der alten Eingeweihten den Völkern gegeben wurde von den dem Ahriman entgegenstehenden Lichtgeistern, das ist im Grunde genommen nur gegeben worden, um allmählich sich dem Einflusse Ahrimans zu entziehen. Das war eine vorbereitende, gut geführte, weise Erziehung der Menschheit.

Vergessen wir aber nicht, daß im Grunde genommen das Schicksal Ahrimans seit jener Zeit mit dem Schicksal der Menschheit in einer gewissen Weise verflochten ist, und die mannigfaltigsten Ereignisse, von denen der Uneingeweihte nichts wissen kann, halten das ganze Karma der Menschheit mit dem Karma Ahrimans in einem fortdauernden Zusammenhang. Wenn wir das, was jetzt gesagt werden soll, verstehen wollen, so müssen wir uns klarmachen, daß es außer dem Karma, das jeder einzelne hat, ein allgemeines karmisches Gesetz gibt auf allen Stufen des Daseins. Alle Wesensarten haben ihr Karma, das Karma des einen Wesens ist so, das der anderen Wesen ist anders. Aber Karma geht durch alle Reiche des Daseins, und es gibt durchaus Dinge im Menschheitskarma, in dem Karma eines Volkes, einer Gesellschaft oder einer anderen Menschheitsgruppe, die wir als ein gemeinschaftliches Karma ansehen müssen, so daß unter Umständen der einzelne mitgerissen werden kann von dem Gesamtkarma. Und es wird für den, der nicht die Dinge durchschauen kann, nicht immer leicht einzusehen sein, wo eigentlich die Einflüsse der Mächte liegen für die Menschen, die von diesem Schicksal getroffen worden sind. Es kann durchaus der einzelne, der in einer Gesamtheit drinnensteht, vermöge seines Einzelkarma ganz unschuldig sein; aber dadurch, daß er in einem Gesamtkarma drinnensteht, kann ein Unglück über ihn hereinbrechen. Wenn er aber ganz unschuldig ist, so wird sich das in späteren Verkörperungen ausgleichen.

Im weiteren Zusammenhang dürfen wir nicht bloß auf das Karma der Vergangenheit sehen, sondern wir müssen auch an das Karma der Zukunft denken. Wir können durchaus sagen, daß es unter Umständen eine ganze Menschengruppe geben kann, und diese Gruppe verfällt einem furchtbaren Schicksal. Da ist nicht erfindlich, warum gerade diese Menschengruppe diesem Schicksal verfallen ist. Jemand, der das Karma des einzelnen Menschen untersuchen könnte, wird unter Umständen nichts finden können, was zu diesem traurigen Schicksal hätte führen können, denn die Zusammenhänge des Karma sind sehr verwickelt. Weit, weit weg vielleicht – aber doch mit ihnen verknüpft – steht das, was erfordert, daß solch ein Karma dieses oder jenes zutage bringt. Und dann kann es sein, daß die ganze Gruppe unschuldig von einem Gesamtkarma getroffen worden ist, während vielleicht die Zunächstschuldigen nicht getroffen werden konnten, weil die Möglichkeit dazu nicht vorhanden war. Dann kann man einzig und allein dieses sagen: In dem Gesamtkarma des einzelnen Menschen gleicht sich alles aus, auch wenn ihm unschuldig dieses oder jenes zustößt; das schreibt sich ein in sein Karma, und es gleicht sich in völligster Weise in der Zukunft alles aus. Also wenn wir auf das Karmagesetz sehen, müssen wir auch das Karma der Zukunft in Betracht ziehen. Aber wir müssen eben nicht vergessen, daß der Mensch nicht ein einzelnes, isoliertes Wesen ist, sondern wir haben darauf zu achten, daß jeder einzelne an dem gesamten Menschheitskarma mitzutragen hat. Wir dürfen auch nicht vergessen, daß der Mensch mit der Menschheit zugleich den Hierarchien der nicht in die physische Welt eingetretenen Wesenheiten angehört und daß er auch in das Karma dieser Hierarchien hineingezogen wird. Manches tritt an Menschheitsgeschicken in der physischen Welt auf, dessen Zusammenhang man zunächst nicht sucht bei den Dingen, mit denen das unmittelbar zusammenhängt; die karmischen Folgen treten aber unweigerlich ein. Ahrimans Karma ist verknüpft seit der zweiten Hälfte der atlantischen Zeit mit dem Menschheitskarma. Wo sind denn die Taten Ahrimans, außer dem, was Ahriman wirkt in den menschlichen Leibern, um dem Menschen Illusion und Phantome über die Sinneswelt beizubringen? Wo sind sie denn sonst?

Für alles in der Welt gibt es sozusagen zwei Seiten: eine Seite, die mehr dem Menschen als geistigem Wesen angehört, und andererseits das, was zu dem gehört, was sich als die Naturreiche um den Menschen herum herausgebildet hat. Des Menschen Schauplatz ist die Erde. Für den geistigen Blick stellt sich diese heraus als ein Zusammenhang von verschiedenen Schichten. Wir wissen, daß die äußerste Schicht unserer Erde genannt wird die mineralische Erde oder mineralische Schicht, da sie nur solche Stoffe enthält, wie wir sie unter unseren Füßen finden. Das ist die verhältnismäßig dünnste Schicht. Dann beginnt die weiche Erde. Diese Schicht hat ein ganz anderes materielles Gefüge als die über ihr befindliche mineralische Schicht. Diese zweite Schicht ist sozusagen mit einem inneren Leben begabt; und nur dadurch, daß die feste mineralische Schicht darübergebreitet ist, werden die inneren Kräfte dieser zweiten Schicht zusammengehalten. Denn in dem Augenblicke, wo man sie freilegen würde, würde sie sich zerstreuen in den ganzen Himmelsraum. Sie ist also eine Schicht, die unter einem ungeheuren Drucke liegt. Eine dritte Schicht ist die Dampfschicht. Aber sie ist nicht ein Dampf materieller Art, wie wir ihn auf der Oberfläche unserer Erde haben, sondern in dieser dritten Schicht ist die Substanz selbst mit inneren Kräften begabt, die wir nur vergleichen können mit den menschlichen Leidenschaften, mit den inneren Trieben des Menschen. Während auf der Erde nur Wesen, die so geformte Wesen sind wie Tiere und Menschen, Leidenschaften entwickeln können, ist diese dritte Schicht – aber doch ganz so, wie die Substanzen der Erde von magnetischen und Wärmekräften durchzogen sind – materiell durchzogen von Kräften, die dem gleich sind, was wir als menschliche und tierische Triebe und Leidenschaften kennen. Dann haben wir als vierte Schicht die Formenschicht, die so bezeichnet wird, weil sie das Material und die Kräfte enthält von dem, was uns in dem mineralischen Erdenteil als geformte Wesenheiten entgegentritt. Und die fünfte Schicht, die Fruchterde, hat die Eigentümlichkeit, daß sie als Material selbst von einer unendlichen Fruchtbarkeit ist. Wenn Sie einen Teil dieser Erdenschicht haben würden, so würde sie fortwährend aus sich heraus neue Triebe und Sprossen hervorsprießen lassen; strotzende Fruchtbarkeit ist das Element dieser Schicht. Nach dem kommen wir zu der sechsten Schicht, zu der Feuererde, welche Kräfte als Substanzen in sich enthält, die furchtbar verheerend und zerstörend werden können. Diese Kräfte sind es eigentlich, in welche die Urfeuer hineingebannt worden sind.

In dieser Schicht wirkt materiell im Grunde genommen das Reich des Ahriman und von dieser Schicht aus wirkt es. Was in den äußeren Naturerscheinungen zutage tritt in Luft und Wasser, in Wolkenbildungen, was als Blitz und Donner erscheint, das ist sozusagen ein letzter Rest – aber ein guter Rest – auf der Erdoberfläche von dem, was an Kräften schon mit dem alten Saturn verbunden war und das sich mit der Sonne abgetrennt hat. Von dem, was in diesen Kräften wirkt, sind die inneren Feuerkräfte der Erde in den Dienst des Ahriman gestellt. Da hat er das Zentrum seines Wirkens. Und während seine geistigen Wirkungen in der geschilderten Art zu den Menschenseelen hinziehen und sie zum Irrtum führen, sehen wir, wie er – in einer gewissen Weise gefesselt – im Inneren der Erde gewisse Angriffspunkte seines Wirkens hat. Wenn man die geheimnisvollen Zusammenhänge kennen würde von dem, was auf der Erde unter dem Einflusse Ahrimans geschehen ist, und dem, was dadurch das eigene Karma Ahrimans geworden ist, so würde man in dem Beben der Erde den Zusammenhang erkennen zwischen dem, was als Naturereignisse in so furchtbar trauriger, tragischer Art vor sich geht, und dem, was auf der Erde waltet. Das ist zurückgeblieben seit den alten Zeiten als etwas, was auf der Erde in Reaktion tritt gegen die lichten, die guten Wesenheiten.

So wirken über die Erde hin diese oder jene Kräfte, die mit jenen Wesen verbunden sind, die herausgestoßen worden sind aus dem Zusammenhange mit der Erde zu der Zeit, als die lichten, die guten Wesenheiten die heilsamen Erscheinungen um den Erdkreis herum geführt haben, und wir können in einer gewissen Weise den Nachklang dieser Feuerwirkungen, die dem Menschen früher entzogen worden sind, in dem erkennen, was das Feuer anrichtet in solchen furchtbaren Naturerscheinungen. Wir brauchen uns nicht zu sagen, daß etwa diejenigen, die von dem betroffen werden, was durch Ahrimans Karma hervorgerufen wird – das aber seit der atlantischen Zeit im Zusammenhange steht mit dem Menschheitskarma –, etwa daran irgendwelche Schuld haben. Das hängt zusammen mit dem gesamten Menschheitskarma, an dem auch der einzelne mitzutragen hat. Und ganz woanders liegen oftmals die Ursachen, die dann an bestimmten Stellen als die Wirkungen des Karma Ahrimans zum Austrag kommen, weil gerade diese Stellen die Gelegenheit dazu bieten.

Da sehen wir einen Zusammenhang, der allerdings uns wie ein stehengebliebener Rest sonstiger uralter Menschheitskatastrophen erscheint. In der lemurischen Zeit wurde den Menschen die Gewalt entzogen, auf das Feuer zu wirken. Vorher konnte der Mensch auf das Feuer wirken. Daher ist das alte Lemurien zugrunde gegangen durch die Feuerleidenschaften der Menschen. Da war dasselbe Feuer, das jetzt unten ist, oben. Damals ist das Feuer zurückgetreten von der Erdoberfläche; dasselbe Feuer, das wie ein Extrakt aus dem Urfeuer herausgekommen ist, ist das unorganische Feuer, das mineralische Feuer von heute. Ebenso ist es gegangen mit den Kräften, die durch Luft und Wasser gehen und die durch die Leidenschaften der Menschen die Katastrophen von Atlantis herbeigeführt haben. Es war ein Gesamt-Menschheitskarma, das diese atlantischen Katastrophen hervorgerufen hat. Aber es ist ein Rest davon geblieben, und dieser Rest ruft die Nachklänge dieser Katastrophen hervor. Unsere Vulkanausbrüche und unsere Erderschütterungen sind nichts anderes als die

Nachklänge dieser Katastrophen. Nur müssen wir in Betracht ziehen, daß niemandem auch nur beifallen dürfte, daß den gerade von einer solchen Katastrophe Betroffenen auch nur irgendein Teil der Schuld beizumessen sei und daß deshalb nicht in vollstem Umfange Mitleid für die dadurch Betroffenen hervorgerufen werden sollte. Das muß sich der Anthroposoph klarmachen, daß das Karma dieser Menschen nichts zu tun hat mit dem, was er tun darf, und daß er etwa einem Menschen nicht helfen dürfte, weil er – trivial gesprochen – an das Karma glaubt, daß der Mensch dieses Schicksal selbst herbeigeführt habe. Das ist es gerade, wozu uns das Karma auffordert: daß wir den Menschen helfen, weil wir sicher sein können, daß unsere Hilfe dann für den Menschen etwas bedeutet, was in sein Karma eingeschrieben wird, und wodurch sein Karma in eine günstigere Richtung kommt. Gerade zum Mitleid muß uns das Durchschauen der Welt führen, das auf Karma begründet ist. So wird uns das Verständnis gegenüber den unglücklich Leidenden und von einer solchen Katastrophe Betroffenen gerade um so mitleidiger machen, denn es besagt, daß es ein Gesamt-Menschheitskarma ist, an dem die einzelnen Menschheitsglieder zu leiden haben, und daß ebenso, wie die ganze Menschheit solche Ereignisse herbeiführt, auch die ganze Menschheit dafür aufzukommen hat, daß wir ein solches Schicksal als unser eigenes anzusehen haben, daß wir nicht einmal helfen, weil wir es freiwillig tun, sondern weil wir wissen: Wir stehen im Menschheitskarma drinnen, und was da verschuldet worden ist, das ist mit von uns verschuldet.

Es ist mir heute morgen eine Frage zugekommen, die sich auf Erdbebenkatastrophen bezieht. Diese Frage lautet:

«Wie sind Erdbebenkatastrophen okkult zu erklären? Sind sie vorherzusehen? Wenn die Katastrophen im einzelnen vorauszusehen wären, warum wäre es dann nicht möglich, vorher in unauffälliger Weise eine Warnung zu geben? Eine solche Warnung würde vielleicht das erstemal nicht gleich etwas nützen, gewiß aber später.»

Unsere älteren Mitglieder werden sich erinnern, was am Schlusse des Vortrages über «Das Innere der Erde» zuweilen gesagt worden ist, was gesagt worden ist über die Möglichkeit auf der Erde sich ereignender Erdbeben. Aber das soll jetzt nicht berücksichtigt werden, sondern es soll auf diese Frage in direkter Weise eingegangen werden. Die Frage besteht im Grunde genommen aus zwei Teilen. Der erste Teil ist der: Ob in einer gewissen Weise aus dem okkulten Zusammenhang, der überschaut werden kann, Erdbeben vorausgesehen werden können? Diese Frage muß dadurch beantwortet werden, daß gesagt wird, daß die Erkenntnis solcher Dinge zu den tiefsten Erkenntnissen des okkulten Wissens überhaupt gehört. Für ein einzelnes auf der Erde eingetretenes Ereignis, das im wesentlichen aus einem so tiefen Grunde heraus eintritt, wie es heute geschildert worden ist, das zusammenhängt mit weit über die Erde sich hinziehenden Ursachen, für ein solches Ereignis ist es im Grunde durchaus richtig, daß auch für solche einzelnen Dinge eine Zeitangabe gemacht werden kann. Der Okkultist hätte durchaus die Möglichkeit, eine solche Zeitangabe zu machen. Nun aber ist die andere Frage diese: Ob solche Angaben gemacht werden können, gemacht werden dürfen? Da wird es in der Tat für den, der den okkulten Geheimnissen äußerlich gegenübersteht, fast selbstverständlich klingen, daß das in einer gewissen Beziehung mit Ja beantwortet werden könnte. Und dennoch, die Sache liegt so, daß in bezug auf solche Ereignisse eigentlich im Grunde genommen nur zwei- bis dreimal in jedem Jahrhundert – im Höchstfalle zwei- bis dreimal – aus den Einweihungsstätten heraus etwas vorhergesagt werden kann. Denn Sie müssen bedenken, daß diese Dinge eben mit dem Menschheitskarma zusammenhängen und daß diese Dinge, wenn sie zum Beispiel auch im einzelnen vermieden würden, dann an einer anderen Stelle in einer anderen Erscheinung hervortreten müßten. Durch das Vorhersagen würde sich an der Tatsache nichts ändern. Und bedenken Sie, in welch furchtbarer Weise in das Karma der ganzen Erde eingegriffen würde, wenn menschliche Maßnahmen getroffen würden gegenüber solchen Ereignissen! In einer furchtbaren Weise würde die Reaktion eintreten, und zwar würde sie so stark eintreten, daß nur in seltenen Ausnahmefällen einer, der ein tiefer Eingeweihter wäre, für sich selbst oder für die, die ihm am nächsten stehen, wenn er eine Erdbebenkatastrophe voraussehen würde, von seinem Wissen einen Gebrauch machen könnte. Wissend würde er untergehen müssen, ganz selbstverständlich. Denn diese Dinge, die durch die Jahrtausende und Jahrmillionen im Menschheitskarma liegen, lassen sich nicht durch Maßnahmen, die innerhalb einer kurzen Menschheitsperiode fallen, paralysieren. Aber es kommt noch etwas anderes hinzu.

Es ist gesagt worden, daß zu den schwierigsten okkulten Untersuchungen gerade dieses Kapitel gehört. Als ich den Vortrag gehalten habe über das «Erdinnere», habe ich schon gesagt, daß es ungeheuer schwierig ist, über das Erdinnere etwas zu wissen, daß es viel leichter ist, über den astralischen Raum, über den devachanischen Raum, selbst über die fernsten Planeten etwas zu wissen als über das Erdinnere. Die meisten Dinge, die über das Erdeninnere zu hören sind, sind eben der reinste Humbug, weil das gerade zu den schwierigsten Dingen des Okkultismus gehört. In dieses Gebiet hinein gehören auch die Dinge, die mit diesen Elementarkatastrophen zusammenhängen. Und vor allen Dingen müssen Sie sich vor Augen halten, daß Hellsehen nicht etwas ist, wo sich irgendeiner hinsetzt und in einen besonderen Zustand kommt und dann sagen kann, was in der ganzen Welt bis in die höchsten Welten hinauf vorgeht. So liegen die Sachen nicht. Wer das glauben würde, der würde ebensosehr gescheit denken wie derjenige, der da sagen würde: Du hast doch die Fähigkeit, in der physischen Welt wahrzunehmen; es ist dir aber doch gar nicht aufgefallen, und du hast das gar nicht gesehen, als die Uhr zwölf war und du hier in dem Zimmer saßest, was um zwölf Uhr draußen an der Spree sich zugetragen hat? – Es gibt doch Hindernisse des Sehens. Wenn der Betreffende um zwölf Uhr draußen gerade spazieren gegangen wäre, dann hätte er vielleicht wohl das betreffende Ereignis wahrgenommen. Es ist nicht so, daß bloß durch den Entschluß, sich in den nötigen Zustand zu versetzen, nun auch alle Welten gleich offenliegen. Auch da muß der Betreffende erst zu den Dingen hingehen und die Dinge untersuchen, und diese Untersuchungen, um die es sich da handelt, gehören zu den schwierigsten Dingen, weil da die größten Hindernisse entgegenstehen. Und hier darf vielleicht gerade über diese Hindernisse gesprochen werden.

Sie können einem Menschen, der die Fähigkeit hat, physisch zu gehen mit seinen beiden Beinen, diese Fähigkeit nicht bloß dadurch nehmen, daß Sie ihm die Beine abschneiden, sondern auch dadurch, daß Sie ihn einsperren; dann kann er nicht herumgehen. Ebenso gibt es auch Hindernisse für okkulte Untersuchungen, und auf dem Gebiete, wovon wir sprechen, gibt es in der Tat gewaltige Hindernisse. Und eines der Haupthindernisse möchte ich Ihnen jetzt anführen. Ich will Sie hinführen auf einen geheimnisvollen Zusammenhang. Das größte Hindernis, das für die okkulten Forschungen auf diesem Gebiete besteht, das ist die gegenwärtige Art und Weise, wie heute materialistisch äußere Wissenschaft getrieben wird. Alles was an Unsummen von Illusionen, von Irrtümern heute in der materialistischen Wissenschaft aufgehäuft wird, all die unwürdigen Untersuchungen, die gemacht werden und die nicht nur zu nichts führen, sondern eigentlich nur aus der Eitelkeit der Menschen hervorgehen, das sind Dinge, die in ihren Wirkungen in den höheren Welten die Untersuchungen in diesen höheren Welten über solche Erscheinungen, den freien Ausblick geradezu unmöglich machen oder wenigstens sehr schwierig. Der freie Ausblick wird gerade dadurch getrübt, daß hier auf der Erde die materialistische Forschung vorgeht. Diese Dinge kann man gar nicht einmal so ohne weiteres überschauen. Ich möchte sagen: Lassen Sie erst einmal die Zeit kommen, in der die Geisteswissenschaft sich mehr ausbreiten wird und in der durch die Geisteswissenschaft und ihren Einfluß hinweggefegt wird der materialistische Aberglaube unserer Welt! Gerade das sinnlose Kombinieren und Hypothesen-Aufstellen, wobei man alles mögliche dann in das Innere der Erde hineinphantasiert – lassen Sie das alles hinweggefegt sein und Sie werden sehen: Wenn die Geisteswissenschaft sich erst einmal einfügen wird selber als ein Schicksal in das Menschheitskarma, wenn sie die Mittel und Wege finden wird, die Seelen zu ergreifen, und auf diesem Wege die gegnerischen Kräfte, den materialistischen Aberglauben wird besiegen können, wenn das, was mit dem ärgsten Feinde der Menschheit zusammenhängt, der den menschlichen Blick in die Sinneswelt hinein fesselt, weiter erforscht werden kann, dann werden Sie sehen, daß dann auch die Möglichkeit geboten werden wird, auch äußerlich auf das Menschheitskarma zu wirken, indem das Furchtbare solcher Ereignisse abgemildert wird. Suchen Sie in dem materialistischen Aberglauben der Menschen die Gründe, warum die Eingeweihten schweigen müssen über diejenigen Ereignisse, die mit dem großen Menschheitskarma zusammenhängen. Wir sehen einen wissenschaftlichen Betrieb, der vielfach nicht von dem faustischen Streben nach der Wahrheit beherrscht wird, sondern im umfänglichsten Maße mit Eitelkeit und Ehrsucht zusammenhängt. Wie vieles wird an wissenschaftlichen Forschungen dadurch in die Welt gesetzt, weil der einzelne nur etwas sucht für seine eigene Person. Wenn Sie das alles summieren, dann werden Sie sehen, wie stark die Kraft ist, die sich ausbreitet gegen den Ausblick in diejenige Welt, die sich hinter den äußeren sinnlichen Erscheinungen verbirgt. Wenn die Menschheit erst diesen Nebel wegschafft, dann wird die Zeit gekommen sein, in welcher in bezug auf gewisse geheimnisvolle Naturerscheinungen, die von den Feinden der Menschheit ausgehen und tief eingreifen in das menschliche Leben, der Menschheit in einem gewissen Grade umfänglich wird geholfen werden können. Bis dahin ist diese Möglichkeit nicht vorhanden.

Das sind allerdings, wie ich sehr wohl weiß, Richtungen, die diesen Fragen gegeben werden, die nicht gerade immer in der Richtung des Fragestellenden liegen. Aber die Geheimlehre hat da nun einmal das Schicksal, daß sie in manchem erst die Frage auf die richtige Bahn bringen muß, damit die Frage erst richtig gestellt werde, ehe sie richtig beantwortet werden kann. Aber nehmen Sie das auch wiederum nicht so, wie wenn der geheimnisvolle Zusammenhang zwischen den Erdkatastrophen und dem Menschheitskarma nicht in die Geheimnisse hineinfiele, die erforschbar sind. Er fällt hinein und er ist erforschbar. Aber es sind eben Gründe da, daß heute von diesen tiefsten Geheimnissen nur das Allerallgemeinste in die Welt dringen kann. Lassen Sie erst durch die Geisteswissenschaft eine Erkenntnis in die Menschheit kommen davon, daß es möglich ist, daß ihre eigenen Taten zusammenhängen mit den Naturereignissen, dann wird auch die Zeit kommen, in welcher der Menschheit gerade aus dieser Erkenntnis heraus das Verständnis erwächst, daß diese Dinge in einer Frage beantwortet werden können, wie es verlangt wird. Diese Zeit wird kommen. Denn die Geheimwissenschaft kann mancherlei Schicksale durchmachen. Es kann sogar so sein, daß ihr Einfluß lahmgelegt wird, daß ihr Einfluß nur auf einen engsten Kreis beschränkt bleibt. Aber sie wird ihren Weg machen durch die Menschheit, sie wird sich einleben in das Menschheitskarma, und dann wird auch die Möglichkeit geschaffen sein, daß durch die Menschheit selbst auf das Menschheitskarma eingewirkt werden kann.

DREIZEHNTER VORTRAG

Berlin, 12. Januar 1909

Es ist hier in diesen Stunden schon gesagt worden, daß wir im Laufe dieses Winters gewissermaßen das Material, die Bausteine zusammentragen wollen in den einzelnen Zweigstunden, die zuletzt sich zusammenfügen sollen zu einer tieferen Erkenntnis des Wesens des Menschen und verschiedener anderer Dinge, welche mit dem Leben und der ganzen Entwickelung des Menschen zusammenhängen und die uns immer tiefer hineinführen werden in die Weltengeheimnisse. Heute möchte ich Sie erinnern an den vorletzten unserer Zweigvorträge und von diesem ausgehen. Sie erinnern sich, daß wir gesprochen haben von einem gewissen Rhythmus, der vorhanden ist in bezug auf die vier Glieder der menschlichen Wesenheit. Davon wollen wir heute ausgehen und uns die Frage beantworten: Wie können wir mit einem solchen Wissen aus tieferen Gründen heraus die Notwendigkeit und das Ziel der anthroposophischen Geistesbewegung einsehen?

Zwei scheinbar sehr weit voneinander abliegende Dinge werden wir heute zusammenzuknüpfen haben. Sie erinnern sich daran, daß gewisse Verhältnisse bestehen zwischen dem Ich, dem astralischen Leib, dem Ätherleib und dem physischen Leib des Menschen. Das, was in bezug auf das vierte Glied, auf das Ich zu sagen ist, tritt uns ja, man möchte sagen, am handgreiflichsten vor Augen, wenn wir uns erinnern an die beiden Wechselzustände des Bewußtseins, die das Ich im Laufe eines vierundzwanzigstündigen Zeitraumes, also eines Tages, durchmacht. Diesen einen Tag mit seinen vierundzwanzig Stunden, innerhalb dessen das Ich Tag und Nacht, Schlafen und Wachen erlebt, setzen wir in gewisser Beziehung als Einheit. Wenn wir also sagen: Das was das Ich an einem Tage durchmacht, das unterliegt der Zahl eins, dann müssen wir sagen, die Zahl, welche in einer ähnlichen Weise dem Rhythmus unseres astralischen Leibes entspricht ist die Zahl sieben. Während das Ich, wie es heute ist, in vierundzwanzig Stunden, in einem Tag, sozusagen auf seinen Ausgangspunkt zurückkommt, wiederum da anlangt, wo es war, macht dasselbe unser astralischer Leib in sieben Tagen durch. Wir wollen uns darüber noch etwas genauer verständigen.

Denken Sie einmal an Ihr Erwachen am Morgen, das darin besteht, daß Sie sich, wie man – freilich unrichtigerweise – im gewöhnlichen Leben sagt, aus dem Dunkel der Bewußtlosigkeit erheben und daß die Gegenstände der physisch-sinnlichen Welt wiederum um Sie herum auftreten. Sie erleben das am Morgen, und Sie erleben das nach vierundzwanzig Stunden wiederum, Ausnahmefälle selbstverständlich abgerechnet. Das ist der regelmäßige Gang der Sache, und wir können sagen: nach einem Tag von vierundzwanzig Stunden kehrt unser Ich zu seinem Ausgangspunkt zurück. Wenn wir für den astralischen Leib in derselben Weise seine entsprechenden Verhältnisse aufsuchen, so müssen wir sagen: wenn die Regelmäßigkeit, die dem menschlichen astralischen Leib zukommt, wirklich in ihm auftritt, so kehrt er nach sieben Tagen wiederum an denselben Punkt zurück. Während also das Ich einen Kreislauf in einem Tage durchmacht, geht der astralische Leib wesentlich langsamer, er macht seinen Kreislauf in sieben Tagen durch. Der Ätherleib macht nun seinen Kreislauf in viermal sieben Tagen durch; er kommt nach viermal sieben Tagen wiederum an denselben Punkt zurück. Und nun bitte ich das zu beachten, was das vorletzte Mal schon gesagt worden ist: Für den physischen Leib geht das nicht so regelmäßig wie für den astralischen Leib und für den Ätherleib. Eine annähernde Zahl können wir aber auch da festsetzen: er macht in ungefähr zehnmal achtundzwanzig Tagen seinen Kreislauf durch, so daß er da an seinen Ausgangspunkt zurückkehrt. Sie wissen ja, daß für den Menschen die große Verschiedenheit vorliegt, daß der weibliche Ätherleib männlichen Charakter hat und umgekehrt der männliche Ätherleib weiblichen Charakter. Daraus wird es schon verständlich sein, daß in gewisser Beziehung eine Unregelmäßigkeit im Rhythmus für den Ätherleib und physischen Leib eintreten muß. Aber im allgemeinen sind die Zahlen $1:7:(4 \times 7):(10 \times 7 \times 4)$ die Verhältniszahlen, die uns für die vier Glieder der Menschennatur sozusagen die «Geschwindigkeiten der Umdrehung» angeben. Das ist natürlich nur im Bilde gesprochen, denn es handelt sich nicht um Umdrehungen, sondern um Wiederholungen derselben

Zustände; um Rhythmenzahlen handelt es sich. Ich habe schon vor zwei Wochen darauf hinweisen müssen, wie sich Erscheinungen unseres alltäglichen Lebens erst verständlich machen, wenn wir solche Dinge, die hinter der sinnlich-physischen Welt stehen, wissen. Und auch in einem öffentlichen Vortrage habe ich auf eine merkwürdige Tatsache hingewiesen, welche selbst der materialistischste Naturforscher und Mediziner nicht leugnen kann, nicht einreihen kann in die «Gespenster des Aberglaubens», weil sie eben als eine Tatsache vorhanden ist. Das ist die Tatsache, die doch eigentlich den Menschen zum Denken veranlassen sollte, daß bei der Lungenentzündung am siebenten Tage eine besondere Erscheinung eintritt, daß da eine Krisis eintritt und daß man dem Kranken über diesen siebenten Tag hinüberhelfen muß. Das Fieber läßt plötzlich nach, und wenn man den Kranken über diese Krisis nicht hinüberbringen kann, so tritt unter Umständen keine Heilung ein. Es ist das ja eine im allgemeinen bekannte Tatsache, aber in der Regel wird der Ausgangspunkt der Krankheit nicht immer richtig erkannt, und wenn man den ersten Tag nicht weiß, so kennt man in der Regel auch den siebenten Tag nicht. Aber die Tatsache besteht. Warum, so muß die Frage entstehen, läßt bei der Lungenentzündung am siebenten Tage das Fieber nach? Warum tritt da überhaupt eine besondere Erscheinung am siebenten Tage auf?

Nur derjenige, der hinter die Kulissen des Daseins sieht, der hinter die physisch-sinnlichen Erscheinungen in die geistige Welt hineinsieht, der weiß von diesen Rhythmen und der weiß zu gleicher Zeit, wodurch solche Erscheinungen – wie zum Beispiel Fiebererscheinungen – entstehen. Was ist eigentlich das Fieber? Warum tritt Fieber auf? Das Fieber ist nicht die Krankheit. Das Fieber ist im Gegenteil etwas, was der Organismus hervorruft, um gegen den eigentlichen Krankheitsprozeß zu kämpfen. Das Fieber ist die Abwehr des Organismus gegenüber der Krankheit. Es ist irgendeine Schädigung im Organismus vorhanden, also sagen wir eine Schädigung in der Lunge. Wenn der Mensch gesund ist und alle seine inneren Tätigkeiten entsprechend zusammenstimmen, so müssen selbstverständlich diese inneren Tätigkeiten in Unordnung kommen, wenn irgendein Organ, irgendein Glied des menschlichen Leibes eine Störung hat. Dann versucht der ganze Organismus sich zusammenzunehmen und aus sich heraus die Kräfte zu entwickeln, die diese vereinzelte Störung wiederum ausgleichen können. Also es ist eine Revolution im ganzen Organismus, die da vorgeht. Sonst braucht der Organismus nicht seine Kräfte zusammenzuraffen, weil kein Feind da ist, den er zu bekämpfen hat. Der Ausdruck nun dieses Zusammenraffens der Kräfte im Organismus ist das Fieber.

Nun weiß derjenige, welcher hinter die Kulissen des Daseins schaut, daß die verschiedenen Organe des menschlichen Leibes in sehr verschiedenen Zeiten der Entwickelung des Menschen sich veranlagt und dann ausgebildet haben. Dasjenige, was man vom geisteswissenschaftlichen Standpunkt aus das «Studium des menschlichen Leibes» nennt, ist das denkbar Komplizierteste, das man sich vorstellen kann, denn dieser menschliche Organismus ist etwas sehr Mannigfaltiges und seine einzelnen Organe sind zu ganz verschiedenen Zeiten veranlagt worden. Später ist dann wieder diese Anlage aufgenommen und weiter ausgebildet worden. Alles, was im physischen Organismus ist, ist ein Ausdruck, ein Ergebnis der höheren Glieder des Menschen, so daß also immer die betreffenden physischen Glieder die höheren Ordnungen in den höheren Gliedern ausdrücken. Das, was wir heute als Lunge bezeichnen, das hängt seiner Anlage nach zusammen mit dem menschlichen Astralleib und hat mit diesem etwas zu tun. Was nun die Lunge mit dem astralischen Leib zu tun hat, wie die allererste, ursprüngliche Lungenanlage auf dem Vorgänger unserer Erde, auf dem alten Monde, in den Menschen hineingekommen ist, wie da dem Menschen von höheren geistigen Wesenheiten der astralische Leib sozusagen «eingeimpft» worden ist, von all dem werden wir noch zu sprechen haben. Heute wollen wir uns nur vor Augen stellen, daß auch in der Lunge ein Ausdruck des astralischen Leibes liegt. Der eigentliche Ausdruck des astralischen Leibes ist ja das Nervensystem. Aber der Mensch ist eben kompliziert und die Entwickelungen gehen immer parallel. Mit der Entwickelung des astralischen Leibes und mit der Eingliederung des heutigen Nervensystems war auch die Anlage der Lunge gegeben. Dadurch kommt schon die Lunge in einer gewissen Weise hinein in den Rhythmus des astralischen Leibes, in jenen Rhythmus, der der Siebenzahl unterliegt. Das, was man als Fiebererscheinung kennt, hängt zusammen mit gewissen Funktionen des Ätherleibes. Es muß im Ätherleib etwas vorgehen, wenn ein gewisser Ablauf von Fieber da ist. Das Fieber steht daher in irgendeiner Weise in dem Rhythmus drinnen, in dem der Ätherleib steht. Jedes Fieber steht in diesem Rhythmus drinnen, aber wie? Wir müssen uns nun einmal folgendes klarmachen.

Der Ätherleib, da er in vier mal sieben Tagen seinen Kreislauf vollendet, bewegt sich wesentlich langsamer als der Astralleib, der seinen Rhythmus in sieben Tagen durchmacht. Wir dürfen also, wenn wir den rhythmischen Gang des Ätherleibes in ein Verhältnis setzen zu dem des astralischen Leibes, den Vergleich heranziehen mit den Zeigern einer Uhr. Nehmen Sie den Stundenzeiger einer Uhr: er geht einmal herum, während der Zeiger, der Ihnen die Minuten angibt, in derselben Zeit zwölfmal herumgeht. Da haben Sie das Verhältnis von 1:12. Nun denken Sie einmal, Sie würden achtgeben, wenn um zwölf Uhr mittags der Stundenzeiger über dem Minutenzeiger liegt. Da decken sich die beiden Zeiger. Nun geht der Minutenzeiger einmal herum. Wenn er jetzt wieder auf der Zwölf ist, kann er sich mit dem Stundenzeiger nicht mehr decken, denn dieser ist inzwischen bis auf die Eins gegangen. Die beiden Zeiger können sich also erst nach etwa fünf Minuten decken, so daß nach einer Stunde der Minutenzeiger nicht wieder über dem Stundenzeiger steht, sondern erst nach einer Stunde und etwas mehr als fünf Minuten. Nun haben Sie ein ähnliches Verhältnis zwischen dem Umkreisen des astralischen Leibes und dem Umkreisen des Ätherleibes. Nehmen Sie an, Ihr Astralleib, der ja immer verbunden ist mit dem Ätherleib, befände sich in einem gewissen Zustande im Verhältnis zu dem Ätherleib. Jetzt fängt der Astralleib sich zu drehen an. Wenn er nach sieben Tagen wieder in seinem ursprünglichen Zustand ist, deckt er sich nicht wieder mit dem Ätherleib, denn der Ätherleib ist nach sieben Tagen um ein Viertel seines Umkreises fortgeschritten. Es deckt sich also nach sieben Tagen der Zustand des astralischen Leibes nicht wieder mit demselben Zustand des Ätherleibes, sondern er deckt sich mit einem Zustand, der um ein Viertel des Umkreises hinter dem ursprünglichen zurückgeblieben ist. Nun nehmen Sie an, es tritt die betreffende Krankheit auf. Da hängt ein ganz bestimmter Zustand des astralischen Leibes mit einem ganz bestimmten Zustand des Ätherleibes zusammen. In diesem Moment tritt unter der Mitwirkung dieser zwei Zustände, die da zusammenwirken, das Fieber auf als das Aufrufen gegen den Feind. Nach sieben Tagen kommt der astralische Leib über einen ganz anderen Punkt des Ätherleibes. Nun ist es so, daß im Ätherleibe nicht nur die Kraft sein muß, Fieber hervorzubringen, denn dann würde ja, wenn er einmal in Schwung gekommen ist, Fieber hervorzubringen, das Fieber gar nicht mehr nachlassen. So aber hat nun nach sieben Tagen dieser Punkt des Ätherleibes, der sich jetzt mit jenem Punkt des astralischen Leibes deckt, der vor sieben Tagen das Fieber hervorgerufen hat, die Tendenz, das Fieber wieder gutzumachen, das Fieber wieder abzuschwächen. Ist also der Kranke nach sieben Tagen so weit, daß auch die Störung überwunden ist, dann ist es gut. Ist die Störung nicht überwunden, hat der astralische Leib jetzt nicht die Tendenz, die Krankheit fortzuschaffen, so trifft er in den ungünstigen Zustand hinein, wo der Ätherleib die Tendenz hat, das Fieber abzuschwächen. Es handelt sich darum, daß man diese beiden übereinanderlagernden Punkte wohl beachtet, diese beiden Koinzidenzpunkte. Solche Punkte könnten wir für alle möglichen menschlichen Lebenserscheinungen herausfinden. Und gerade durch diese Rhythmen, durch die inneren geheimnisvollen Einrichtungen würde uns das ganze menschliche Wesen klar werden. Der Ätherleib hat wirklich eine Tendenz, die sich in vier mal sieben ausdrückt. Bei anderen Krankheitserscheinungen können Sie wieder beobachten, wie besonders der vierzehnte Tag von besonderer Wichtigkeit ist, also zwei mal sieben. Wir können geradezu angeben, wie bei gewissen Erscheinungen der Paroxysmus nach vier mal sieben besonders stark sein muß. Und da handelt es sich darum: nimmt dann die Sache ab, so ist unter allen Umständen auf Heilung zu hoffen. Alle diese Dinge hängen zusammen mit Rhythmen, und zwar mit jenen Rhythmen, die wir vor drei Wochen berührten und die wir uns heute genauer vor die Seele geführt haben. Mit solchen Dingen, die zwar schwer erscheinen, die man aber doch begreifen kann, dringt man erst ein klein wenig hinter die Oberfläche der physisch-sinnlichen Welt. Das muß immer tiefer und tiefer hineingehen. Nun fragen wir uns nach gewissen Ursprüngen solcher Rhythmen.

Die Ursprünge solcher Rhythmen liegen nun wiederum in den großen kosmischen Verhältnissen. Wir haben ja immer und immer wieder darauf aufmerksam gemacht, wie gerade das, was wir die vier menschlichen Glieder nennen, physischer Leib, Ätherleib, astralischer Leib und Ich, eine Evolution durch Saturn-, Sonnen-, Monden- und Erdendasein hinter sich haben. Wenn wir zurückschauen auf unsern alten Mond, da finden wir schon, daß auch dieser alte Mond für eine gewisse Zeit sich von der Sonne losgelöst hatte. Dazumal war allerdings ein großer Teil dessen, was heute Mond ist, mit der Erde verbunden. Draußen war aber eine Sonne, und wenn solche Himmelskörper zusammengehörig sind, so haben ihre Kräfte, die ja wieder nur der Ausdruck sind für ihre Wesenheiten, immer Einfluß auf die Regelmäßigkeit des Lebens ihrer Wesen. Die Umlaufzeit eines Planeten um seine Sonne oder eines Nebenplaneten um seinen Planeten ist durchaus nicht zufällig oder unzusammenhängend mit dem Leben, sondern das ist geregelt von jenen Wesenheiten, die wir in den Hierarchien der Geister kennengelernt haben. Wir haben ja gesehen, daß es sich durchaus nicht so verhält, daß die Himmelskörper wie von selbst herumkreisen durch bloß unlebendige Kräfte. Wir haben einmal darauf hingewiesen, wie grotesk der heutige Physiker die Erklärung der Kant-Laplaceschen Theorie an dem Experiment mit dem Fett-Tropfen zeigt: Durch den schwimmenden Fett-Tropfen wird in der Äquatorrichtung eine Pappscheibe gelegt und von oben eine Nadel durchgesteckt, und nun wird das Ganze gedreht; da spalten sich dann von dem großen Tropfen kleine Tropfen ab und drehen sich mit herum. Da zeigt also der Experimentator, wie ein Planetensystem im kleinen entsteht, und daraus schließt nun im allgemeinen der Physiker, so müsse auch das Planetensystem im großen entstanden sein. Was sonst gut ist zu vergessen – sich selber nämlich –, das ist hier nicht gut. Denn der gute Mann vergißt dabei gewöhnlich, daß das kleine Planetensystem nicht zustande kommen könnte, wenn er die Kurbel nicht drehen würde. Man darf durchaus solche Experimente machen, das ist sehr nützlich, aber man darf dabei eben das Wichtigste nicht vergessen. Wie unendlich viele Menschen leiden unter solchen Suggestionen! Daß der «Herr Professor» das gemacht hat, daran denken sie nicht. Draußen ist es zwar kein riesengroßer «Herr Professor», aber da sind es die Hierarchien der geistigen Wesenheiten, die die Bewegungszeiten der Himmelskörper regeln, die tatsächlich alle Anordnung der Materie im Kosmos bewirken, so daß die einzelnen Himmelskörper sich umeinander herumdrehen. Und wir würden, wenn wir darauf eingehen könnten – einmal wird auch dazu die Zeit kommen –, in den Bewegungen der Himmelskörper, die ein zusammengehöriges System bilden, wiedererkennen den Rhythmus unserer menschlichen Glieder. Vorläufig brauchen wir nur auf eines hinzuweisen.

Der heutige Mensch in seiner materialistischen Denkweise lacht darüber, daß man gewisse Lebensverhältnisse des Menschen in früheren Zeiten in Zusammenhang gebracht hat mit den Mondenvierteln. Nun spiegelt sich gerade im Monde kosmisch dasjenige, was als Verhältnis besteht zwischen dem astralischen Leib und dem Ätherleib, in wunderbarer Weise. Der Mond macht in vier mal sieben Tagen seinen Kreislauf durch. Das sind die Zustände des Ätherleibes, und die vier mal sieben Zustände des Ätherleibes spiegeln sich ganz genau in den vier Vierteln des Mondes. Es ist durchaus kein Unsinn, den Zusammenhang in dem, was wir vorhin als Fiebererscheinung charakterisiert haben, gerade in den Mondesvierteln zu suchen. Denken Sie, daß in der Tat nach sieben Tagen ein anderes Mondesviertel da ist wie ein anderes Viertel des Ätherleibes und daß der astralische Leib über ein anderes Viertel des Ätherleibes fällt. In der Tat wurde ursprünglich dieses Verhältnis des menschlichen Astralleibes zum Ätherleib dadurch geregelt, daß jene geistigen Wesenheiten den Mond in ein entsprechendes Umkreisen um die Erde brachten. Und wie in einer gewissen Weise die Dinge zusammenhängen, das können Sie daraus entnehmen, daß selbst die heutige Medizin noch mit einem alten Rest rechnet, der ihr geblieben ist von rhythmischer Erkenntnis. Weil der Rhythmus des physischen Leibes 10×28 ausmacht und der physische Leib sozusagen nach 10 × 28 Tagen wieder an demselben Punkte ist, wo er früher war, deshalb verlaufen 10 × 28 Tage ungefähr zwischen der Empfängnis eines Menschen und seiner Geburt, zehn siderische Monate. Alle diese Dinge hängen zusammen mit der Regelung der großen Weltverhältnisse. Der Mensch ist als Mikrokosmos ein getreuer Spiegel der großen Weltverhältnisse, er ist herausgebaut aus diesen großen Weltverhältnissen.

Wir wollen heute in der Entwickelung die Mitte der atlantischen Zeit ins Auge fassen. Das war für die Erdenentwickelung ein sehr wichtiger Punkt. Wir unterscheiden in der Menschheitsentwickelung drei Rassen vorher: die erste die polarische, die zweite die hyperboräische und die dritte die lemurische Rasse. Dann kommt die atlantische Rasse. Wir sind jetzt in der fünften Rasse, und nach uns werden folgen zwei weitere Rassen, so daß die atlantische Zeit gerade in der Mitte drinnen liegt. Die Mitte der atlantischen Zeit ist der wichtigste Punkt in der Erdenentwickelung. Wenn wir vor diese Zeit zurückgehen würden, so würden wir auch da in den Verhältnissen des äußeren menschlichen Lebens ein genaues Spiegelbild der kosmischen Verhältnisse finden. Damals wäre es dem Menschen sehr schlecht bekommen, wenn er das getan hätte, was er heute tut. Heute richtet sich der Mensch nicht mehr sehr viel nach den kosmischen Verhältnissen. In unseren Städten muß ja oft das Leben so eingerichtet werden, daß der Mensch wacht, wo er sonst schlafen sollte, und schläft, wo er wachen sollte. Wenn nun schon so etwas Ähnliches wie Wachen in der Nacht, Schlafen bei Tage in der lemurischen Zeit eingetreten wäre, wenn da der Mensch so wenig beachtet hätte, was für äußere Erscheinungen zu gewissen inneren Vorgängen gehören, dann hätte er gar nicht mehr leben können. So etwas war freilich damals gar nicht möglich, weil es ganz selbstverständlich war, daß der Mensch seinen inneren Rhythmus nach dem äußeren Rhythmus richtete. Der Mensch hat damals sozusagen mit Sonnen- und Mondenlauf gelebt, er hat ganz genau den Rhythmus seines astralischen Leibes und des Ätherleibes eingerichtet nach Sonnen- und Mondenlauf.

Nehmen wir wiederum die Uhr. Sie ist ja auch in einer gewissen Beziehung gerichtet nach dem großen Weltenlauf. Wenn der Stundenzeiger sich mit dem Minutenzeiger um zwölf Uhr deckt, so ist das ja deshalb der Fall, weil eine gewisse Sonnen- und Sternkonstellation vorhanden ist. Danach richtet man ja die Uhr, und eine Uhr geht schlecht, wenn sie am anderen Tage diese beiden Zeiger nicht wieder zur Deckung bringt, sobald dieselbe Sternkonstellation wieder eintritt. Von der Sternwarte am Enckeplatz aus werden täglich durch elektrische Verbindung die Berliner Uhren geregelt. Wir können also sagen: die Bewegungen, die Rhythmen der Uhrzeiger entsprechen und werden sogar täglich entsprechend gemacht dem Rhythmus im Kosmos. Richtig geht unsere Uhr, wenn sie mit der Normaluhr übereinstimmt, die ihrerseits wieder mit dem Kosmos zusammenstimmt. Eigentlich hat der Mensch in den alten Zeiten wirklich keine Uhr gebraucht; denn er war selber eine Uhr. Es richtete sich sein Lebensablauf, den er recht deutlich spüren konnte, durchaus nach den kosmischen Verhältnissen. Der Mensch war wirklich eine Uhr. Und wenn er sich nicht nach den kosmischen Verhältnissen gerichtet hätte, dann wäre mit ihm ganz genau dasselbe vor sich gegangen, was heute bei einer Uhr geschieht, wenn ihr Gang nicht den äußeren Verhältnissen entspricht: dann geht sie eben schlecht, und dem Menschen wäre es dann auch schlecht gegangen. Der innere Rhythmus mußte dem äußeren entsprechen. Darinnen besteht nun gerade das Wesentliche des menschlichen Fortschrittes auf der Erde, daß seit der Mitte der atlantischen Zeit dieses absolute Sich-Decken der äußeren Verhältnisse mit den inneren nicht mehr der Fall ist. Es ist etwas anderes eingetreten. Denken Sie sich einmal, es würde jemand die Marotte haben, nicht zu leiden, daß sich um zwölf Uhr mittags seine Uhrzeiger decken. Nehmen wir an, er würde sie so stellen, daß es dann drei Uhr ist. Wenn die anderen Leute dann ein Uhr haben, hat er vier, um zwei Uhr wird er fünf haben und so weiter. Aber es wird sich dadurch das innere Getriebe seiner Uhr nicht ändern; nur gegen die äußeren Verhältnisse wird es verschoben sein. Nach vierundzwanzig Stunden wird es dann bei ihm wieder drei Uhr sein, seine Uhr wird also in ihrem Gang nicht zusammenfallen mit den kosmischen Verhältnissen, aber in ihrem Rhythmus wird sie dennoch innerlich mit ihnen übereinstimmen, denn die Dinge sind nur verschoben worden.

So ist auch des Menschen Rhythmus verschoben worden. Der Mensch wäre nie ein selbständiges Wesen geworden, wenn seine ganze Tätigkeit am Gängelbande der kosmischen Verhältnisse verflossen wäre. Gerade dadurch hat er seine Freiheit bekommen, daß er unter Beibehaltung des innerlichen Rhythmus losgekommen ist von dem äußeren Rhythmus. Er ist wie eine Uhr geworden, die in den Knotenpunkten nicht mehr zusammenfällt mit den kosmischen Ereignissen, aber innerlich doch mit ihnen zusammenstimmt. So konnte in alten Zeiten urferner Vergangenheit der Mensch nur zu einer ganz bestimmten Sternkonstellation empfangen und zehn Mondmonate hinterher geboren werden. Dieses Zusammenfallen der Empfängnis mit einem kosmischen Verhältnis fiel weg, aber der Rhythmus blieb, geradeso wie der Rhythmus bei einer Uhr bleibt, wenn man sie auch um zwölf Uhr mittags auf drei stellt. Allerdings haben sich nicht nur die Verhältnisse beim Menschen so verschoben, sondern es haben sich auch die Zeiten selbst wiederum verschoben. Wenn wir von dem letztgenannten kosmischen Verschieben absehen, so ist ja auch innerlich für den Menschen dadurch etwas ganz Besonderes eingetreten, daß er sozusagen sich herausgehoben hat aus den kosmischen Verhältnissen, daß er keine «Uhr» mehr ist im richtigen Sinne des Wortes. Es ist ihm etwa so gegangen, wie es einem Menschen gehen würde, der seine Uhr um drei Stunden vorausgehen läßt, dann aber sich nicht mehr erinnert, um wie viel er sie vorgerückt hat, und nun eigentlich nicht mehr zurechtkommt. Ebenso ist es dem Menschen in der Erdenentwickelung ergangen, als er einmal heraus war aus dem Verhältnis, in dem er als Uhr zum Kosmos stand. Da brachte er für gewisse Dinge doch seinen astralischen Leib in Unordnung. Je mehr die menschlichen Lebensverhältnisse dem Körperlichen zugeordnet sind, desto mehr wurde der alte Rhythmus beibehalten; je mehr aber die Verhältnisse sich dem Geistigen zuwandten, desto mehr Unordnung wurde in sie hineingebracht. Ich möchte das auch noch von einer anderen Seite aus klarmachen.

Wir kennen ja nicht bloß den Menschen, sondern wir kennen auch Wesen, die dem Menschen der heutigen Erde übergeordnet sind. Wir kennen die Söhne des Lebens oder die Engel, und wir wissen, daß sie auf dem alten Mond ihr Menschentum durchgemacht haben.. Wir kennen die Feuergeister oder Erzengel, die auf dem alten Sonnenzustand der Erde ihre Menschenstufen durchgemacht hatten, und ferner kennen wir die Urkräfte, die auf dem alten Saturn ihre Menschenstufe durchmachten. Diese Wesenheiten sind in der kosmischen Entwickelung dem Menschen vorausgeeilt. Wenn wir sie heute studieren würden, so würden wir finden, daß sie viel geistigere Wesenheiten sind als der Mensch. Sie leben daher auch in höheren Welten. Aber sie sind namentlich in bezug auf das, was wir heute angeführt haben, in einer ganz anderen Lage als der Mensch. Sie richten sich in den geistigen Dingen durchaus nach dem Rhythmus des Kosmos. Ein Engel würde nicht so ungeordnet denken wie der Mensch, aus dem einfachen Grunde, weil sein Gedankenablauf geregelt wird von den kosmischen Mächten und er sich danach richtet. Es ist ganz ausgeschlossen, daß ein Wesen wie ein Engel nicht im Einklange mit den großen geistigen, kosmischen Vorgängen dächte. In der Weltenharmonie stehen die Gesetze der Logik für die Engel geschrieben. Sie brauchen keine Lehrbücher. Der Mensch braucht Lehrbücher, weil er seine inneren Denkverhältnisse in Unordnung gebracht hat. Er erkennt nicht mehr, wie er sich nach der großen Sternenschrift richten soll. Diese Engel kennen den Ablauf im Kosmos, und ihr Denkablauf entspricht dem geregelten Rhythmus. Der Mensch ist, als er in seiner jetzigen Gestalt die Erde betreten hat, aus diesem Rhythmus herausgekommen, daher das Regellose seines Denkens, seiner Empfindungen und seines Gefühlslebens. Während in den Dingen, auf die der Mensch noch weniger Einfluß hat, im Astralleib und Ätherleib, die Regelmäßigkeit fortherrscht, ist in den Teilen, die der Mensch in die Hand bekommen hat, also in seiner Empfindungsseele, Verstandesseele, Bewußtseinsseele Regellosigkeit und Unrhythmus, Rhythmuslosigkeit hineingezogen. Es ist das noch das wenigste, daß der Mensch in unseren Großstädten die Nacht zum Tage macht. Viel mehr bedeutet es, daß der Mensch innerlich in seinem Gedankenablauf sich herausgerissen hat aus dem großen Weltenrhythmus. Wie der Mensch jede Stunde, jeden Augenblick denkt, das alles widerspricht in gewisser Beziehung dem großen Weltenablauf.

Nun denken Sie aber nicht, daß das alles gesagt wird, um einer Weltanschauung das Wort zu reden, die den Menschen wieder in einen solchen Rhythmus hineinbringen soll. Der Mensch mußte herauskommen aus dem alten Rhythmus; darauf beruht ja der Fortschritt. Wenn gewisse Propheten heute herumgehen und «Rückkehr zur Natur» predigen, so wollen diese eben das Leben zurückschrauben und nicht vorwärtsbringen. Alles jenes laienhafte Herumreden von einem Zurückkehren zur Natur versteht nichts von wirklicher Evolution. Wenn eine Bewegung heute den Menschen anweist, gewisse Nahrungsmittel nur zu bestimmten Jahreszeiten zu genießen, denn die Natur selbst zeige das schon dadurch an, daß die Nahrungsmittel nur zu besonderen Zeiten wachsen, so entspricht das einem ganz abstrakt-laienhaften Gerede. Gerade darin besteht die Entwickelung, daß der Mensch sich immer unabhängiger macht von dem äußeren Rhythmus. Man darf nun aber auch wieder nicht den Boden unter den Füßen verlieren. Nicht darin besteht des Menschen wahrer Fortschritt und sein Heil, daß er zum alten Rhythmus wieder zurückkehrt, daß er sich sagt: wie lebe ich im Einklang mit den vier Mondesvierteln? Denn es war notwendig in den alten Zeiten, daß der Mensch wie ein Siegelabdruck des Kosmos war. Aber wesentlich ist es auch, daß der Mensch nicht etwa glaubt, daß er ohne Rhythmus leben könne. Wie er sich von außen verinnerlicht hat, so muß er sich von innen heraus wiederum rhythmisch aufbauen. Das ist es, worauf es ankommt. Rhythmus muß das Innere durchziehen. Wie Rhythmus den Kosmos aufgebaut hat, so muß der Mensch, wenn er beteiligt sein will an dem Aufbau eines neuen Kosmos, sich wieder mit einem neuen Rhythmus durchdringen. Unser Zeitalter ist gerade darin charakteristisch, daß es den alten Rhythmus – den äußeren – verloren und noch keinen neuen inneren Rhythmus gewonnen hat. Der Mensch ist der Natur – wenn wir den äußeren Ausdruck des Geistes Natur nennen – entwachsen und in den Geist selbst noch nicht hineingewachsen. Er zappelt heute noch zwischen Natur und Geist hin und her. Das ist für unsere Zeit eben das Charakteristische. Gerade dieses Hin- und Herzappeln zwischen Natur und Geist war an einem Höhepunkte angekommen in dem zweiten Drittel des 19. Jahrhunderts. Deshalb mußten da um diese Zeit die Wesenheiten, die die Zeichen der Zeit kennen und deuten, sich fragen: Was ist zu tun, damit der Mensch nicht aus jeglichem Rhythmus herauskomme, damit ein innerer Rhythmus in den Menschen einziehe?

Alles, was Sie heute als das Charakteristische am Geistesleben beobachten können, das ist das Ungeordnete. Wo Sie heute ein Geistesprodukt sehen, da ist das erste, was Ihnen auffallen muß, das Ungeordnete, das innerlich Unregelmäßige. Fast auf allen Gebieten ist das der Fall. Nur die Gebiete, die noch gute alte Traditionen haben, die haben auch noch etwas von alter Regelmäßigkeit. Auf den neuen Gebieten muß der Mensch die neue Regelmäßigkeit erst schaffen. Daher sieht der Mensch heute, wie beim Abfall des Fiebers in der Lungenentzündung am siebenten Tage, die Tatsache. Die Erklärung dazu aber ist ein reines Chaos von Gedanken. Wenn der Mensch darüber denkt, dann häuft er – da er nicht regelmäßig denkt – in einer beliebigen Weise ein Sammelsurium von Gedanken um die Tatsache herum. Alle unsere Wissenschaften nehmen eine äußere Tatsache aus der Welt und rühren eine Summe von Gedanken da herum, alles ohne innere Regelmäßigkeit, weil der Mensch wie in einem Abgrund der Gedankenwelt umherirrt. Er hat heute keine inneren Gedankenlinien, keinen inneren Gedankenrhythmus, und die Menschheit würde vollständig in die Dekadenz kommen, wenn sie nicht einen inneren Rhythmus aufnehmen würde. Betrachten Sie von diesem Gesichtspunkt aus einmal die Geisteswissenschaft.

Sie sehen, in welches Fahrwasser Sie hineinkommen, wenn Sie anfangen, Geisteswissenschaft zu treiben. Da hören Sie zunächst – und machen es sich nach und nach klar –: der Mensch besteht in seiner Wesenheit aus vier Gliedern, physischer Leib, Ätherleib, astralischer Leib und Ich. Und dann hören Sie, wie vom Ich aus gearbeitet wird, wie der Astralleib umgearbeitet wird zu Manas oder Geistselbst, wie der Ätherleib umgearbeitet wird zur Budhi oder dem Lebensgeist und wie der physische Mensch in seinem Prinzip umgearbeitet wird zum Geistesmenschen oder Atma. Nun denken Sie einmal darüber nach, wie vieles wir sozusagen mit dieser Grundformel unserer Geisteswissenschaft überhaupt betrachtet haben. Denken Sie an viele

Themen, die eigentliche Grundthemen waren, wie wir immer wieder unseren ganzen Gedankenbau aufbauen mußten, indem wir ausgingen von diesem Grundschema: physischer Leib, Ätherleib, Astralleib, Ich. Sie wissen, daß es bei gewissen öffentlichen Vorträgen bei einzelnen sogar zur Ermüdung kommen kann, wenn immer wieder diese Grundtatsachen wiederholt werden müssen. Das aber ist und bleibt ein sicherer Faden, an dem wir unsere Gedanken aufreihen: diese vier Glieder der Menschennatur, das Zusammenwirken derselben, und dann im höheren Sinne wiederum die Umarbeitung der unteren drei Glieder, des dritten Gliedes in das fünfte, des zweiten in das sechste und des ersten Gliedes in das siebente Glied unserer Wesenheit. Nehmen Sie jetzt die gesamten Glieder der Menschennatur, wie wir sie kennen: Physischer Leib, Ätherleib, Astralleib, Ich, Geistselbst, Lebensgeist, Geistesmensch, so haben Sie sieben. Und nehmen Sie das, was dem zugrunde liegt, nämlich physischer Leib, Ätherleib, Astralleib und Ich, dann haben Sie vier. Und in Ihren Gedanken wiederholen Sie den großen Rhythmus von 7:4, von 4:7, indem Sie diese Gedankengänge betrachten. Sie bringen den äußeren großen Rhythmus aus sich wieder hervor. Sie wiederholen den Rhythmus, der einmal im Weltenkosmos im Großen war, Sie gebären ihn wieder. Sie legen also da den Plan, die Grundlage zu Ihrem Gedankensystem, wie einstmals die Götter den Plan zur Weisheit der Welt gelegt haben. Aus dem Chaos des Gedankenlebens entwickelt sich von dem Innern der Seele heraus ein Gedankenkosmos, wenn wir dies, was wir eben angeführt haben, den inneren Rhythmus der Zahl, wiederum in uns lebendig werden lassen. Die Menschen haben sich freigemacht von dem äußeren Rhythmus. Durch das, was im wahren Sinne Geisteswissenschaft ist, kehren wir wieder zurück zum Rhythmus, von innen heraus bauen wir uns ein Weltgebäude auf, das den Rhythmus in sich trägt. Und wenn wir zu dem Kosmos übergehen und auf die Vergangenheit der Erde blicken, auf Saturn, Sonne, Mond, Erde, so haben wir da eine Vierheit, sodann den Mond in vergeistigter Form in der fünften Stufe als Jupiter, die Sonne in der sechsten Stufe als Venus und den alten Saturn in der siebenten, der Vulkanstufe. So haben wir in Saturn, Sonne, Mond, Erde, Jupiter,

Venus, Vulkan die Siebenzahl unserer Evolutionsphasen. Unser physischer Leib, wie er heute ist, hat sich durch die Vierzahl hindurch entwickelt, durch Saturn, Sonne, Mond und Erde. Er wird nach und nach völlig umgestaltet und vergeistigt sein in der Zukunft. So daß wir auch hier, wenn wir nach der Vergangenheit blicken, die Vierzahl, nach der Zukunft hin die Dreizahl vor uns haben: auch hier 4:3 oder, wenn wir die Vergangenheit mit der ganzen Entwickelung zusammenbringen, 4:7.

Wir stehen ja erst im Anfange unserer geisteswissenschaftlichen Betätigung, wenn wir auch schon jahrelang damit beschäftigt sind. Heute konnte erst darauf aufmerksam gemacht werden, was die Menschen gewollt haben, wenn sie auf die «innere Zahl» hinwiesen, die allen Erscheinungen zugrunde liegt. So sehen wir, wie der Mensch, um seine Freiheit sich zu erobern, aus dem ursprünglichen Rhythmus herauskommen mußte. Aber er muß in sich selber wieder die Gesetze finden, um die «Uhr», um seinen astralischen Leib zu regeln. Und der große Regulator, das ist die Geisteswissenschaft, weil sie mit den großen Gesetzen des Kosmos, die der Seher schaut, im Einklange steht. In bezug auf die großen Zahlenverhältnisse wird die Zukunft, wie sie durch den Menschen geschaffen wird, dasselbe zeigen, wie in der Vergangenheit der Kosmos, nur auf einer höheren Stufe. Deshalb müssen die Menschen die Zukunft aus sich herausgebären aus der Zahl, wie die Götter den Kosmos aus der Zahl gebildet haben.

So erkennen wir, wie die Geisteswissenschaft mit dem großen Weltenlauf zusammenhängt. Wenn es uns klar wird, was in der geistigen Welt hinter dem Menschen steckt, die Vierzahl und die Siebenzahl, dann begreifen wir, weshalb wir in dieser geistigen Welt auch den Impuls finden müssen, um dasjenige weiterzuführen, was wir als den ganzen Entwickelungsgang der Menschheit bis hierher kennen. Und wir verstehen, warum gerade in einem Zeitalter, wo die Menschen mit ihrem inneren Gedanken-, Empfindungs- und Willensleben am meisten in das innere Chaos hineingekommen sind, warum gerade da jene Individualitäten, die die Zeichen der Zeit zu deuten haben, auf eine Weisheit hinweisen mußten, welche es dem Menschen möglich macht, in einer geregelten Weise von innen heraus sein Seelenleben aufzubauen. Wir lernen innerlich rhythmisch denken, wie es für die Zukunft nötig ist, wenn wir so denken, wie es diese Grundverhältnisse uns geben. Und immer mehr wird der Mensch annehmen von dem, woraus er herausgeboren ist. Vorläufig nimmt er das heraus, was man als Grundbauplan des Kosmos zu betrachten hat. Er wird weitergehen und wird von gewissen Grundkräften und zuletzt von Grundwesenheiten sich durchdrungen fühlen.

Das alles steht heute an seinem Ausgangspunkt. Und wir empfinden die Wichtigkeit und die Weltbedeutung der anthroposophischen Mission, wenn wir sie nicht als einen Willkürakt dieses oder jenes einzelnen ansehen, sondern wenn wir uns anschicken, sie aus dem ganzen inneren Grundgetriebe unseres Daseins heraus zu begreifen. Dann können wir dahin gelangen, daß wir uns sagen: Es steht gar nicht bei uns, diese anthroposophische Mission anzunehmen oder nicht, sondern wenn wir unsere Zeit verstehen wollen, müssen wir erkennen und uns mit dem durchdringen, was der Anthroposophie als die Gedanken der göttlich-geistigen Welt zugrunde liegt. Und dann müssen wir es von uns wiederum hinausfließen lassen in die Welt, damit unser Tun und unser Sein nicht ein Chaos, sondern ein Kosmos werde, so wie es ein Kosmos war, aus dem wir herausgeboren sind.

VIERZEHNTER VORTRAG

Berlin, 26. Januar 1909

Wir wollen fortfahren in unseren Betrachtungen, die uns einem Begreifen des Wesens des Menschen und seiner Aufgabe in der Welt von einem tieferen Gesichtspunkte aus immer näher und näher bringen sollen. Sie werden sich erinnern, daß in dem einen der in diesem Winter hier gehaltenen Zweigvorträge gesprochen wurde von der vierfachen Art, in welcher die Krankheit beim Menschen zunächst überhaupt möglich ist, und daß damals darauf hingedeutet worden ist, daß wir erst später zur Besprechung dessen kommen würden, was man nennen kann die eigentlich karmische Verursachung der Krankheit. Heute wollen wir wenigstens zu einem gewissen Teil auf diese karmische Verursachung der Krankheit zu sprechen kommen.

Wir haben damals ausgeführt, daß uns jene Einteilung des Menschenwesens in die vier Glieder, physischer Leib, Ätherleib, Astralleib und Ich, zugleich die Möglichkeit geboten hat, über die Krankheitserscheinungen eine gewisse Übersicht zu schaffen, nämlich dadurch, daß wir darauf aufmerksam gemacht haben, daß jedes dieser Menschenglieder seinen Ausdruck findet in gewissen Organen und Organ-Komplexen des physischen Leibes selber. Also daß das Ich im physischen Leibe seinen wesentlichen Ausdruck hat im Blut, der astralische Leib im Nervensystem, der Ätherleib in alledem, was wir das Drüsensystem nennen und was dazu gehört, und daß der physische Leib sich selbst ausdrückt als physischer Leib. Wir haben alsdann dargestellt die Erkrankungen, die aus dem Ich als solchem urständen und die daher äußerlich physisch sich als Unregelmäßigkeit in den Blutfunktionen darstellen. Wir haben darauf hingewiesen, wie dasjenige, was in Unregelmäßigkeiten des astralischen Leibes seine Ursache hat, durch Unregelmäßigkeiten im Nervensystem seinen Ausdruck findet und wie wiederum das, was im Ätherleib seinen Urgrund hat, im Drüsensystem zum Ausdruck kommt und daß wir dann im physischen Leibe diejenigen Krankheiten zu erkennen haben, die vorzugsweise äußere Ursachen haben. Damit haben wir aber den Blick in bezug auf das Kranksein doch nur hingelenkt auf alles das, was mit des Menschen einzelnem Lebenslauf zwischen Geburt und Tod zusammenhängt. Nun ahnt der, der den Weltenlauf geisteswissenschaftlich zu betrachten vermag, daß Krankwerden beim Menschen auch in einer gewissen Beziehung mit seinem Karma zusammenhängen muß, also mit jenem großen Ursachengesetz, das die geistigen Zusammenhänge zwischen den verschiedenen Verkörperungen darstellt. Aber die Wege des Karmas sind sehr verschlungen, sind sehr mannigfaltig, und man muß in die feinen Gliederungen der karmischen Zusammenhänge eingehen, wenn man überhaupt etwas davon verstehen will, wie diese Dinge zusammenhängen.

Wir wollen heute einiges von dem besprechen, was überhaupt zunächst für den Menschen interessant ist zu wissen, nämlich, wie Erkrankungen zusammenhängen mit Ursachen, die in früheren Leben durch den Menschen selbst gelegt worden sind. Dazu müssen wir nun auf das Wirken des Karmagesetzes im menschlichen Lebenslauf mit ein paar Worten einleitend zurückkommen. Wir werden einiges von dem zu erwähnen haben, was die meisten von Ihnen schon aus anderen Vorträgen wissen, aber wir müssen es uns ganz genau vor die Seele führen, wie die karmischen Ursachen von einem Leben ins andere in ihren Wirkungen hinübergebracht werden. Da müssen wir mit einigen Worten noch einmal auf das zurückkommen, was eigentlich geistig mit dem Menschen in der Zeit geschieht, die auf den Tod des Menschen folgt.

Wir wissen, daß beim Durchgang durch die Todespforte der Mensch zunächst diejenigen Erlebnisse hat, die davon herrühren, daß er mit dem Tode zum erstenmal in einer Lage ist, in der er das ganze Leben hindurch nicht war. Er ist mit seinem Ich und seinem astralischen Leib verbunden mit dem Ätherleib ohne den physischen Leib. Den physischen Leib hat er sozusagen abgelegt. Während des Lebens tritt das ja nur in Ausnahmefällen ein, wie wir öfter erwähnt haben. Während des Lebens ist im schlafenden Zustande, wenn der Mensch seinen physischen Leib abgelegt hat, auch der Ätherleib abgelegt, so daß diese Verbindung von Ich, astralischem Leib und

Ätherleib nur nach dem Tode einige Zeit vorhanden ist, die da nur nach Tagen zählt. Wir haben auch die Erlebnisse erwähnt, die in dieser Zeit unmittelbar nach dem Tode folgen. Wir haben darauf hingewiesen, daß da der Mensch fühlt, als ob er immer größer und größer würde, als ob er hinauswüchse aus dem Raumesinhalt, den er eingenommen hatte, und alle Dinge umspannen würde. Wir haben erwähnt, wie das Bild des eben verflossenen Lebens in einem großen Tableau vor ihm steht. Dann folgt nach einiger Zeit, die sich für den Menschen nach Tagen bemißt und individuell verschieden ist, das Ablegen des zweiten Leichnams, des Ätherleibes, der dann in den allgemeinen Weltenäther aufgenommen wird, mit Ausnahme jener Fälle, die wir bei Besprechung intimer Reinkarnationsfragen erwähnt haben, wo der Ätherleib in einer gewissen Weise aufbewahrt wird, um später verwendet zu werden. Aber eine Essenz dieses Ätherleibes als die Frucht dessen, was wir im Leben erfahren, erlebt und durchgemacht haben, bleibt zurück. Wir leben nun weiter das Leben, das bedingt ist durch dieses Zusammensein des Ichs mit dem astralischen Leib, ohne daß der Mensch nun an den physischen Leib gebunden ist. Jetzt folgt die Zeit, die man gewöhnt geworden ist in der geisteswissenschaftlichen Literatur die Kamaloka-Zeit zu nennen, die wir auch öfter genannt haben die Zeit des Herauswachsens, des Abgewöhnens des Zusammenhanges mit dem physischen Leibe oder überhaupt mit dem physischen Dasein.

Wir wissen, daß der Mensch, wenn er durch die Pforte des Todes geschritten ist, zunächst in seinem astralischen Leib alle die Kräfte noch hat, die er in dem Augenblick des Todes in seinem astralischen Leib hatte. Denn abgelegt hat er nur den physischen Leib, das Instrument des Genießens und Handelns. Den hat er nicht mehr, den astralischen Leib aber hat er noch. Er hat noch den Träger der Leidenschaften, Triebe, Begierden und Instinkte. Er verlangt nach dem Tode genau dieselben Dinge – aus Gewöhnung könnte man sagen –, die er im Leben verlangt hat. Nun ist es im Leben so, daß der Mensch durch das Instrument des physischen Leibes sein Verlangen, seine Begierde befriedigt. Dieses Instrument hat er nach dem Tode nicht mehr, er entbehrt daher die Möglichkeit, das alles zu befriedigen. Das macht sich dann so lange als eine Art Durst nach dem physischen Leben geltend, bis der Mensch gewöhnt geworden ist, nur noch in der geistigen Welt als solcher zu leben, das zu haben, was man aus der geistigen Welt haben kann. Bis der Mensch das gelernt hat, lebt er in dem, was man die Zeit des Abgewöhnens, die Zeit des Kamaloka nennt.

Nun haben wir schon den ganz eigenartigen Verlauf dieser Zeit des Lebens angeführt. Wir haben gesehen, daß in dieser Zeit das Leben des Menschen rückwärts verläuft. Das ist etwas, was für den geisteswissenschaftlichen Anfänger zunächst schwer zu verstehen ist. Der Mensch durchläuft die Zeit des Kamaloka – ungefähr ein Drittel der Zeit des gewöhnlichen Lebens nimmt sie in Anspruch – rückwärts. Nehmen wir an, ein Mensch stirbt im vierzigsten Lebensjahr, so durchläuft er alle die Ereignisse, die er während des Lebens durchgemacht hat, in der rückwärtigen Folge. Also zuerst erlebt er die Zeit seines neununddreißigsten Jahres, dann kommt das achtunddreißigste, siebenunddreißigste, sechsunddreißigste Jahr und so weiter an die Reihe. Es ist also wirklich so, daß er das Leben umgekehrt durchläuft bis zum Moment der Geburt. Das liegt dem schönen Satze der christlichen Botschaft zugrunde, der da sagt, wann eigentlich der Mensch in die geistige Welt eintritt oder in die Reiche der Himmel: «Ehe ihr nicht werdet wie die Kinder, könnt ihr nicht kommen in die Reiche der Himmel!» Das heißt, der Mensch lebt zurück bis in die Zeit, wo er seine Kindheitsaugenblicke erlebt, und dann kann er, da er alles wieder rückwärts absolviert hat, in das Devachan oder in das Reich der Himmel eintreten und seine weitere Zeit in der geistigen Welt zubringen. Das ist schwer vorzustellen, weil man so sehr gewöhnt ist, daß die Zeit, wie im Verlauf auf dem physischen Plan, etwas Absolutes ist, so daß schon einiges dazu gehört, sich in diese Vorstellungen einzuleben. Aber das wird schon geschehen.

Nun müssen wir uns vor die Seele führen, was der Mensch eigentlich im Kamaloka tut. Wir könnten da natürlich vieles und Mannigfaltiges ausführen. Heute soll uns aber nur interessieren, was sich gerade zuspitzt auf unsere Frage nach der karmischen Verursachung der Krankheiten. Es darf also durchaus nicht das, was jetzt gesagt wird, als alleinige Erlebnisart des Kamaloka betrachtet werden, sondern als eine unter vielen.

Zunächst können wir uns veranschaulichen, wie diese Kamaloka-Zeit im Sinne der Zukunft von dem Menschen benützt wird, wenn wir uns vorstellen, der Mensch, der im vierzigsten Lebensjahr gestorben ist, hätte im zwanzigsten Lebensjahr irgend etwas vollbracht, was einem andern Menschen geschadet hat. Wenn jemand im Verlaufe eines Lebens so etwas vollbringt, was einem andern Menschen schadet, so hat das für den ganzen menschlichen Lebenslauf eine gewisse Bedeutung. Solch eine Sache, die der Mensch vollbringt zum Schaden seiner Mitmenschen oder auch anderer Mitwesen oder überhaupt zum Schaden der Welt, stellt für den Menschen ein Entwickelungshindernis dar, ein Hindernis, vorwärtszukommen in der Entwickelung. Das ist überhaupt der Sinn der menschlichen Erdenpilgerschaft, daß jederzeit die Grundkraft der menschlichen Seele, die von Wiederverkörperung zu Wiederverkörperung geht, auf Weiterkommen angelegt ist, nach Emporentwickelung strebt. Und die Entwickelung schreitet so vor, daß der Mensch immer und immer wieder sozusagen sich Hindernisse in den Weg legt. Würde die Grundkraft – es ist ja schon einmal die Grundkraft in der Seele, die diese Seele zur Wiedervergeistigung bringen soll – ganz allein tätig sein, so würde nur eine ganz kurze Erdenzeit für den Menschen nötig sein. Dann würde aber die ganze Erdenentwickelung ganz anders verlaufen sein; es würde aber auch der Sinn der irdischen Entwickelung nicht erreicht worden sein. Man darf nicht so denken, daß man sagt: es wäre besser für den Menschen, wenn er sich keine Hindernisse in den Weg legte. Dadurch allein, daß er sich Hindernisse und Hemmnisse in den Weg legt, wird er stark, macht er Erfahrungen. Dadurch, daß er die Hindernisse, die er sich selber in den Weg gelegt hat, auch wieder ausmerzt und überwindet, wird er erst das starke Wesen am Ende der Erdenentwickelung, das er werden muß. Es ist durchaus im Sinne der Erdenentwickelung gelegen, daß er sich selbst die Steine in den Weg legt. Und würde er sich keine Kraft erringen müssen, um die Hindernisse wieder fortzuschaffen, dann würde er aber auch die Kraft nicht haben, die er dazu nötig hätte. Das heißt, die Welt würde dieser Kraft, die er dadurch entwickelt, überhaupt verlustig gehen. Wir müssen ganz davon absehen, was an Gutem und Bösem mit solchen Hindernissen und Hemmnissen verbunden ist. Wir müssen allein darauf hinblicken, daß es die Weisheit der Welt von Anfang an in der menschlichen Erdenentwickelung darauf abgesehen hat, dem Menschen die Möglichkeit zu bieten, daß er sich Hindernisse in den Weg legen kann, damit er sie wieder wegräumen und dann die große starke Kraft für Späteres in der Welt haben kann. Man möchte sogar sagen: Die Weisheit der Weltenlenkung hat den Menschen böse werden lassen, hat ihm die Möglichkeit des Bösen, des Schadens gegeben, damit er im Gutmachen des Schadens, in der Überwindung des Bösen, im Verlauf der karmischen Entwickelung ein stärkeres Wesen wird, als er sonst geworden wäre, wenn er wie von selbst sein Ziel erreichen würde. So muß man die Bedeutung und Berechtigung der Hemmnisse und Hindernisse einsehen.

Wenn also ein Mensch nach dem Tode sein Leben im Kamaloka zurücklebt und bei irgendeinem Schaden ankommt, den er im zwanzigsten Lebensjahr einem Mitmenschen zugefügt hat, dann erlebt er diesen Schaden ebenso, wie er die Freude, das Gute, wiedererlebt, das er seinen Mitwesen zugefügt hat. Nur erlebt er dann einen solchen Schmerz, den er einem anderen zugefügt hat, an seinem eigenen astralischen Leib. Also nehmen wir an, er hätte im zwanzigsten Lebensjahr jemanden geschlagen, er hätte jemandem wehegetan, so hat der andere es gespürt. Beim Zurückleben spürt es der, der den Schmerz verursacht hat, genau ebenso an seinem astralischen Leib, wie der andere, dem er den Schmerz zugefügt hat, ihn gespürt hatte, als er ihn bekommen hat. Also man macht in der geistigen Welt objektiv alles durch, was man in der Außenwelt selber verursacht hat. Dadurch nimmt man in sich die Kraft, die Tendenz auf, diesen Schmerz in einer der folgenden Inkarnationen wieder auszugleichen. Es ist das so, daß man an dem eigenen astralischen Leib merkt, wenn man da zurückerlebt: So tut es, was man da getan hat! Und man merkt, daß man sich damit einen Stein in den Weg gelegt hat zu der weiteren Entwickelung. Der Stein muß fort! Sonst kann man nicht über ihn hinwegkommen. In diesem Moment nimmt man die Absicht, die Tendenz auf, diesen Stein auch fortzuschaffen, so daß, wenn man die Kamaloka-Zeit durchlebt hat, man eigentlich mit lauter Absichten in der Kindheitszeit ankommt, nämlich mit der Absicht, alles das, was man an Hindernissen im Leben geschaffen hat, auch wieder fortzuschaffen. Man ist ganz erfüllt von lauter Absichten. Daß man diese Absichten als Kraft in sich hat, das bewirkt die ganz eigenartige Gestaltung der künftigen Lebensläufe.

Nehmen wir an, der B hat in seinem zwanzigsten Jahre dem A einen Schaden zugefügt. Jetzt muß er selbst den Schmerz erleben, und er nimmt die Absicht mit sich, das in einem künftigen Lebenslauf an dem A wieder gutzumachen, und zwar in der physischen Welt, denn da ist der Schaden zugefügt worden. Daß er diese Kraft, das heißt den Willen zum Gutmachen, in sich hat, bildet ein Anziehungsband zwischen dem B und dem A, der den Schaden zugefügt erhalten hat, und dieses Anziehungsband führt sie im kommenden Leben wieder zusammen. Jene geheimnisvolle Anziehungskraft, die Mensch zu Mensch führt im Leben, die rührt von dem her, was so in Kamaloka aufgenommen und an Kräften gebildet worden ist. Wir werden zu den Menschen im Leben geführt, an denen wir irgend etwas gutzumachen haben oder mit denen wir überhaupt irgend etwas zu tun haben gerade durch das, was wir in Kamaloka durchgemacht haben. Nun können Sie sich vorstellen, daß das, was wir als Ausgleichung für ein Leben an Kamaloka-Kräften in uns aufgenommen haben, durchaus nicht immer in einem einzigen Leben wieder gutgemacht werden kann. Da kann es dann so sein, daß wir in einem Leben zu einer großen Anzahl von Menschen Beziehungen angeknüpft haben und daß uns die nächstfolgende Kamaloka-Zeit die Möglichkeit gegeben hat, mit diesen Menschen wieder zusammenzukommen. Nun hängt das ja auch wieder von den andern Menschen ab, ob wir schon in dem nächsten Leben mit dem andern wieder zusammenkommen. Das verteilt sich dann auf viele Leben. In dem einen Leben haben wir dieses gutzumachen, in dem andern Leben etwas anderes und so weiter. Es darf durchaus nicht so vorgestellt werden, als ob wir im nächsten Leben gleich alles wieder gutmachen könnten. Das hängt durchaus auch davon ab, daß der andere das entsprechende Anziehungsband in seiner Seele entwickelt.

Nun wollen wir einmal genauer das Wirken des Karma betrachten und namentlich an einem Falle uns vorlegen. Wir nehmen im Kamaloka die Absicht auf, dieses oder jenes im nächsten oder in einem der nächsten Leben auszuführen. Was sich da in unsere Seele verpflanzt als eine Kraft, das bleibt in der Seele, das geht nicht wieder von der Seele fort. Wir werden wiedergeboren mit all den Kräften, die wir in uns aufgenommen haben. Das ist ganz unumgänglich. Nun gibt es nicht bloß solche Dinge im Leben zu tun im karmischen Zusammenhange, die sich darauf beziehen, daß wir an einem andern etwas gutmachen, obwohl das, was zu sagen ist, sich auch darauf beziehen kann. Wir haben manches an Hemmnissen uns in den Weg gelegt, wir haben einseitig gelebt, unser Leben nicht ordentlich genützt, haben bloß diesem oder jenem Genusse, dieser oder jener Arbeit gelebt und haben andere Möglichkeiten, die sich uns im Leben geboten haben, vorübergehen lassen und haben dadurch andere Fähigkeiten nicht ausgebildet. Das ist auch etwas, was karmische Ursachen im Kamaloka-Leben in uns wachruft. So leben wir uns in das nächste Leben hinein. Nun werden wir wiedergeboren, mit null Jahren. Nehmen wir an, wir leben bis in unser zehntes, bis in unser zwanzigstes Jahr. In unserer Seele liegt alles das, was wir an Kamaloka-Kräften in uns aufgenommen haben, und wenn es ausgereift ist für das Leben, kommt es dann heraus. Für eine bestimmte Zeit unseres Lebens tritt zweifellos immer irgendwie eine innere Nötigung auf, das auch auszuführen. Also nehmen wir an, in unserm zwanzigsten Jahre tritt ein innerer Drang, ein innerer Trieb auf, irgendeine Tat auszuführen, weil wir diese Kraft im Kamaloka aufgenommen haben. Also bleiben wir dabei, weil es der einfachste Fall ist: es tritt da der innere Trieb auf, an einem Menschen etwas gutzumachen. Der Mensch ist da, das Anziehungsband hat uns mit ihm zusammengeführt. Wir könnten es aus äußeren Gründen ganz gut machen. Aber es kann ein Hindernis dennoch geben: der Ausgleich könnte eine Tat von uns fordern, der wir durch unsere Organisation nicht gewachsen sind. Wir sind in unserer Organisation auch abhängig von den Vererbungskräften. Das gibt immer eine Disharmonie in jedem Leben. Wenn der Mensch geboren wird, steht er auf der einen Seite in den Vererbungskräften drinnen. Er erbt für den physischen Leib und für den Ätherleib die Eigenschaften, die er in der Ahnenreihe herauf erben kann. Diese Vererbung ist natürlich durchaus nicht ganz ohne äußere Beziehung zu dem, was unsere Seele sich karmisch vorgeschrieben hat. Denn unsere Seele, die herunterkommt aus der geistigen Welt, wird hingezogen zu demjenigen Elternpaar, zu der Familie, wo Eigenschaften vererbt werden können, die am verwandtesten sind zu den Bedürfnissen der Seele. Aber sie sind ja nie ganz gleich mit den Bedürfnissen dieser Seele. Das kann in unserem Leib nicht sein. Da gibt es immer ein gewisses Nichtzusammenstimmen zwischen dem, was an Vererbungskräften da ist, und dem, was die Seele in sich selbst auf Grund ihrer vergangenen Leben hat. Und es handelt sich lediglich darum, daß die Seele stark genug ist, um alle die in der Vererbungslinie gegebenen Widerstände zu überwinden, daß es ihr möglich ist, ihre Organisation im Laufe des ganzen Lebens so auszugestalten, daß sie das überwindet, was in ihr nicht passend ist. Darin sind die Menschen sehr verschieden. Es gibt Seelen, die durch ihre vorherigen Lebensläufe sehr stark geworden sind. Es muß eine solche Seele eben in den allerpassendsten Leib hineingeboren werden, nicht in den absolut passenden Leib. Sie kann nun so stark sein, daß sie alles, was zu ihr nicht paßt, annähernd überwindet, aber es braucht das nicht immer der Fall zu sein. Wir wollen im einzelnen das verfolgen und dazu unser Gehirn betrachten.

Wenn wir dieses Instrument unseres Vorstellungs- und Gedankenlebens betrachten, so erben wir es als äußeres Instrument aus unserer Vorfahrenreihe. Es ist so und so in seinen feineren Wölbungen und Windungen herausgestaltet aus der Vorfahrenreihe. Bis zu einem gewissen Grade wird die Seele immer durch eine innere Kraft das überwinden können, was nicht zu ihr paßt, und ihr Werkzeug ihren Kräften sich anpassen können; aber nur bis zu einem gewissen Grade. Die stärkere Seele kann das mehr, die schwächere Seele kann es weniger. Und haben wir gar durch Verhältnisse, die eintreten können, die Unmöglichkeit, durch unsere Seelenkräfte die widerstrebenden Fügungen und Organisationen des Gehirns zu überwinden, dann können wir das Instrument nicht ordentlich handhaben. Dann tritt das ein, was wir nennen können: die Unmöglichkeit, dieses Instrument zu handhaben, in gewisser Beziehung ein geistiger Defekt, eine geistige Erkrankung, wie man es so nennt. Es tritt auch das ein, was man ein melancholisches Temperament nennt, dadurch daß gewisse Organisationen in uns nicht überwunden werden können durch die Kräfte der Seele, die dazu nicht stark genug sind. Also jetzt, in der Mitte der Inkarnation – am Anfang und am Ende der Inkarnation ist das anders –, haben wir in uns immer ein gewisses Unangemessensein des Instrumentes gegenüber den Kräften der Seele. Das ist ja immer der geheimnisvolle Grund zu der inneren Zwiespältigkeit und Disharmonie der Menschennatur. Alles, was der Mensch oftmals denkt über den Grund seiner Unbefriedigtheit, ist ja gewöhnlich nur Maske. In Wahrheit liegen die Gründe da, wo eben jetzt hingedeutet worden ist. So also sehen wir, wie das Verhältnis der Seele, dessen, was von Verkörperung zu Verkörperung lebt, zu dem steht, was wir in der Vererbungslinie empfangen.

Nun stellen wir uns einmal vor, wir seien wiedergeboren, und unsere Seele drängt im zwanzigsten Jahre dazu, diese oder jene Tat gutzumachen. Der betreffende Mensch ist auch da, aber unsere Seele ist außerstande, jene inneren Widerstände zu überwinden, welche die Tat ausführen lassen könnten. Wir müssen ja immer unsere Kräfte in Bewegung setzen, wenn wir irgendeine Tat ausführen sollen. Das merkt zumeist der Mensch nicht, daß da in seinem Wesen etwas vorgeht, davon braucht er zunächst auch nichts zu merken. Es kann sich durchaus folgendes zutragen. Ein Mensch lebt in der Welt. In seiner Seele, zwanzig Jahre nach seiner Geburt, lebt der Trieb und Drang, irgend etwas auszugleichen. Die Möglichkeit des Ausgleichens wäre auch da, die äußeren Umstände wären da. Aber er ist innerlich nicht fähig, seine Organe so zu gebrauchen, daß er das ausführen könnte, was er ausführen sollte.

Das alles, was jetzt gesagt worden ist, braucht der Mensch nicht zu wissen, aber die Wirkung wird er gewahr. Die Wirkung tritt nun auf als diese oder jene Erkrankung, und hier liegt der karmische Zusammenhang zwischen dem, was im früheren Leben geschehen ist, mit der Erkrankung. Der ganze Krankheitsprozeß wird nun bei dieser geistigen Verursachung so ablaufen, daß er dahin führt, für ein nächstes Mal, wenn die Umstände wieder da sind, diesen Menschen tüchtig zu machen, um das auszugleichen. Also wir sind im zwanzigsten Jahre untüchtig, unfähig, dieses oder jenes auszuführen. Der Trieb aber, der Drang ist da, die Seele will es tun. Was tut nun die Seele anstelle dessen? Sie kämpft sozusagen gegen ihr unbrauchbares Organ, sie läuft Sturm gegen ihr unbrauchbares Organ und die Folge ist, daß sie es sozusagen zertrümmert, daß sie es zerstört. Das Organ, das eigentlich verwendet werden müßte, um die Tat nach außen zu tun, das wird unter dem Einfluß dieser Kräfte zerstört, und die Folge davon ist, daß der Reaktionsprozeß eintreten muß, den wir jetzt den Heilungsprozeß nennen, daß die Kräfte des Organismus aufgerufen werden müssen, um das Organ wieder aufzubauen. Dieses Organ, das zertrümmert ist, weil es nicht so war, wie es hätte sein sollen, damit der Mensch seine entsprechende Arbeit tun könnte, wird jetzt durch die Krankheit gerade so gebaut, wie es die Seele braucht zur Ausführung dieser Tat, für die es jetzt unter Umständen nach der Krankheit schon zu spät sein kann. Dafür hat jetzt aber die Seele eine ganz andere Kraft in sich aufgenommen, nämlich bei der entsprechenden Wiederverkörperung im Wachstum und in der ganzen Entwickelung dieses Organ so zu gestalten, daß bei der nächsten Wiederverkörperung diese Tat ausgeführt werden kann. So also kann die Krankheit das sein, was uns gerade in einem Leben tüchtig macht, um in einem anderen Leben das auszuführen, was uns karmisch obliegt.

Hier haben wir einen geheimnisvollen Zusammenhang zwischen der Krankheit, die im Grunde ein Prozeß ist zur Aufwärtsentwickelung, einen karmischen Zusammenhang zwischen der Krankheit und dieser Aufwärtsentwickelung. Damit die Seele die Kraft entwickelt, daß ein Organ so gestaltet werden kann, wie es gebraucht wird, muß dieses Organ, das ungeeignet ist, zertrümmert und wieder aufgebaut werden durch die Seelenkräfte. Da kommen wir an ein Gesetz, das schon besteht im menschlichen Lebenslauf und das etwa so bezeichnet werden muß: Der Mensch muß sich seine Kraft dadurch erwerben, daß er Widerstände in der physischen Welt Stück für Stück überwindet. Dadurch haben wir uns im Grunde alle unsere Kräfte erworben, daß wir in früheren Lebensläufen dieses oder jenes an Widerständen überwunden haben. Unsere heutigen Tüchtigkeiten sind das Resultat unserer Krankheiten in früheren Lebensläufen.

Nehmen wir an, um besonders deutlich zu sein, eine Seele ist noch nicht tüchtig genug, das Mittelgehirn zu gebrauchen. Auf welchem Wege kann sie sich die Fähigkeit erwerben, das Mittelgehirn ordentlich zu gebrauchen? Nur dadurch kann sie es, daß sie die Unfähigkeit, dieses Mittelgehirn zu gebrauchen, vorher merkt, dadurch das Mittelgehirn zertrümmert und es wieder aufbaut; und an dem Wiederaufbau lernt sie gerade die Kraft erwerben, die sie nach dieser Richtung hin braucht. Alles das, was wir selbst einmal durch Zerstörung und Wiederaufbau durchgeführt haben, können wir. Das haben alle diejenigen gefühlt, die in diesem oder jenem Religionsbekenntnis der Erde dem Zerstören und der Wiederherstellung eine ganz bedeutsame Wesenheit zuerkannt haben. «Shiva» sind in dem indischen Religionsbekenntnis die waltenden Mächte, die zerstören und wiederherstellen.

Da haben wir schon eine der Arten, wie karmisch sozusagen Krankheitsprozesse herbeigeführt werden. Für diejenigen Prozesse, bei denen weniger die Individualität des Menschen als das, wie der Mensch im allgemeinen ist, in Betracht kommt, liegt schon ohnedies so etwas vor, wodurch die Krankheiten allgemeiner auftreten. Wir sehen zum Beispiel Kinderkrankheiten zu gewissen Zeiten ganz typisch auftreten. Sie sind nichts anderes als der Ausdruck dafür, daß das Kind, während es seine Kinderkrankheiten durchmacht, einen gewissen Teil seiner Organe von innen heraus beherrschen lernt und dann für alle folgenden Inkarnationen beherrschen kann. Als einen Prozeß, der den Menschen tüchtig macht, sollten wir die Krankheiten ansehen. Da kommen wir zu einer ganz anderen Art, über die Krankheiten zu denken. Natürlich darf man nicht daraus schließen, daß, wenn jemand von einem Eisenbahnzug überfahren wird, das ebenso erklärt werden muß. Alles das ist immer außerhalb der Krankheit zu suchen, außerhalb dessen, was eben charakterisiert worden ist. Aber es gibt noch einen andern Fall von karmischer Verursachung der Krankheit, der nicht minder interessant ist und der von uns auch nur verstanden werden kann, wenn wir die Verhältnisse im Leben etwas genauer charakterisieren.

Nehmen Sie an, Sie lernen im Leben dieses oder jenes, was man so im Leben lernt. Man muß es zuerst lernen, denn die wichtigsten Erwerbungen im Leben werden durchaus zuerst erlernt. Der Prozeß des Erlernens ist der absolut notwendige Prozeß. Aber damit ist es niemals abgetan, denn das Lernen ist auch der äußerlichste Prozeß. Wenn wir etwas in uns aufgenommen haben, so handelt es sich darum, daß wir noch lange nicht, wenn wir das Betreffende gelernt haben, auch schon alles das erlebt haben, was das Erlernte an uns tun soll. Wir werden ins Leben hineingeboren mit ganz bestimmten Fähigkeiten, die wir uns teilweise durch unsere Vererbung, teilweise durch unsere früheren Lebensläufe erworben haben. Der Umkreis unserer Fähigkeiten ist ja ein begrenzter. In jedem Leben vermehren wir unsere Erfahrungen und Erlebnisse. Was wir da erfahren, ist nicht so mit uns verbunden wie das, was wir in das Leben mit hineingebracht haben als Temperament, Naturanlage und so weiter. Was wir gelernt haben während des Lebens zunächst als Gedächtnis und Gewohnheit, das ist loser mit uns verbunden. Es tritt daher auch im Leben in vereinzelten Teilen hervor. Erst nach dem Leben tritt es hervor an dem Ätherleib, in dem großen Erinnerungstableau. Das müssen wir jetzt uns einverleiben, das muß zu uns hinzukommen.

Also nehmen wir an, wir haben in unserm Leben etwas gelernt und werden wiedergeboren. Indem wir wiedergeboren werden, kann es durchaus sein, daß wir vermöge der Vererbung oder der sonstigen Verhältnisse, auch vielleicht deshalb, weil unser Lernen nicht harmonisch verlaufen ist und wir eines gelernt haben, aber das, was wir brauchten, um auf die Höhe des Erlernten zu kommen, nicht gelernt haben, bei der Wiedergeburt nach einer Richtung hin das entwickeln, was wir gelernt haben, aber nach einer andern Richtung hin nicht. Nehmen wir an, wir haben im Leben etwas gelernt, das notwendig machte, daß in einem folgenden Leben eine ganz bestimmte Partie unseres Gehirns so oder so organisiert ist, oder daß in dem Blutkreislauf dieses oder jenes so oder so verläuft, und nehmen wir nun an, wir hätten die andern Dinge, die noch dazu notwendig sind, nicht mitgelernt. Das ist aber durchaus nicht gleich ein Mangel. Der Mensch muß sprunghaft in seinem Leben vorgehen und muß erfahren und erkennen, daß er etwas in einseitiger Weise getrieben hat. Nun wird er wiedergeboren mit den Früchten dessen, was er gelernt hat, aber ihm fehlt die Möglichkeit, alles an sich so auszugestalten, daß sich alles auch ausleben kann, so daß er das Erlernte im Leben auch ausführen kann. Es kann zum Beispiel so sein, daß ein Mensch sogar bis zu einem gewissen Grade eingeweiht war in die großen Geheimnisse des Daseins während einer Verkörperung. Jetzt wird er so wiedergeboren, daß diese Kräfte da heraus wollen, die da in ihn hineinverpflanzt worden sind. Aber nehmen wir an, er hat gewisse Kräfte unmöglich entwickeln können, die dann die entsprechende Harmonie der Organe hervorrufen können. Da tritt an einem bestimmten Lebenspunkt durchaus das auf, daß das heraus will, was er früher gelernt hat. Aber es fehlt ein Organ, das dazu notwendig ist, um das auch auszuführen. Was ist die Folge davon? Es muß eine Krankheit auftreten, eine Krankheit, deren karmische Ursache sehr, sehr tief liegen kann. Und es muß wiederum sozusagen ein Teil des Organismus zertrümmert werden und neu aufgebaut werden. Dann spürt die Seele an diesem Aufbauen, welches die richtigen Kräfte sind nach einer andern Richtung hin, und nimmt dieses Gefühl, welches die richtigen Kräfte sind, mit. Wenn das von einem solchen Lernen oder gar von einer Einweihung herrührt, ist es dann allerdings gewöhnlich so, daß dann die Früchte sich in dem betreffenden Leben selber zeigen. Da tritt also eine Krankheit auf, so daß die Seele spürt, daß ihr dies oder jenes fehlt. Und dann kann zum Beispiel unmittelbar nach der Krankheit das auftreten, was man sonst nicht hätte bekommen können. Es kann so sein, daß man in dem vorhergehenden Leben bis zu einer gewissen Erleuchtung hätte steigen können, nun ist aber ein Knopf in dem Gehirn nicht aufgegangen, und man hat die Kraft nicht entwickelt, die diesen Knopf hätte aufgehen lassen können. Da kommt nun unweigerlich das, daß dieser Knopf zertrümmert werden muß. Das kann dann eine schwere Krankheit bewirken. Dann wird das betreffende Glied wieder aufgebaut und die Seele spürt dabei die Kräfte, die notwendig sind, um den betreffenden

Knopf aufgehen zu lassen; und man hat hinterher die Erleuchtung, die man haben soll. Krankheitsprozesse kann man durchaus als ganz bedeutungsvolle Vorboten ansehen.

Da kommen wir allerdings auf Dinge, wozu unsere profane Welt heute die Nase rümpfen wird. Aber schon mancher hat etwas erfahren können wie eine fortwährende Unbefriedigtheit, wie wenn etwas da in der Seele wäre, was nicht heraus kann, was das Leben geradezu innerlich unmöglich macht. Es kommt dann eine schwere Krankheit, und die Überwindung dieser schweren Krankheit bedeutet, daß etwas ganz Neues im Leben eintritt, was wie eine Erlösung wirkt, daß tatsächlich der Knopf aufgegangen ist und das Organ gebraucht werden kann. Das lag nur daran, daß das Organ nicht brauchbar war. Allerdings haben für den heutigen Lebenszyklus die Menschen noch viele solcher Knöpfe, und sie können nicht alle gleich aufgehen. Wir brauchen nicht immer gleich an Erleuchtung zu denken, es tritt das auch an vielen untergeordneten Lebensprozessen auf.

So sehen wir, daß wir hier vor der Notwendigkeit stehen, dieses oder jenes zu entwickeln, und daß auch hier in der karmischen Verursachungslinie die Veranlassung zu Krankheiten liegt. Daher dürfen wir eigentlich niemals ganz zufrieden sein, wenn wir im bloßen trivialen Sinne sagen: Befällt mich eine Krankheit, so habe ich sie mir durch mein Karma zugezogen. – Denn wir sollen in diesem Falle nicht bloß an das Karma in der Vergangenheit denken, daß also die Krankheit ein Abschluß sei, sondern wir sollen sogar daran denken – die Krankheit ist ja nur das zweite Glied –, daß wir in der Krankheit die sich ergebende Ursache haben für die Schaffenskraft und Tüchtigkeit für die Zukunft. Wir mißverstehen Krankheit und Karma durchaus, wenn wir immer nur auf die Vergangenheit schauen; dadurch wird Karma etwas, was, man möchte sagen, nur ein ganz zufälliges Schicksalsgesetz darstellt. Karma wird aber zu einem Gesetz des Handelns, der Fruchtbarkeit des Lebens, wenn wir in der Lage sind, durch das Karma von der Gegenwart in die Zukunft zu schauen.

Das alles weist uns hin auf ein großes Gesetz, das in unserem Menschendasein waltet. Und um dieses große Gesetz heute wenigstens ein wenig zu ahnen – wir werden noch später darauf zurückkommen und es genauer charakterisieren –, werfen wir einen Blick zurück in die Zeit, in der der Mensch in seiner heutigen Menschenform entstanden ist, in die lemurische Zeit. Da lebte er sich herunter von dem göttlich-geistigen Dasein in das heutige äußere Dasein, umgab sich mit den Hüllen zunächst, trat so den Weg der äußeren Inkarnationen an und ging von Inkarnation zu Inkarnation vorwärts bis heute. Bevor der Mensch in die Inkarnationen eingetreten ist, war in demselben Sinne wie heute nicht die Möglichkeit gegeben, Krankheiten in sich hinein zu verpflanzen. Erst als der Mensch in sich selbst die Fähigkeit erlangte, sein Verhältnis zur Umwelt zu regeln, konnte er irren, konnte er dadurch falsche innere Organgestaltungen hervorrufen und die Möglichkeit der Erkrankung in sich verpflanzen. Vorher war es unmöglich für den Menschen, Krankheitsprozesse in sich hervorzurufen. Als noch alles unter dem Einfluß der göttlichen Mächte und Kräfte stand, als es noch nicht an ihm lag, sein Leben zu führen, da war die Möglichkeit der Erkrankung noch nicht gegeben. Dann kam diese Möglichkeit der Erkrankung. Wo wird man daher am besten lernen können, welches die Wege der Heilung sind? Man wird das am besten lernen können, wenn man zurückzublicken vermag in jene Zeiten, wo die göttlich-geistigen Kräfte in den Menschen hineingewirkt haben und ihn mit absoluter Gesundheit, ohne die Möglichkeit der Erkrankung, ausgestattet haben, also in die Zeit vor der ersten Verkörperung des Menschen. So hat man immer gefühlt, wo man über diese Dinge etwas gewußt hat. Und nun versuchen Sie, von diesem Ausgangspunkt aus einen tiefen Blick zu tun in eine solche Sache, wie sie in den Mythologien dargestellt wird. Ich will Sie jetzt gar nicht einmal hinweisen auf die Quelle der eigentlichen Heilkunde im ägyptischen Hermes-Dienst, ich will Sie jetzt nur hinweisen auf den griechischen und römischen Äskulap-Dienst.

Äskulap, der Sohn des Apollo, ist sozusagen der Vater der griechischen Ärzte. Und was wird uns von ihm im griechischen Mythos erzählt? Der Vater bringt ihn schon in der Jugend auf jenes Gebirge, wo er der Schüler werden kann des Kentauren Chiron. Und der Kentaur Chiron ist es, der Äskulap, den Vater der Arzneikunde, unterrichtet in dem, was in den Pflanzen an Heilkräften ist und sonst an Heilkräften auf der Erde sich findet. Chiron, der Kentaur, was ist er für ein Wesen? Er ist ein Wesen, das uns da charakterisiert wird als ein solches, wie sie da waren vor dem Herabstieg des Menschen vor der lemurischen Zeit: ein Wesen, halb Mensch, halb Tier. In diesem Mythos verbirgt sich das, daß dem Äskulap in dem entsprechenden Mysterium gezeigt werden jene Kräfte, die die großen Gesundheitskräfte waren, die Gesundheit hervorbringen konnten, bevor der Mensch in die erste Inkarnation hineingetreten ist.

Und so sehen wir, wie dieses große Gesetz, wie diese große geistige Tatsache, die uns so interessieren muß beim Ausgange der Menschenpilgerschaft auf der Erde, auch in dem griechischen Mythos ausgedrückt ist. Gerade die Mythen werden sich erst zeigen als das, was sie sind: als Bilder für die tiefsten Zusammenhänge des Lebens, wenn die Menschen erst über das Abc der Geisteswissenschaft hinübergekommen sind. Gerade die Mythen sind Bilder für die tiefsten Geheimnisse des Menschendaseins.

Wenn das ganze Leben von diesem Gesichtspunkt aus betrachtet wird, dann wird das ganze Leben auch unter diesen Gesichtspunkt gestellt werden und Geisteswissenschaft wird immer mehr etwas sein – das muß immer mehr und mehr hervorgehoben werden –, was sich einleben wird in alles Leben des Alltags. Die Menschen werden Geisteswissenschaft leben, und das wird dann erst die Verwirklichung dessen sein, was eigentlich mit der Geisteswissenschaft von Anfang an erstrebt worden ist. Es wird Geisteswissenschaft der große Impuls für den Aufwärtsstieg der Menschheit werden, für das wahre Heil und den wahren Menschheitsfortschritt.

FÜNFZEHNTER VORTRAG

Berlin, 15. Februar 1909

Sie haben aus dem einen Vortrag, der hier über kompliziertere Fragen der Wiederverkörperung gehalten worden ist, ersehen können, daß mit dem weiteren Fortschreiten in der geisteswissenschaftlichen Weltanschauung dasjenige, was man anfangs geben konnte als elementare Wahrheiten, sich modifiziert, daß wir allmählich zu höheren und höheren Wahrheiten aufsteigen. Es bleibt deshalb doch richtig, daß man im Anfang die allgemeinen Weltwahrheiten so elementar, so einfach wie möglich darstellt. Es ist aber auch notwendig, daß man nach und nach vom Abc aus langsam hinaufdringt zu den höheren Wahrheiten; denn durch diese höheren Wahrheiten wird ja erst allmählich das erreicht, was unter anderem die Geisteswissenschaft geben soll: die Möglichkeit nämlich, die Welt, die uns in der sinnlichen, in der physischen Sphäre umgibt, zu verstehen, zu durchdringen. Nun haben wir allerdings noch sehr weit hinauf, bis es uns gelingen wird, einigen Zusammenhang zeichnen zu können in den geistigen Linien und Kräften, die hinter der Sinneswelt sind. Aber schon durch manches, was in den letzten Stunden gesagt worden ist, wird diese oder jene Erscheinung unseres Daseins erklärlicher, klarer geworden sein. Heute wollen wir gerade in dieser Beziehung ein wenig vorschreiten, und auch da wollen wir wieder über kompliziertere Fragen der Reinkarnation, der Wiederverkörperung sprechen.

Dazu wollen wir uns heute vor allen Dingen klarmachen, daß zwischen den Wesenheiten, welche eine führende Stellung einnehmen in der Menschheitsentwickelung der Erde, ein Unterschied besteht. Wir haben im Laufe unserer Erdenentwickelung solche führenden Individualitäten zu unterscheiden, welche sozusagen von Anfang an mit der Menschheit unserer Erde, wie sie eben ist, sich entwickelt haben, nur daß sie schneller fortgeschritten sind. Man möchte so sagen: Wenn man zurückgeht bis in die Zeit der urfernen lemurischen Vergangenheit, so findet man unter den damals verkörperten Menschenwesen die verschiedensten Entwickelungsgrade. Alle die

Seelen, die damals verkörpert waren, haben durch die folgende atlantische Zeit, durch unsere nachatlantische Zeit immer wieder und wieder Reinkarnationen, Wiederverkörperungen durchgemacht. Mit einer verschiedenen Schnelligkeit haben sich die Seelen entwickelt. Da leben Seelen, die verhältnismäßig langsam durch die verschiedenen Inkarnationen sich hindurchentwickelt haben, die noch weite, weite Strecken in der Zukunft erst zu durchschreiten haben. Da sind aber auch solche Seelen, welche sich rasch entwickelt haben, die, man könnte sagen, in ausgiebigerem Maße ihre Inkarnationen benutzt haben, und die daher heute auf einer so hohen Stufe stehen in seelisch-geistiger, also in spiritueller Beziehung, daß der normale Mensch von heute erst in einer sehr, sehr fernen Zukunft zu einer solchen Stufe hinanschreiten wird. Aber wenn wir in dieser Sphäre von Seelen bleiben, so können wir doch sagen: so fortgeschritten diese einzelnen Seelen auch sein mögen, wie weit sie auch hinausragen mögen über den normalen Menschen, sie haben doch innerhalb unserer Erdenentwickelung einen gleichartigen Gang durchgemacht mit den übrigen Menschen; sie sind eben nur schneller fortgeschritten.

Außer diesen führenden Individualitäten, die also in dieser Art gleichartig sind mit den übrigen Menschen, nur auf einer höheren Stufe stehen, gibt es auch im Verlaufe der Menschheitsentwickelung andere Individualitäten, andere Wesenheiten, die keineswegs ebenso durch verschiedene Verkörperungen hindurchgegangen sind wie die anderen Menschen. Wir können uns etwa veranschaulichen, was da zugrunde liegt, wenn wir uns sagen: Es hat Wesen gegeben zu eben der Zeit der lemurischen Entwickelung, die wir gerade in Betracht gezogen haben, welche es nicht mehr nötig hatten, so tief hinunterzusteigen in die physische Verkörperung wie die andern Menschen, wie alle die Wesen, die eben geschildert worden sind, Wesen also, welche in höheren, geistigeren Regionen ihre Entwickelung weiter hinauf hätten durchlaufen können, die es also zu ihrem eigenen weiteren Fortschreiten nicht nötig hatten, in fleischliche Leiber hinunterzusteigen. Solch eine Wesenheit kann aber dennoch, um einzugreifen in den Gang der Menschheitsentwickelung, sozusagen stellvertretend heruntersteigen eben in einen solchen Leib, wie ihn die Menschen haben. So daß also zu irgendeiner Zeit eine Wesenheit auftreten kann, und wenn wir sie hellseherisch in bezug auf ihre Seele prüfen, können wir bei ihr nicht wie bei andern Menschen sagen, wir verfolgen sie in der Zeit zurück und finden sie in einer vorhergehenden fleischlichen Inkarnation, verfolgen sie weiter zurück und finden sie wieder in einer andern Inkarnation und so weiter, sondern wir müssen uns sagen: Verfolgen wir die Seele einer solchen Wesenheit im Zeitenlauf zurück, so kommen wir vielleicht gar nicht zu einer früheren fleischlichen Inkarnation einer solchen Wesenheit. Wenn wir aber zu einer solchen kommen, dann ist es nur aus dem Grunde, weil eine solche Wesenheit auch öfter in Zwischenräumen heruntersteigen und sich stellvertretend in einem menschlichen Leib verkörpern kann. – Solch eine geistige Wesenheit, die also heruntersteigt in einen menschlichen Leib, um als Mensch einzugreifen in die Entwickelung, ohne daß sie sozusagen selber etwas von dieser Verkörperung hat, ohne daß dasjenige, was sie hier erfährt in der Welt, für sie selbst diese oder jene Bedeutung hat, wird in der morgenländischen Weisheit «Avatar» genannt. Und das ist der Unterschied zwischen einer führenden Wesenheit, die aus der Menschheitsentwickelung selbst hervorgegangen ist, und einer solchen, die man Avatar nennt, daß eine Avatar-Wesenheit für sich keine Früchte zu ziehen hat aus ihren physischen Verkörperungen oder aus der einen physischen Verkörperung, der sie sich unterzieht, denn sie zieht als Wesenheit zum Heil und Fortschritt der Menschen in einen physischen Körper ein. Also wie gesagt: entweder nur einmal, oder auch mehrmals hintereinander kann eine solche Avatar-Wesenheit in einen menschlichen Leib einziehen, und sie ist durchaus dann etwas anderes als eine andere menschliche Individualität.

Die größte Avatar-Wesenheit, die auf der Erde gelebt hat, wie Sie ja aus dem Geiste aller der Vorträge, die hier gehalten werden, entnehmen können, ist der Christus, diejenige Wesenheit, die wir als den Christus bezeichnen und die im dreißigsten Jahre des Lebens des Jesus von Nazareth von dessen Körper Besitz ergriffen hat. Diese Wesenheit, die erst im Beginne unserer Zeitrechnung mit unserer Erde in

Berührung gekommen ist, drei Jahre verkörpert war in einem fleischlichen Leib, seit jener Zeit mit der astralen Sphäre, also mit der geistigen Sphäre unserer übersinnlichen Welt in Verbindung steht, diese Wesenheit ist als avatarische Wesenheit von einer ganz einzigartigen Bedeutung. Wir würden die Christus-Wesenheit ganz vergeblich in einer früheren menschlichen Verkörperung auf der Erde suchen, während andere, niedrigere Avatar-Wesenheiten sich allerdings auch öfters verkörpern können. Der Unterschied liegt nicht darin, daß sie sich öfter verkörpern, sondern daß sie für sich selber aus den Erdenverkörperungen keine Früchte ziehen. Die Menschen geben nichts der Welt, sie nehmen nur. Diese Wesenheiten geben nur, sie nehmen nichts von der Erde. Nun müssen Sie allerdings, wenn Sie diese Sache ganz ordentlich verstehen wollen, unterscheiden zwischen einer so hohen Avatar-Wesenheit, wie es der Christus war, und zwischen niedrigeren Avatar-Wesenheiten.

Die verschiedensten Aufgaben können solche Avatar-Wesenheiten auf unserer Erde haben. Wir können zunächst von einer solchen Aufgabe avatarischer Wesenheiten sprechen. Und damit wir nicht im Spekulativen herumsprechen, wollen wir gleich an einen konkreten Fall herangehen und uns veranschaulichen, worinnen eine solche Aufgabe bestehen kann.

Sie alle wissen aus der Erzählung, die sich um Noah herumgruppiert, daß in der althebräischen Darstellung ein großer Teil der nachatlantischen, der Nach-Noahschen Menschheit zurückgeführt wird auf die drei Stammväter Sem, Ham und Japhet. Heute wollen wir nicht weiter eingehen auf das, was uns in einer anderen Hinsicht Noah und diese drei Stammväter darstellen wollen. Wir wollen uns nur klarmachen, daß das hebräische Schrifttum, das von Sem, dem einen Sohne Noahs spricht, den ganzen Stamm der Semiten auf Sem als auf dessen Stammvater zurückführt. Einer wirklich okkulten Anschauung über eine solche Sache, einer solchen Erzählung, liegen überall die tieferen Wahrheiten dabei zugrunde. Diejenigen, welche aus dem Okkultismus heraus eine solche Sache erforschen können, wissen über diesen Sem, den Stammvater der Semiten, das Folgende:

Für eine solche Persönlichkeit, die der Stammvater eines ganzen

Stammes werden soll, muß schon von der Geburt an, ja schon früher, vorgesorgt werden, daß sie eben dieser Stammvater sein kann. Wodurch wird nun vorgesorgt dafür, daß eine solche Individualität, wie hier zum Beispiel der Sem, der Stammvater einer solchen ganzen Volks- oder Stammesgemeinschaft sein kann? Bei Sem ist das dadurch geschehen, daß er sozusagen einen ganz besonders zugerichteten Ätherleib erhielt. Wir wissen ja, daß der Mensch dann, wenn er hineingeboren wird in diese Welt, herumgliedert um seine Individualität seinen Äther- oder Lebensleib neben den anderen Gliedern der menschlichen Wesenheit. Für einen solchen Stamm-Ahnen muß sozusagen ein besonderer Ätherleib zubereitet werden, welcher gleichsam der Muster-Ätherleib ist für alle die Nachkommen, die dieser Individualität in den Generationen folgen. So daß wir bei einer solchen Stammesindividualität einen typischen Ätherleib haben, gleichsam den Muster-Ätherleib; und dann geht durch die Blutsverwandtschaft die Sache durch die Generationen hindurch so, daß in einer gewissen Weise die Ätherleiber aller Nachkommen, die zu demselben Stamm gehören, Abbilder sind des Ätherleibes des Ahnen. So war in allen Ätherleibern des semitischen Volkes etwas wie ein Abbild des Ätherleibes des Sem eingewoben. Wodurch wird nun eine solche Sache herbeigeführt im Laufe der Menschheitsentwickelung?

Wenn wir uns diesen Sem genauer ansehen, so finden wir, daß sein Ätherleib dadurch seine urbildliche Gestalt erhalten hat, daß sich gerade in seinen Ätherleib ein Avatar eingewoben hat – wenn auch nicht ein so hoher Avatar, daß wir ihn mit gewissen anderen Avatar-Wesenheiten vergleichen können; aber immerhin hatte sich eine hohe Avatar-Wesenheit heruntergesenkt in seinen Ätherleib, die allerdings mit dem astralischen Leib nicht verbunden gewesen ist und auch nicht mit dem Ich des Sem, aber sie hatte sich sozusagen eingewoben in den Ätherleib des Sem. Und wir können gerade gleich an diesem Beispiel studieren, was das für eine Bedeutung hat, wenn eine Avatar-Wesenheit an der Konstitution, an der Zusammensetzung des Menschen teilnimmt. Was hat es denn überhaupt für einen Sinn, daß ein Mensch, der wie Sem eine solche Aufgabe hat, der Stammvater des ganzen Volkes zu sein, in seinen Leib sozusagen einverwoben erhält eine Avatar-Wesenheit? Es hat das den Sinn, daß jedesmal, wenn eine Avatar-Wesenheit einverwoben ist einem fleischlichen Menschen, irgendein Glied, oder auch mehrere Glieder dieser menschlichen Wesenheit sich vervielfältigen können, auseinandergesplittert werden können.

In der Tat war infolge der Tatsache, daß eine Avatar-Wesenheit dem Ätherleib des Sem einverwoben war, die Möglichkeit geboten, daß lauter Abbilder des Originals entstanden und diese unzähligen Abbilder einverwoben werden konnten all den Menschen, die in der Generationenfolge dem Stammvater nachfolgten. Also das Herabsteigen einer Avatar-Wesenheit hat unter anderem den Sinn, daß es zur Vervielfältigung eines oder mehrerer Glieder der betreffenden Wesenheit, die beseelt wird durch den Avatar, beiträgt. Lauter Abbilder des Originals entstehen, die alle darnach gebildet sind. Es war, wie Sie daraus sehen können, ein besonders wertvoller Ätherleib in diesem Sem vorhanden, ein urbildlicher Ätherleib, der durch einen hohen Avatar zubereitet und dann einverwoben worden ist dem Sem, so daß er dann in vielen Abbildern herabsteigen konnte zu all denen, die blutsverwandt sein sollten mit diesem Ahnen.

Nun haben wir ja schon in der eingangs erwähnten Stunde davon gesprochen, daß es auch eine spirituelle Ökonomie gibt, darin bestehend, daß etwas, was besonders wertvoll ist, erhalten bleibt und hinübergetragen wird in die Zukunft. Wir haben gehört, daß nicht nur das Ich sich wiederverkörpert, sondern daß auch der astralische Leib und der Ätherleib sich wiederverkörpern können. Abgesehen davon, dass unzählige Abbilder des Ätherleibes des Sem entstanden, wurde auch wieder der eigene Ätherleib des Sem in der geistigen Welt aufbewahrt, denn dieser Ätherleib konnte später sehr gut gebraucht werden in der Mission des hebräischen Volkes. In diesem Ätherleib waren ja ursprünglich alle Eigentümlichkeiten des hebräischen Volkes zum Ausdruck gekommen. Sollte einmal etwas ganz besonders Wichtiges geschehen für das alte hebräische Volk, sollte jemandem eine besondere Aufgabe, eine besondere Mission übertragen werden, dann konnte das am besten von einer Individualität geschehen, die in sich diesen Ätherleib des Stammvaters trug.

Tatsächlich trug später eine in die Geschichte des hebräischen Volkes eingreifende Individualität den Ätherleib des Stammvaters. Hier haben wir in der Tat eine jener wunderbaren Komplikationen im Menschheitswerden, die uns soviel erklären können. Wir haben es zu tun mit einer sehr hohen Individualität, die sich sozusagen herablassen mußte, um zum hebräischen Volke in einer entsprechenden Weise zu reden und ihm die Kraft zu einer besonderen Mission zu geben, etwa so, wie wenn ein geistig besonders hervorragender Mensch zu einem niedrigen Volksstamm sprechen müßte, er ja die Sprache dieses Volksstammes lernen müßte, aber man deshalb nicht behaupten muß, daß die Sprache irgend etwas ist, was ihn selbst höher bringt; der Betreffende muß nur in diese Sprache sich hineinbequemen. So mußte sich eine hohe Individualität hineinbequemen in den Ätherleib des Sem selber, um einen ganz bestimmten Impuls dem althebräischen Volke geben zu können. Diese Individualität, diese Persönlichkeit ist dieselbe, die Sie unter dem Namen Melchisedek in der biblischen Geschichte finden. Das ist die Individualität, die sozusagen den Ätherleib des Sem sich anzog, um dann den Impuls an Abraham zu geben, den Sie dann so schön in der Bibel geschildert finden. Also abgesehen davon, daß das, was in der Individualität des Sem enthalten war, sich vervielfältigte dadurch, daß eine Avatar-Wesenheit darinnen verkörpert war und dann einverwoben wurde all den andern Ätherleibern der Angehörigen des hebräischen Volkes, wurde der eigene Ätherleib des Sem in der geistigen Welt aufbewahrt, damit ihn später Melchisedek tragen konnte, der dem hebräischen Volke durch Abraham einen wichtigen Impuls geben sollte.

So fein verwoben sind die Tatsachen, die hinter der physischen Welt sind und die uns das erst erklärlich machen, was in der physischen Welt vorgeht. Wir lernen die Geschichte erst dadurch kennen, daß wir auf solche Tatsachen hinweisen können: auf Tatsachen geistiger Art, die hinter den physischen Tatsachen stehen. Niemals kann die Geschichte aus sich selber erklärlich werden, wenn wir nur bei den physischen Tatsachen stehenbleiben.

Von einer ganz besonderen Wichtigkeit wird das, was wir jetzt erörtert haben: daß durch das Herabsteigen einer Avatar-Wesenheit die Wesensglieder desjenigen Menschen, der Träger einer solchen Avatar-Wesenheit ist, vervielfältigt werden und auf andere übertragen werden, in Abbildern des Urbildes erscheinen, von einer ganz besonderen Wichtigkeit wird das durch die Erscheinung des Christus auf der Erde. Dadurch, daß die Avatar-Wesenheit des Christus in dem Leib des Jesus von Nazareth wohnte, war die Möglichkeit gegeben, daß sowohl der Ätherleib des Jesus von Nazareth unzählige Male vervielfältigt wurde als auch der astralische Leib und sogar auch das Ich – das Ich als ein Impuls, wie er dazumal in dem astralischen Leib angefacht worden ist, als in die dreifache Hülle des Jesus von Nazareth der Christus einzog. Doch zunächst wollen wir darauf Rücksicht nehmen, daß durch die Avatar-Wesenheit vervielfältigt werden konnte der Ätherleib und der astralische Leib des Jesus von Nazareth.

Nun tritt in der Menschheit einer der bedeutsamsten Einschnitte auf, gerade durch das Erscheinen des Christus-Prinzips in der Erdenentwickelung. Was ich Ihnen von Sem erzählt habe, das ist im Grunde genommen typisch und charakteristisch für die vorchristliche Zeit. Wenn in dieser Weise ein Ätherleib oder auch ein astralischer Leib vervielfältigt wird, so werden die Abbilder desselben in der Regel auf solche Leute übergehen, die blutsverwandt sind mit dem, der das Urbild hatte: auf die Angehörigen des hebräischen Stammes wurden daher die Abbilder des Sem-Ätherleibes übertragen. Das wurde anders durch das Erscheinen der Christus-Avatar-Wesenheit. Der Ätherleib und der astralische Leib des Jesus von Nazareth wurden vervielfältigt und als solche Vervielfältigungen nun aufgehoben, bis sie im Verlaufe der Menschheitsentwickelung gebraucht werden konnten. Aber sie waren nicht gebunden an diese oder jene Nationalität, an diesen oder jenen Stamm, sondern, wo sich in der Folgezeit ein Mensch fand, gleichgültig welche Nationalität er trug, der reif war, geeignet dazu war, in seinem eigenen astralischen Leib ein astralisches Abbild des Astralleibes des Jesus von Nazareth einverwoben zu erhalten, oder ein ätherisches Abbild des Ätherleibes des Jesus von Nazareth, dem konnten diese einverwoben werden. So sehen wir, wie die Möglichkeit gegeben war, daß in der Folgezeit, sagen wir, allerlei Leuten wie

Abdrücke einverwoben wurden die Abbilder des astralischen Leibes oder des Ätherleibes des Jesus von Nazareth.

Mit dieser Tatsache hängt die intime Geschichte der christlichen Entwickelung zusammen. Was gewöhnlich als Geschichte der christlichen Entwickelung geschildert wird, ist eine Summe von ganz äußeren Vorgängen. Und daher wird auf das Hauptsächlichste, nämlich auf die Scheidung in bezug auf wirkliche Perioden in der christlichen Entwickelung, viel zu wenig Rücksicht genommen. Wer tiefer in den Entwickelungsgang des Christentums Einblick halten kann, der wird leicht erkennen, daß in den ersten Jahrhunderten der christlichen Zeit die Art, wie das Christentum verbreitet wurde, eine ganz andere war als in den späteren Jahrhunderten. In den ersten christlichen Jahrhunderten war sozusagen die Verbreitung des Christentums gebunden an alles das, was man vom physischen Plan her erringen konnte. Wir brauchen nur bei den ersten Lehrern des Christentums Umschau zu halten, und wir werden sehen, wie da die physischen Erinnerungen, die physischen Zusammenhänge und alles, was physisch geblieben war, betont wird. Denken Sie nur daran, wie *Irenäus,* der in dem ersten Jahrhundert viel beigetragen hat zur Verbreitung der christlichen Lehre in den verschiedenen Ländern, gerade einen großen Wert darauf legt, daß Erinnerungen zurückreichen zu solchen, die noch selber die Apostelschüler gehört haben. Man legte großen Wert darauf, durch solche physischen Erinnerungen bewahrheiten zu können, daß der Christus in Palästina selber gelehrt hatte. Da wird zum Beispiel besonders betont, daß *Papias* selber gesessen hat zu den Füßen der Apostelschüler. Es werden sogar die Orte gezeigt und beschrieben, wo solche Persönlichkeiten gesessen haben, die noch als Augenzeugen dafür da waren, daß Christus in Palästina gelebt hat. Der physische Fortschritt in der Erinnerung ist das, was besonders betont wird in den ersten Jahrhunderten des Christentums.

Wie sehr alles, was physisch geblieben ist, hervorgehoben wird, das sehen Sie an den Worten des alten *Augustinus,* der am Ende dieser Zeit steht und der da sagt: Warum glaube ich denn an die Wahrheiten des Christentums? Weil die Autorität der katholischen Kirche mich dazu zwingt. – Ihm ist die physische Autorität, daß etwas da ist in der physischen Welt, das Wichtige und Wesentliche, daß sich eine Körperschaft erhalten hat, welche, Persönlichkeit an Persönlichkeit knüpfend, hinaufreicht bis zu dem, der ein Genosse des Christus war wie Petrus. Das ist für ihn das Maßgebende. Wir können also sehen: die Dokumente, die Eindrücke des physischen Planes sind es, auf welche in den ersten Jahrhunderten der christlichen Verbreitung der größte Wert gelegt wird.

Das wird nunmehr nach der Zeit des Augustinus bis etwa in das 10., 11., 12. Jahrhundert hinein anders. Da ist es nicht mehr möglich, sich auf die lebendige Erinnerung zu berufen, nur die Dokumente des physischen Planes heranzuziehen, denn sie liegen zu weit zurück. Da ist auch in der ganzen Stimmung, in der Gesinnung der Menschen, die nunmehr das Christentum annahmen – und besonders ist das gerade bei den europäischen Völkern der Fall –, etwas ganz anderes vorhanden. In dieser Zeit ist in der Tat etwas da wie eine Art unmittelbares Wissen, daß ein Christus existiert, daß ein Christus gestorben ist am Kreuz, daß er fortlebt. Es gab in der Zeit vom 4., 5. Jahrhundert bis zum 10., 12. Jahrhundert eine große Anzahl von Menschen, denen gegenüber es höchst töricht erschienen wäre, wenn man ihnen gesagt hätte, man könne an den Ereignissen von Palästina auch zweifeln, denn sie wußten es besser. Besonders über europäische Länder waren diese Menschen verbreitet. Sie hatten in sich selber immer erleben können etwas, was eine Art Paulus-Offenbarung im kleinen war, was Paulus, der bis dahin ein Saulus war, auf dem Wege nach Damaskus erfahren hat, und wodurch er ein Paulus wurde.

Wodurch hat in diesen Jahrhunderten eine Anzahl von Menschen solche, in einer gewissen Beziehung hellseherischen Offenbarungen über die Ereignisse von Palästina erhalten können? Das war dadurch möglich, daß in diesen Jahrhunderten die Abbilder des vervielfältigten Ätherleibes des Jesus von Nazareth, die aufbewahrt worden waren, einer großen Anzahl von Menschen einverwoben worden sind, daß sie diese sozusagen anziehen durften. Ihr Ätherleib bestand nicht ausschließlich aus diesem Abbild des Ätherleibes des Jesus, aber es war ihrem Ätherleib einverwoben ein Abbild des ursprünglichen Originals des Jesus von Nazareth. Menschen, die in sich einen solchen Ätherleib haben konnten und die dadurch unmittelbar ein Wissen haben konnten von dem Jesus von Nazareth und auch von dem Christus, solche Menschen gab es in diesen Jahrhunderten. Dadurch wurde aber auch das Christus-Bild losgelöst von der äußerlich historischen, physischen Überlieferung. Und am meisten losgelöst erscheint es uns in jener wunderbaren Dichtung des 9. Jahrhunderts, die bekannt ist als die Heliand-Dichtung, die aus der Zeit Ludwigs des Frommen stammt, der von 814 bis 840 regiert hat, und die von einem äußerlich schlichten Manne des Sachsenlandes niedergeschrieben worden war. In bezug auf seinen astralischen Leib und sein Ich konnte er gar nicht heranreichen an das, was in seinem Ätherleibe war. Denn seinem Ätherleib war einverwoben ein Abbild des Ätherleibes des Jesus von Nazareth. Dieser schlichte sächsische Seelsorger, der diese Dichtung geschrieben hat, hatte aus unmittelbarer hellseherischer Anschauung die Gewißheit: der Christus ist vorhanden auf dem astralischen Plan, und der ist derselbe, der auf Golgatha gekreuzigt worden ist! – Und weil das für ihn eine unmittelbare Gewißheit war, brauchte er sich nicht mehr an die historischen Dokumente zu halten. Er brauchte nicht mehr die physische Vermittlung, daß der Christus da war. Er schildert ihn daher auch losgelöst von der ganzen Szenerie in Palästina, losgelöst von dem Eigentümlichen des Jüdischen. Er schildert ihn etwa so wie einen Anführer eines mitteleuropäischen oder germanischen Stammes, und diejenigen, die als seine Bekenner, als die Apostel um ihn herum sind, beschreibt er so etwa wie die Dienstmannen eines germanischen Fürsten. Alle äußere Szenerie ist verändert, nur das, was das eigentlich Wesentliche, das Ewige an der Christus-Gestalt ist, was die Struktur der Ereignisse ist, das ist geblieben. Er also, der ein solches unmittelbares Wissen hatte, das sich auf solchen wichtigen Grund aufbaute wie auf den Abdruck des Ätherleibes des Jesus von Nazareth, er war nicht angewiesen, da wo er von Christus sprach, sich ganz hart an die unmittelbaren historischen Ereignisse zu halten. Er umkleidete das, was er als ein unmittelbares Wissen hatte, mit einer anderen äußeren Szenerie. Und so wie wir in diesem Schreiber der Heliand-Dichtung eine der merkwürdigen Persönlichkeiten haben schildern können, der einverwoben hatte in seinem Ätherleib ein Abbild des Ätherleibes des Jesus von Nazareth, so könnten wir andere Persönlichkeiten in dieser Zeit finden, die ein Gleiches hatten. So sehen wir, wie hinter den physischen Ereignissen das Allerwichtigste vorgeht, was uns in intimer Weise die Geschichte erklären kann.

Wenn wir nun weiter die christliche Entwickelung verfolgen, so kommen wir etwa ins 11., 12. bis 15. Jahrhundert hinauf. Da war nun wiederum ein ganz anderes Geheimnis, welches nun die ganze Entwickelung weiter trug. Erst war es sozusagen die Erinnerung an das, was auf dem physischen Plan war, dann war es das Ätherische, das unmittelbar sich hineinverwob in die Ätherleiber der Träger des Christentums in Mitteleuropa. In den späteren Jahrhunderten, vom 12. bis 15. Jahrhundert, da war es besonders der astralische Leib des Jesus von Nazareth, der in zahlreichen Abbildern einverwoben wurde den astralischen Leibern der wichtigsten Träger des Christentums. Solche Menschen hatten dann ein Ich, das sich als Ich sehr falsche Vorstellungen machen konnte von allem möglichen, aber in ihren astralischen Leibern lebte ein Unmittelbares an Kraft, an Hingebung, eine unmittelbare Gewißheit der heiligen Wahrheiten. Tiefe Inbrunst, ganz unmittelbare Überzeugung, und unter Umständen auch die Fähigkeit, diese Überzeugung zu begründen, lag in solchen Menschen. Was uns manchmal gerade bei diesen Persönlichkeiten so sonderbar anmuten muß, das ist, daß sie in ihrem Ich oft gar nicht gewachsen waren dem, was ihr astralischer Leib enthielt, weil er einverwoben hatte ein Abbild des astralischen Leibes des Jesus von Nazareth. Grotesk erschien manchmal das, was ihr Ich tat, großartig und erhaben aber die Welt ihrer Stimmungen und Gefühle, ihrer Inbrunst. Eine solche Persönlichkeit zum Beispiel ist *Franz von Assisi*. Und gerade wenn wir Franz von Assisi studieren und nicht verstehen können als heutige Menschen sein bewußtes Ich und dennoch die allertiefste Verehrung haben müssen für seine ganze Gefühlswelt, für alles, was er getan hat, so wird das erklärlich unter einem solchen Gesichtspunkt. Er war einer derjenigen, die einverwoben hatten ein Abbild des astralischen Leibes des Jesus von Nazareth. Dadurch war er imstande, gerade das zu vollbringen, was er gerade vollbracht hat. Und zahlreiche seiner Anhänger aus dem Orden der Franziskaner mit seinen Dienern und Minoriten hatten in ähnlicher Weise solche Abbilder in ihrem astralischen Leib einverwoben.

Gerade alle die merkwürdigen, sonst rätselhaften Erscheinungen aus jener Zeit werden Ihnen lichtvoll und klar werden, wenn Sie dieses Vermitteln im Weltenwerden zwischen Vergangenheit und Zukunft sich ordentlich vor das Auge der Seele führen. Da kam es nun darauf an, ob diesen Leuten des Mittelalters vom astralischen Leibe des Jesus von Nazareth mehr einverwoben war dasjenige, was wir Empfindungsseele nennen oder mehr die Verstandesseele oder das, was wir Bewußtseinsseele nennen. Denn der astralische Leib des Menschen muß ja in gewisser Beziehung als diese in sich enthaltend gedacht werden, als das Ich umschließend. Ganz sozusagen Empfindungsseele des Jesus von Nazareth war alles in *Franz von Assisi.* Ganz Empfindungsseele des Jesus von Nazareth war alles in jener wunderbaren Persönlichkeit, die Sie mit der ganzen Seele biographisch verfolgen werden, wenn Sie das Geheimnis ihres Lebens kennen: in der *Elisabeth von Thüringen,* 1207 geboren. Da haben wir eine solche Persönlichkeit, die einverwoben hatte in die Empfindungsseele ein Abbild des astralischen Leibes des Jesus von Nazareth. Das Rätsel der Menschengestalt wird uns gerade durch solch ein Wissen gelöst.

Und vor allen Dingen wird Ihnen eine Erscheinung klar werden, wenn Sie wissen, daß in dieser Zeit die mannigfaltigsten Persönlichkeiten Empfindungsseele, Verstandesseele oder Bewußtseinsseele als Abbilder aus dem astralischen Leib des Jesus von Nazareth in sich einverwoben hatten: Es wird Ihnen verständlich werden jene Wissenschaft, die sonst heute so wenig verstanden und so viel verlästert wird, die man gewöhnlich als die Scholastik bezeichnet. Was hatte sich denn die Scholastik für eine Aufgabe gestellt? Sie hatte sich die Aufgabe gestellt, aus Urteilsgründen heraus, aus dem Intellekt heraus Belege, Beweise zu finden für das, woran man keine historische Anknüpfung, keine physische Vermittlung hatte und wofür man auch keine unmittelbare hellseherische Gewißheit hatte, wie es in den vorherigen Jahrhunderten war durch den einverwobenen Ätherleib des

Jesus von Nazareth. Diese Leute mußten sich so die Aufgabe stellen, daß sie sich sagten: Es ist uns durch Überlieferung mitgeteilt worden, daß in der Geschichte aufgetreten ist jene Wesenheit, die als der Christus Jesus bekannt ist, daß eingegriffen haben in die Menschheitsentwickelung andere geistige Wesenheiten, von denen uns die religiösen Urkunden zeugen. – Aus ihrer Verstandesseele heraus, aus dem Intellekt des Abbildes des Jesus-von-Nazareth-Astralleibes stellten sie sich die Aufgabe, mit feinen und scharf ausgebauten Begriffen alles das zu beweisen, was in ihren Schriften als Mysterien-Wahrheiten da war. So entstand jene merkwürdige Wissenschaft, die das größte an Scharfsinn, an Intellekt zu leisten versucht hat, was überhaupt wohl in der Menschheit geleistet worden ist. Durch mehrere Jahrhunderte hindurch – man möge über den Inhalt der Scholastik denken, wie man will – wurde einfach dadurch, daß diese feine, feine Begriffsunterscheidung und Begriffskonturierung getrieben wurde, die Fähigkeit des menschlichen Nachdenkens gepflegt und der Zeitkultur eingeprägt. Es war ja im 13. bis 15. Jahrhundert, daß die Menschheit durch die Scholastik eingeprägt erhalten hat die Fähigkeit, scharfsinnig, eindringend logisch zu denken.

Bei denen, welchen wiederum mehr eingeprägt war die Bewußtseinsseele, beziehungsweise das Abbild, das sich als Bewußtseinsseele des Jesus von Nazareth auslebt, trat auf – weil in der Bewußtseinsseele das Ich sitzt – die besondere Erkenntnis, daß im Ich der Christus gefunden werden kann. Und weil sie selber das Element der Bewußtseinsseele aus dem astralischen Leib des Jesus von Nazareth in sich hatten, leuchtete in ihrem Innern ihnen der innere Christus auf. Und durch diesen Astralleib erkannten sie, daß der Christus in ihrem Innern der Christus selber war. Das waren die, die Sie kennen als *Meister Eckhart, Johannes Tauler* und die ganzen Träger der mittelalterlichen Mystik.

So sehen Sie, wie die verschiedensten Phasen des astralischen Leibes, die dadurch vervielfältigt wurden, daß die hohe Avatar-Wesenheit des Christus eingezogen war in den Leib des Jesus von Nazareth, weiter wirkten in der folgenden Zeit und die eigentliche Entwickelung des Christentums bewirkten. Es ist übrigens auch sonst ein wichtiger Übergang. Wir sehen, wie die Menschheit in ihrer Entwickelung auch sonst darauf angewiesen ist, diese Stücke der Jesus-von-Nazareth-Wesenheit in sich einverleibt zu erhalten. In den ersten Jahrhunderten waren Menschen da, die ganz auf den physischen Plan angewiesen waren; dann kamen Menschen in den folgenden Jahrhunderten, die zugänglich waren in ihrem Ätherleib eingewoben zu erhalten das Element des Ätherleibes des Jesus von Nazareth. Später waren die Menschen sozusagen mehr hingeordnet auf den astralischen Leib; daher konnte ihnen jetzt auch das Abbild des astralischen Leibes des Jesus von Nazareth einverleibt werden. Der astralische Leib ist der Träger der Urteilskraft. Die Urteilskraft erwacht ganz besonders im 12. bis 14. Jahrhundert. Das könnten Sie auch noch aus einer anderen Erscheinung ersehen.

Bis zu dieser Zeit war es ganz besonders klar, welche Mysterientiefen das Abendmahl enthielt. Das Abendmahl wurde so hingenommen – höchstens im kleinen wurde darüber diskutiert –, daß man selbst alles das zu empfinden verstand, was in den Worten lag: «Dies ist mein Leib und dies ist mein Blut...», weil der Christus darauf hinwies, daß er vereinigt sein werde mit der Erde, der planetarische Geist der Erde sein werde. Und weil das Kostbarste aus der physischen Erde das Mehl ist, deshalb wurde dem Menschen das Mehl zum Leibe des Christus, und der Saft, der durch die Pflanzen, durch die Reben geht, wurde ihnen etwas von dem Blute des Christus. Durch dieses Wissen wurde der Wert des Abendmahls nicht verringert, sondern im Gegenteil erhöht. Etwas von diesen unendlichen Tiefen fühlte man in diesen Jahrhunderten, bis dann die Urteilskraft im astralischen Leib erwachte. Von da ab erwacht auch erst der Zweifel. Von da ab begann auch erst der Streit über das Abendmahl. Denken Sie einmal darüber nach, wie im Hussitismus, wie im Luthertum und seinen Spaltungen des Zwinglianismus und Calvinismus diskutiert wird, was das Abendmahl sein soll! Solche Diskussionen wären früher nicht möglich gewesen, weil man da noch ein unmittelbares Wissen von dem Abendmahl hatte. Aber da sehen wir bewahrheitet ein großes historisches Gesetz, das besonders für Geisteswissenschafter wichtig sein sollte: Solange die Leute wußten, was das Abendmahl war, hatten sie nicht diskutiert; erst als sie verloren hatten das unmittelbare Wissen vom Abendmahl, fingen sie zu diskutieren an. Betrachten Sie es überhaupt als ein Anzeichen, daß man irgendeine Sache eigentlich nicht weiß, wenn man über diese Sache zu diskutieren anfängt. Wo Wissen ist, wird das Wissen erzählt, und da ist eigentlich keine besondere Lust am Diskutieren vorhanden. Wo Lust am Diskutieren ist, da ist in der Regel kein Wissen von der Wahrheit. Die Diskussion beginnt erst mit dem Nichtwissen, und es ist stets und überall ein Zeichen des Verfalls in bezug auf den Ernst einer Sache, wenn Diskussionen beginnen. Auflösung der betreffenden Strömung kündigt sich immer mit Diskussionen an. Das ist sehr wichtig, daß man das auf geisteswissenschaftlichem Felde immer wieder und wieder begreifen lernt, daß der Wille zum Diskutieren eigentlich als ein Zeichen der Unwissenheit aufgefaßt werden darf; dagegen sollte dasjenige, was dem Diskutieren gegenübersteht, der Wille zum Lernen, der Wille, nach und nach einzusehen, um was es sich handelt, gepflegt werden.

Hier sehen wir eine große historische Tatsache an der Entwickelung des Christentums selber bewahrheitet. Wir können aber noch etwas anderes lernen, wenn wir sehen, wie in diesen charakterisierten Jahrhunderten des Christentums die Urteilskraft – das, was im astralischen Leibe ist –, diese scharfe intellektuelle Weisheit ausgestaltet wird. Allerdings wenn wir Realitäten, nicht Dogmen, ins Auge fassen, dann können wir daran lernen, was das Christentum im Fortschreiten überhaupt alles getan hat. Was ist denn aus der Scholastik geworden, wenn wir sie nicht ihrem Inhalt nach auffassen, sondern wenn wir sie als Heranzüchtung, Heranerziehung von Fähigkeiten ins Auge fassen? Wissen Sie, was daraus geworden ist? Die moderne Naturwissenschaft ist daraus geworden! Die moderne Naturwissenschaft ist gar nicht denkbar ohne die Realität einer christlichen Wissenschaft des Mittelalters. Nicht nur daß *Kopernikus* ein Domherr war, daß *Giordano Bruno* ein Dominikaner war, sondern alle die Gedankenformen, mit denen man seit dem 15., 16. Jahrhundert über die Naturobjekte sich hermachte, sind nichts anderes als das, was heranerzogen, herangezüchtet worden ist vom 11. bis 16. Jahrhundert durch die christliche Wissenschaft des Mittelalters. Diejenigen leben nicht in der

Realität, sondern in Abstraktionen, die da nachschlagen in den Büchern der Scholastik, das mit der neueren Naturwissenschaft vergleichen und dann sagen: Haeckel und so weiter behaupten etwas ganz anderes. Auf Realitäten kommt es an! Ein *Haeckel,* ein *Darwin,* ein *Du Bois-Reymond,* ein *Huxley* und andere wären alle unmöglich, wenn nicht die christliche Wissenschaft des Mittelalters vorangegangen wäre. Denn daß sie so denken können, das verdanken sie der christlichen Wissenschaft des Mittelalters. Das ist die Realität. Daran hat die Menschheit denken gelernt im wahren Sinne des Wortes.

Die Sache geht noch weiter. Lesen Sie *David Friedrich Strauß*. Versuchen Sie zu schauen auf die Art und Weise, wie er denkt. Versuchen Sie seine Gedankengebilde sich klarzulegen: wie er darstellen will, daß das ganze Leben des Jesus von Nazareth ein Mythos ist. Wissen Sie, woher er die Gedankenschärfe hat? Er hat sie aus der christlichen Wissenschaft des Mittelalters. Alles das, womit man heute das Christentum so radikal bekämpft, das ist gelernt an der christlichen Wissenschaft des Mittelalters. Es könnte heute eigentlich gar keinen Gegner des Christentums geben, bei dem man nicht leicht nachweisen könnte, daß er gar nicht so denken könnte, wie er denkt, wenn er die Gedankenformen nicht gelernt hätte an der christlichen Wissenschaft des Mittelalters. Das hieße allerdings die Weltgeschichte real betrachten.

Und was ist denn seit dem 16. Jahrhundert geschehen? Seit dem 16. Jahrhundert ist immer mehr und mehr das Ich selber zur Geltung gekommen, damit auch der menschliche Egoismus und damit der Materialismus. Man hat verlernt und vergessen, was das Ich alles an Inhalt aufgenommen hat: man mußte sich daher beschränken auf das, was das Ich beobachten kann, was das Instrument der Sinnlichkeit dem gewöhnlichen Verstande geben kann, und nur das konnte es in die innerliche Wohnstätte nehmen. Eine Kultur der Egoität ist die Kultur seit dem 16. Jahrhundert. Was muß nun in dieses Ich hineinkommen? Die christliche Entwickelung hat durchgemacht eine Entwickelung in dem äußeren physischen Leib, eine Entwickelung im Ätherleib, eine solche im astralischen Leib, und bis zum Ich ist sie hinaufgedrungen. Jetzt muß sie in dieses Ich aufnehmen die Mysterien und Geheimnisse des Christentums selber. Jetzt muß es möglich sein, das Ich zum Christus-empfänglichen Organ zu machen, nachdem eine Weile das Ich das Denken gelernt hat durch das Christentum und die Gedanken angewendet hat auf die Außenwelt. Jetzt muß dieses Ich wiederum die Weisheit finden, welche die Urweisheit des großen Avatars, des Christus selber ist. Und wodurch muß das geschehen? Durch die geisteswissenschaftliche Vertiefung des Christentums. Sorgsam vorbereitet durch die drei Stufen der physischen, der ätherischen und der astralischen Entwickelung, würde es jetzt darauf ankommen, daß im Innern das Organ sich dem Menschen erschließe, um nunmehr in seine geistige Umwelt zu schauen mit jenem Auge, das ihm der Christus öffnen kann. Als die größte Avatar-Wesenheit ist der Christus auf die Erde herabgestiegen. Stellen wir uns auf diese Perspektive ein: versuchen wir so die Welt anzuschauen, wie wir die Welt anschauen können, wenn wir den Christus in uns aufgenommen haben. Dann finden wir unsern ganzen Weltenwerdegang durchglüht und durchflutet von der Christus-Wesenheit. Das heißt, wir schildern, wie nach und nach entstanden ist auf dem Saturn der physische Leib des Menschen, wie auf der Sonne der Ätherleib hinzutrat, auf dem Mond der astralische Leib und auf der Erde dann das Ich dazugekommen ist, und wir finden, wie das alles zu dem Ziel hinstrebt, immer selbständiger und individueller zu werden, um jene Weisheit, die von der Sonne zur Erde übergeht, der Erdenentwickelung einzuverleiben. Sozusagen zu dem perspektivischen Mittelpunkt der Weltenbetrachtung muß für das frei gewordene Ich der neueren Zeit der Christus und das Christentum werden.

So sehen Sie, wie das Christentum sich nach und nach vorbereitet hat zu dem, was es werden soll. Mit seiner physischen Erkenntnisfähigkeit hat in den ersten Jahrhunderten der Christ das Christentum aufgenommen, dann später mit seiner ätherischen Erkenntnisfähigkeit und mit seiner astralischen Erkenntnisfähigkeit durch das Mittelalter hindurch. Dann wurde das Christentum in seiner wahren Gestalt eine Weile zurückgedrängt, bis das Ich durch die drei Leiber im Werdegang der nachchristlichen Entwickelung erzogen worden ist. Aber nachdem dieses Ich denken und den Blick in die objektive Welt hinauszurichten gelernt hat, ist es jetzt auch reif, in dieser objektiven Welt in allen Erscheinungen das zu schauen, was an geistigen Tatsachen mit der Mittelpunktswesenheit, mit der Christus-Wesenheit so innig verknüpft ist: den Christus in den mannigfaltigsten Gestalten allüberall als die Grundlage zu schauen.

Damit stehen wir am Ausgangspunkte eben des geisteswissenschaftlichen Begreifens und Erkennens des Christentums, und wir erkennen, welche Aufgabe, welche Mission dieser Bewegung für Geist-Erkenntnis zugeteilt ist. Da erkennen wir zugleich die Realität dieser Mission. So wie der einzelne Mensch physischen Leib, Ätherleib, Astralleib und Ich hat und nach und nach hinaufsteigt zu immer höheren Höhen, so ist es auch im geschichtlichen Werdegang des Christentums. Man möchte sagen: auch das Christentum hat einen physischen Leib, einen Ätherleib, einen Astralleib und ein Ich, ein Ich, das sogar seinen Ursprung verleugnen kann wie in unserer Zeit, wie überhaupt das Ich egoistisch werden kann, aber doch ein Ich, das zu gleicher Zeit auch die wahre Christus-Wesenheit in sich aufnehmen und zu immer höheren Stufen des Daseins aufsteigen kann. – Was der Mensch im einzelnen ist, das ist die große Welt sowohl in ihrer Gesamtheit als im Verlauf ihres geschichtlichen Werdens.

Wenn wir die Sache so betrachten, eröffnet sich uns vom geisteswissenschaftlichen Standpunkt aus eine weite Zukunftsperspektive. Und wir wissen, wie diese unser Herz ergreifen und mit Enthusiasmus erfüllen kann. Wir begreifen immer mehr und mehr, was wir zu tun haben, und wir wissen auch, daß wir nicht im dunkeln tappen. Denn wir haben uns keine Ideen ausgeheckt, die wir willkürlich in die Zukunft hineinstellen wollen, sondern diejenigen Ideen wollen wir haben und ihnen allein folgen, die nach und nach durch die Jahrhunderte der christlichen Entwickelung vorbereitet worden sind. So wahr es ist, daß das Ich erst erscheinen und nach und nach hinaufentwickelt werden muß zum Geistselbst, Lebensgeist und Geistesmenschen, nachdem der physische Leib, der Ätherleib und astralische Leib zuerst vorhanden waren, so wahr konnte sich der moderne Mensch mit seiner Ich-Gestalt, mit seinem heutigen Denken nur entwickeln aus der astralischen, der ätherischen und der physischen

Gestalt des Christentums heraus. *Ich* ist das Christentum geworden. So wahr, wie das die Entwickelung aus der Vergangenheit war, so wahr ist es, daß die Ich-Gestalt der Menschheit erst in Erscheinung treten kann, nachdem die astralische und ätherische Gestalt des Christentums entwickelt worden ist. Das Christentum wird sich in die Zukunft fortentwickeln, es wird noch ganz andere Dinge der Menschheit darbieten, und die christliche Entwickelung und die christliche Lebenshaltung werden in neuer Gestalt erstehen: es wird der umgewandelte astralische Leib erscheinen als das christliche Geistselbst, der umgewandelte Ätherleib als der christliche Lebensgeist. Und in einer leuchtenden Zukunftsperspektive des Christentums glänzt vor unserer Seele auf als der Stern, dem wir zuleben, der Geistesmensch, ganz durchleuchtet und durchglüht von dem Geiste des Christentums.

SECHZEHNTER VORTRAG

Berlin, 22. März 1909

Uns soll heute hier die Frage beschäftigen, was der Mensch der Gegenwart eigentlich an der Geisteswissenschaft, wie sie hier gemeint ist, hat; und zwar wollen wir diese Frage heute beantworten auf Grund von so mancherlei, was wir im Laufe der Vorträge, namentlich des letzten Winters, kennengelernt haben. Zunächst könnte es ja dem Menschen erscheinen, als ob diese Geisteswissenschaft eine Weltanschauung wäre wie andere Weltanschauungen in der Gegenwart. Man könnte meinen: Die Rätsel des Daseins sind vorhanden; die Menschen versuchen mit den verschiedensten Mitteln, die ihnen zur Verfügung stehen, auf religiösen, auf wissenschaftlichen Wegen diese Rätsel des Daseins zu beantworten, oder, wie man sagt, ihren Erkenntnisdrang, ihre Wißbegierde suchen die Menschen dadurch zu befriedigen. Man könnte nun diese Geisteswissenschaft ebenso hinstellen wie andere Weltanschauungen der Gegenwart, nennen sie sich nun Materialismus, Monismus, Spiritualismus, Idealismus, Realismus und so weiter, man könnte sie hinstellen wie andere Weltanschauungen der Gegenwart, als etwas, was die bloße Wißbegierde befriedigen soll. So ist es aber nicht. Sondern in dem, was der Mensch sich durch diese Geisteswissenschaft erwirbt, hat er ein positives, fortwirkendes Lebensgut, das nicht nur seine Gedanken, sein Erkenntnisbedürfnis befriedigt, sondern das ein realer Faktor im Leben selber ist. Wollen wir dies verstehen, dann müssen wir heute etwas weiter ausholen. Wir müssen einmal von einem ganz bestimmten Gesichtspunkt aus den Entwickelungsgang der Menschheit vor unsere Seele stellen. Wir haben es schon oft getan. Heute aber wollen wir es wiederum von einem anderen Gesichtspunkte aus tun.

Wir haben öfters zurückgeblickt in die Zeiten, die der großen atlantischen Flut vorangegangen sind, in denen unsere Vorfahren, das heißt unsere eigenen Seelen, in den Vorfahrenleibern auf dem alten atlantischen Kontinent gelebt haben zwischen Europa, Afrika und Amerika. Und wir haben zurückgeblickt auf jene noch älteren

Zeiten, die wir als die lemurischen Zeiten bezeichnen, in denen die Menschenseelen, die jetzt verkörpert sind, auf viel niedrigerer Stufe des Daseins standen als heute. Auf diesen Zeitraum wollen wir heute noch einmal zurückkommen. Wir wollen uns zunächst sagen: Der Mensch hat seine heutige Stufe des Empfindungslebens, des Willenslebens, der Intelligenz, ja seine heutige Gestalt dadurch errungen, daß im Erdendasein mitgewirkt haben diejenigen geistigen Wesenheiten, die höher stehen im Weltenall als der Mensch. Welche geistigen Wesenheiten da beteiligt sind, haben wir ja öfters auseinandergesetzt. Wir haben gesprochen von den Geistern, die wir die Throne nennen, die Geister der Weisheit, Geister der Bewegung, der Form, der Persönlichkeit und so weiter.

Das sind die großen Werk- und Baumeister des Daseins, das sind diejenigen Wesenheiten, die Schritt für Schritt unser Menschengeschlecht vorwärtsgebracht haben bis zu unserem heutigen Standpunkt des Daseins. Nun müssen wir uns heute einmal recht deutlich vor die Seele führen, daß andere Geister und andere Wesenheiten noch eingegriffen haben als diejenigen, welche die menschliche Entwickelung vorwärtsbringen. Es haben in einer gewissen Weise geistige Wesenheiten eingegriffen, die feindlich gegenüberstehen den vorwärtsschreitenden geistigen Mächten. Und wir können für jeden dieser Zeiträume, sowohl für das lemurische wie auch für das atlantische Zeitalter, wie auch für unsere nachatlantische Zeit, in der wir leben, angeben, welche geistigen Wesenheiten sozusagen die Hemmungen gebracht haben, welche geistigen Wesenheiten feindlich gegenübertraten denjenigen, die die Menschheit bloß vorwärtsbringen wollen.

Im lemurischen Zeitalter, in dem ersten, das uns heute beschäftigt in dem Erdensein, haben in die menschliche Entwickelung die luziferischen Wesenheiten eingegriffen. Sie stellen sich in einer gewissen Beziehung feindlich gegenüber denjenigen Mächten, die dazumal den Menschen bloß vorwärtsbringen wollten. In dem atlantischen Zeitalter stellten sich feindlich den vorwärtsschreitenden Mächten die Geister gegenüber, die wir als die Geister des Ahriman oder auch des Mephistopheles bezeichnen. Ahrimanische Geister, mephistophelische Geister, das sind diejenigen, die eigentlich, wenn man die Namen genau nimmt, in der mittelalterlichen Anschauung die Geister des Satans genannt wurden, der nicht zu verwechseln ist mit Luzifer.

In unserem Zeitalter werden nach und nach noch andere geistige Wesenheiten hemmend den vorwärtsschreitenden in den Weg treten. Von ihnen werden wir nachher zu sprechen haben. Wir werden uns jetzt zuerst fragen, was eigentlich diese luziferischen Geister im alten lemurischen Zeitalter bewirkt haben.

Wir wollen heute von einem ganz bestimmten Gesichtspunkte aus das alles ins Auge fassen. Wo haben denn eigentlich die luziferischen Geister eingegriffen im alten lemurischen Zeitalter? Sie verstehen am besten, um was es sich dabei handelt, wenn Sie noch einmal den Blick zurückschweifen lassen, wie der Mensch sich entwickelt hat.

Sie wissen, wie der Mensch sich auf dem alten Saturn dadurch entwickelt hat, daß die Throne ausgegossen haben ihre eigene Substanz, und daß da die erste Anlage gelegt worden ist zu dem menschlichen physischen Leib. Wir wissen, daß dann die Geister der Weisheit auf der Sonne ihm den Äther- oder Lebensleib, daß die Geister der Bewegung auf dem alten Monde den astralischen Leib eingeprägt haben. Nun war es an den Geistern der Form, auf der Erde dem Menschen das Ich zu geben, damit der Mensch dadurch, daß er sich von seiner Umgebung unterscheidet, in einer gewissen Weise ein selbständiges Wesen werden könne. Aber wenn der Mensch auch durch die Geister der Form ein selbständiges Wesen geworden wäre gegenüber der Außenwelt, gegenüber dem, was ihn auf der Erde umgibt, er würde durch diese Geister der Form niemals ein selbständiges Wesen ihnen selbst gegenüber geworden sein; er wäre von ihnen abhängig geblieben, wäre an Fäden von ihnen gelenkt und geleitet worden. Daß das nicht eingetreten ist, das ist die in gewisser Beziehung sogar wohltätige Wirkung der Tatsache, daß sich in der lemurischen Zeit die luziferischen Wesenheiten entgegengestellt haben den Geistern der Form. Diese luziferischen Wesenheiten haben dem Menschen die Anwartschaft auf seine Freiheit gegeben. Allerdings haben sie dem Menschen damit auch die Möglichkeit des Bösen gegeben, die Möglichkeit des Verfalls in sinnliche Leidenschaften und Begierden. In was haben denn eigentlich diese luziferischen Geister eingegriffen? Sie haben eingegriffen in das, was da war, und zwar in dasjenige, was zuletzt dem Menschen gegeben worden ist, in den astralischen Leib, was damals in gewisser Beziehung des Menschen Innerstes war. Darin haben sie sich festgesetzt, davon haben sie Besitz ergriffen. Von diesem astralischen Leib hätten sonst, wenn die luziferischen Wesenheiten nicht gekommen wären, nur Besitz ergriffen die Geister der Form. Sie hätten diesem astralischen Leib jene Kräfte eingeprägt, die dem Menschen das Menschenantlitz geben, die den Menschen eben zum Ebenbild der Götter, der Geister der Form machten. Das alles wäre aus dem Menschen geworden, aber der Mensch wäre abhängig geblieben von diesen Geistern der Form zeit seines Lebens, durch alle Ewigkeiten.

Nun haben sich gleichsam hineingeschlichen die luziferischen Wesenheiten in den astralischen Leib, so daß jetzt zwei Arten von Wesenheiten in dem astralischen Leib wirkten: diejenigen Wesenheiten, die den Menschen vorwärtstreiben, und diejenigen Wesenheiten, die den Menschen in diesem rückhaltlosen Vorwärtstreiben allerdings hemmen, dafür aber seine Selbständigkeit zu einer innerlich gefestigten machten. Wären die luziferischen Wesenheiten nicht gekommen, so wäre der Mensch im Stande der Unschuld und Reinheit in seinem astralischen Leib geblieben. Keine Leidenschaften wären in ihm aufgetreten, die ihn hätten begehren lassen, was er auf der Erde allein finden kann. Sozusagen dichter, niedriger haben die luziferischen Wesenheiten die Leidenschaften, Triebe und Begierden gemacht. Der Mensch wäre sonst so geblieben, wenn die luziferischen Wesenheiten nicht gekommen wären, daß er sich immerfort gesehnt hätte hinauf zu seiner Heimat, zu den geistigen Reichen, von denen er heruntergestiegen ist. Er hätte nicht Gefallen gefunden an dem, was ihn auf der Erde umgibt, er hätte unmöglich Interesse finden können an den irdischen Eindrücken. Zu diesem Interesse, zu diesem Begehren der irdischen Eindrücke ist er durch die luziferischen Geister gekommen. Sie haben ihn in die irdische Sphäre dadurch hineingedrängt, daß sie sein Innerstes, seinen astralischen Leib, durchsetzt haben. Wodurch ist es denn nun gekommen, daß in jener Zeit der Mensch nicht ganz abfiel von den Geistern der Form oder überhaupt von den höheren geistigen Reichen? Wodurch ist es gekommen, daß der Mensch nicht in seine Interessen und Begierden der sinnlichen Welt vollständig verfiel?

Das ist dadurch gekommen, daß die Geister, die den Menschen vorwärtsbringen, ihre Gegenmittel ergriffen. Sie haben ihre Gegenmittel in der Art ergriffen, daß sie die menschliche Wesenheit mit etwas durchsetzt haben, was sonst nicht in dieser menschlichen Wesenheit wäre, sie haben sie durchsetzt mit Krankheit und Leiden und Schmerzen. Das ist das notwendige Gegengewicht geworden gegen die Taten der luziferischen Geister.

Die luziferischen Geister haben dem Menschen die sinnliche Begierde gegeben; die höheren Wesenheiten haben ihre Gegenmittel ergriffen in dem Sinne, daß der Mensch nunmehr nicht unbedingt dieser Sinneswelt verfallen konnte, indem sie ins Gefolge der sinnlichen Begierden und sinnlichen Interessen Krankheit und Leiden gesetzt haben, so daß in der Welt genau ebenso viele Leiden und Schmerzen sind wie bloßes Interesse für die physische, sinnliche Welt. Beide halten sich vollständig das Gleichgewicht, von keinem ist mehr in der Welt vorhanden: ebenso viele sinnliche Begierden, ebenso viele sinnliche Leidenschaften wie Krankheit und Schmerzen. Das war die gegenseitige Aufeinanderwirkung der luziferischen Geister und der Geister der Form im lemurischen Zeitalter. Wären diese luziferischen Geister nicht gekommen, dann würde der Mensch nicht so früh in die irdische Sphäre hinuntergestiegen sein. Seine Leidenschaft, seine Begierde für die sinnliche Welt hat es auch gemacht, daß er früher seine Augen aufgeschlossen erhalten hat, daß er früher den ganzen Umkreis des sinnlichen Daseins hat sehen können. Der Mensch hätte, wenn es regelmäßig nach den fortschreitenden Geistern gegangen wäre, erst von der Mitte der atlantischen Zeit an die Umwelt gesehen. Aber er hätte sie dann geistig gesehen, nicht so wie heute, er hätte sie so gesehen, daß sie ihm überall der Ausdruck von geistigen Wesenheiten gewesen wäre. Dadurch, daß der Mensch verfrüht heruntergesetzt worden ist in die irdische Sphäre, daß ihn seine irdischen Interessen und Begierden heruntergedrängt haben, dadurch kam es anders, wie es sonst gekommen wäre in der Mitte der atlantischen Zeit.

Dadurch haben sich hineingemischt in das, was der Mensch hat sehen und begreifen können, die ahrimanischen Geister, diejenigen Geister, die eben auch mit dem Namen mephistophelische Geister bezeichnet werden können. Dadurch verfiel der Mensch in Irrtum, verfiel in das, was man eigentlich erst die bewußte Sünde nennen könnte. Also von der Mitte der atlantischen Zeit an wirkt auf den Menschen die Schar der ahrimanischen Geister ein. Wozu hat nun diese Schar der ahrimanischen Geister sozusagen den Menschen verführt? Sie hat ihn dazu verführt, daß er das, was in seiner Umgebung ist, für stofflich, für materiell hält, daß er nicht durch dieses Stoffliche hindurchsieht auf die wahren Untergründe des Stofflichen, auf das Geistige. Würde der Mensch in jedem Stein, in jeder Pflanze und in jedem Tier das Geistige sehen, er würde niemals verfallen sein in Irrtum und damit in das Böse, sondern der Mensch würde, wenn nur die fortschreitenden Geister auf ihn gewirkt hätten, bewahrt geblieben sein vor jenen Illusionen, denen er immer verfallen muß, wenn er nur auf die Aussage der Sinneswelt baut.

Was haben nun dagegen diejenigen geistigen Wesenheiten, welche den Menschen in seinem Fortschreiten erhalten wollen, gegen diese Verführung, gegen Irrtum und Illusion aus dem Sinnlichen unternommen? Sie haben dagegen unternommen, daß der Mensch tatsächlich nunmehr erst mit Recht – natürlich ist das langsam und allmählich gekommen, aber hier liegen die Kräfte, warum das gekommen ist – sozusagen in die Lage versetzt wird, aus der sinnlichen Welt heraus wiederum die Möglichkeit zu gewinnen, über Irrtum und Sünde und das Böse hinwegzukommen, das heißt, sie haben dem Menschen die Möglichkeit gegeben, sein Karma zu tragen und auszuwirken. Haben also diejenigen Wesenheiten, welche die Verführung der luziferischen Wesenheiten gutzumachen hatten, Leiden und Schmerzen, ja auch das, was damit zusammenhängt, den Tod in die Welt gebracht, so haben diejenigen Wesenheiten, welche auszubessern hatten, was aus dem Irrtum über die sinnliche Welt fließt, dem Menschen die Möglichkeit gegeben, durch sein Karma allen Irrtum wieder zu beseitigen, alles Böse wiederum zu verwischen, das er in der Welt angerichtet hat. Denn was wäre geschehen, wenn der Mensch nur dem

Bösen, dem Irrtum verfallen wäre? Dann würde der Mensch nach und nach sozusagen eins geworden sein mit dem Irrtum, er würde unmöglich haben vorwärtsschreiten können; denn mit jedem Irrtum, mit jeder Lüge, mit jeder Illusion werfen wir uns ein Hindernis des Fortschreitens in den Weg. Wir würden immer um so viel zurückkommen in unserem Fortschreiten, als wir uns Hindernisse in den Weg werfen durch Irrtum und Sünde, wenn wir nicht in der Lage wären, Irrtum und Sünde zu korrigieren, das heißt, wir könnten in Wahrheit das Menschenziel nicht erreichen. <u>Es wäre unmöglich, das, was das Menschenziel ist, zu erreichen, wenn nicht die gegensätzlichen Kräfte, die Kräfte des Karma, wirken würden.</u>

Denken Sie einmal, Sie begehen irgendein Unrecht in einem Leben. Dieses Unrecht, das Sie begangen haben, das bedeutet, wenn es so stehenbliebe in Ihrem Leben, nichts Geringeres, als daß Sie den Schritt, den Sie vorwärts gemacht hätten, wenn Sie das Unrecht nicht begangen hätten, verloren haben. Und mit jedem Unrecht würden Sie einen Schritt verlieren, und dafür wäre gesorgt, daß genügend viele Schritte zurück gemacht werden. Wenn die Möglichkeit nicht gegeben wäre, sich über den Irrtum zu erheben, so müßte der Mensch zuletzt in Irrtum versinken. So aber ist die Wohltat des Karma eingetreten. Was bedeutet diese Wohltat für den Menschen? Ist Karma irgend etwas, vor dem der Mensch sich fürchten soll, vor dem der Mensch schaudern soll? Nein! Karma ist eine Macht, für die der Mensch eigentlich den Weltenplänen dankbar sein sollte. Denn Karma sagt uns: Hast du einen Irrtum begangen – Gott läßt seiner nicht spotten! Was du gesät hast, das mußt du auch ernten. Dieser Irrtum bewirkt, daß du ihn verbessern mußt; dann hast du ihn aus deinem Karma ausgetilgt und du kannst wieder ein Stück vorwärtsschreiten.

Ohne Karma wäre unser Fortschreiten in der menschlichen Laufbahn unmöglich. Karma erweist uns die Wohltat, daß wir jeden Irrtum wieder gutmachen müssen, daß wir alles, was wir rückwärts getan haben, wieder vernichten müssen. So trat als die Folge der Taten des Ahriman Karma auf.

Und nun gehen wir weiter. In unserer Zeit gehen wir jenem Zeitalter entgegen, in dem nun andere Wesenheiten sich an den Menschen heranmachen werden, Wesenheiten, welche immer mehr und mehr in der Menschenzukunft, die vor uns liegt, in die menschliche Entwickelung eingreifen werden. <u>Genau ebenso wie die luziferischen Geister im lemurischen Zeitalter eingegriffen haben, die ahrimanischen Geister im atlantischen Zeitalter, so werden nach und nach auch in unserem Zeitalter Wesenheiten eingreifen. Machen wir uns einmal klar, was das für Wesenheiten sein werden.</u>

Die Wesenheiten, die im lemurischen Zeitalter eingegriffen haben, von denen mußten wir sagen: sie haben sich im astralischen Leib des Menschen festgesetzt, haben seine Interessen, seine Triebe und Begierden in die irdische Sphäre heruntergezogen. In was genauer gesagt, haben sich diese luziferischen Wesenheiten festgesetzt?

Verstehen können Sie das nur, wenn Sie jene Gliederung zugrunde legen, welche Ihnen in meinem Buche «Theosophie» gegeben ist. Da ist gezeigt, daß wir am Menschen zunächst seinen physischen Leib zu unterscheiden haben, dann seinen Äther- oder Lebensleib und seinen astralischen Leib, oder, wie ich ihn dort genannt habe, den Empfindungsleib oder Seelenleib.

Wenn wir diese drei Glieder betrachten, so sind es genau die drei Glieder, die dem Menschen gegeben waren vor seiner irdischen Laufbahn. Was da genannt ist der physische Leib, das ist auf dem alten Saturn veranlagt worden, was genannt ist der Ätherleib, das ist auf der Sonne veranlagt, und dasjenige, was da genannt ist der Seelen- oder Empfindungsleib, ist auf dem alten Monde veranlagt. <u>Jetzt sind auf der Erde nach und nach dazugekommen die Empfindungsseele, die eigentlich eine unbewußte Umänderung, eine unbewußte Bearbeitung des Empfindungsleibes ist. In der Empfindungsseele hat sich verankert Luzifer; da hinein hat er sich geschlichen, da sitzt er drinnen. Weiter ist entstanden durch die unbewußte Umarbeitung des Ätherleibes die Verstandesseele.</u> Genaueres ist darüber gesagt in der Abhandlung über «Die Erziehung des Kindes». <u>In diesem zweiten Glied der menschlichen Seele, der Verstandesseele, also in dem umgearbeiteten Stück des Ätherleibes, da hat sich festgesetzt Ahriman.</u> Da ist er drinnen und führt den Menschen zu falschen Urteilen über das Materielle, führt ihn zu Irrtum und Sünde und Lüge, zu allem, was eben aus der Verstandes- oder Gemütsseele kommt. In alledem zum Beispiel, daß der Mensch sich der Illusion hingibt, mit der Materie sei das Richtige gegeben, haben wir Einflüsterungen des Ahriman, des Mephistopheles zu sehen. Drittens kommt an die Reihe die Bewußtseinsseele, die in einer unbewußten Umarbeitung des physischen Leibes besteht. Es ist Ihnen ja erinnerlich, wie diese Umarbeitung geschah. Gegen das Ende der atlantischen Zeit trat der Ätherleib des Kopfes ganz hinein in den physischen Kopf und gestaltete allmählich den physischen Leib so um, daß er eine selbstbewußte Wesenheit wurde. An dieser unbewußten Umarbeitung des physischen Leibes, an der Bewußtseinsseele, arbeitet der Mensch heute noch immer im Grunde genommen. Und in der Zeit, die jetzt kommen wird, werden sich hineinschleichen in diese Bewußtseinsseele und damit in das, was man das menschliche Ich nennt – denn das Ich geht auf in der Bewußtseinsseele –, diejenigen geistigen Wesenheiten, die man die Asuras nennt. Die Asuras werden mit einer viel intensiveren Kraft das Böse entwickeln als selbst die satanischen Mächte der atlantischen oder gar die luziferischen Geister der lemurischen Zeit.

Das Böse, das die luziferischen Geister den Menschen zugleich mit der Wohltat der Freiheit brachten, das werden sie alles im Verlaufe der Erdenzeit ganz abstreifen. Dasjenige Böse, das die ahrimanischen Geister gebracht haben, kann abgestreift werden in dem Ablauf der karmischen Gesetzmäßigkeit. Das Böse aber, das die asurischen Mächte bringen, ist nicht auf eine solche Weise zu sühnen. Haben die guten Geister dem Menschen Schmerzen und Leiden, Krankheit und Tod gegeben, damit er sich trotz der Möglichkeit des Bösen aufwärts entwickeln kann, haben die guten Geister die Möglichkeit des Karma gegenüber den ahrimanischen Mächten gegeben, um den Irrtum wieder auszugleichen – gegenüber den asurischen Geistern wird das im Verlaufe des Erdendaseins nicht so leicht sein. Denn diese asurischen Geister werden bewirken, daß das, was von ihnen ergriffen ist – und es ist ja des Menschen tiefstes Innerstes, die Bewußtseinsseele mit dem Ich –, daß das Ich sich vereinigt mit der Sinnlichkeit der Erde. Es wird Stück für Stück aus dem Ich herausgerissen werden, und in demselben Maße, wie sich die asurischen Geister in der Bewußtseinsseele festsetzen, in demselben Maße muß der Mensch auf der Erde zurücklassen Stücke seines Daseins. Das wird unwiederbringlich verloren sein, was den asurischen Mächten verfallen ist. Nicht, daß der ganze Mensch ihnen zu verfallen braucht, aber Stücke werden aus dem Geiste des Menschen herausgeschnitten durch die asurischen Mächte. Diese asurischen Mächte kündigen sich in unserem Zeitalter an durch den Geist, der da waltet und den wir nennen könnten den Geist des bloßen Lebens in der Sinnlichkeit und des Vergessens aller wirklichen geistigen Wesenheiten und geistigen Welten. Man könnte sagen: Heute ist es erst mehr theoretisch, daß die asurischen Mächte den Menschen verführen. Heute gaukeln sie ihm vielfach vor, daß sein Ich ein Ergebnis wäre der bloßen physischen Welt. Heute verführen sie ihn zu einer Art theoretischem Materialismus. Aber sie werden im weiteren Verlauf – und das kündigt sich immer mehr an durch die wüsten Leidenschaften der Sinnlichkeit, die immer mehr und mehr auf die Erde herniedersteigen – dem Menschen den Blick umdunkeln gegenüber den geistigen Wesenheiten und geistigen Mächten. Es wird der Mensch nichts wissen und nichts wissen wollen von einer geistigen Welt. Er wird immer mehr und mehr nicht nur lehren, daß die höchsten sittlichen Ideen des Menschen nur höhere Ausgestaltungen der tierischen Triebe sind, er wird nicht nur lehren, daß das menschliche Denken nur eine Umwandlung dessen ist, was auch das Tier hat, er wird nicht nur lehren, daß der Mensch nicht bloß seiner Gestalt nach mit dem Tier verwandt ist, daß er auch seiner ganzen Wesenheit nach vom Tier abstamme, sondern der Mensch wird mit dieser Anschauung Ernst machen und so leben.

Heute lebt ja noch niemand im Sinne des Satzes, daß der Mensch seiner Wesenheit nach vom Tiere abstamme. Aber diese Weltanschauung wird unbedingt kommen, und sie wird im Gefolge haben, daß die Menschen mit dieser Weltanschauung auch wie Tiere leben werden, heruntersinken werden in die bloßen tierischen Triebe und tierischen Leidenschaften. Und in mancherlei von dem, was hier nicht weiter charakterisiert zu werden braucht, was sich jetzt namentlich an den Stätten der großen Städte als wüste Orgien zweckloser Sinnlichkeiten geltend macht, sehen wir schon groteskes Höllenleuchten derjenigen Geister, die wir als die asurischen bezeichnen.

Wenden wir den Blick noch einmal zurück. Wir haben gesagt, daß es die Geister waren, die den Menschen vorwärtsbringen wollen, die ihm Leiden und Schmerzen und auch den Tod geschickt haben. In der biblischen Urkunde wird es deutlich angekündigt: In Schmerzen sollst du deine Kinder gebären! – Der Tod ist in die Welt gekommen. Das ist ja das, was diejenigen Mächte, die den luziferischen entgegenstehen, über den Menschen verhängten. Wer hat dem Menschen Karma, wer hat überhaupt dem Menschen die Möglichkeit gegeben, daß es ein Karma gibt? Verstehen werden Sie nur, was jetzt gesagt ist, wenn Sie sich nicht in pedantischer Weise an die irdischen Zeitbegriffe halten. Mit dem irdischen Zeitbegriff glaubt der Mensch, daß das, was da oder dort einmal vorgeht, eine Wirkung nur haben kann in bezug auf das Nachfolgende. In der geistigen Welt ist es aber so, daß das, was geschieht, sich in seinen Wirkungen schon vorher zeigt, daß es schon vorher in seinen Wirkungen da ist. Woher kommt die Wohltat des Karma? Woraus ist eigentlich in unserer Erdenentwickelung diese Wohltat entsprungen, daß es ein Karma gibt? Von keiner anderen Kraft kommt das Karma in der ganzen Entwickelung als von dem Christus.

Wenn der Christus auch erst später erschienen ist, vorhanden war er in der geistigen Sphäre der Erde schon immer. Schon in den alten atlantischen Orakeln haben die Orakel-Priester von dem Geist der Sonne, von dem Christus gesprochen. Die heiligen Rishis in der indischen Kulturperiode haben gesprochen von Vishva Karman; Zarathustra hat in Persien von Ahura Mazdao gesprochen. Es hat Hermes von dem Osiris gesprochen; und es hat gesprochen von jener Kraft, die durch ihr Ewiges der Ausgleich alles Natürlichen ist, von jener Kraft, die in dem «Ehjeh asher ehjeh» lebt, der Vorherverkündiger des Christus, der Moses. Alle haben von dem Christus gesprochen; aber wo war er zu finden in diesen alten Zeiten? Nur da, wo das geistige Auge hat hineinschauen können, in der geistigen Welt. In der geistigen Welt war er immer zu finden, und er war in der geistigen Welt wirksam, aus der geistigen Welt heraus wirksam. Er ist derjenige, der dem Menschen vorher schon, bevor er auf der Erde aufgetreten ist, heruntergesandt hat die Möglichkeit des Karma. Dann trat er auf der Erde selber auf, und wir wissen, was er dem Menschen dadurch geworden ist, daß er auf der Erde auftrat. Wir haben geschildert seine Wirkungen in der irdischen Sphäre selber. Wir haben die Bedeutung des Ereignisses von Golgatha dargestellt. Wir haben geschildert seine Wirkung auch bei denen, die damals, als das Ereignis von Golgatha geschah, nicht im irdischen Leibe verkörpert waren, die dazumal in der geistigen Welt waren. Wir wissen, daß in dem Augenblick, wo auf Golgatha das Blut aus den Wunden floß, der Geist des Christus in der Unterwelt erschien, und wir haben gesagt: da ging es durch die ganze Welt des Geistes wie eine Erleuchtung, wie eine Erhellung; kurz, wir haben gesagt, daß das Erscheinen des Christus auf der Erde das wichtigste Ereignis ist, auch für die Welt, die der Mensch durchlebt zwischen dem Tode und der neuen Geburt.

Es ist durchaus eine reale Wirkung, die ausgeht von diesem Christus. Wir brauchen uns nur zu fragen, was geschehen wäre mit der Erde, wenn der Christus nicht erschienen wäre. Gerade in dem Gegenbild einer Christus-losen Erde können Sie die ganze Bedeutung der Christus-Erscheinung ermessen. Nehmen wir einmal an, der Christus wäre nicht erschienen, das Ereignis von Golgatha hätte nicht stattgefunden in der Zeit, in welcher der Christus erschienen ist.

Vor dem Erscheinen des Christus war es für die Seelen der fortgeschrittensten Menschen, die das tiefste Interesse für das Erdenleben sich angeeignet hatten, in der geistigen Welt so, daß wirklich der Ausspruch des Griechen darauf paßte: Lieber ein Bettler sein in der Oberwelt, als ein König im Reiche der Schatten. Denn einsam und in finsterer Umgebung fühlten sich die Seelen in der geistigen Welt, bevor das Ereignis von Golgatha eintrat. Die geistige Welt war damals nicht in ihrer ganzen lichtvollen Klarheit durchsichtig für die, die durch das Tor des Todes kommend, in sie hineinschritten. Ein jeder fühlte sich allein, sich in sich zurückgestoßen, wie eine Mauer war es aufgerichtet gegenüber jedem anderen. Und das wäre immer stärker und stärker geworden. Die Menschen hätten sich in ihrem Ich verhärtet, die Menschen wären völlig auf sich zurückgewiesen gewesen, keiner hätte die Brücke zu dem anderen gefunden. Die Menschen wären wieder verkörpert worden, und war der Egoismus vorher schon ein sehr großer, er wäre mit jeder neuen Inkarnation ungeheurer geworden.

Das ganze Erdendasein würde den Menschen immer mehr und mehr zu dem wüstesten Egoisten gemacht haben. Keine Aussicht wäre gewesen, daß jemals auf dem Erdenrund eine Brüderlichkeit, eine innere Harmonie der Seelen zustande gekommen wäre; denn mit jedem Durchgang durch das geistige Reich wären stärkere Einflüsse in das Ego eingezogen. Das wäre bei einer Christus-losen Erde geschehen. Daß der Mensch allmählich wieder den Weg findet von Seele zu Seele, daß er die Möglichkeit gewinnt, die große Kraft der Brüderlichkeit auf die ganze Menschheit auszugießen, das ist der Tatsache zu verdanken, daß der Christus erschienen ist, daß das Ereignis von Golgatha stattgefunden hat. So erscheint der Christus als diejenige Macht, welche es dem Menschen möglich machte, das Erdendasein in der entsprechenden Weise auszunützen, das heißt, gerade Karma in der entsprechenden Weise zu gestalten. Denn Karma muß auf der Erde ausgewirkt werden. Daß der Mensch die Kraft findet, in dem irdisch-physischen Dasein sein Karma in der entsprechenden Weise zu verbessern, daß er die Möglichkeit bekommt, eine fortschreitende Entwickelung zu finden, das verdankt er der Wirkung des Christus-Ereignisses, der Anwesenheit des Christus in der irdischen Sphäre.

So sehen wir, wie die verschiedensten Kräfte und Wesenheiten im Verlaufe der Menschheitsentwickelung zusammenwirken. Wäre der Christus nicht auf die Erde gekommen – wir sehen es jetzt ganz klar, was wir vorher nur im allgemeinen andeuten konnten, indem wir sagten: Der Mensch wäre in seinem Irrtum versunken, weil er immer mehr und mehr sich verhärtet hätte, sozusagen eine Kugel für sich geworden wäre, die nichts gewußt hätte von den anderen Wesenheiten, ganz in sich abgeschlossen. Da hinein hätte der Irrtum und die Sünde den Menschen getrieben.

So ist der Christus eben der Lichtführer, der hinausführt aus Irrtum und Sünde; und dadurch ist der Mensch imstande, den Weg aufwärts zu finden. Nun fragen wir uns: Was hat denn der Mensch verloren, indem er heruntergestiegen ist aus der geistigen Welt, daß er sich verstrickte unter dem Einfluß Luzifers in die Begierden und Leidenschaften und dann durch den Einfluß Ahrimans in Irrtum, Illusion und Lüge in bezug auf die irdische Welt? Er hat den unmittelbaren Einblick in die geistige Welt verloren, das Verständnis der geistigen Welt hat der Mensch verloren.

Was soll also der Mensch wiedergewinnen? Wiedergewinnen soll der Mensch das volle Verständnis für die geistige Welt. Und die Tat des Christus kann von dem Menschen als einem selbstbewußten Wesen erst dadurch ergriffen werden, daß der Mensch zum vollen Verständnis der Bedeutung des Christus kommt. Gewiß, die Christus-Kraft ist da. Die Christus-Kraft hat der Mensch nicht auf die Erde gebracht. Die Christus-Kraft ist eben auf die Erde durch den Christus gekommen. Durch den Christus ist die Möglichkeit des Karma in die Menschheit hineingekommen. Aber nun soll der Mensch als ein selbstbewußtes Wesen das Wesen des Christus und den Zusammenhang des Christus mit der ganzen Welt erkennen. Nur dadurch kann der Mensch wirklich als ein Ich wirken. Was tut denn der Mensch, wenn er jetzt, nachdem der Christus da war, nicht nur die Kraft des Christus unbewußt auf sich wirken läßt, nicht sozusagen nur sagt: Ich bin schon zufrieden, daß der Christus da war, er wird mich schon erlösen und dafür sorgen, daß ich vorwärtskomme! – sondern wenn der Mensch sich sagt: Ich will erkennen, was der Christus ist, wie er heruntersteig, ich will durch meinen Geist Anteil haben an der Tat des Christus! – was tut der Mensch dadurch?

Erinnern Sie sich, daß dadurch, daß die luziferischen Geister sich einschlichen in den menschlichen Astralleib, der Mensch heruntergestiegen ist in die sinnliche Welt, daß er dadurch allerdings dem Bösen hat verfallen können, aber auch die Möglichkeit der selbstbewußten Freiheit errungen hat. Luzifer ist im Wesen des Menschen, hat den Menschen heruntergeholt sozusagen auf die Erde, ihn verstrickt in das irdische Dasein, indem er zuerst die Leidenschaften und Begierden, die im astralischen Leib waren, in die Erde geführt hat, so daß dann auch Ahriman angreifen konnte im ätherischen Leib, in der Verstandesseele. Nun ist der Christus erschienen und damit diejenige Kraft, die den Menschen auch wiederum hinauftragen kann in die geistige Welt. Aber jetzt kann der Mensch, wenn er will, den Christus erkennen! Jetzt kann sich der Mensch alle Weisheit sammeln, um den Christus zu erkennen. Was tut er dadurch? Etwas Ungeheures! Wenn der Mensch den Christus erkennt, wenn er sich wirklich einläßt auf die Weisheit, um zu durchschauen, was der Christus ist, dann erlöst er sich und die luziferischen Wesenheiten durch die Christus-Erkenntnis. Würde der Mensch sich bloß sagen: Ich bin zufrieden damit, daß der Christus da war, ich lasse mich erlösen unbewußt! – dann würde der Mensch niemals zur Erlösung der luziferischen Wesenheiten etwas beitragen. Diese luziferischen Wesenheiten, die dem Menschen die Freiheit gebracht haben, geben ihm auch die Möglichkeit, diese Freiheit jetzt in einer freien Weise zu benutzen, um den Christus zu durchschauen. Dann werden in dem Feuer des Christentums geläutert und gereinigt die luziferischen Geister, und es wird das, was durch die luziferischen Geister an der Erde gesündigt worden ist, aus einer Sünde in eine Wohltat umgewandelt werden. Die Freiheit ist errungen, aber sie wird als eine Wohltat mit hineingenommen werden in die geistige Sphäre. Daß der Mensch das kann, daß er imstande ist, den Christus zu erkennen, daß Luzifer in einer neuen Gestalt aufersteht und sich als der Heilige Geist mit dem Christus vereinigen kann, das hat der Christus selbst noch als eine Prophezeiung denen gesagt, die um ihn waren, als er sagte: Ihr könnt erleuchtet werden mit dem neuen Geist, mit dem Heiligen Geist! – Dieser Heilige Geist ist kein anderer als der, durch den auch begriffen wird, was der Christus eigentlich getan hat. Christus wollte nicht bloß wirken, er wollte auch begriffen, er wollte auch verstanden sein. Deshalb gehört es zum Christentum, daß der Geist, der die Menschen inspiriert, der Heilige Geist, zu den Menschen gesandt wird.

Pfingsten gehört im geistigen Sinne zu Ostern und ist nicht zu trennen von Ostern. Dieser Heilige Geist ist kein anderer als der wiedererstandene und jetzt in reinerer, höherer Glorie erstandene luziferische Geist, der Geist der selbständigen, der weisheitsvollen Erkenntnis.

Diesen Geist hat Christus selber noch für die Menschen prophezeit, daß er erscheine nach ihm, und in seinem Sinne muß fortgewirkt werden. Und was wirkt in seinem Sinne fort? Wenn sie verstanden wird, wirkt in seinem Sinne fort die geisteswissenschaftliche Weltenströmung! Was ist die geisteswissenschaftliche Weltenströmung? Sie ist die Weisheit des Geistes, diejenige Weisheit, die das, was sonst unbewußt bleiben würde im Christentum, zum vollen Bewußtsein heraufhebt.

Dem Christus trägt voran die Fackel der wiedererstandene Luzifer, der jetzt zum Guten umgewandelte Luzifer. Den Christus selber trägt er. Er ist der Träger des Lichtes, der Christus ist das Licht. Luzifer ist, wie das Wort heißt, der Träger des Lichtes. Das aber soll die geisteswissenschaftliche Bewegung sein, das ist unter ihr zu verstehen. Und diejenigen, welche begriffen haben, daß der Fortschritt der Menschheit abhängt von dem Begreifen des großen Ereignisses von Golgatha, das sind die, welche als die Meister der Weisheit und des Zusammenklanges der Empfindungen vereinigt sind in der großen führenden Loge der Menschheit. Und wie einstmals als in einem lebendigen Welten-Symbole die feurigen Zungen herniederschwebten auf die Gemeinde, so waltet das, was der Christus selber als den Heiligen Geist gesandt hat, als das Licht über der Loge der Zwölf. Der Dreizehnte ist der Führer der Loge der Zwölf. Der Heilige Geist ist der große Lehrer derjenigen, die wir die Meister der Weisheit und des Zusammenklanges der Empfindungen nennen. Sie also sind diejenigen, durch die seine Stimme und seine Weistümer in diesem oder jenem Strom auf die Erde zur Menschheit herniederfließen. Was zusammengetragen wird an Weistümern durch die geisteswissenschaftliche Bewegung, um die Welt und die Geister darinnen zu verstehen, das fließt durch den Heiligen Geist in die Loge der Zwölf, und das ist zuletzt das, was die Menschheit zum selbstbewußten freien Verständnis des Christus und des Ereignisses von Golgatha nach und nach bringen wird. So heißt Geisteswissenschaft treiben, verstehen, daß der Christus den Geist in die Welt gesandt hat, so daß es im wahren Christentum liegt, Geisteswissenschaft zu betreiben. Das wird immer mehr und mehr den Menschen klar werden. Dann werden sie einsehen, daß sie in der Geisteswissenschaft etwas haben, was ein positives Lebensgut ist. Die Menschen haben das an der Geisteswissenschaft, daß ihnen Christus nach und nach bewußt wird als der Geist, der die Welt durchleuchtet. Und als Folge wird eintreten, daß die Menschen hier auf diesem Erdenrund, in der physischen Welt in moralischer Beziehung, in Beziehung auf den Willen, in intellektueller Beziehung fortschreiten. Die Welt wird durch das physische Leben hindurch immer vergeistigter und vergeistigter werden. Die Menschen werden besser und stärker und weiser werden und sie werden tiefer und immer tiefer hineinschauen und hinein wollen in die tiefen Untergründe und Quellen des Daseins. Sie werden mitnehmen die Früchte, die sie hier in diesem sinnlichen Leben sich erobern, in das übersinnliche Leben und sie immer wieder zurückbringen aus dem übersinnlichen Leben bei einer neuen Verkörperung.

So wird die Erde immer mehr und mehr der Ausdruck ihres Geistes, des Christus-Geistes werden. So wird Geisteswissenschaft nach und nach verstanden werden aus den Grundlagen der Welt heraus. Man wird verstehen, daß sie eine positive reale Macht ist. Heute ist die Menschheit an verschiedenen Punkten nahe daran, den Geist ganz zu verlieren. Schon neulich wurde es im öffentlichen Vortrage gesagt, wie die Menschen heute leiden unter der Furcht vor der Vererbung. Die Furcht vor der erblichen Belastung ist so recht eine Beigabe unseres materialistischen Zeitalters. Aber ist es genug, wenn sich der Mensch der Illusion hingibt: Ich brauche diese Furcht nicht zu haben? Keineswegs reicht das hin. Der Mensch, der sich nicht kümmert um die geistige Welt, der nicht in seine Seele hineingießt, was aus der geisteswissenschaftlichen Bewegung heraus fließen kann, er ist unterworfen dem, was aus der physischen Vererbungslinie kommt. Einzig und allein dadurch, daß der Mensch sich durchsetzt mit dem, was ihm aus der geisteswissenschaftlichen Geistesströmung zukommen kann, macht er sich zum Herrn über das, was herunterfließt aus der Vererbungslinie, macht es zu einem Unbedeutenden und wird Sieger über alles, was in der Außenwelt an den Menschen durch hemmende Mächte herantritt. Nicht dadurch, daß er es hinwegphilosophiert, herausdiskutiert, nicht dadurch, daß er sagt: Es gibt einen Geist – gelangt der Mensch zur Herrschaft über das Sinnliche, sondern dadurch, daß er sich mit diesem Geist durchdringt, daß er ihn in sich wirklich aufnimmt, dadurch, daß er wirklich den Willen hat, ihn in allen Einzelheiten kennenzulernen. Dann werden die Menschen in der physischen Welt auch immer gesünder werden durch die Geisteswissenschaft. Denn die Geisteswissenschaft wird selber das Heilmittel werden, welches die Menschen schön und gesund in der physischen Welt macht.

Noch mehr wird uns die reale Kraft der Geisteswissenschaft klar werden, wenn wir einen Blick darauf werfen, was der Mensch betritt, wenn er durch das Tor des Todes schreitet. Das ist etwas, was der Mensch heute nur sehr schwer einsehen wird. Der Mensch denkt: Wozu brauche ich mich um das zu kümmern, was in der geistigen Welt vorgeht? Wenn ich sterbe, gehe ich ja ohnehin in die geistige Welt, da werde ich schon sehen und hören, was da drinnen ist! – In unzähligen Variationen können Sie das hören, jene bequeme Weise: Ach, was kümmere ich mich vor meinem Tode um das Geistige! Ich werde ja sehen, was daran ist; denn das kann ja nichts ändern an meinem Verhältnis zur geistigen Welt, ob ich mich hier damit befasse oder nicht! – So ist es aber nicht. Der Mensch, der so denkt, wird eine finstere und düstere Welt kennenlernen. Es wird sein, wie wenn er nicht viel unterscheiden könne von dem, was Sie beschrieben finden in meinem Buche «Theosophie» von den geistigen Welten. Denn daß der Mensch hier in der physischen Welt seinen Geist und seine Seele verbindet mit der geistigen Welt, das macht ihn erst fähig zu sehen, indem er sich hier darauf vorbereitet. Die geistige Welt ist da; die Fähigkeit, darin zu sehen, müssen Sie sich hier auf der Erde erringen, sonst sind Sie blind in der geistigen Welt. So ist Geisteswissenschaft die Macht, die Ihnen erst die Möglichkeit gibt, überhaupt bewußt in die geistige Welt einzudringen. Wäre der Christus nicht in der physischen Welt erschienen, so würde der Mensch versinken in der physischen Welt, könnte nicht in die geistige Welt eintreten. So aber wird er hinaufgehoben durch den Christus in die geistige Welt, daß er darinnen bewußt wird, darinnen sehen kann. Das hängt davon ab, daß er sich auch zu verbinden weiß mit dem, den der Christus gesandt hat, mit dem Geist; sonst ist er unbewußt. Der Mensch muß sich seine Unsterblichkeit erwerben, denn eine Unsterblichkeit, die unbewußt ist, ist noch keine Unsterblichkeit. Schon der *Meister Eckhart* hat daraufhin das schöne Wort gesprochen: Was nützte es dem Menschen, ein König zu sein, wenn er doch nicht weiß, daß er das ist! – Damit hat er aber gemeint: Was nützt dem Menschen alle geistige Welt, ohne daß er weiß, was die geistigen Welten sind. Aneignen können Sie sich das Sehvermögen für die geistige Welt nur in der physischen Welt. Das mögen diejenigen beherzigen, die da fragen: Warum ist denn der Mensch überhaupt heruntergestiegen in die physische Welt? Der Mensch ist heruntergestiegen, damit er hier sehend werden kann für die geistige Welt. Blind würde er bleiben für die geistige Welt, wenn er nicht heruntergestiegen wäre und sich hier das selbstbewußte Wesen angeeignet hätte, mit dem er zurückkehren kann in die geistige Welt, so daß sie jetzt lichtvoll vor seiner Seele liegt.

So ist Geisteswissenschaft nicht bloß eine Weltanschauung, sondern sie ist etwas, ohne das der Mensch gar nicht in seinem unsterblichen Teil etwas von den unsterblichen Welten wissen kann. Eine reale Macht ist Geisteswissenschaft, etwas, was als eine Wirklichkeit in die Seele einfließt. Und indem Sie hier sitzen und Geisteswissenschaft treiben, lernen Sie nicht nur etwas wissen, sondern Sie wachsen hinein, etwas zu werden, was Sie sonst nicht sein würden. Das ist der Unterschied zwischen der Geisteswissenschaft und anderen Weltanschauungen. Alle anderen Weltanschauungen beziehen sich auf das Wissen, Anthroposophie bezieht sich auf das Sein des Menschen.

Wenn man die Dinge in der richtigen Weise zusammenstellt, wird man sich sagen müssen: Gerade in dieser Beleuchtung erscheint Christus, der Geist und die ganze Geisteswissenschaft in einem innerlichen wesentlichen Zusammenhange. Gegenüber einem solchen Zusammenhange wird alles verschwinden, was heute oberflächlich gesagt werden kann, etwa, daß eine westliche Richtung gegnerisch eingriffe in eine östliche Richtung des Okkultismus. Davon kann keine Rede sein. Es gibt nicht zwei Okkultismen; es gibt nur einen Okkultismus. Und es gibt keinen Gegensatz zwischen westlicher und östlicher

Geisteswissenschaft. *Eine* Wahrheit gibt es nur. Und wenn man uns fragt: Ja, wenn östlicher und westlicher Okkultismus dasselbe ist, warum erkennt man im östlichen Okkultismus den Christus nicht an? Welche Antwort ist darauf zu geben? Die Antwort ist darauf zu geben, daß es nicht an uns ist, darauf zu antworten. Uns obliegt nicht die Pflicht, eine Antwort darauf zu geben; denn wir erkennen den vollen östlichen Okkultismus an. Fragen sie uns: Erkennen wir an, was der östliche Okkultismus über Brahma, über den Buddha sagt? Jawohl, wir erkennen es an. Wir verstehen es, wenn uns gesagt wird, auf diese oder jene Weise ist der Buddha hinaufgestiegen zu seiner Höhe. Keine einzige der östlichen Wahrheiten negieren wir. Wir stehen völlig auf dem Boden, die gesamten östlichen Wahrheiten anzuerkennen, insofern sie positiv sind. Aber soll uns das hindern, das auch noch anzuerkennen, was darüber hinausgeht? Nimmermehr! Wir erkennen an, was der östliche Okkultismus sagt, nur hindert uns das nicht, auch das, was an westlichen Wahrheiten existiert, mit anzuerkennen.

Wenn uns erzählt wird, daß es eine niedrige Auffassungsweise der Orientalisten sei, zu sagen, daß der Buddha an Übergenuß von Schweinefleisch zugrunde gegangen sei – wie es die gelehrten Herren anführen –, und wir darüber belehrt werden, daß das seine tiefere Bedeutung hat, die Bedeutung, daß der Buddha denen, die zunächst um ihn herum waren, zuviel der esoterischen Weisheit gegeben hat, so daß er an dieser Überfüllung zunächst eine Art von Karma hatte, wir geben es zu; wir sagen: Selbstverständlich liegen dahinter die tieferen esoterischen Weisheiten, die Ihr behauptet, die Ihr morgenländische Esoteriker seid. – Wenn man uns aber dann sagt, niemand könne begreifen, daß Johannes die Apokalypse unter Blitz und Donner auf Patmos empfangen habe, dann sagen wir: Ein jeder, der da weiß, was damit gemeint ist, der weiß, daß das eine Wahrheit ist. – Wir leugnen das eine nicht; aber wir können nicht mitgehen, wenn man leugnen wollte, daß das andere richtig ist. Uns fällt nicht ein, irgend etwas dagegen zu sagen, daß es richtig ist, wenn gesagt wird, der astralische Leib des Buddha ist aufbewahrt worden und später einverleibt worden dem Shankaracharya. Aber uns kann es nicht hindern, zu lehren, daß der astralische Leib des Jesus von Nazareth aufbewahrt wurde und in soundsovielen Abbildern erschienen ist und verschiedenen, die damals im Sinne des Christentums gewirkt haben, einverleibt worden ist, wie dem Franz von Assisi oder der Elisabeth von Thüringen. Wir leugnen keine einzige Wahrheit des orientalischen Esoterismus; wir leugnen höchstens das, was er negiert an dem westlichen Esoterismus. Wenn man uns also fragt: Warum wird etwas geleugnet? Warum ist eine Gegnerschaft vorhanden? – so ist es nicht an uns, zu antworten. Denn an uns wäre es zu antworten, wenn wir irgendeine Gegnerschaft in uns hätten. Wir haben keine! Die Pflicht des Antwortens hat derjenige, der etwas leugnet, nicht der, der etwas zugibt. Das ist ganz selbstverständlich. Und von diesem Ausgangspunkte aus werden Sie in den nächsten Wochen dasjenige, was der Zusammenhang ist zwischen Geisteswissenschaft und dem Ereignis von Golgatha, vor Ihre Seele ziehen lassen können, werden in eine höhere Sphäre heben können den ganzen Beruf und die ganze Mission der geisteswissenschaftlichen Weltbewegung dadurch, daß sie die Ausführung ist jener Inspiration, jener Macht, die der Christus als den Geist bezeichnet hat.

So sehen wir, wie Mächte in der Welt zusammenwirken, wie alles, was scheinbar widerstrebend ist dem Fortschreiten der Menschheit, hinterher als eine Wohltat sich erweist. So sehen wir auch, daß in der nachchristlichen Zeit, von Zeitalter zu Zeitalter, der Geist, der den Menschen befreit hat, wieder auftauchen wird in einer neuen Gestalt – der führende Lichtträger Luzifer wird seine Erlösung finden. Denn alles, was im Weltenplane ist, ist gut, und das Böse hat nur seinen Bestand durch eine gewisse Zeit hindurch. Daher glaubt nur der an die Ewigkeit des Bösen, der das Zeitliche mit dem Ewigen verwechselt; und daher kann derjenige das Böse niemals verstehen, der nicht aufsteigt von dem Zeitlichen zu dem Ewigen.

SIEBZEHNTER VORTRAG

Berlin, 27. April 1909

Wir haben im Verlaufe dieses Winters eine ganze Reihe von geisteswissenschaftlichen Betrachtungen angestellt, die alle von einer bestimmten Absicht durchdrungen waren, von der Absicht, uns den Menschen in seinem ganzen Wesen immer näher und näher zu bringen. Von den verschiedensten Seiten her haben wir das große Menschenrätsel betrachtet. Heute soll es unsere Aufgabe sein, über etwas recht Alltägliches zu sprechen. Aber vielleicht gerade dadurch, daß wir einmal an etwas recht Alltägliches anknüpfen, wird sich uns zeigen, wie die Rätsel des Lebens im Grunde genommen auf Schritt und Tritt uns begegnen können, wie wir sie nur fassen sollen, um durch ihre Bewältigung in die Tiefen der Weltordnung hineinzuschauen. Denn das Geistige und das Höchste überhaupt ist nicht irgendwo in einer unbekannten Ferne zu suchen, sondern es offenbart sich uns im Alleralltäglichsten. Im Kleinsten können wir das Größte suchen, wenn wir es nur verstehen. Und deshalb sei heute in den Zyklus unserer diesjährigen Wintervorträge einverleibt eine Betrachtung über das alltägliche Thema des Lachens und des Weinens vom geisteswissenschaftlichen Standpunkte aus.

Lachen und Weinen sind gewiß im Menschenleben ganz alltägliche Dinge. Ein Verständnis dieser Erscheinungen im tieferen Sinne kann aber nur die Geisteswissenschaft geben, und zwar aus dem Grunde, weil nur die Geisteswissenschaft hineinführen kann in des Menschen tiefste Wesenheit, in jenen Teil des Menschen, durch den er sich erst deutlich abhebt von den anderen Reichen, die ihn auf diesem Erdenrund umgeben. Gerade dadurch, daß der Mensch auf diesem Erdenrund den größten und den intensivsten Anteil an der Göttlichkeit erlangt hat, ragt er ja hinaus über seine irdischen Mitgeschöpfe. Daher wird auch nur ein Wissen und eine Erkenntnis, die sich zum Geistigen erheben, des Menschen Wesenheit wirklich ergründen können. Lachen und Weinen sollten nur einmal richtig gewürdigt und beobachtet werden, denn sie allein sind schon geeignet, das Vorurteil hinwegzuräumen, das den Menschen seiner Wesenheit nach gar zu nahe dem Tiere bringen möchte. Es mag von jener Denkungsart, die so gern den Menschen möglichst nahe der Tierheit bringen möchte, noch so sehr betont werden, daß wir in den mancherlei Verrichtungen der Tiere eine hohe Intelligenz finden, eine Intelligenz, die oft weit dasjenige sogar an Sicherheit übertrifft, was der Mensch durch seinen Verstand hervorbringt. Das wundert den Geisteswissenschafter gar nicht besonders. Denn er weiß, wenn das Tier eine intelligente Tätigkeit vollführt, daß diese nicht von dem Individuellen des Tieres herrührt, sondern von der Gruppenseele. Es ist natürlich sehr schwierig, den Begriff der Gruppenseele für die äußere Beobachtung begreiflich zu machen, zur Überzeugung zu bringen, wenn es auch durchaus nicht unmöglich ist. Aber eines sollte eben beobachtet werden, denn es ist einer jeden äußeren Beobachtung zugänglich, wenn man sie nur umfänglich genug machen will: das Tier weint nicht und lacht nicht. Gewiß, es werden sich auch da wieder Menschen finden, welche behaupten, auch das Tier lache, auch das Tier weine. Aber man kann solchen Menschen eben nicht helfen, die sich nun einmal keinen Begriff davon verschaffen wollen, was eigentlich Lachen und Weinen ist, und die, weil sie nicht wissen, was Lachen und Weinen ist, es auch dem Tiere zuschreiben. Der wirkliche Seelenbeobachter weiß, daß es das Tier nicht zum Weinen, sondern höchstens zum Heulen, und nicht zum Lachen, sondern nur zum Grinsen bringen kann. Diesen Unterschied müssen wir ins Auge fassen, zwischen Heulen und Weinen und zwischen Grinsen und Lachen. Wir müssen bis zu sehr bedeutsamen Ereignissen zurückgehen, wenn wir ein Licht werfen wollen auf das, was die eigentliche Natur von Lachen und Weinen ausmacht.

Es ist aus Vorträgen, die an verschiedenen Orten, auch in Berlin, gehalten worden sind, namentlich aus dem Vortrag über die Natur der Temperamente, erinnerlich, daß man im Menschenleben zweierlei Strömungen zu unterscheiden hat: die eine Strömung, die alles das an menschlichen Eigenschaften und Merkmalen umfaßt, was man durch Vererbung erhält von seinen Eltern und anderen Vorfahren und was wiederum vererbt werden kann auf die Nachkommen. Die andere Strömung setzt sich zusammen aus den Eigenschaften und Merkmalen, die der Mensch dadurch hat, daß er mit einer Individualität ins Dasein tritt. Sie umgibt sich mit den vererbten Merkmalen nur wie mit einer Hülle; ihre Eigenschaften und Merkmale stammen her aus den verflossenen Lebensläufen des Menschen, aus den vorhergehenden Inkarnationen.

Der Mensch ist also im wesentlichen eine Zweiheit: seine eine Natur ererbt er von seinen Vätern, seine andere Natur bringt er sich mit aus seinen früheren Verkörperungen. So unterscheiden wir den eigentlichen Wesenskern des Menschen, der von Leben zu Leben geht, von Inkarnation zu Inkarnation, und alles das, was den Menschen umhüllt, was sich um seinen Wesenskern herum anlegt, und was aus den vererbten Merkmalen besteht. Nun ist zwar durchaus vor des Menschen Geburt der eigentliche individuelle Wesenskern, der von Inkarnation zu Inkarnation geht, mit dem Menschen als physischem Wesen schon verbunden, so daß man nicht etwa glauben darf, daß, wenn ein Mensch einmal geboren ist, seine Individualität unter normalen Umständen noch ausgetauscht werden könnte. Es ist die Individualität vor der Geburt bereits mit dem Menschenleibe verbunden.

Aber etwas anderes ist es, wann dieser Wesenskern, diese Individualität des Menschen anfangen kann, an dem Menschen zu arbeiten, an dem Menschen zu gestalten. Wenn also das Kind geboren ist, so ist bereits in dem Kinde, wie gesagt, der individuelle Wesenskern. Aber er kann vor der Geburt als solcher nicht dasjenige geltend machen, nicht das zur Wirkung bringen, was er im letzten Leben, oder überhaupt in den verflossenen Leben, sich als Fähigkeiten angeeignet hat; er muß warten bis nach der Geburt. So daß wir sagen können: Vor der Geburt sind tätig am Menschen die Ursachen für alle diejenigen Merkmale und Eigenschaften, die zu den vererbten gehören, die wir erben können von Vater, Mutter und den anderen Vorfahren. – Obwohl, wie gesagt, des Menschen Wesenskern bei alledem schon dabei ist, so kann er doch erst in das ganze Getriebe eingreifen, wenn das Kind zur Welt gekommen ist.

Dann, wenn das Kind sozusagen das Licht der Welt erblickt hat, beginnt dieser individuelle Wesenskern des Menschen den Organismus umzugestalten; natürlich versteht sich das unter allgemeinen Verhältnissen, in Ausnahmefällen ist es wieder anders. Da arbeitet er sich das Gehirn und die anderen Organe so um, daß sie Werkzeuge werden können dieses individuellen Wesenskernes. Deshalb sehen wir, wie das Kind bei seiner Geburt mehr diejenigen Eigenschaften an sich trägt, die es durch Vererbung erlangt hat, und wie dann immer mehr und mehr die individuellen Eigenschaften sich hineinarbeiten in das Allgemeine des Organismus. Wenn wir sprechen wollen von einer Arbeit der Individualität an dem Organismus vor der Geburt, so würde das in ein ganz anderes Kapitel gehören. Wir können zum Beispiel auch davon sprechen, daß schon das Aussuchen des Elternpaares eine Arbeit der Individualität wäre. Aber auch dies ist im Grunde genommen ja eine Arbeit von außen. Alles Arbeiten vor der Geburt wäre von seiten des individuellen Wesenskernes ein Arbeiten von außen durch Vermittlung zum Beispiel der Mutter und so weiter. Aber das eigentliche Arbeiten des individuellen Wesenskernes an dem Organismus selbst beginnt eben erst, wenn das Kind das Licht der Welt erblickt hat. Deshalb, weil es so ist, kann auch dieses eigentlich Menschliche, das Individuelle, erst nach der Geburt im Menschen allmählich seinen Ausdruck finden.

Das Kind hat deshalb zunächst noch gewisse Eigenschaften mit der Tierheit gemeinsam, und das sind ja gerade solche Eigenschaften, die ihren Ausdruck in dem finden, was wir heute besprechen wollen, im Lachen und Weinen. In der allerersten Zeit nach der Geburt kann das Kind im wirklichen Sinne des Wortes nicht lachen und weinen. In der Regel ist es erst der vierzigste Tag nach der Geburt, wo das Kind zur Träne kommt, und dann auch zum Lächeln, weil dasjenige, was sich aus den früheren Leben hinübergelebt hat, da erst arbeitet, von da ab sich erst hineinsenkt in das Innere des Leiblichen und von da ab das Leibliche zu seinem Ausdruck macht. Gerade das ist es, was dem Menschen seine Erhabenheit über das Tier gibt, daß wir beim Tiere nicht sagen können, eine individuelle Seele zieht sich von Inkarnation zu Inkarnation. Was dem Tier zugrunde liegt, das ist die Gruppenseele, und wir können nicht sagen, was individuell beim

Tiere ist, verkörpere sich wieder. Es zieht sich zurück in die Gruppenseele und wird etwas, was nur in der Gruppenseele des Tieres weiterlebt. Beim Menschen nur bleibt erhalten, was er sich in der einen Inkarnation erarbeitet hat, und das geht dann, wenn der Mensch durch das Devachan gegangen ist, in eine neue Inkarnation ein. In dieser neuen Inkarnation arbeitet es den Organismus allmählich um, so daß er nicht nur ein Ausdruck der Eigentümlichkeiten seiner physischen Vorfahren ist, sondern daß er ein Ausdruck wird für die individuellen Anlagen, Talente und so weiter.

Nun ist es gerade die Tätigkeit des Ich in dem Organismus, welche bei einem Wesen, wie es der Mensch ist, Lachen und Weinen hervorruft. Nur bei einem Wesen, das sein Ich innerlich hat, bei dem das Ich also nicht Gruppen-Ich ist wie beim Tier, sondern innerlich im Organismus sitzt, ist Lachen und Weinen möglich. Denn Lachen und Weinen ist eben nichts anderes als ein feiner, ein intimer Ausdruck der Ichheit in der Leiblichkeit. Was geschieht zum Beispiel, wenn der Mensch weint? Weinen kann nur dann entstehen, wenn das Ich sich in irgendeiner Beziehung schwach fühlt gegenüber dem, was es in der Außenwelt umgibt. Wenn das Ich nicht im Organismus ist, also wenn es nicht individuell ist, dann kann das Sich-schwach-Fühlen gegenüber der Außenwelt nicht eintreten. Der Mensch als der Besitzer einer Ichheit fühlt einen gewissen Mißklang, eine gewisse Disharmonie in seinem Verhältnis zur Außenwelt. Und dieses Fühlen der Disharmonie kommt zum Ausdruck dadurch, daß er sich dagegen wehrt, daß er sozusagen ausgleichen will. Wie gleicht er aus? Dadurch, daß sein Ich den astralischen Leib zusammenzieht. Wir können sagen: In der Trauer, die sich im Weinen auslebt, fühlt sich das Ich in einer gewissen Disharmonie mit der Außenwelt, die es dadurch auszugleichen sucht, daß es den astralischen Leib in sich selber zusammenzieht, seine Kräfte gleichsam zusammenpreßt. – Das ist der geistige Vorgang, der dem Weinen zugrunde liegt. Nehmen Sie zum Beispiel das Weinen als einen Ausdruck der Trauer. Trauer müßte man in jedem einzelnen Falle genau betrachten, wenn man auf ihren Grund kommen will. Trauer ist zum Beispiel der Ausdruck des Verlassenseins von etwas, mit dem man bisher zusammen war. Das harmonisches Verhältnis des Ich zur Außenwelt würde vorhanden sein, wenn dasjenige, was wir verloren haben, noch da wäre. Die Disharmonie tritt ein, wenn wir etwas verloren haben und das Ich sich verlassen fühlt. Nun zieht das Ich die Kräfte seines astralischen Leibes zusammen, drückt gleichsam den astralischen Leib zusammen, um sich zu wehren gegen sein Verlassensein. Das ist der Ausdruck einer Trauer, die zum Weinen führt, daß das Ich, das vierte Glied der menschlichen Wesenheit, den astralischen Leib, das dritte Glied, in seinen Kräften zusammenzieht.

Was ist das Lachen? Das Lachen ist etwas, dem der entgegengesetzte Vorgang zugrunde liegt. Das Ich sucht den astralischen Leib in einer gewissen Weise schlaff werden zu lassen, seine Kräfte mehr in die Breite gehen zu lassen, ihn auszudehnen. Während durch das Zusammenziehen der weinerliche Zustand hervorgerufen wird, wird durch das Erschlaffenlassen, durch das Ausdehnen des astralischen Leibes das Lachen herbeigeführt. Das ist der geistige Befund. Jedesmal wenn Weinen vorliegt, kann das hellseherische Bewußtsein konstatieren ein Zusammenpressen des astralischen Leibes durch das Ich. Jedesmal wenn Lachen vorliegt, kommt ein Ausdehnen, wie ein Breiterwerden, ein Bauchigerwerden des astralischen Leibes zustande durch das Ich. Nur dadurch, daß das Ich innerhalb der menschlichen Wesenheit tätig ist, daß es nicht als Gruppen-Ich von außen wirkt, kommt Lachen und Weinen zustande. Weil nun das Ich erst nach und nach in dem Kinde anfängt tätig zu sein, weil bei der Geburt das Ich eigentlich noch nicht tätig ist, noch nicht sozusagen die Fäden ergriffen hat, die von innen aus den Organismus dirigieren, deshalb kann das Kind in den ersten Tagen nicht lachen und nicht weinen, sondern lernt es erst in dem Maße, als das Ich Herr wird über die inneren Fäden, die zuerst im astralischen Leibe tätig sind. Und weil wiederum alles das, was geistig ist, beim Menschen seinen Ausdruck findet in der Leiblichkeit, weil die Leiblichkeit eben nur die Physiognomie der Geistigkeit, der verdichtete Geist ist, so drücken sich diese Eigenschaften, die jetzt geschildert worden sind, eben auch in leiblichen Vorgängen aus. Und wir lernen diese leiblichen Vorgänge verstehen aus dem Geiste heraus, wenn wir uns folgendes klarmachen.

Das Tier hat eine Gruppenseele, wir können auch sagen ein Gruppen-Ich. Durch dieses Gruppen-Ich wird ihm seine Form aufgeprägt. Warum hat denn das Tier eine so bestimmte, in sich selbst abgeschlossene Form? Weil ihm aus der astralischen Welt heraus diese Form aufgeprägt wird, und weil es diese Form dann im wesentlichen so beibehalten muß. Beim Menschen ist eine Form vorhanden, die – wie wir öfter betont haben – gleichsam alle anderen Tierformen in sich begreift in harmonischer Abgeschlossenheit. Aber diese ganze harmonische Menschenform, die physische Menschenleiblichkeit, muß in sich beweglicher sein als die tierische Leiblichkeit. Sie darf nicht so in der Form erstarrt sein wie die tierische Leiblichkeit. Wir können das ja schon an der beweglichen Physiognomie des Menschen sehen. Sehen Sie sich die im Grunde genommen unbewegliche Physiognomie des Tieres an, wie sie Ihnen entgegentritt in ihrer Starrheit. Und sehen Sie sich dagegen die bewegliche Menschenform an mit ihren Änderungen in den Gesten, in der Physiognomie und so weiter. Sie werden sich daraus sagen können, daß der Mensch innerhalb der Grenzen, die ihm allerdings angewiesen sind, eine gewisse Beweglichkeit hat, daß es ihm überlassen worden ist in einer gewissen Weise, selber die Form sich aufzuprägen dadurch, daß sein Ich in ihm wohnt. Es wird nicht leicht jemandem einfallen, anders als höchstens vergleichsweise davon zu sprechen, daß in demselben Maße wie beim Menschen die Intelligenz im Antlitze eines Hundes oder eines Papageien individuell ausgedrückt ist. Im allgemeinen ja, aber nicht individuell, weil beim Hunde, bei Papageien, Löwen oder Elefanten eben der allgemeine Charakter überwiegt. Beim Menschen finden wir den individuellen Charakter in seinem Gesicht geschrieben. Und wir sehen, wie sich seine besondere individuelle Seele immer mehr und mehr plastisch ausbildet in seiner Physiognomie, besonders in dem, was in seiner Physiognomie beweglich ist. Dem Menschen ist diese Beweglichkeit geblieben, weil sich der Mensch selbst seine Form von innen geben kann. Es ist die Erhabenheit des Menschen gegenüber den anderen Reichen, daß er an sich bilden und formen kann.

In dem Augenblick, wo der Mensch durch sein Ich das allgemeine Verhältnis der Kräfte in seinem astralischen Leibe ändert, da tritt das auch leiblich in dem Ausdruck seiner Physiognomie zutage. Der gewöhnliche Gesichtsausdruck, die gewöhnliche Anspannung der Muskeln, die der Mensch vom Morgen bis zum Abend hat, müssen sich ändern, wenn das Ich eine Änderung in den Kräften des astralischen Leibes vornimmt. Wenn das Ich den astralischen Leib, statt ihn in der gewöhnlichen Spannung zu halten, schlaff werden läßt, ihn ausdehnt, dann wird er auch mit geringeren Kräften auf den Ätherleib und den physischen Leib wirken, und die Folge davon ist, daß gewisse Muskeln, welche bei dem gewöhnlichen Kräfteverhältnis diese oder jene Lage haben, eine andere Lage einnehmen. Wenn daher bei einem gewissen Gemütsausdruck der astralische Leib schlaffer gemacht wird vom Ich, so müssen gewisse Muskeln eine andere Spannung haben als im gewöhnlichen Lebensverlauf. Daher ist im Lachen eben nichts anderes gegeben als der physische Ausdruck, der physiognomische Ausdruck jenes Schlaffwerdens des astralischen Leibes, das durch das Ich selber eintritt. Der astralische Leib ist es, der von innen heraus unter dem Einfluß des Ich die Muskeln des Menschen in jene Lagen bringt, daß sie den Tagesausdruck haben. Läßt der astralische Leib seine Spannkraft nach, so dehnen sich die Muskeln aus und der Ausdruck des Lachens tritt ein. Das Lachen ist unmittelbar ein Ausdruck des innerlichen Arbeitens des Ich an dem astralischen Leibe. Wenn der astralische Leib zusammengepreßt wird vom Ich unter dem Eindrucke der Trauer, dann setzt sich dieses Zusammenpressen in den physischen Leib hinein fort, und die Folge davon ist nichts anderes als das Sezernieren, das Absondern der Tränen, die in gewisser Beziehung wie ein Abfluß des Blutes sind unter dem Einfluß des zusammengepreßten astralischen Leibes. So sind die Vorgänge. Daher kann nur ein Wesen lachen und weinen, das imstande ist, in seine Wesenheit hinein das individuelle Ich aufzunehmen und durch dieses individuelle Ich in sich selber zu wirken. Da also beginnt die Individualität des Ich, wo das Wesen imstande wird, die Kräfte des astralischen Leibes von innen heraus entweder mehr anzuspannen oder schlaffer werden zu lassen. Jedesmal dann, wenn wir einem Menschen gegenüberstehen, der uns anlächelt oder der da weint, stehen wir mit diesen Tatsachen dem Beweise gegenüber von der Erhabenheit des Menschen über das Tier. Denn im astralischen Leibe des Tieres arbeitet das Ich von außen. Daher können alle Spannungsverhältnisse des tierischen astralischen Leibes auch nur von außen bewirkt werden, und es kann nicht das Innerliche in einem solchen Dasein nach außen sich abformen, wie es beim Lachen und Weinen zum Ausdruck kommt.

Aber es zeigt sich uns noch viel mehr am Vorgange des Lachens und Weinens, wenn wir den Atmungsprozeß des Lachenden und des Weinenden beobachten. Da zeigt sich uns in aller Tiefe, was hier vorliegt. Wenn Sie das Atmen des Weinenden beobachten, so werden Sie sehen, es besteht im wesentlichen in einem langen Ausatmen und in einem kurzen Einatmen. Umgekehrt ist es beim Lachen: einem kurzen Ausatmen entspricht ein langes Einatmen. Also der Atmungsprozeß ist etwas, was sich ändert beim Menschen unter dem Einfluß jener Vorgänge, welche wir eben jetzt beschrieben haben. Und Sie brauchen nur ein wenig mit Ihrer Phantasie nachzudenken, so werden sich Ihnen leicht die Gründe ergeben, warum dies so sein muß.

In dem Prozeß des Weinens wird der astralische Leib durch das Ich zusammengezogen, zusammengedrückt. Die Folge davon ist wie ein Auspressen der Atemluft: ein langes Ausatmen. Beim Prozeß des Lachens ist ein Erschlaffen des astralischen Leibes vorhanden. Da ist es gerade so, wie wenn Sie aus irgendeinem Raum die Luft auspumpen, die Luft verdünnen, da pfeift die Luft hinein. So ist es bei dem langen Einatmen unter dem Einflusse des Lachens. Da sehen wir gleichsam in der Veränderung des Atmungsprozesses das Ich wirksam innerhalb des astralischen Leibes. Das, was beim Tier außerhalb ist, das Gruppen-Ich, belauschen wir in seiner Wirksamkeit beim Menschen, indem wir sehen, wie bei dieser eigentümlichen Tätigkeit auch der Atmungsprozeß anders wird. Deshalb wollen wir einmal diesen Vorgang in seiner universellen Bedeutung hinstellen.

Wir können sagen: Beim Tier liegt ein Atmungsprozeß vor, der sozusagen streng von außen geregelt ist, der dem inneren individuellen Ich in der heute geschilderten Beziehung nicht unterliegt. Das, was den Atmungsprozeß unterhält, was ihn eigentlich regelt, das nannte man zum Beispiel in der alttestamentlichen Geheimlehre die «Nephesch». Das ist in Wahrheit das, was man die «tierische Seele» nennt. Also was beim Tier ein Gruppen-Ich ist, das ist die Nephesch. Und in der Bibel heißt es ganz richtig: Und der Gott blies – oder hauchte – dem Menschen die Nephesch – die tierische Seele – ein, und der Mensch ward eine lebendige Seele in sich selber. – Dies versteht man natürlich sehr häufig falsch, weil man in unserer Zeit solche tiefen Schriften nicht lesen kann, denn man liest einseitig. Wenn zum Beispiel dasteht: Und der Gott hauchte dem Menschen die Nephesch ein, die tierische Seele –, so heißt das nicht, er schuf sie in diesem Moment, sondern sie war schon da. Daß sie vorher nicht da war, das steht nicht da. Sie war vorhanden, äußerlich. Und was der Gott tat, war, daß er das, was vorher als Gruppenseele äußerlich vorhanden war, dem Menschen in das Innere verlegte. Das ist das Wesentliche, daß man einen solchen Ausdruck in seiner wirklichen Gründlichkeit versteht. Man könnte fragen: Was entstand denn dadurch, daß die Nephesch in das menschliche Innere verlegt wurde? Dadurch wurde es möglich, daß der Mensch jene Erhabenheit über das Tier erlangte, die es ihm möglich machte, sein Ich innerlich tätig zu entfalten, zu lachen und zu weinen und damit Freude und Schmerz in der Weise zu erleben, daß sie an ihm selber arbeiten.

Da kommen wir zu der bedeutsamen Wirkung, welche Schmerz und Freude im Leben haben. Hätte der Mensch sein Ich nicht in sich, dann könnte er Schmerz und Freude nicht innerlich erleben, sondern diese Schmerzen und Freuden müßten wesenlos an ihm vorüberziehen. Da er aber sein Ich in sich hat und von innen heraus seinen astralischen Leib und damit seine ganze Leiblichkeit bearbeiten kann, so werden Schmerz und Freude zu wirkenden Kräften an ihm selber. Was wir in einer Inkarnation als Schmerz und Freude erleben, das einverleiben wir uns, das tragen wir hinüber in die andere Inkarnation, das wirkt und schafft an uns. Daher könnte man sagen: Schmerz und Freude wurden zu schöpferischen Weltenkräften in dem Augenblick, wo der Mensch weinen und lachen lernte, das heißt, in dem Augenblick, wo des Menschen Ich in sein Inneres verlegt worden ist. – Hier haben wir etwas Alltägliches: Weinen und Lachen.

Aber wir verstehen es nicht, wenn wir nicht wissen, wie es sich mit dem eigentlichen geistigen Teil des Menschen verhält, was sich eigentlich da abspielt zwischen dem Ich und dem astralischen Leib, wenn der Mensch weint oder lacht.

Nun aber ist das, was den Menschen bildet, in einer fortwährenden Entwickelung begriffen. Daß der Mensch lachen und weinen kann im allgemeinen, das kommt davon her, daß er von seinem Ich aus an seinem astralischen Leib arbeiten kann. Das ist gewiß richtig. Aber auf der anderen Seite waren des Menschen physischer Leib und auch der Ätherleib eben schon veranlagt zu einem Arbeiten des Ich in seinem Inneren, als der Mensch in die erste irdische Inkarnation eintrat. Der Mensch konnte es. Wenn man ein individuelles Ich in ein Pferd hineinpressen könnte, so würde es sich da höchst unglücklich fühlen, weil es gar nichts machen könnte, weil es da keinen Ausdruck finden könnte für die individuelle Arbeit des Ich. Denken Sie sich ein individuelles Ich in einem Pferde. Das individuelle Ich würde arbeiten wollen an dem astralischen Leib des Pferdes, ihn zusammenziehen oder ihn ausdehnen wollen und so weiter. Aber wenn ein astralischer Leib mit einem physischen Leib und einem Ätherleib verbunden ist, so bilden der physische und der Ätherleib, wenn sie sich nicht den Formen des astralischen Leibes anpassen können, ein furchtbares Hindernis. Man kämpft da wie gegen eine Mauer. Das Ich in der Pferdenatur würde zusammenziehen wollen den astralischen Leib, physischer Leib und Ätherleib würden aber nicht mitgehen, und die Folge wäre, daß das Pferd wahnsinnig würde unter dem Nichtmitgehen des physischen Leibes und des Ätherleibes. Der Mensch mußte zu einer solchen Tätigkeit von vornherein veranlagt werden. Das war nur dadurch zu machen, daß er von Anfang an einen solchen physischen Leib erlangte, der wirklich ein Instrument für ein Ich werden konnte und nach und nach beherrscht werden konnte durch das Ich. Daher kann auch folgendes eintreten: Der physische Leib und der Ätherleib können in sich beweglich sein, sozusagen richtige Ich-Träger, aber das Ich kann sehr unentwickelt sein, kann noch nicht die richtige Herrschaft ausüben über physischen Leib und Ätherleib. Das kann man daran sehen, daß sich physischer Leib und Ätherleib wie eine Hülle für das Ich ausnehmen, aber doch nicht so, daß sie ein vollständiger Ausdruck des Ich sind. Das ist der Fall bei solchen Menschen, deren Lachen und Weinen unwillkürlich eintritt, die bei jeder Gelegenheit meckern und die Lachmuskeln nicht in ihrer Gewalt haben. Die zeigen dadurch ihre höhere Menschlichkeit im physischen Leibe und Ätherleibe, aber auch zu gleicher Zeit, daß sie ihre Menschlichkeit noch nicht unter die Gewalt des Ich gebracht haben. Daher wirkt das meckernde Lachen so unangenehm. Es zeigt, daß der Mensch durch das, wofür er nichts kann, höher steht als durch das, wofür er schon etwas kann. Immer wirkt es besonders fatal, wenn ein Wesen sich nicht auf der Höhe dessen erweist, was ihm geworden ist von außen. So sind auch Lachen und Weinen in einer gewissen Beziehung durchaus der Ausdruck der menschlichen Egoität, was auch schon daraus hervorgeht, daß sie nur dadurch entstehen können, daß das Ich in der menschlichen Wesenheit wohnt. Weinen kann ein Ausdruck des furchtbarsten Egoismus sein, denn Weinen ist in einer gewissen Weise nur zu häufig eine Art innerlicher Wollust. Der Mensch, der sich verlassen fühlt, zieht mit seinem Ich den astralischen Leib zusammen. Er sucht sich innerlich stark zu machen, weil er sich äußerlich schwach fühlt. Und er fühlt dann diese innerliche Stärke dadurch, daß er etwas kann, nämlich die Tränen hervorbringen. Und immer ist ein gewisses Gefühl der Befriedigung – ob man es sich nun gesteht oder nicht gesteht – mit dem Hervorbringen der Tränen verbunden. Wie unter gewissen anderen Verhältnissen eine Art Befriedigung hervorgerufen wird, wenn einer einen Stuhl zerschlägt, so ist beim Tränenvergießen häufig nichts anderes vorhanden als die Wollust des innerlichen Hervorbringens, die Wollust in der Maske der Tränen, wenn der Mensch es sich auch nicht zum Bewußtsein bringt.

Daß das Lachen in einer gewissen Weise ein Ausdruck der Egoität ist, der Ichheit, das mag daraus hervorgehen, daß eigentlich das Lachen, wenn Sie es wirklich verfolgen, immer darauf zurückzuführen ist, daß der Mensch sich erhaben fühlt über seine Umgebung und über das, was in seiner Umgebung geschieht. Warum lacht der

Mensch? Er lacht immer dann, wenn er sich über das stellt, was er beobachtet. Diesen Satz können Sie immer bewahrheitet finden. Ob Sie über sich selbst oder über einen anderen lachen, im Grunde genommen ist Ihr Ich so, daß es sich erhaben fühlt über etwas. Und in diesem Sich-erhaben-Fühlen dehnt es die Kräfte seines astralischen Leibes aus, macht sich breiter, plustert sich auf. Das ist es, genau genommen, was wirklich dem Lachen zugrunde liegt. Deshalb kann das Lachen so gesund sein, und man darf nicht in abstracto alle Egoität, dieses Sich-Aufplustern, verdammen, denn das Lachen kann sehr gesund sein, wenn es den Menschen stärkt in seinem Selbstgefühl, wenn es berechtigt ist, wenn es den Menschen über sich hinausführt. Wenn Sie irgend etwas sehen an Ihrer Umgebung, an sich und anderen, was eigentlich ein Unsinn ist, da ist es ein Erhabensein über den Unsinn, was sich da abspielt und Sie zum Lachen bringt. Es muß das eintreten, daß der Mensch sich erhaben fühlt über irgend etwas in seiner Umgebung, und das bringt das Ich dadurch zum Ausdruck, daß es den astralischen Leib ausdehnt.

Wenn Sie im Atmungsprozeß das verstehen, was wir uns eben begreiflich zu machen versuchten in dem Satz: Und der Gott hauchte dem Menschen die Nephesch ein, und der Mensch ward eine lebende Seele –, so werden Sie auch den Zusammenhang spüren mit dem, was Lachen und Weinen ist, denn Sie wissen, daß unter Lachen und Weinen sich der Atmungsprozeß selber im Menschen verändert. Damit haben wir gezeigt, wie wirklich die alleralltäglichsten Dinge nur begriffen werden können, wenn vom Geistigen ausgegangen wird. Dadurch nur können wir Lachen und Weinen verstehen, daß wir den Zusammenhang der vier Glieder der menschlichen Wesenheit verstehen. Denken Sie einmal, daß in den Zeiten, in denen man in gewisser Beziehung noch hellseherische Traditionen hatte und zu gleicher Zeit das Vermögen, aus einer Phantasie, aus einer richtigen Imagination heraus die Götter zu verbildlichen, daß man damals die Götter darstellte als heitere Wesenheiten, deren hauptsächlichste Eigenschaft die Heiterkeit, das Lachende in gewisser Beziehung war. Und nicht umsonst hat man denjenigen Gebieten des Weltendaseins, in denen vorzugsweise etwas wie eine übertriebene Egoität herrscht,

Heulen und Zähneklappern zugeschrieben. Weshalb? Weil das Lachen auf der einen Seite ein Sich-Erheben bedeutet, ein Hinausführen des Ich über die Umgebung, also den Sieg des Oberen über das Untere, während das Weinen ein Sich-Ducken bedeutet, ein Sich-Zurückziehen vor dem Äußeren, ein Kleinerwerden und ein Sich-verlassen-Fühlen der Egoität, ein Sich-auf-sich-selbst-Zurückziehen. So ergreifend die Trauer im Menschenleben ist, weil wir wissen, daß diese Trauer besiegt wird und besiegt werden muß, so viel anders, nicht ergreifend, sondern hoffnungslos, erscheinen Trauer und Weinen in derjenigen Welt, in der sie nicht mehr besiegt werden können. Da erscheinen sie als der Ausdruck der Verdammnis, des In-die-Finsternis-gestoßen-Werdens.

Diese Empfindungen, die uns überkommen können, wenn wir im großen betrachten, was sich als Arbeit des Ich an sich selber am Menschen ausprägt, müssen wir wohl beachten und sie bis in ihre intimen Gestaltungen hinein verfolgen. Dann haben wir so manches begriffen, was uns im Laufe der Zeiten entgegentritt. Wir müssen ein Bewußtsein dafür haben, daß hinter der physischen Welt eine geistige ist, und daß das, was uns im Menschenleben abwechselnd erscheint als Lachen und als Weinen, wenn es uns getrennt von ihm entgegentritt, uns dann erscheint als die lichte Heiterkeit des Himmels auf der einen Seite und auf der anderen Seite als die finstere, bittere Traurigkeit der Hölle. Diese beiden Seiten liegen unserer mittleren Welt durchaus zugrunde, und wir müssen unsere mittlere Welt dadurch verstehen, daß sie ihre Kräfte aus diesen beiden Reichen herleitet.

Wir werden noch mancherlei in bezug auf das Wesen des Menschen kennenlernen. Aber ich möchte sagen, eines der intimsten Kapitel über dieses Menschenwesen ist das vom Lachen und Weinen, trotzdem Lachen und Weinen so alltägliche Tätigkeiten sind. Das Tier lacht nicht und weint nicht, weil es nicht den Tropfen der Gottheit in sich hat, den der Mensch in seiner Ichheit trägt. Und wir können sagen, wenn der Mensch beginnt, in seinem Lebenslauf zu lächeln und zu weinen, so kann das für den, der die große Schrift der Natur zu lesen versteht, ein Beweis dafür sein, daß wirklich innerlich im Menschen ein Göttliches lebt, daß, wenn der Mensch lacht, der Gott in ihm wirksam ist, der ihn zu erheben versucht über alles Niedrige. Denn eine Erhebung ist das Lächeln und das Lachen. Und daß, wenn der Mensch weint, es auf der anderen Seite wiederum der Gott ist, der ihn ermahnt, daß dieses Ich sich verlieren könnte, wenn es sich nicht in sich selber stärken würde gegen alles Schwachwerden und Sich-verlassen-Fühlen. Der Gott im Menschen ist es, welcher der Seele seine Mahnungen erteilt im Lachen und im Weinen. Daher, man möchte sagen, das bitterböse Gefühl, das den überkommt, der das Leben versteht, wenn er unnötig weinen sieht. Denn unnötiges Weinen verrät, daß, anstatt mit der Umwelt zu leben und zu fühlen, die Wollust, im eigenen Ich zu sein, eine zu große ist. Aber auch herbe ist die Empfindung, die einen solchen Weltenversteher befallen kann, wenn er das sonst im gesunden Lachen sich ausdrückende Erheben des Ich über seine Umgebung als Selbstzweck, als Lachen über alles mögliche, als hämisches Aburteilen bei jemandem findet. Denn dann sagt sich der Betreffende: Wenn das Ich nicht alles mitnimmt, was es aus der Umgebung herausziehen kann, wenn es nicht leben will mit der Umgebung, sondern unbegründet seine Ichheit über die Umgebung erhebt, dann wird diese Ichheit nicht die nötige Schwere haben, Schwere nach aufwärts, die man sich nur dadurch suchen kann, daß man aus seiner Umgebung alles herauszieht, was herauszuziehen ist für die Entwickelung des Ich. Und dann wird das Ich zurückfallen, wird sich nicht erheben können. Gerade das schöne Maß zwischen Schmerz und Freude ist es, was zur menschlichen Entwickelung so ungeheuer beitragen kann. Wenn Schmerz und Freude an der Umwelt ihre Berechtigung haben, nicht im eigenen Inneren liegen, wenn das Ich gerade zwischen Schmerz und Freude fortwährend das rechte Verhältnis zur Umwelt herstellen will, dann werden Schmerz und Freude rechte Entwickelungsfaktoren für den Menschen sein können.

Große Dichter finden daher häufig so schöne Worte für jenen Schmerz und für jene Freude, die nicht irgendwie in einer Überhebung oder in einem In-sich-Zusammengepreßtsein des Ich wurzeln, sondern die ihre Ursache haben in dem Verhältnis zwischen Ich und Umwelt, das von außen her aus dem Gleichgewicht gebracht wurde und das nur erklärlich macht, warum der Mensch lacht, warum der Mensch weint. Wir können es verstehen, weil wir sehen, es ist in der Außenwelt, durch die Außenwelt das Verhältnis zwischen Ich und Außenwelt gestört. Also muß der Mensch lachen oder weinen, während – wenn es nur im Menschen liegt – wir nicht verstehen können, warum der Mensch lacht oder weint, da es dann immer unbegründeter Egoismus ist. Daher wirkt es so schön, wenn *Homer* von Andromache sagt, als sie unter dem zweifachen Eindruck steht der Sorge um ihren Gemahl und der Sorge um ihren Säugling: «Sie konnte lachend weinen!» Das ist ein wunderbarer Ausdruck, man möchte sagen, für etwas Normales im Weinen. Nicht ihretwillen lacht sie, nicht ihretwillen weint sie. Es ist das richtige Verhältnis da zur Außenwelt, wenn sie zu sorgen hat auf der einen Seite um den Gemahl, auf der anderen Seite um ihr Kind. Und hier haben wir das Verhältnis zwischen Lachen und Weinen, daß sie sich die Waagschale halten: lächelnd weinen – weinend lachen. Das ist oft auch der Ausdruck beim naiven Kinde, dessen Ich noch nicht so stark in sich verhärtet ist wie später beim erwachsenen Menschen, so daß es noch weinend lachen und lachend weinen kann. Und es ist wiederum die Tatsache beim Weisen: Wer sein Ich so weit überwunden hat, daß er nicht in sich die Gründe zum Lachen und Weinen sucht, sondern sie in der Außenwelt findet, daß er auch wieder lachend weinen und weinend lachen kann. Jawohl, in dem, was tagtäglich an uns vorbeigeht, haben wir, wenn wir es verstehen, den vollen Ausdruck des Geistigen. Lachen und Weinen sind etwas, was wir im höchsten Sinne die Physiognomie des Göttlichen im Menschen nennen können.

ACHTZEHNTER VORTRAG

Berlin, 3. Mai 1909

Nachdem wir vor acht Tagen uns bekanntgemacht haben mit dem, was des Menschen Inneres an ganz bestimmten alltäglichen Einzelheiten zum Ausdruck bringt, im Lachen und Weinen, werden wir uns heute bekanntzumachen haben mit Verhältnissen unserer näheren und weiteren Umgebung, von denen dieses Innere des Menschen, und damit überhaupt die ganze Entwickelung des Menschen, in einer gewissen Beziehung abhängt. Menschenkunde im weitesten Umfange ist ja das gewesen, was wir in diesem Winter hier in den Zweigvorträgen getrieben haben, und Menschenkunde auf den verschiedensten Gebieten soll es auch weiterhin sein, was uns beschäftigen wird.

Wenn Sie einmal ein wenig Umschau halten in Ihrem Wissen über die irdischen Verhältnisse, dann werden Sie sich von vornherein auch bei einer verhältnismäßig oberflächlichen Betrachtung sagen, daß der Mensch unter verschiedenen Erdstrichen, in verschiedenen Gebieten unserer Erde, eine verschiedene Gestaltung annimmt. Die äußerlichen körperlichen Eigenschaften unterscheiden sich nach den verschiedenen Landesgebieten unserer Erde. Erinnern Sie sich daran, wie es «Rassen» gibt, die schwarze, rote, gelbe und weiße Rasse, und wie diese Rassen ursprünglich verknüpft sind mit gewissen Gebieten unserer Erde. Sie finden das auch bestätigt, wenn Sie in Ihr geschichtliches Wissen zurückblicken, sei es in bezug auf das, was heute die Schule gibt aus der Betrachtung der rein physisch-materiellen Verhältnisse heraus, sei es das, was wir schon kennengelernt haben durch die anthroposophische Wissenschaft selber. Da blicken wir zurück in ferne Vergangenheit und sehen, wie sich des Menschen Seele, und eigentlich auch des Menschen Leib, in den verschiedenen Epochen der Erdentwickelung entfaltet hat. Wir haben ja auf den Gebieten der Geisteswissenschaft zurückgeblickt in das uralte Indien, in das alte Persien, Ägypten und so weiter. Wir haben gesehen, wie die einzelnen Fähigkeiten, die die Menschheit heute hat, nach und nach erst aufgeblüht sind. Das alles gibt Ihnen schon einen Begriff davon, wie äußere Verhältnisse zusammenhängen mit der Entfaltung der inneren menschlichen Wesenheit. Nun fragen wir uns einmal: Wenn schon die heutigen Verhältnisse unserer Erde eine solche menschliche Verschiedenheit bewirken, was muß erst an Verschiedenheiten im Menschen bewirkt worden sein seit dem Beginn unserer Erdenentwickelung, als die Erdenentwickelung eigentlich erst begann, nachdem sie durch die Saturn-, Sonnen- und Mondenentwickelung hindurchgegangen war? Wir haben verschiedenes daraus beschrieben. Wir werden aber das, was wir heute zu beschreiben haben, wiederum von einem anderen Gesichtspunkt aus betrachten. Denn gerade dadurch lernen wir die Verhältnisse des Menschenwesens kennen, daß wir sie immer von neuen Gesichtspunkten aus betrachten.

Als diese Erde im Beginne ihrer Entwickelung war, da war sie ja noch, wie Sie wissen, mit Sonne und Mond ein Körper. Damals mußten also die Verhältnisse innerhalb unserer ganzen Entwickelung durchaus andere sein. Wie ganz anders mußte der Mensch sein, der sich innerhalb unserer Erdenentwickelung entfaltete, als die Erde noch mit der Sonne verbunden war; und wiederum wie anders mußte der Mensch werden, als erst die Sonne und dann auch noch der Mond sich von der Erde lostrennten! Nun wissen wir ja, daß die Zeit, nach welcher sich die Sonne und der Mond abgetrennt hatten von der Erde, auch die Zeit der sogenannten lemurischen Entwickelung ist, in der der Mensch im Grunde genommen erst angefangen hat, spärlich angefangen hat, eine Gestalt zu bekommen, die einigermaßen ähnlich mit seiner heutigen ist. Wir haben das öfters so ausgedrückt, daß wir sagten: Eigentlich ist erst damals der Mensch von höheren Regionen auf die Erde herabgestiegen. Als die Sonne noch mit der Erde verbunden war, war der Mensch zwar auch in einem physischen Leib, aber nicht in einem solchen wie heute. Damals war er etwa so in einem physischen Leibe, wie wenn Sie sich denken würden, daß der Mensch heute nicht mit seinen Füßen auf der Erde stände, sondern sich in die Luft erhöbe, und daß er ferner keine Knochenbestandteile in sich hätte, sondern noch der Luft- und der Wasserregion angehörte, wobei wir uns das Wasser in der Luft aufgelöst vorstellen müssen. Da würde er sich wie ein durchsichtiges Wesen im Umkreis der Erde befinden. Ein heutiges Auge würde diesen Menschen nicht unterscheiden können von seiner Umgebung, wie etwa ein heutiges Auge auch gewisse Meerestiere nicht von ihrer Umgebung unterscheiden kann, weil sie im Grunde geradeso aussehen wie ihre Umgebung. Wie ein durch die Luft hinhuschendes Wesen kann man sich einen solchen Menschen vorstellen. Erst nach der Sonnen- und Mondentrennung ist der Mensch so geworden, wie wir ihn heute kennen. Was war denn die Bedingung, daß sich der Mensch zu dem entwickeln konnte, was er heute ist? Dazu war notwendig, daß die Sonnenkraft nicht von innen heraus, sondern von außen her auf die Erde wirkte. Das war ja der Sinn der Sonnen- und auch der Mondentrennung, daß diese beiden Weltenkörper ihre Kräfte, wie die Sonne ihr Licht, von außen her der Erde zusandten. Nur dadurch konnte der Mensch seine heutige Gestalt bekommen, daß ihn nicht das Licht der Sonne von unten herauf, vom Mittelpunkte des Weltenkörpers aus, sondern von der Seite her bestrahlte. Denken Sie sich, wenn wir eine solche Hypothese annehmen wollten, daß der Mond heute wieder auf die Erde zurückfallen würde, die Sonne sich wieder mit der Erde vereinigte: dann müßte der Mensch, wenn er bestehen wollte, wieder einen Körper um sich herumlegen, der luftig wäre wie damals; er müßte sich wie ein hinhuschendes Wesen benehmen können in der Umgebung, in der er heute heimisch ist. So verdankt der Mensch sein gegenwärtiges Dasein der Bestrahlung von Sonne und Mond von außen. Wir wollen heute dabei von allen anderen Kräften absehen.

Nun wirken aber Sonne und Mond in verschiedener Weise von außen. Wie anders wirkt die Sonne in der Gegend des Nordpols und wie anders am Äquator. Da erhalten wir ein Bild von gewaltigen Unterschieden, die einen Sinn bekamen von dem Augenblick an, als die Sonne von außen die Erde bestrahlte. Sie wissen ja, je weiter wir nach dem Nordpol gehen, desto verschiedener sind die Verhältnisse, die in bezug auf Winter und Sommer herrschen. Und am Nordpol zum Beispiel ist geradezu ein halbes Jahr Tag und ein halbes Jahr Nacht. Wenn Sie diese Verhältnisse ins Auge fassen, wird Ihnen erklärlich erscheinen, was die Geisteswissenschaft über diese Dinge zu berichten weiß. Sie weiß darüber zu sagen, daß gerade um den Nordpol herum die Verhältnisse der Erde in der lemurischen Zeit noch am allerähnlichsten waren denjenigen Verhältnissen, wie sie auf der Erde bestanden, als noch Sonne und Mond mit ihr vereinigt waren. Heute sind allerdings diese Verhältnisse noch ganz andere geworden. Aber selbst heute gilt das noch in einer gewissen Beziehung, daß um den Nordpol herum der stärkste Einfluß vorhanden ist vom Mittelpunkte der Erde auf ihre Oberfläche und daß dort die Einflüsse von Sonne und Mond die allergeringsten sind. Was sich seit der lemurischen Zeit geltend gemacht hat, daß die Bestrahlung von außen einen so großen Einfluß gewonnen hat, das hat sich am geringsten erfüllt um den Nordpol herum, so daß also die Wirkung des Innern der Erde auf die Oberfläche und auf alles, was auf der Oberfläche lebt, am größten ist um den Nordpol herum. Dagegen ist der Einfluß von Sonne und Mond am allerstärksten um den Äquator herum. Das war schon in den lemurischen Zeiten so. Aus der Akasha-Chronik können wir konstatieren, daß die Verhältnisse auf der Erde völlig neue geworden sind durch die Trennung von Sonne und Mond. Dadurch aber bildete sich auch eine ganz bestimmte Wirkung heraus. Es entstand etwas, was für die ganze Entwickelung der Erde von einer grundlegenden Bedeutung ist. Um den Nordpol herum war es gerade aus diesem Grunde dem Menschen am wenigsten möglich, können wir sagen, herunterzusteigen und sich in einer physischen Menschengestalt so zu inkarnieren, daß er in ihr seinen besten Ausdruck fand. Daher war in der alten lemurischen Zeit gerade am Nordpol der Erde die Versammlung derjenigen Wesenheiten, welche, wenn ich mich so ausdrücken darf, noch keinen Anspruch darauf machten, ganz tief auf die Erde herabzusteigen, denen es mehr zusagte, oben zu bleiben in den Regionen, wo die Luft mit Wasserdunst durchzogen war. Wir haben also um den Nordpol herum in den lemurischen Zeiten eine Art Geistergeschlecht, das sich nicht viel kümmerte um die physischen Leiber, die da unten auf der Erde herumwimmelten, ein Geschlecht, das in geistiger Beziehung für ein heutiges Auge aus durchsichtigen und daher nicht eigentlich sichtbaren Gestalten bestand, die als solche hoch ausgebildet waren, aber in bezug auf ihre physischen Gestalten eine niedere Menschlichkeit zeigten. Sie lebten in einem Ätherleibe, sie waren mehr ätherische Wesenheiten und standen in einem losen Verhältnis zu den primitiven Leibern, die sich unten auf der Erde entwickelten und auch noch keine besondere Dichtigkeit hatten. Diese Leiber waren zu sehr von der Erde abhängig, und nur im geringsten Grade wurden sie von den geistig höherstehenden Wesenheiten als ihre Hüllen benutzt. Wenn daher ein heutiger Mensch mit seinem sinnlichen Anschauungsvermögen den Nordpol hätte besuchen können zur Zeit der Lemurier, so hätte er von der Bevölkerung dort sich etwa folgendes gesagt: Eine ganz merkwürdige Bevölkerung das! Die Leute sind eigentlich ganz unvollkommen ausgebildet in bezug auf ihre physischen Leiber, aber es muß damit doch etwas Besonderes zusammenhängen, denn die Bevölkerung ist geschickt, ist intelligent, es ist, wie wenn sie an Fäden von oben herab dirigiert würde! – Ja, so war es dort, weil der eigentliche Mensch nicht herunterstieg auf die Oberfläche der Erde. Deshalb waren damals die Menschen um den Nordpol im höchsten Grade ätherische Wesenheiten mit hoch ausgebildeten Ätherleibern, aber wenig entwickelten physischen Leibern, Wesenheiten, die sozusagen alle Weisheit der Welt wie durch hohe hellseherische Kräfte in ihren Ätherleibern sich vergegenwärtigen konnten, die da hinausschauten zum Sternenhimmel und begriffen, was für Wesenheiten in den Weltenweiten den Raum belebten. Aber schläfrig, möchte man fast sagen, waren ihre physischen Leiber. Dennoch, weil sie wie an Fäden von oben dirigiert wurden, verrichteten sie ganz intelligente Taten.

Dagegen war es in den äquatorialen Gegenden anders. Da wurde der Einfluß von Sonne und Mond von außen eben reger und immer reger. Die Luft wurde sozusagen von den Sonnenstrahlen durchsetzt, durchwärmt. Alle diejenigen Erscheinungen, die in der Luftregion sich abspielten, wurden abhängig von Sonne und Mond. Und die Folge war, daß in diesen Gegenden gerade im alten Lemurien die Menschen am tiefsten heruntersteigen in ihre physischen Leiber, daß da die ätherischen Leiber am tiefsten die physischen Leiber durchsetzten. Wiederum würde ein heutiger Mensch mit sinnlichen Augen diese Wesen als die höchst entwickelten physischen Menschengestalten hinnehmen, während er die nördlichen Völkerschaften hinstellen würde als solche, die wenig entwickelt sind. Noch ein anderer Unterschied ergab sich, der besonders wesentlich ist.

Da, wo die Sonne den geringsten Einfluß hatte, entwickelten sich die Menschen so, daß sie im Grunde genommen über weite Gebiete hin einer wie der andere aussahen. Denn von denjenigen Wesenheiten, die da nicht heruntergestiegen und noch ätherisch waren, von denen gehörte immer eine ätherische Wesenheit zu vielen da unten. Es waren Gruppenseelen da oben, während die Seelen um den Äquator herum viel mehr Individualseelen waren, viel mehr jede einzelne in ihrem Leibe war. Also im denkbar höchsten Grade standen die Bewohner derjenigen Gegenden, die wir heute um den Nordpol herum sehen, in der lemurischen Zeit im Zeichen der Gruppenseelenhaftigkeit. Eine ganze Anzahl von Menschen sah hinauf zu ihrer Gruppenseele. Und wenn wir diese Gruppenseelen als Seelen betrachten, so waren sie viel höher entwickelt als die Seelen, die in der lemurischen Zeit in den Äquatorgegenden hineinzogen in die physischen Leiber. Wir können also sagen: Um den Nordpol wohnte eine Bevölkerung, die wir eigentlich, wie in einer Art Paradies, in den Luftregionen zu suchen haben, die noch nicht heruntergestiegen war bis zur Erde. Was wir so begriffen haben als etwas, das wie eine notwendige Folge erscheint von dem, was wir früher schon kennengelernt haben, vergleichen Sie das jetzt mit dem, was Ihnen da oder dort in der theosophischen Literatur entgegentritt: daß jene höheren Wesenheiten, die einst die Lehrer der Menschheit waren, hinuntergestiegen sind aus einer kalten nördlichen Region! Wir haben sie jetzt förmlich gefunden, die Gruppenseelen um den Nordpol herum. Wollten sie Lehrer werden derer, die geringere Seelen waren und mehr in die physischen Leiber hineingingen, so mußten sie auch mehr hinuntersteigen und in ihrem Ätherleibe dem hellseherischen Vermögen der lemurischen Zeit entgegentreten, oder sie mußten eben durch ein Opfer die physische Menschengestalt der lemurischen Bevölkerung annehmen.

Wenn wir eine Reise gemacht hätten in der lemurischen Zeit vom

Äquator nach dem Nordpol hin, so würden wir eine Vergeistigung der Erdenbevölkerung gefunden haben. Wir können in dieser Zeit gleichsam zwischen einer zweifachen Bevölkerung unterscheiden: einer noch geistig gebliebenen Art, der im Grunde ihre irdische Leiblichkeit nur wie ein Zusatz zu ihrer geistigen Wesenheit erschien und einer anderen, schon ins Materielle, ins Physische hinuntergegangenen Bevölkerung. Was wäre geschehen, wenn nun keine Veränderung innerhalb der Erdenentwickelung eingetreten wäre? Dann hätten überhaupt die besten der Seelen der polarischen Länder nicht hineinsteigen können in eine physische Körperlichkeit. Und auf der anderen Seite wäre sozusagen die Bevölkerung um den Äquator herum mehr oder weniger dem Untergange verfallen. Weil sie zu früh in eine physische Leiblichkeit hintergestiegen war, verfiel sie ja gerade in jene Laster und Untugenden, die zum Untergange von Lemurien geführt haben. Und die Folge war, daß der beste Teil der Bevölkerung auswanderte in jene Gegenden, die zwischen dem Äquator und den nördlichen Ländern lagen. Denn in den lemurischen Zeiten haben wir die zukunftssichersten Glieder der Menschheit in den Zwischenländern zwischen dem Äquator und dem Nordpol. Gerade am besten entwickelten sich die Menschenleiber, die dann wieder Träger werden konnten der besten Menschenseelen, in jenen Gegenden der alten Atlantis, die in der heute sogenannten gemäßigten Zone lagen.

Nun bleiben von allen verschiedenen Entwickelungsstufen ja sozusagen Reste zurück, und auch von diesen alten Zeiten sind Reste zurückgeblieben. Zwar von dem, was wir die lemurische Bevölkerung der Erde nennen, jene eigentümliche Bevölkerung des Nordens, die stark entwickelte Ätherleiber und wenig entwickelte physische Leiber hatte, und jene andere äquatoriale Bevölkerung, die stark ausgebildete physische Leiber und wenig entwickelte Ätherleiber hatte, von denen ist nichts zurückgeblieben, die sind untergegangen. Denn diese Leiber waren so, daß wir nicht einmal die Überreste finden können; die Substanz war noch so weich, daß von Überresten nicht die Rede sein kann. – Bei ihren Nachkommen in der Atlantis handelte es sich vorzugsweise darum, daß der Keim des Ichs, des Selbstbewußtseins, der ja im Grunde genommen schon von der alten lemurischen Zeit her veranlagt war, immer mehr und mehr herauskam, sich immer mehr auf der Erde entwickelte. Wären die Menschen nicht zu einem großen Teil hinübergezogen nach der Atlantis, so hätte es nicht zu einer regen Ich-Entwickelung kommen können. Denn die lemurische Bevölkerung wäre nach und nach untergegangen, sie hätte allen Leidenschaften verfallen müssen, und die besten Seelen des Nordens wären überhaupt nicht auf die Erde heruntergestiegen, denn sie hätten keine passenden Leiber finden können. Die unvollkommenen Leiber von früher hätten ihnen nicht die Möglichkeit bieten können, ein starkes Selbstgefühl innerhalb der Leiblichkeit zu entwickeln. Dadurch, daß die besseren Teile der lemurischen Bevölkerung nach Atlantis auswanderten, gestaltete sich der menschliche Leib zu einer solchen Form um, daß er der Träger des Selbstbewußtseins im richtigen Maße werden konnte. Und in den Gebieten der heutigen gemäßigten Zone erlangte der Menschenleib erst allmählich diese Form. Denn in diesen Entwickelungszeiten gestaltete sich der menschliche Leib noch immer um. In der atlantischen Zeit war der menschliche Leib noch nicht wie heute in feste Formen gebannt, sondern es war noch so, daß geistig sehr bedeutende, hochentwickelte Menschen in der damaligen Zeit physisch klein waren, kleine Menschen waren. Dagegen hatte der, der geistig nicht sehr bedeutend war, in der atlantischen Zeit einen riesig entwickelten physischen Körper. Und man konnte, wenn man damals einem solchen Riesen begegnete, sich sagen: Der steht auf keiner sehr hohen Stufe der Geistigkeit, denn der ist mit seiner ganzen Wesenheit in den Leib hineingerannt! – Alles, was in den Sagen von den «Riesen» enthalten ist, beruht durchaus auf Erkenntnis der Wahrheit. Wenn daher in den germanischen Sagen eine wirkliche Erinnerung an jene Zeiten erhalten ist, so empfinden wir es vom geisteswissenschaftlichen Standpunkt aus als etwas durchaus Richtiges, daß die Riesen dumm sind und daß die Zwerge eigentlich sehr gescheit sind. Das beruht durchaus darauf, daß man von der atlantischen Bevölkerung sagen konnte: Da sind kleine Leute, da ist eine große Intelligenz zu Hause; dort hingegen ist ein großer Menschenschlag, und die sind alle dumm!

Wo die menschliche Intelligenz ins Fleisch gegangen war, da war geistig nicht sehr viel zurückgeblieben. So daß physische Größe der Ausdruck dafür war, daß die Geistigkeit nicht zurückbehalten werden konnte. Es war der Körper in gewisser Weise damals noch durchaus verwandlungsfähig. Gerade in der Zeit, als die Atlantis anfing unterzugehen, da war ein großer Unterschied zwischen den Menschen, die gut waren in ihren seelischen Eigenschaften und die ein kleiner Menschenschlag waren gegenüber den Riesengestalten, welche lasterhaft waren, bei denen alles ins Fleisch gegangen war. Sogar in der Bibel könnten Sie noch Nachklänge dieser Tatsache finden, wenn Sie sie suchen wollten.

Also wir sehen, wie der menschliche Leib in der atlantischen Zeit sich noch gestalten konnte nach den geistigen Eigenschaften. Daher konnte er auch die Gestalt annehmen, die ihn befähigte, alle Organe, das Herz, das Gehirn und so weiter, so zu bauen, daß sie der Ausdruck wurden für ein eigentliches Ich-Wesen, für ein selbstbewußtes Wesen. Nun aber entwickelten sich diese Fähigkeiten und auch diese Eigenschaften in den mannigfaltigsten Graden. Es gab Menschen, die gerade recht waren in bezug auf ihre Innerlichkeit, gerade normal, die den Egoismus nicht auf eine zu starke Höhe gebracht und auch das Ich-Gefühl nicht nur auf eine niedere Art ausgebildet hatten. Bei ihnen hielten sich die Hingabe an die Außenwelt und das Ich-Gefühl die Waage. Solche Leute waren überall verstreut. Das waren aber diejenigen, mit denen die atlantischen Eingeweihten am meisten machen konnten. Dagegen gab es andere Menschen, bei denen ein furchtbar starkes Ich-Gefühl ausgebildet war, viel zu früh natürlich; denn die Menschen waren noch nicht so weit, daß sie in ihrem Körper ein Instrument bilden konnten für ein stark ausgebildetes Ich-Gefühl. Der Körper wurde dadurch sozusagen in Egoität verhärtet, es war ihm unmöglich, sich über einen gewissen Grad hinaus zu entwickeln. Andere Völker wieder waren nicht bis zu einem gewissen normalen Ich-Gefühl gekommen, weil sie in einem höheren Grade von der Außenwelt beeinflußbar waren, als sie es hätten sein sollen, Völker, die ganz hingegeben waren an die Außenwelt. Also die Normalmenschen waren für die Eingeweihten am besten zu brauchen als Material für die Zukunftsentwickelung, und sie waren auch diejenigen, welche der große Sonnen-Eingeweihte, der Manu, um sich sammelte als das entwickelungsfähigste Volk. Diejenigen Völker, bei denen der Ich-Trieb zu stark entwickelt war und von innen heraus den ganzen Menschen durchdrang und ihm die Ichheit, die Egoität aufprägte, die wanderten allmählich nach Westen, und das wurde die Bevölkerung, die in ihren letzten Resten auftritt als die indianische Bevölkerung Amerikas. Die Menschen, welche ihr Ich-Gefühl zu gering ausgebildet hatten, wanderten nach dem Osten, und die übriggebliebenen Reste von diesen Menschen sind die nachherige Negerbevölkerung Afrikas geworden. Bis in die körperlichen Eigenschaften hinein tritt das zutage, wenn man die Dinge wirklich geisteswissenschaftlich betrachtet. Wenn der Mensch sein Inneres ganz ausprägt in seiner Physiognomie, in seiner Körperoberfläche, dann durchdringt das gleichsam mit der Farbe der Innerlichkeit sein Äußeres. Die Farbe der Egoität ist aber die rote, die kupferrote oder auch die gelblichbraune Farbe. Daher kann tatsächlich eine zu starke Egoität, die von irgendeinem gekränkten Ehrgefühl herrührt, auch heute noch den Menschen von innen heraus sozusagen gelb vor Ärger machen. Das sind Erscheinungen, die durchaus miteinander zusammenhängen: die Kupferfarbe derjenigen Völker, die nach Westen hinübergewandert waren, und das Gelb bei dem Menschen, dem die «Galle überläuft», wie man sagt, dessen Inneres sich daher bis in seine Haut ausprägt. Diejenigen Menschen aber, die ihre Ich-Wesenheit zu schwach entwickelt hatten, die den Sonneneinwirkungen zu sehr ausgesetzt waren, sie waren wie Pflanzen: sie setzten unter ihrer Haut zuviel kohlenstoffartige Bestandteile ab und wurden schwarz. Daher sind die Neger schwarz. – So haben wir auf der einen Seite östlich von Atlantis in der schwarzen Negerbevölkerung, auf der andern Seite westlich von Atlantis in den kupferroten Völkern Überreste von solchen Menschen, die nicht in einem normalen Maße das Ich-Gefühl entwickelt hatten. Mit den Normalmenschen war am meisten zu machen. Sie wurden daher auch dazu ausersehen, von dem bekannten Orte in Asien aus die verschiedenen anderen Gebiete zu durchsetzen.

Nun gab es natürlich von jenem kleinen Häuflein, das der Manu um sich versammelte, bis zu den Extremen wieder die allerverschiedensten Zwischengrade in bezug auf diese Entwickelung. Die kamen natürlich auch zur Geltung. Diese Zwischengrade waren zum Teil außerordentlich geeignet für die Weiterentwickelung der Kultur der Erde. So zum Beispiel blieb bei dem Zug von dem Westen nach dem Osten in den europäischen Gegenden eine Bevölkerung zurück, die in starkem Maße das Ich-Gefühl ausgebildet hatte, aber zu gleicher Zeit wenig beeinflußbar war durch die Umgebung. Denken Sie sich, was gerade in Europa für eine eigenartige Mischung herauskommen mußte. Diejenigen, die nach dem Osten hinüberwanderten und die schwarze Bevölkerung wurden, waren stark beeinflußbar durch die Außenwelt, besonders für die Sonnenwirkung, gerade weil sie ein geringes Ich-Gefühl hatten. Nun aber wanderten in dieselben Gegenden, wenigstens in dieser Richtung, Völkerschaften, die ein starkes Ich-Gefühl hatten. Das ist eine Bevölkerung, die sozusagen die östliche Richtung der westlichen vorgezogen hatte. Diese hat gemildert die kupferrote Farbe, welche sie bekommen hätte, wenn sie nach Westen gezogen wäre. Und aus ihr entsprang jene Bevölkerung, die ein starkes Ich-Gefühl hatte, das sich die Waagschale hielt mit dem Hingegebensein an die Außenwelt. Das ist die Bevölkerung Europas, von der wir im letzten öffentlichen Vortrag sagen konnten, daß das starke Persönlichkeitsgefühl von Anfang an bei ihr das Wesentliche war.

So sehen wir, wie beim Menschen das Äußere auf die innerlichen Verhältnisse wirkt und wie die Erde durch die verschiedenen Lagen, in der ihre Oberflächenteile der Sonnenbestrahlung ausgesetzt sind, die Veranlassung gab für die verschiedensten Grade der Seelenentwickelung. Je nachdem, wo sich die Seelen damals hinwandten, fanden sie die verschiedensten Möglichkeiten, um ihre Entwickelung im physischen Leibe durchzumachen. Das ist sehr bedeutsam, daß wir den Zusammenhang zwischen der Sonneneinwirkung auf die Erde und der Menschheitsentwickelung einmal ins Auge fassen. Wenn Sie gerade diese Dinge einmal mit mir weiter verfolgen werden, bis in Einzelheiten der späteren Zeiten hinein, dann werden Sie sehen, wie vieles auch in den späteren Zeiten dadurch erklärlich wird, daß die verschiedensten Schattierungen aufgetreten sind. So zum Beispiel haben wir den in Europa gebliebenen Teil der Bevölkerung, der so war, wie ich es eben beschrieben habe, und der bis in spätere Zeiten auf sich angewiesen war. Er kümmerte sich nicht um andere, aber der Teil, der sich dann hinüberwandte von dieser Bevölkerung in die Gegenden, die schon besiedelt waren von der in den verschiedensten Graden dunkel gewordenen Bevölkerung, der sich dann mit dieser vermischte, der hatte nun auch alle möglichen Grade der anderen Hautfarbe. Sehen Sie sich diese Farben an, von den Negern angefangen bis zu der gelben Bevölkerung hin, die in Asien zu finden ist. Daher haben Sie dort Leiber, die wiederum Hüllen der verschiedensten Seelen sind, von der ganz passiven Negerseele angefangen, die völlig der Umgebung, der äußeren Physis hingegeben ist, bis zu den anderen Stufen der passiven Seelen in den verschiedensten Gegenden Asiens.

Mancherlei von der Entwickelung asiatischer und afrikanischer Völkerschaften wird Ihnen jetzt in ihren Eigentümlichkeiten begreiflich sein: sie stellen Mischungen dar von Hingegebensein an die Umgebung und äußerlich ausgeprägtem Ich-Gefühl. So daß wir im Grunde genommen zwei Gruppen von Bevölkerungen haben, welche die verschiedenen Mischungsverhältnisse darstellen: auf europäischem Boden die einen, welche den Grundstock der weißen Bevölkerung bildeten, die das Persönlichkeitsgefühl am stärksten ausgebildet hatten, aber sich nicht dort hinwandten, wo das Persönlichkeitsgefühl den ganzen Leib durchdrang, sondern wo das Ich-Gefühl sich mehr verinnerlichte. Daher haben Sie in Westasien, zum Teil auch in den älteren Zeiten in Nordafrika und in den europäischen Gegenden eine Bevölkerung, die innerlich ein starkes Ich-Gefühl hat, aber äußerlich im Grunde genommen wenig sich verliert an die Umgebung, die innerlich starke und gefestigte Naturen sind, aber diesen inneren Charakter nicht der äußeren Leiblichkeit aufgeprägt haben. Dagegen haben wir in Asien Bevölkerungen, die passive, hingebende Naturen sind, bei denen gerade das Passive im höheren Grade zum Ausdruck kommt. Die Bevölkerung wird dadurch träumerisch, der Ätherleib dringt sehr tief in den physischen Leib ein. Das ist der Grundunterschied zwischen der europäischen und der asiatischen Bevölkerung.

Mitten hineingekeilt war der Manu mit seinen Normalmenschen. Jeder einzelnen Schattierung dieser Bevölkerung mußte er die richtige Kultur geben. Da hatte er die Weistümer und Lehren so zu schattieren, wie es den äußeren Verhältnissen der Bevölkerung angemessen war. Und so sehen wir, wie der Bevölkerung in Asien eine Lehre gegeben wird, die dazu bestimmt ist, sie in ihrer Passivität, in ihrem Hingegebensein zu befriedigen. Nicht das «Ich» betont diese asiatisch-afrikanische Bevölkerung. Der Neger würde zum Teil ganz und gar nicht das Ich betonen. Blickte diese Bevölkerung zum Göttlichen auf, so sagte sie: Ich finde das innerste Wesen von mir selber nicht in mir, sondern ich finde es in Brahman, indem ich aus mir ausfließe, indem ich mich hingebe an das Universum!

Eine solche Lehre hätte man in Europa nicht verstanden. Europa war dazu viel zu sehr gegen den Nordpol zu gelagert, und eine gewisse Ähnlichkeit bleibt schon den Ländern, auch durch die verschiedenen Zeiten hindurch. Erinnern wir uns, daß wir ja um den Nordpol einst die Bevölkerung gefunden hatten, die nicht hinunterstieg bis in die physischen Leiber, deren physische Leiber gewissermaßen sogar verkümmert waren. Ja, die Bevölkerung Europas stieg jetzt noch nicht ganz in ihre physischen Leiber hinunter. Sie verinnerlichten sich ihr Persönlichkeitsgefühl. Und das würden wir finden, je weiter wir zurückgehen in die alten Zeiten Europas. Denken Sie sich, wie sich dieses verinnerlichte Persönlichkeitsgefühl noch erhalten hat bis in spätere Zeiten hinein, als man vielleicht schon gar nicht mehr den Grund dafür einsah. Jemand, der dem Osten angehört hätte, würde gesagt haben: Ich vereinige mich mit dem einen, dem allumfassenden Brahman! Du vereinigst dich mit Brahman! Der andere vereinigt sich mit Brahman, der fünfzigste, der hundertste, sie alle vereinigten sich mit dem einen Brahman! – Womit vereinigte sich der Europäer, wenn er es anerkennen mußte als etwas, was in seiner Anschauung galt? Da vereinigte er sich mit der einen Walküre, mit der einen höheren Seele. Und es ist sozusagen für jeden die Walküre da im Moment des Todes. Da ist alles individuell, da ist alles persönlich. Und an der Grenze der beiden Gebiete, da nur konnte so etwas entstehen wie die Moses-Christus-Religion. Mitten drinnen, zwischen Orient und Okzident, da nur konnte sie hineinfallen. Und während sie keine Wurzel fassen konnte nach dem Osten hinüber, wo die Gottesvorstellung ja vorhanden war als eine einheitliche, aber auf einer vorhergehenden Stufe, konnte sie sich durchsetzen als eine Vorstellung des persönlichen Gottes, der der Jahve schon ist und der der Christus ist, bei denjenigen Völkern, die selbst schon das Persönlichkeitsgefühl in sich trugen. Daher verbreitete sie sich nach dem Westen hinüber, und wir sehen, wie sie hier als die Vorstellung von dem persönlich gedachten Gotte auf ein Verständnis stoßen konnte. Deshalb sehen wir sie fast wie eine Notwendigkeit gerade in diesem Gürtel so werden. Das Persönlichkeitsgefühl war da, aber es war noch innerlich, geistig, so wie bei den alten Lemuriern noch alles geistig und das Körperliche wenig entwickelt war. Hier war nun zwar das Körperliche entwickelt, aber das Persönliche, worauf der Mensch den größten Wert legte, war innerlich; und durch das Innerliche wollte er auch das Äußerliche erobern. Man verstand daher auch dort den Gott am besten, der mit seiner Äußerlichkeit am meisten Innerlichkeit hatte, den Christus. In Europa war alles vorbereitet für den Christus. Und weil das Gebiete waren, wo die Menschen früher noch nicht völlig heruntergestiegen waren auf den irdischen Schauplatz und daher noch so etwas vorhanden war wie letzte Reste einer geistigen Wahrnehmung, so war auch etwas zurückgeblieben von dem Sehen von geistigen Wesenheiten, vom alten europäischen Hellsehen.

Dieses alte europäische Hellsehen hatte auch dazu geführt, daß durch Europa hindurch, auch noch nach Asien hinein, eine uralte Gottesvorstellung vorhanden war, von der die heutige Gelehrsamkeit vielleicht erst dann etwas wissen wird, wenn sie sie in den Sagen einzelner entlegener Gebiete Sibiriens entdecken wird. Da taucht nämlich eine merkwürdige Bezeichnung auf, lange vor der christlichen Entwickelung, als nichts gewußt wurde von dem, was da unten geschah, also von dem, was im Alten Testament beschrieben ist, was griechisch-römische Entwickelung, was orientalische Entwickelung ist. Es taucht da eine merkwürdige Vorstellung auf, die etwa zu dem Namen führte, der jetzt ziemlich verklungen ist: der «Ongod»; und der Ongod ist ein Name, der sozusagen heute in der Vorstellung von dem «einen Gotte» noch nachklingt. Der Ongod würde etwa so etwas sein wie das Göttliche in allen geistigen Wesenheiten, die wir wahrnehmen. So war auch nach dieser Richtung hin die eine persönliche Gottesvorstellung etwas durchaus Vertrautes für die Bevölkerung, welche gerade diesen Gürtel der Erde bewohnt hat. Daher können wir es verstehen, daß gerade in diesem Gürtel der Erde auch diese Anschauung ihre wesentlichsten Früchte trug. Denn es hatte sozusagen dieser Gürtel der Erde mit seiner Bevölkerung das Geheimnis vom Ich gelöst. Es beruht im Grunde genommen alle Entwickelung seit der atlantischen Zeit darauf, daß entweder Bevölkerungsteile das Ich-Gefühl sich gerade im richtigen Verhältnis erhalten oder daß sie das Ich zu stark oder zu schwach entwickelt hatten. Aus allen Völkern, die das Ich in irgendeinem Grade zu stark oder zu schwach entwickelt hatten, konnte nichts Besonderes werden. In einem eigenartigen Verhältnis hatten es die Völker entwickelt, die eben beschrieben worden sind als die Bevölkerung Vorderasiens und auch noch die Völker gewisser Gebiete von Afrika und vorzugsweise Europas.

Das waren die Grundbedingungen für die spätere Kultur, die sich etwa seit unserer Zeitrechnung entwickelt hat. Es mußte das Ich sozusagen bis zu einer gewissen Entwickelung kommen, dann aber nicht zuviel nach der einen oder anderen Seite tun. Und unsere Aufgabe ist es heute, dies gerade in dem richtigen Sinn zu begreifen. Denn in einer gewissen Beziehung muß alle Geisteswissenschaft appellieren an das, was man nennt: Entwickelung eines höheren Ichs aus dem niederen Ich heraus. Wenn wir jetzt in die Zeiten zurückschauen, können wir sagen: Daran, daß gewisse Bevölkerungsteile der Erde nicht die Möglichkeit gefunden haben, richtig mit der Erdenentwickelung Schritt zu halten in der Herausentwickelung ihres Ichs, daran können wir uns die Lehre nehmen, wieviel verfehlt werden kann in bezug auf die Entwickelung des höheren Ichs aus dem niederen Ich. Da gab es zum Beispiel in der alten Atlantis

Völker, die dann zu Indianern geworden sind, die sich sozusagen verloren haben von der Erdenbevölkerung. Was hätten sie gesagt, wenn sie das, was bei ihnen Tatsache der Entwickelung war, hätten aussprechen können? Sie würden gesagt haben: Ich will vor allem mein Inneres entwickeln, mein Inneres, was mein Höchstes ist, wenn ich in mich hineinschaue! – Und sie haben dieses Ich so stark entwickelt, daß es bei ihnen bis in die Hautfarbe gegangen ist: sie wurden eben kupferrot. Sie haben sich in der Dekadenz entwickelt. Das sind die, welche in der atlantischen Bevölkerung, wo noch alles ins Fleisch und in die Haut ging, etwas pflegten, was man nennen könnte «das Hineinbrüten in das Ich», die sozusagen die Überzeugung hatten: Ich finde alles, was zu entwickeln ist, in mir selber! Das andere Extrem waren die, welche da sagten: Ach, das Ich ist nichts wert! Das Ich muß sich selber ganz verlieren, muß ganz und gar aufgehen, muß sich alles sagen lassen von außen! – In Wirklichkeit haben sie es nicht gesagt, denn sie reflektierten ja nicht so. Aber das sind die, welche so ihr Ich verleugnet haben, daß sie schwarz davon wurden, weil die äußeren Kräfte, die von der Sonne auf die Erde kommen, sie eben schwarz machten. Nur diejenigen, welche imstande waren, die Balance zu halten in bezug auf ihr Ich, das waren die, welche sich in die Zukunft hinein entwickeln konnten.

Schauen wir jetzt auf die Bevölkerung unserer Erde. Da gibt es heute noch Menschen, die da sagen: Ach, die Anthroposophen reden von einer geistigen Welt, die sie in sich selber suchen. Wir aber blicken auf unsere guten, alten, uns von außen überkommenen religiösen Überlieferungen. Wir bauen auf das, was uns von außen zukommt, und kümmern uns nicht viel um eine höhere Welt! – Heute ist natürlich alles geistiger, als es in der Atlantis war. Heute wird man nicht mehr schwarz davon, wenn man bloß auf Traditionen baut, wenn man sagt: Es werden schon diejenigen für uns sorgen, denen unser Seelenheil anvertraut ist, die um uns herum wirken, und die eben angestellt sind, um unsere Seelen in den Himmel zu bringen! – Heute wird man nicht mehr schwarz davon. Aber wir wollen nicht alles in Abrede stellen: Es gibt auch heute noch Gegenden Europas, in denen gesagt wird, man werde von einer solchen Gesinnung «schwarz»! Heute ist eben alles geistiger! Das also sind die einen. Die anderen sind die, welche ohne sich erst einzulassen auf das, was uns die Geisteswissenschaft in allen Einzelheiten zu bringen vermag – die Forschungen aus der Akasha-Chronik, das Wesen von Reinkarnation und Karma, die Prinzipien über das Wesen des Menschen und so weiter, und wozu man sich anstrengen muß, um es zu verstehen –, sie sind solche, die zu bequem sind und sagen: Wozu brauche ich das alles! Ich gucke in mein Inneres hinein, das ist mein höheres Ich, da ist der Gottmensch in mir! – Solche Gesinnung entwickelt sich ja sehr häufig sogar auf dem Boden der Theosophie. Da will man nichts lernen, sich nicht wirklich entwickeln und warten, bis das Ich alle einzelnen Gestaltungen umfaßt hat, sondern man läuft herum und wartet, bis der Gottmensch aus einem spricht, und immer wieder wird das höhere Ich betont. Ja, es gibt sogar eine gewisse Literatur, die da sagt: Ihr braucht gar nicht zu lernen! Laßt nur den Gottmenschen aus euch sprechen! – Heute, wo alles geistiger ist, wird man nicht mehr kupferrot davon. Aber man verfällt einem ähnlichen Schicksal wie die Bevölkerung, die nur immer auf ihr Ich gepocht hat.

Das ist es, was wir brauchen: Gerade ein sich in Bewegung erhaltendes Ich, das sich nicht verlieren darf in der äußeren physischen Beobachtung, im äußeren physischen Erleben, das aber auch nicht auf einem Punkt stehenbleibt, sondern wirklich zu den geistigen Gestaltungen vorrückt. Deshalb haben uns die großen Meister der Weisheit und des Zusammenklangs der Empfindungen nicht von Anfang an in der theosophischen Bewegung etwa gesagt: Laßt den Gottmenschen aus euch sprechen! – sondern sie haben uns ganz bestimmte Impulse gegeben, die Weistümer der Welt in allen Einzelheiten zu finden. Und wir sind nicht Schüler der großen Meister, wenn wir den Gottmenschen nur aus uns sprechen lassen wollen, oder wenn wir meinen, daß jeder einzelne seinen Meister in sich selber trägt, sondern wenn wir kennenlernen wollen die Gestaltung der Welt in allen ihren Einzelheiten. Geisteswissenschaftliche Entwickelung ist: das Wissen anstreben über alle Intimitäten des Weltengeschehens. Dann erreichen wir unser höheres Ich, wenn wir von Stufe zu Stufe in der Entwickelung hinaufsteigen. Draußen ausgeprägt in den Wundern der Welt ist unser Ich. Denn wir sind aus der Welt herausgeboren und wollen uns wiederum in diese Welt hineinleben.

So sehen wir, wie die heutigen Zustände, denen der Mensch verfallen kann, nur sozusagen neuere, geistigere Ausgestaltungen dessen sind, was uns in der atlantischen Zeit schon entgegengetreten ist. Da gab es auch schon diese drei Teile unter den Menschen: Die einen, die ihr Ich wirklich entwickeln wollten, Neues und immer Neues aufnahmen und dadurch wirklich zu Trägern der nachatlantischen Kultur wurden. Es gab die anderen, die ihren Gottmenschen nur aus sich sprechen lassen wollten, und ihr Ich durchdrang sie mit der kupferroten Farbe. Und die dritten, welche nur nach außen hin den Sinn wandten, und dieser Teil wurde schwarz.

Wir müssen wirklich aus dem, was sich uns an diesen Vorgängen der Erdenentwickelung zeigt, für uns die rechte Lehre nehmen. Dann werden wir gerade innerhalb der anthroposophischen Bewegung den richtigen Impuls finden können. Das, was geschieht, ist immer schon in einer gewissen Weise geschehen, aber es geschieht wieder in immer neuen Formen. Dadurch ist die anthroposophische Bewegung etwas so Großes und Bedeutungsvolles, daß sie etwas, was sichtbarlich sich entwickelt hat in der Atlantis, nun in den Erdgebieten mehr unsichtbar weiter entwickelt. So eilt der Mensch von der Kultur des Sichtbaren einer Kulturepoche des Unsichtbaren und immer Unsichtbareren entgegen.

NEUNZEHNTER VORTRAG

Berlin, 17. Juni 1909

Heute soll einiges gegeben werden zur Ergänzung der mannigfaltigen okkulten Tatsachen und Ausblicke, die wir in diesem Winter hier gepflegt haben. Es ist oft betont worden, in welcher Weise dasjenige, was wir Geisteswissenschaft nennen, eingreifen soll in das Menschenleben und wie es Leben, Handlung, Tat werden kann. Heute aber sollen einzelne ergänzende Blicke geworfen werden auf die großen Entwickelungsvorgänge des Weltenalls, wie sie sich im Menschen ausdrücken. Und zuerst möchte ich Ihren Blick hinlenken auf eine Tatsache, die Ihnen viel Aufklärung geben kann über das Wesen der Weltentwickelung, wenn Sie sie nur im richtigen Sinne sehen wollen.

Betrachten Sie einmal den Unterschied der Tier- von der Menschenentwickelung zunächst rein äußerlich. Sie brauchen sich nur ein einziges Wort zu sagen und eine einzige Idee vorzuhalten, so werden Sie bald den Unterschied merken zwischen dem Begriff der tierischen und der menschlichen Entwickelung. Sie brauchen sich nur vorzuhalten das Wort «Erziehung». Eine eigentliche Erziehung ist in der tierischen Welt unmöglich. Man kann ja das Tier bis zu einem gewissen Grade durch Dressur zu solchen Verrichtungen bringen, die abweichen von dem, was dem Tier instinktiv eingeprägt ist, was von vornherein als Anlage in ihm sitzt und sich dann auslebt. Aber man muß wirklich schon sehr weit gehen in bezug auf jenen Enthusiasmus, den man entwickeln kann als ausgesprochener Hundeliebhaber, wenn man hinwegleugnen will den ganz radikalen Unterschied zwischen der menschlichen Erziehung und dem, was wir mit dem Tier vornehmen können. Nun brauchen wir uns nur an eine wichtige Erkenntnis unserer anthroposophischen Weltanschauung zu erinnern und es wird uns auch die Grundlage dieser zunächst oberflächlichen Tatsache anschaulich werden.

Wir wissen, daß der Mensch sich in sehr komplizierter Weise nach und nach heranentwickelt. Wir haben es wiederholt hervorgehoben, wie der Mensch in den ersten sieben Jahren seines Lebens, bis zum Zahnwechsel, in ganz anderer Art seine Entwickelung zu besorgen hat als später bis zum vierzehnten, dann wieder vom vierzehnten bis zum einundzwanzigsten Jahr. Das alles soll heute nur ganz obenhin berührt werden, denn es ist Ihnen schon bekannt. Wir wissen, daß für den, der geisteswissenschaftlich die Dinge betrachtet, eine mehrmalige Geburt des Menschen eintritt.

Der Mensch wird geboren in die physische Welt hinein, wenn er den Leib der Mutter verläßt, er streift von sich ab die physische Mutterhülle. Dann aber wissen wir, daß der Mensch, wenn er die physische Mutterhülle abgestreift hat, noch immer eingeschlossen ist in einer anderen, zweiten, ätherischen Mutterhülle. Wenn das Kind so heranwächst bis zum siebenten Jahre, da ist dasjenige, was wir den Ätherleib des Kindes nennen, allseitig umgeben von äußeren Ätherströmungen, die der Umwelt angehören, geradeso wie der physische Leib bis zur Geburt umgeben ist von der physischen Mutterhülle. Und mit dem Zahnwechsel wird hinweggestreift diese Ätherhülle, und dann ist erst der ätherische Leib geboren, mit dem siebenten Jahre. Dann aber ist noch immer der astralische Leib eingehüllt in die astralische Mutterhülle, die abgestreift wird mit der Geschlechtsreife. Danach entwickelt sich der Astralleib des Menschen frei bis zu dem einundzwanzigsten oder zweiundzwanzigsten Jahre, wo das eigentliche Ich des Menschen im Grunde genommen erst geboren wird, wo der Mensch erst zur vollständigen inneren Intensität erwacht, wo aus dem Innern erst dasjenige sich herausarbeitet, was sich als ein Ich entwickelt hat durch die verschiedenen Inkarnationen, die er früher durchgemacht hat.

Für das hellseherische Bewußtsein stellt sich da eine ganz besondere Tatsache heraus. Betrachten Sie einmal ein ganz junges Kind durch ein paar Wochen, vielleicht auch Monate hindurch. Da sehen Sie das Haupt, den Kopf dieses Kindes umgeben von ätherischen, astralischen Strömungen und Kräften. Diese ätherisch-astralischen Strömungen und Kräfte werden aber allmählich undeutlicher und verlieren sich nach einiger Zeit. Was geht da eigentlich vor? Was da vorgeht, können Sie eigentlich schon erschließen ohne hellseherische Beobachtung, aber die hellseherische Beobachtung bestätigt das, was jetzt gesagt wird. Sie können sich sagen, daß das Gehirn des Menschen unmittelbar nach seiner Geburt noch nicht so ist wie später, nach einigen Wochen oder Monaten. Das Kind nimmt zwar die Außenwelt schon wahr, aber in seinem Gehirn ist noch nicht solch ein Instrument gegeben, daß es die äußeren Eindrücke in einer bestimmten Weise miteinander verbinden kann. Da sind einzelne Verbindungsnerven, die von einer zur anderen Gehirnpartie verlaufen und die erst ausgebildet werden, wenn das Kind schon geboren ist. Diese Verbindungsstränge, durch die der Mensch allmählich lernt, das, was er in der Außenwelt sieht, gedanklich zu verknüpfen, werden erst nach und nach ausgebildet, nachdem das Kind schon geboren ist. Ein Kind wird, sagen wir meinetwegen, eine Glocke hören, wird auch die Glocke sehen, aber nicht gleich wird es den Gehör- und Gesichtseindruck verbinden zu dem Urteil: Die Glocke tönt. – Das lernt es erst allmählich, weil die Partie im Gehirn, welche das Instrument ist für die Wahrnehmung des Tones, und die Partie, welche das Instrument ist für die Gesichtswahrnehmung, erst im Laufe des Lebens miteinander verbunden werden. So daß erst dadurch ein Urteil möglich wird und es sagen kann: Das, was ich da sehe, ist dasselbe, was auch tönt. – So also werden solche Verbindungsstränge im Gehirn ausgebildet, und diejenigen Kräfte, welche die Verbindungsstränge herausgliedern, sind in den ersten Wochen der kindlichen Entwickelung für den Hellseher zu sehen wie etwas, was das Gehirn noch extra einhüllt. Aber das, was das Gehirn einhüllt, geht hinein in das Gehirn und lebt später im Gehirn drinnen, arbeitet nicht mehr von außen, sondern im Innern des Gehirns. Dieses, was da in den ersten Wochen der kindlichen Entwickelung äußerlich arbeitet, könnte nicht weiter arbeiten an der ganzen Entwickelung des heranwachsenden Menschen, wenn es nicht geschützt wäre durch die verschiedenen Hüllen. Denn wenn das, was ich zuletzt geschildert habe, was da von außen arbeitet und dann hineingeht in das Gehirn, drinnen ist, dann entwickelt es sich unter der schützenden Hülle zuerst des Äther-, dann des astralischen Leibes, und erst mit dem zweiundzwanzigsten Jahre wird das, was da von außen gearbeitet hat, von innen heraus tätig. Was zuerst außer dem Menschen war in den ersten Monaten seines Daseins, was dann hineingeschlüpft ist, das wird hüllenlos tätig erst im zwanzigsten bis zweiundzwanzigsten Jahre, da wird es frei, dann entwickelt es die Intensität, die schon erwähnt wurde.

Nun betrachten wir jetzt einmal diese menschliche Entwickelung, die so nach und nach vor sich geht. Vergleichen wir sie mit der Entwickelung der Pflanze. Von der Pflanze wissen wir, sie hat hier in der physischen Welt, wo sie zunächst vor uns auftritt, nur ihren physischen und Ätherleib, dagegen hat sie den astralischen Leib um sich herum; aber im Innern nur den physischen und Ätherleib. Die Pflanze schlüpft heraus aus dem Samen, es bildet sich ihr physischer Leib aus und danach entwickelt sich auch ihr Ätherleib nach und nach. Aber die Pflanze hat eben nur noch diesen Ätherleib. Nun haben wir gesehen, daß des Menschen Ätherleib noch immer den astralischen Leib um sich herum hat bis zur Geschlechtsreife und daß dann der astralische Leib des Menschen erst eigentlich geboren wird. Die Pflanze kann aber nach ihrer Geschlechtsreife keinen solchen astralischen Leib gebären, denn sie hat ja keinen. Die notwendige Folge davon ist, daß die Pflanze nichts mehr hat bei der Geschlechtsreife, was nun weiterentwickelt werden soll. Sie hat in der physischen Welt ihre Aufgabe erfüllt, wenn die Geschlechtsreife eintritt. Nachdem sie befruchtet ist, stirbt sie ab. Ja, Sie können beobachten, daß sogar bei gewissen niederen Tieren ein Ähnliches der Fall ist. Sie können beobachten, wie bei niederen Tieren wirklich noch nicht in demselben Maße wie bei höheren Tieren der Astralleib schon ganz hineingezogen ist in den physischen Leib. Niedere Tiere zeichnen sich gerade dadurch aus, daß der astralische Leib noch nicht ganz im physischen Leibe ist. Nehmen Sie die Eintagsfliege; sie entsteht, lebt bis zur Befruchtung, wird befruchtet und stirbt. Warum? Weil das ein Wesen ist, welches ähnlich wie die Pflanze seinen astralischen Leib zum großen Teil außer sich hat und daher nichts mehr entwickeln kann, wenn die Geschlechtsreife eingetreten ist. In einer gewissen Beziehung ähnlich entwickeln sich Mensch, Tier und Pflanze bis zur Geschlechtsreife. Die Pflanze hat nun nichts mehr, was eine Entwickelungsaufgabe hätte in der physischen Welt, sie stirbt nach der Geschlechtsreife. Das Tier hat nun noch den astralischen Leib, aber kein Ich. Das Tier hat also nach der Geschlechtsreife noch einen gewissen Fonds von Entwickelungsmöglichkeit. Der astralische Leib wird frei, und solange der astralische Leib nunmehr frei sich entwickelt, solange die Entwickelungsmöglichkeiten in ihm sind, so lange dauert noch beim höheren Tier nach der Geschlechtsreife die Weiterentwickelung. Nun aber hat der astralische Leib beim Tiere in der physischen Welt kein Ich in sich. Das Ich des Tieres ist ein Gruppen-Ich, es umfaßt immer eine ganze Gruppe und befindet sich in der astralischen Welt als Gruppen-Ich. Dieses Gruppen-Ich in der astralischen Welt hat ganz andere Entwickelungsmöglichkeiten als das Tier hier in der physischen Welt. Aber das, was das Tier als Astralleib besitzt, hat eine ganz eng umgrenzte Entwickelungsmöglichkeit. Diese Entwickelungsmöglichkeit hat das Tier als Anlage in sich, schon wenn es die Welt betritt. Der Löwe hat etwas, was in seinem astralischen Leib als eine Summe von Trieben, Instinkten und Leidenschaften sich auslebt. Und was da lebt in seinem astralischen Leib an Trieben, Begierden und Leidenschaften, das kann sich ausleben. Das lebt so lange, bis ein Ich geboren werden könnte; aber dies ist nicht da, es ist auf dem Astralplan. Wenn daher das Tier gerade auf der Stufe angekommen ist, wo der Mensch das einundzwanzigste Lebensjahr betritt, da ist seine Entwickelungsmöglichkeit ganz erschöpft. Es ist natürlich die Lebensdauer nach den Verhältnissen verschieden; denn die Tiere werden nicht alle einundzwanzig Jahre alt. Aber das, was eigentlich tierische Entwickelung ist, das lebt der Mensch aus bis zu seinem einundzwanzigsten Jahre, wo das Ich geboren wird. Natürlich dürfen Sie jetzt nicht sagen, daß die menschliche Entwickelung bis zum einundzwanzigsten Jahre eine tierische ist, denn das ist sie nicht, sondern das, was da frei wird mit einundzwanzig Jahren, das ist schon drinnen im Menschen von Anfang an, schon seit der Empfängnis, das wird nun aber frei. Weil also im Menschen von allem Anfang an etwas da ist, was dann vom einundzwanzigsten Jahre an frei wird, deshalb ist der Mensch von Anfang an keine tierische Wesenheit, sondern es arbeitet in ihm von Anfang an dieses Ich, wenn auch unfrei. Und dieses Ich ist es, was eigentlich erzogen werden kann. Denn dieses Ich, mit dem, was es erarbeitet am astralischen, ätherischen und physischen Leib, ist es, was von Inkarnation zu Inkarnation schreitet. Würde diesem Ich in einer neuen Inkarnation nichts Neues dazugegeben werden, so würde der Mensch bei seinem physischen Tode nichts mitnehmen können aus seinem letzten Leben zwischen Geburt und Tod. Und wenn er nichts mitnehmen könnte, würde er in dem folgenden Leben auf genau derselben Stufe stehen wie im vorigen. Dadurch, daß man den Menschen während seines Lebens eine Entwickelung durchlaufen sieht und dadurch, daß er sich erwirbt, in sich aufnimmt das, was das Tier nicht aufnehmen kann, weil die Entwickelungsmöglichkeit des Tieres mit seinen Anlagen abgeschlossen ist, bereichert er fortwährend sein Ich, dadurch steigt er von Inkarnation zu Inkarnation immer höher und höher. Deshalb, weil der Mensch in sich das Ich trägt, das mit dem einundzwanzigsten Jahre erst geboren wird, aber schon vorher arbeitet, deshalb ist bei ihm eine Erziehung anwendbar, deshalb kann aus ihm noch etwas anderes gemacht werden, als was er seiner Anlage nach war von allem Anfang an. Der Löwe bringt seine Löwennatur mit und lebt sie aus. Der Mensch bringt seine Natur nicht nur als allgemeine Menschen-Gattungsnatur mit, sondern er bringt mit auch das noch, was er schon als Ich erworben hat in der letzten Inkarnation. Das kann aber immer weiter und weiter durch Erziehung und durch das Leben umgewandelt werden, so daß es mit einem neuen Einschlag versehen ist, wenn der Mensch durch die Pforte des Todes geht und dann sich vorzubereiten hat für eine neue Inkarnation. Das ist es, was wir festhalten müssen: daß der Mensch neue Entwickelungstatsachen in sich aufnimmt und sich fortwährend bereichert.

Nun fragen wir uns: Was geschieht denn da eigentlich, wenn der Mensch sich äußerlich durch solche Entwickelungstatsachen bereichert? Da müssen wir zunächst einmal zu drei sehr wichtigen Begriffen, die nur etwas schwer zu fassen sind, aufsteigen. Und da wir hier in einem Zweige sind, der jahrelang gearbeitet hat, so wird es wohl die Möglichkeit geben, auch zu etwas höheren Begriffen aufzusteigen, die schwieriger zu begreifen sind. Um uns die drei Begriffe zu verschaffen, betrachten Sie zunächst die ganze ausgewachsene Pflanze, nehmen Sie meinetwegen ein Maiglöckchen. Da haben Sie die Pflanze in einer Form vor sich. Dann können Sie aber dieselbe Pflanze noch in einer anderen Form vor sich haben, als kleines Samenkörnchen. Denken Sie, Sie nehmen das Samenkorn, da haben Sie ein ganz kleines Gebilde vor sich. Wenn Sie das vor sich hinlegen, da können Sie sagen: Ja, in dem Samenkorn steckt alles drinnen, was ich später sehe als Wurzel, Stengel, Blätter und Blüten. Ich habe also einmal die Blume vor mir als Samenkorn und dann auch als ausgewachsene Pflanze. Aber ich könnte das Samenkorn nicht vor mir haben, wenn es nicht durch ein vorhergehendes Maiglöckchen hervorgebracht worden wäre. – Doch für das hellseherische Bewußtsein ist noch etwas anderes der Fall. Wenn das hellseherische Bewußtsein das ausgewachsene Maiglöckchen betrachtet, sieht es das physische Maiglöckchen durchzogen von einem Ätherleib, einer Art Lichtströmungsleib, der es von oben bis unten durchzieht. Aber es ist beim Maiglöckchen so, daß der Ätherleib nicht sehr weit herausragt aus diesem physischen Pflanzenleib und sich nicht stark von demselben unterscheidet. Wenn Sie aber das kleine Samenkörnchen des Maiglöckchens nehmen, so finden Sie das physische Samenkorn klein, aber ein wunderschöner Ätherleib gliedert sich ein in dieses Korn, strahlig rings herum, und zwar so, daß an dem einen Ende des Ätherleibes das Samenkorn sitzt, so wie sich bei einem Kometen der Kern zum Schweif verhält. Das physische Samenkorn ist eigentlich nur ein verdichteter Punkt in dem Licht- oder Ätherleib des Maiglöckchens. Wenn der, der auf dem Boden der Geisteswissenschaft steht, das ausgewachsene Maiglöckchen vor sich hat, dann ist für ihn das Wesen, das zuerst verborgen war, entwickelt. Wenn er das Samenkörnchen vor sich hat, wo das Physische ganz klein und nur das Geistige groß ist, sagt er: Das eigentliche Wesen des Maiglöckchens ist im physischen Samenkorn eingewickelt. So haben wir, wenn wir das Maiglöckchen anschauen, zwei Zustände zu unterscheiden. Ein Zustand ist, wo das ganze Wesen des Maiglöckchens Involution ist: der Same enthält das Wesen eingewickelt, involviert. Indem es herauswächst, geht es in die Evolution über, dann aber schlüpft das ganze Wesen des Maiglöckchens wieder in das werdende, neue Samenkorn hinein. So wechseln

Evolution und Involution in der Aufeinanderfolge der Zustände des Wesens einer Pflanze. Während der Evolution verschwindet das Geistige immer mehr und mehr und das Physische wird mächtig, während der Involution wird das Physische immer mehr schwinden, und das Geistige wird mächtiger und mächtiger.

In einer gewissen Beziehung können wir davon sprechen, daß beim Menschen die Evolution und Involution abwechselt, nur noch krasser. Da haben Sie den Menschen vor sich zwischen Geburt und Tod: ein physischer Leib und ein Ätherleib decken sich als das Physische, das Geistige deckt sich auch in einer gewissen Weise – der Mensch ist als irdisches Menschenwesen evolviert. Wenn Sie aber den Menschen durch die Pforte des Todes gehen sehen – hellseherisch beobachtet –, da läßt er im physischen Leben nicht einmal so viel übrig, wie das Samenkorn eines Maiglöckchens ist, da verschwindet für Sie auch das Physische so vollständig, daß Sie es nicht mehr sehen, und es ist alles in das Geistige hineingewickelt. Der Mensch geht jetzt durch das Devachan, da ist er in seiner Involution in bezug auf seine irdische Wesenheit. Evolution ist zwischen Geburt und Tod, Involution zwischen dem Tode und einer neuen Geburt in bezug auf die irdische menschliche Wesenheit. Aber es ist nun ein gewaltiger Unterschied zwischen dem Menschen und der Pflanze. Wir können bei der Pflanze sprechen von Evolution und Involution, aber wir müssen beim Menschen auch noch von einem Dritten sprechen, was dazukommt. Würden wir nicht von einem Dritten sprechen, so würden wir die ganze Entwickelung eines Menschen nicht vollständig umfassen können. Weil die Pflanze immer durch Involution und Evolution geht, deshalb geschieht es, daß jede neue Pflanze eine Wiederholung der alten ist, ganz gleich ist der alten. Es wickelt sich immer das Wesen des Maiglöckchens in das Samenkorn hinein und wieder heraus. Was ist nun aber beim Menschen der Fall?

Wir haben gerade erkannt, daß der Mensch neue Elemente der Entwickelungsmöglichkeit während seines Lebens zwischen Geburt und Tod aufnimmt. Da bereichert er sich. Deshalb ist es beim Menschen nicht so wie bei der Pflanze. Des Menschen folgende Evolution auf der Erde ist nicht eine bloße Wiederholung der vorhergehenden, sondern es ist eine Erhöhung seines Daseins damit verknüpft. Das, was der Mensch aufnimmt zwischen der Geburt und dem Tode, das wickelt er auch ein zu dem, was schon früher da war. Und deshalb kommt nicht eine bloße Wiederholung vor, sondern es erscheint dasjenige, was evolviert, auf einer höheren Stufe. Woher kommt eigentlich das, was der Mensch aufnimmt? Wie ist es zu verstehen, daß er etwas Neues bekommt und aufnimmt? Ich bitte jetzt ganz genau zu folgen, wir kommen zu einem allerwichtigsten und auch allerschwierigsten Begriff. Und nicht umsonst sage ich das in einer der letzten Stunden, denn Sie haben den ganzen Sommer Zeit, um darüber nachzudenken. Man soll über solche Begriffe Monate und Jahre nachdenken, denn dann kommt man nach und nach auf die ganze Tiefe, die darin liegt. Woher kommt das, was sich da dem Menschen immerfort einfügt? Wir wollen uns einmal begreiflich machen durch ein einfaches Beispiel, woher das kommt.

Nehmen Sie an, Sie hätten einen Menschen vor sich, der zwei anderen gegenübersteht. Nehmen wir alles das, was zur Entwickelung gehört, zusammen. Nehmen wir den einen Menschen, der die zwei anderen betrachtet, vor uns und sagen wir: er ist durch frühere Inkarnationen hindurchgegangen, er hat das herausentwickelt, was frühere Inkarnationen in ihn hineingelegt haben. Das ist auch bei den beiden anderen Menschen der Fall, die vor ihm stehen. Nehmen wir nun aber an, dieser Mensch sagt sich jetzt folgendes: Der eine Mensch neben dem anderen nimmt sich hier doch sehr schön aus. – Es gefällt ihm, daß gerade diese zwei Menschen nebeneinanderstehen. Ein anderer Mensch brauchte gar nicht dieses Wohlgefallen zu haben. Das Wohlgefallen, das der eine an dem Zusammenstehen hat, das hat gar nichts zu tun mit den Entwickelungsmöglichkeiten der beiden anderen, denn das haben sie sich nicht erworben, daß sie nebeneinanderstehend dem dritten gefallen. Das ist etwas ganz anderes, das hängt allein davon ab, daß *er* gerade den beiden Menschen gegenübersteht. Sie sehen also, der Mensch bildet sich im Innern das Gefühl der Freude über das Zusammenstehen der beiden, die vor ihm stehen. Dieses Gefühl ist durch gar nichts bedingt, was mit der Entwickelung zusammenhängt. Solche Dinge gibt es in der Welt, die nur dadurch entstehen, daß die Tatsachen zusammengeführt werden. Es handelt sich nicht darum, daß die beiden Menschen durch ihr Karma verbunden sind. Diese Freude, die er daran hat, daß die beiden Nebeneinanderstehenden ihm gefallen, wollen wir in Betracht ziehen.

Nehmen wir noch einen anderen Fall. Nehmen wir an, der Mensch stehe hier an einem bestimmten Punkte der Erde und richte seine Blicke in den Himmelsraum hinein. Da sieht er eine gewisse Sternenkonstellation. Würde er fünf Schritte weiter stehen, würde er etwas anderes sehen. Dieses Anschauen ruft in ihm das Gefühl der Freude hervor, die ganz etwas Neues ist. So macht der Mensch eine Summe von Tatsachen durch, die ganz neu sind, die gar nicht durch seine frühere Entwickelung bedingt sind. Alles, was das Maiglöckchen bringt, liegt in der früheren Entwickelung bedingt. Das ist aber nicht der Fall mit dem, was aus der Umgebung auf die Menschenseele wirkt. Der Mensch hat eine ganze Menge Angelegenheiten, die nichts zu tun haben mit einer früheren Entwickelung, sondern die dadurch da sind, daß der Mensch durch gewisse Verhältnisse in Berührung kommt mit der Außenwelt. Aber dadurch, daß der Mensch diese Freude hat, ist sie in ihm etwas geworden, ist sie für ihn ein Erlebnis geworden. Es ist etwas entstanden in der Menschenseele, was durch nichts Früheres bestimmt ist, was aus dem Nichts heraus entstanden ist. Solche Schöpfungen aus dem Nichts entstehen fortwährend in der menschlichen Seele. Es sind die Erlebnisse der Seele, die man nicht durch Tatsachen erlebt, sondern durch Relationen, durch Beziehungen zwischen den Tatsachen, die man sich selber herausbildet. Ich bitte, wohl zu unterscheiden zwischen Erlebnissen, die man aus den Tatsachen, und denjenigen, die man aus den Beziehungen zwischen den Tatsachen hat.

Das Leben zerfällt wirklich in zwei Teile, die ohne Grenze ineinanderlaufen: in solche Erlebnisse, die streng durch frühere Ursachen, durch Karma bedingt sind, und in solche, die nicht durch Karma bedingt sind, sondern neu in unseren Gesichtskreis hereintreten. Es gibt zum Beispiel ganze Gebiete im menschlichen Leben, die in dieses Kapitel fallen. Nehmen Sie an, Sie hören, irgendwo habe jemand gestohlen. Nun natürlich ist dasjenige, was da geschehen ist, diese ganze Tat also, durch diese oder jene karmischen Vorgänge bedingt. Nehmen wir aber an, Sie wissen bloß vom Diebstahl, kennen nicht den, der gestohlen hat; deshalb ist es doch in der objektiven Welt eine ganz bestimmte Persönlichkeit, die gestohlen hat. Sie wissen aber nichts von ihr. Aber der Dieb kommt nicht zu Ihnen, um zu sagen: «Sperrt mich ein, ich habe gestohlen», sondern Sie müssen sich aus allerlei Indizien Tatsachen zusammenstellen, die Ihnen den Beweis liefern können, daß dieser oder jener der Dieb ist. Das, was Sie da für Begriffe durchmachen, hat nichts zu tun mit den objektiven Tatsachen. Das hängt von ganz anderen Dingen ab, auch davon, wie gescheit oder nicht gescheit Sie sind. Das, was Sie sich da zurechtlegen, macht auch nicht, daß das der Dieb ist, sondern es ist ein Vorgang, der ganz in Ihnen abläuft, der sich zugesellt zu dem, was äußerlich da ist. Im Grunde ist alle Logik etwas, was äußerlich zu den Dingen hinzukommt. Und alle Geschmacksurteile, alle Urteile, die wir über das Schöne fällen, sind solche Dinge, die hinzukommen. Fortwährend bereichert also der Mensch sein Leben durch das, was nicht durch vorhergehende Ursachen bedingt ist, was er erlebt dadurch, daß er sich in diese oder jene Beziehung zu den Dingen bringt.

Wenn wir nun rasch in unseren Gedanken das ganze Menschenleben durchgehen und vor unser Auge treten lassen, wie es sich entwickelt hat durch den alten Saturn, Sonne und Mond bis zu unserer Erdenentwickelung hin, so finden wir, daß auf dem Saturn noch nicht die Rede davon sein konnte, daß der Mensch sich in solcher Weise Beziehungen gegenüberstellen konnte. Da war bloß Notwendigkeit. So war es auf der Sonne und auch auf dem Monde, und wie es auf dem Monde mit dem Menschen war, so ist es heute noch mit dem Tier. Das Tier erlebt nur das, was durch vorhergehende Ursachen bedingt ist. Ganz neue Erlebnisse, die nicht bedingt sind durch vorhergehende Ursachen, hat nur der Mensch. Deshalb ist nur der Mensch im wahrsten Sinne des Wortes einer Erziehung fähig. Der Mensch allein fügt zu dem, was karmisch bedingt ist, immer Neues hinzu. Erst auf der Erde erlangt der Mensch die Möglichkeit, Neues hinzuzufügen. Auf dem Monde war seine Entwickelung noch nicht so weit, daß er zu dem, was in seiner Anlage war, Neues hätte hinzufügen können. Da stand er, obwohl er kein Tier war, auf der Stufe der tierischen Entwickelung. Er war in dem, was er vornahm, durch äußere Ursachen bedingt. Aber er ist es auch heute, bis zu einem gewissen Grade; denn nur langsam schleichen sich in den Menschen diejenigen Erlebnisse hinein, welche freie Erlebnisse sind. Und sie schleichen sich um so mehr hinein, als der Mensch auf einer hohen Entwickelungsstufe steht. Nehmen Sie die Bilder des Raffael und denken Sie, ein Hund stünde davor. Er sieht das, was objektiv da ist, er sieht das, was sich ergibt aus den Bildern selber, insoferne sie sinnliche Objekte sind. Nehmen Sie aber an, ein Mensch tritt diesen Bildern gegenüber, so sieht dieser etwas ganz anderes darin; er sieht das, was er sich nur bilden kann dadurch, daß er sich in früheren Inkarnationen schon höher entwickelt hat. Und nun nehmen Sie einen genialen Menschen, zum Beispiel einen Goethe; der sieht noch viel mehr, der weiß, was das zu bedeuten hat, warum das eine so und das andere so gezeichnet ist. Je höher der Mensch entwickelt ist, desto mehr sieht er. Also je mehr der Mensch in seiner Seele schon bereichert ist, desto mehr fügt er solche Relationen von Seelenerlebnissen hinzu. Diese werden Eigentum seiner Seele, sie werden das, was in seiner Seele sich ablagert. Das alles ist aber erst seit der Erdenentwickelung mit der Menschheit möglich geworden. Nun geschieht aber folgendes.

Der Mensch entwickelt sich in seiner Weise durch die folgenden Zeiten. Wir wissen, daß die Erde abgelöst wird von Jupiter, Venus und Vulkan. Während dieser Entwickelung wird beim Menschen die Summe der Erlebnisse, die er also über die früheren Ursachen hinaus erlebt hat, immer größer und größer, sein Inneres wird immer reicher und reicher. Immer weniger Bedeutung wird das haben, was er sich aus alten Ursachen, aus der Saturn-, Sonnen- und Mondenzeit mitgenommen hat. Er entwickelt sich heraus aus früheren Ursachen, er streift das ab. Und wenn der Mensch mit der Erde auf dem Vulkan angelangt sein wird, dann wird er abgestreift haben alles das, was er aufgenommen hat während der Saturn-, Sonnen- und Mondenentwickelung. Das wird er alles abgeworfen haben.

Jetzt kommen wir zu einem schwierigen Begriff; er soll durch einen Vergleich erläutert werden. Denken Sie, Sie sitzen in einem Wagen, denken Sie, Sie haben ihn geschenkt bekommen oder geerbt. Sie fahren in diesem Wagen aus. Ein Rad am Wagen wird schadhaft. Sie ersetzen das alte Rad durch ein neues. Jetzt haben Sie den alten Wagen, aber ein neues Rad. Nehmen wir an, nach einiger Zeit wird wieder ein zweites Rad schadhaft, Sie wechseln es aus und haben jetzt den alten Wagen und schon zwei neue Räder. In ähnlicher Weise ersetzen Sie das dritte, vierte Rad und so weiter, und Sie können sich doch leicht vorstellen, daß Sie eines Tages tatsächlich nichts mehr haben von dem alten Wagen, sondern alles durch Neues ersetzt haben. Sie haben nichts mehr von dem, was Sie geerbt oder geschenkt erhalten haben, Sie sitzen wieder da drinnen, aber im Grunde genommen ist es ein ganz neues Fahrzeug. Und jetzt übertragen Sie das auf die menschliche Entwickelung. Während der Saturnzeit hat der Mensch erhalten die Anlage seines physischen Leibes, er hat sie nach und nach ausgebildet, auf der Sonne den Ätherleib, auf dem Monde den Astralleib, auf der Erde das Ich. Er bildet sie nach und nach aus. Aber er entwickelt immer mehr und mehr in diesem Ich, was neue Erlebnisse sind, und streift ab das, was er geerbt hat, was ihm früher gegeben worden ist durch Saturn, Sonne und Mond. Und es wird eine Zeit eintreten – das ist die Zeit der Venusentwickelung –, wo der Mensch alles abgeworfen haben wird, was ihm gegeben haben die Götter auf der Monden-, Sonnen-, Saturn- und der ersten Hälfte der Erdenentwickelung. Alles das wird er abgeworfen haben, wie in unserem Vergleiche die einzelnen Stücke abgeworfen sind von dem Wagen. Und ersetzt hat er alles nach und nach durch das, was er aufgenommen hat aus den Verhältnissen heraus, was vorher nicht da war. Der Mensch wird also nicht auf der Venus ankommen können und sagen: Jetzt ist alles das noch in mir aus der Saturn-, Sonnen- und Mondenentwickelung – denn das wird er nun schon alles abgestreift haben. Und er wird am Ende seiner Entwickelung noch das an sich tragen, was er nicht erhalten, sondern sich selber erarbeitet hat, was er aus dem Nichts heraus gebildet hat. Da haben Sie das Dritte, was zu Evolution und Involution hinzukommt, da haben Sie die Schöpfung aus dem Nichts. Evolution, Involution und die Schöpfung aus dem Nichts heraus, das ist es, was wir ins Auge fassen müssen, wenn wir die ganze Größe und Majestät menschlicher Entwickelung ins Auge fassen wollen. Und so können wir verstehen, wie uns die Götter erst als Fahrzeug gegeben haben unsere drei Leiber, wie sie nach und nach aufgebaut haben dieses Fahrzeug und dann uns die Fähigkeit gegeben haben, dieses Fahrzeug nach und nach wieder zu überwinden, wie wir wieder Stück für Stück vom Fahrzeug wegwerfen dürfen, weil die Götter uns Stück für Stück zu ihrem Ebenbilde machen wollen, zu dem, was sich sagen kann: Mir ist die Anlage gegeben zu dem, was ich werden soll, aber aus dieser Anlage heraus habe ich mir eine neue Wesenheit geschaffen.

Das, was der Mensch also in einer fernen Zukunft als ein großes wunderbares Ideal erblickt, nicht nur das Bewußtsein seiner selbst zu haben, sondern das Bewußtsein von der Schöpfung seiner selbst zu haben, das haben große, höherstehende Geister schon früher entwickelt. Und das, was der Mensch erst in einer fernen Zukunft erleben wird, das entwickeln gewisse Geister, die an unserer Entwickelung vorher beteiligt waren, schon jetzt in dieser Zeit. Da haben wir gesagt, daß während der Saturnentwickelung die Throne ausgegossen haben dasjenige, was wir nennen die Menschheitssubstanz, und daß hineingegossen haben in diese Menschheitssubstanz die Geister der Persönlichkeit das, was wir die Kräfte der Persönlichkeit nennen. Aber die Geister der Persönlichkeit, die damals mächtig genug waren, ihren Persönlichkeitscharakter einzugießen in diese von den Thronen ausgegossene Substanz, diese Geister sind seitdem höher und höher gestiegen. Heute sind sie so weit, daß sie zu ihrer Weiterentwickelung nicht mehr physische Substanz brauchen. Sie haben auf dem Saturn gebraucht, um überhaupt leben zu können, die physische Saturnsubstanz, die zugleich die Anlage war zur menschlichen Substanz, sie haben auf der Sonne gebraucht die ätherische Substanz, die ausgeflossen ist zum Ätherleib des Menschen, auf dem Monde die astralische Substanz, hier auf der Erde brauchen sie unser Ich. Aber nunmehr werden sie weiterhin brauchen das, was dieses Ich selber ausgestaltet, was der Mensch aus den reinen Verhältnissen Neues schafft, das, was nicht mehr physischer, Äther-, astralischer Leib, nicht mehr Ich als solches ist, sondern was vom Ich ausgeht, was das Ich hervorbringt. Das werden die Geister der Persönlichkeit benutzen, und sie benutzen es schon heute, um darin zu leben. Sie haben auf dem Saturn gelebt in dem, was heute unser physischer Leib ist, auf der Sonne in dem, was heute unser Ätherleib ist, auf dem Monde in dem, was heute unser Astralleib ist. Seit der Mitte der atlantischen Zeit haben sie begonnen zu leben in dem, was die Menschen aus ihrem Ich als ein Höheres hervorbringen können.

Was bringen die Menschen aus ihrem Ich Höheres hervor? Dreierlei. Erstens das, was wir nennen das gesetzmäßige Denken, unser logisches Denken. Es ist etwas, was der Mensch zu den Dingen hinzubringt. Wenn der Mensch nicht bloß in die Außenwelt hinausschaut, nicht bloß beobachtet, wenn er nicht bloß dem Dieb nachläuft, um ihn zu finden, sondern so, daß sich ihm die Gesetzmäßigkeit der Beobachtung ergibt, sich Gedanken macht, die nichts mit dem Dieb zu tun haben, aber doch den Dieb einfangen, dann lebt der Mensch in der Logik, der wahren Logik. Diese Logik ist etwas, was durch den Menschen hinzukommt zu den Dingen. Indem der Mensch sich hingibt dieser wahren Logik, schafft das Ich über sich selbst hinaus.

Das Ich schafft zweitens über sich hinaus, indem es Wohlgefallen und Mißfallen entwickelt an dem Schönen, Erhabenen, Humoristischen, Komischen, kurz an dem, was der Mensch selber hervorbringt. Sagen wir, Sie erblicken draußen in der Welt etwas, was Ihnen dumm vorkommt. Sie lachen darüber. Daß Sie darüber lachen, hängt ganz und gar nicht von Ihrem Karma ab. Es könnte ein Dummer dazukommen, dem könnte gerade das, worüber Sie lachen, gescheit vorkommen. Das ist etwas, was sich aus der eigentümlichen Stellung von Ihnen selbst ergibt. Oder sagen wir, Sie sehen einen Helden, gegen den die Welt anstürmt, der sich zunächst erhält, aber doch zuletzt tragisch zugrunde geht. Das, was Sie da sehen, ist durch Karma bestimmt, was Sie aber als Gefühl der Tragik dabei empfinden, das ist neu.

Denknotwendigkeit ist das erste, Wohlgefallen, Mißfallen ist das zweite. Das dritte ist die Art, wie Sie sich gedrängt fühlen zu handeln unter den Einflüssen von Verhältnissen. Auch das ist nicht bloß karmisch bedingt, wie Sie sich gedrängt fühlen zu handeln, sondern von Ihrem Verhältnis zur Sache. Nehmen wir an, es wären zwei Menschen auf der einen Seite so zueinander gestellt, daß sie durch ihr Karma bestimmt wären, etwas zusammen abzutragen. Aber zugleich sei die Entwickelung des einen weiter vorgeschritten als die des anderen. Der eine, der weiter vorgeschritten ist, wird abtragen, der andere wird sich das für später aufbewahren und wird später abtragen. Der eine wird Herzensgüte entwickeln, der andere wird nicht mitempfinden. Das ist etwas Neues, was zur Entwickelung kommt. Sie dürfen nicht alles als bedingt betrachten, sondern es hängt davon ab, ob wir uns in unseren Handlungen von den Gesetzen der Gerechtigkeit und Billigkeit lenken lassen oder nicht. Es kommen immer neue Dinge dazu in unserer Moralität, in der Art unserer Pflichterfüllung und in unserem moralischen Urteil. In unserem moralischen Urteil insbesondere liegt das Dritte, wodurch der Mensch über sich hinausschreitet, wodurch sich das Ich immer mehr erhöht. Das schafft das Ich in unsere Erdenwelt herein und das geht nicht zugrunde, was so in die Erde hereingeschafft wird. Was die Menschen hereinschaffen von Epoche zu Epoche, von Zeitalter zu Zeitalter an Ergebnissen des logischen Denkens, des ästhetischen Urteilens, der Pflichterfüllung, das bildet einen fortlaufenden Strom, das gibt die Materie und den Stoff ab, in den sich einbetten die Geister der Persönlichkeit in ihrer heutigen Entwickelung.

So leben Sie Ihr Leben, so entwickeln Sie sich selber. Und während Sie sich entwickeln, da schauen auf Sie herunter die Geister der Persönlichkeit und fragen Sie fortwährend: Gibst du mir auch etwas, was ich gebrauchen kann zu meiner eigenen Entwickelung? Und je mehr der Mensch an Gedankeninhalt, Gedankenreichtum entwickelt, je mehr er versucht, sein ästhetisches Urteil zu verfeinern, seine Pflicht zu erfüllen über das, was Karma ergibt, hinaus, desto mehr Nahrung haben die Geister der Persönlichkeit, desto mehr opfern wir ihnen hin, desto leibdichter werden diese Geister der Persönlichkeit. Was stellen sie dar, diese Geister der Persönlichkeit? Etwas, was man in der menschlichen Weltanschauung nennt ein Abstraktum: den Zeitgeist, den Geist der verschiedenen Epochen. Für den, der auf dem Boden der Geisteswissenschaft steht, ist dieser Zeitgeist eine wirkliche Wesenheit. Es schreiten die Zeitgeister, die nichts anderes sind als die Geister der Persönlichkeit, durch die Zeiten. Wenn wir zurückblicken in alte Zeiten, in die indische, persische, chaldäisch-babylonische, griechisch-lateinische bis in unsere Zeit herein, so finden wir, daß sich, abgesehen von den Nationen, abgesehen von allen anderen Verschiedenheiten der Menschen, immer ändert das, was wir den Zeitgeist nennen. Anders dachte und fühlte man vor fünftausend Jahren, anders vor dreitausend Jahren, anders heute. Und das, was da sich wandelt, das sind die Geister der Zeit oder Geister der Persönlichkeit, wenn wir im Sinne der Geisteswissenschaft sprechen. Diese Geister der Persönlichkeit machen eine Entwickelung durch im Übersinnlichen so, wie das Menschengeschlecht eine Entwickelung durchmacht im Sinnlichen. Aber das, was das Menschengeschlecht ins Übersinnliche hinein entwickelt, das ist Speise und Trank für diese Geister der Persönlichkeit, das genießen sie. In einer Zeit, in der die Menschen dahinleben würden ohne Entfaltung eines Gedankenreichtums, ohne Gefallen oder Mißfallen, ohne ein Pflichtgefühl, das hinausgeht über den bloßen karmischen Trieb, in einer solchen Zeit hätten die Geister der Persönlichkeit nichts zu essen, sie würden mager werden. So steht unser Leben in Beziehung zu solchen Wesen, die unsichtbar unser Leben durchweben und durchleben.

Ich sagte Ihnen, daß der Mensch Neues hinzufügt zur Entwickelung, gleichsam zur Involution und Evolution hinzu aus dem Nichts heraus schafft, daß er aber nichts herausschaffen könnte aus dem Nichts, wenn er nicht vorher die Ursachen bekommen hätte, in die er sich hineingelegt hat wie in ein Fahrzeug. In der Saturnentwickelung ist ihm dieses Fahrzeug gegeben worden; Stück für Stück wirft er es über Bord und entwickelt sich in die Zukunft hinein. Er muß aber die Grundlage dazu empfangen haben, und wenn ihm nicht von den Göttern zuerst die Grundlage geschaffen worden wäre, hätte er nichts ausführen können, was aus dem Nichts geschaffen werden kann. Daß die Verhältnisse der Umwelt auf uns so wirken können, daß sie wirklich fruchtbar sind für unsere Weiterentwickelung, das hängt an einem solchen Ereignisse, an einer guten Grundlegung. Denn was ist denn dadurch möglich geworden, daß der Mensch Neues aus den Verhältnissen heraus schaffen kann, daß der Mensch die Beziehungen, in die er hineingestellt ist, zu einer Grundlage machen kann für neue Dinge, die er sich selber schafft, daß der Mensch imstande geworden ist, etwas zu denken, was über die Dinge hinausgeht, die er in der Umwelt erlebt, mehr zu fühlen, als was rein objektiv vor ihm steht? Was ist dadurch geworden, daß der Mensch imstande ist, über sein drängendes Karma hinaus zu wirken und zu leben in der Pflicht der Wahrheit, Billigkeit und Herzensgüte?

Dadurch, daß der Mensch imstande geworden ist, logisch zu denken, Denknotwendigkeit auszubilden, ist auch die Möglichkeit des Irrtums geschaffen worden. Dadurch, daß der Mensch Gefallen finden kann am Schönen, ist auch die Möglichkeit geschaffen, daß er das Häßliche, das Schmutzige der Weltentwickelung einfügt. Dadurch, daß der Mensch imstande ist, über das bloße Karma den Begriff einer Pflicht sich zu setzen und zu erfüllen über das Karma hinaus, ist auch die Möglichkeit des Bösen, der Pflichtwidrigkeit geschaffen worden. So ist der Mensch dadurch gerade, daß er die Möglichkeit hat, aus den bloßen Verhältnissen heraus zu schaffen, hineinversetzt worden in eine Welt, in der er auch schaffen und weben kann an seinem Geistigen, so daß dieses Geistige voll wird von Irrtum, Häßlichkeit und Bösem. Und es mußte nun nicht nur die Möglichkeit geschaffen werden, daß der Mensch aus diesen Verhältnissen heraus überhaupt schafft, sondern es mußte die Möglichkeit gegeben werden, daß der Mensch aus diesen Verhältnissen heraus durch sein Ringen und Streben allmählich das Richtige, das Schöne schafft, allmählich diejenigen Tugenden schafft, die wirklich weiterführen in der Entwickelung.

Das Schaffen aus Verhältnissen heraus nennt man in der christlichen Esoterik das Schaffen im Geiste. Und das Schaffen aus richtigen, schönen und tugendhaften Verhältnissen heraus nennt man in der christlichen Esoterik den Heiligen Geist. Der Heilige Geist beseligt den Menschen, wenn er imstande ist, aus dem Nichts heraus das Richtige oder Wahre, das Schöne und Gute zu schaffen. Damit aber der Mensch imstande geworden ist, im Sinne dieses Heiligen Geistes zu schaffen, mußte ihm ja erst die Grundlage gegeben werden, wie zu allem Schaffen aus dem Nichts. Diese Grundlage ist ihm gegeben worden durch das Hereintreten des Christus in unsere Evolution. Indem der Mensch auf der Erde das Christus-Ereignis erleben konnte, wurde er fähig, aufzusteigen zum Schaffen im Heiligen Geist. So ist es Christus selbst, welcher die eminenteste, tiefste Grundlage schafft. Wird der Mensch so, daß er feststeht auf dem Boden des Christus-Erlebnisses, daß das Christus-Erlebnis der Wagen ist, in den er sich begibt, um sich weiterzuentwickeln, so sendet ihm der Christus den Heiligen Geist, und der Mensch wird fähig, im Sinne der Weiterentwickelung das Richtige, Schöne und Gute zu schaffen.

So sehen wir, wie gleichsam als letzter Abschluß dessen, was dem Menschen eingeprägt worden ist durch Saturn, Sonne und Mond, auf der Erde das Christus-Ereignis gekommen ist, welches dem Menschen das Höchste gegeben hat, was ihn fähig macht, in die Perspektive der Zukunft hinein zu leben und immer mehr heraus zu schaffen aus den Verhältnissen, aus dem, was nicht da und nicht dort ist, sondern davon abhängt, wie der Mensch sich stellt zu den Tatsachen seiner Umwelt, was im umfassendsten Sinne der Heilige Geist ist. Das ist wiederum solch ein Aspekt der christlichen Esoterik. Es hängt die christliche Esoterik zusammen mit dem tiefsten Gedanken, den wir haben können von aller Entwickelung, mit dem Gedanken der Schöpfung aus dem Nichts.

Deshalb wird auch jede wahre Entwickelungstheorie niemals den Gedanken der Schöpfung aus dem Nichts fallenlassen können. Nehmen wir an, es wäre nur Evolution und Involution, so wäre eine ewige Wiederholung da, wie es bei der Pflanze ist, so würde auf dem Vulkan nur dasjenige da sein, was auf dem Saturn seinen Anfang genommen hat. So aber kommt zur Evolution und Involution die Schöpfung aus dem Nichts hinzu und in die Mitte unserer Entwickelung hinein. Nachdem Saturn, Sonne und Mond vergangen sind, tritt auf die Erde der Christus als das große Bereicherungselement, welches bewirkt, daß auf dem Vulkan etwas ganz Neues da ist, etwas, was noch nicht da war auf dem Saturn. Derjenige, der nur von

Evolution und Involution spricht, der wird von der Entwickelung so sprechen, als wenn sich alles nur wiederholen würde wie ein Kreislauf. Solche Kreisläufe aber können nimmermehr die Weltenentwickelung wirklich erklären. Nur wenn wir zur Evolution und Involution diese Schöpfung aus dem Nichts hinzunehmen, die den Verhältnissen, die da sind, Neues einfügt, dann kommen wir zu einem wirklichen Verständnis der Welt.

Die niederen Wesenheiten zeigen höchstens einen Anflug von dem, was wir nennen könnten die Schöpfung aus dem Nichts. Ein Maiglöckchen wird immer wieder Maiglöckchen; höchstens könnte der Gärtner von außen etwas hinzufügen, wozu das Maiglöckchen niemals aus sich selbst gekommen wäre. Dann gäbe es etwas, was in bezug auf das Maiglöckchen-Wesen eine Schöpfung aus dem Nichts wäre. Der Mensch aber ist selber imstande, sich einzufügen diese Schöpfung aus dem Nichts. Der Mensch wird aber erst dadurch dazu imstande, daß er sich zu dieser Freiheit des Selbstschaffens durch die freieste Tat, die sein Vorbild werden kann, hinauferhebt. Was ist die freieste Tat? Die freieste Tat ist diese, daß das schöpferische weise Wort unseres Sonnensystems selber in sich beschlossen hat, in einen menschlichen Leib hineinzugehen und an der Erdenentwickelung teilzunehmen durch eine Tat, die in keinem vorhergehenden Karma lag. Als der Christus beschloß, in einen Menschenleib zu gehen, wurde er nicht durch ein vorhergehendes Karma gezwungen, sondern er tat es als eine freie Tat, die lediglich begründet war in der Vorschau zur künftigen Menschheitsentwickelung, die aber vorher noch nie dagewesen war, die zuerst in ihm entstand als ein Gedanke aus dem Nichts heraus, aus der Vorschau. Es ist ein schwerer Gedanke, aber die christliche Esoterik wird das niemals außer acht lassen, und alles beruht darauf, daß man den Gedanken der Schöpfung aus dem Nichts zu Evolution und Involution hinzuzufügen vermag.

Dann aber, wenn man das vermag, bekommt man auch große Lebensideale, die sich vielleicht nicht über solche Weiten erstrecken, die man als kosmische Weiten bezeichnen kann, sondern die im Grunde ziemlich stark zusammenhängen mit der Frage: Warum vereinigen wir uns zum Beispiel zu einer Anthroposophischen Gesellschaft? Da müssen wir, um das so recht zu verstehen, welches der Sinn einer Anthroposophischen Gesellschaft ist, noch einmal zurückgreifen auf den Gedanken, daß wir für die Geister der Persönlichkeit, für den Zeitgeist arbeiten. Der Mensch, wenn er hereingeboren wird durch die Geburt in diese Welt, wird zunächst durch die mannigfaltigsten Verhältnisse erzogen; diese wirken auf ihn ein und bilden so die erste Vorstufe seiner selbstschöpferischen Tätigkeit. Wenn die Menschen sich nur einmal klar würden darüber, wie das wirklich die Vorstufe ist, wie der Mensch durch seine Geburt an diesen oder jenen Ort hingestellt wird, und daß es tatsächlich wie eine große Suggestion ist, wie die Verhältnisse auf ihn wirken. Versuchen wir uns vorzustellen, wie es ganz anders um einen Menschen bestellt wäre, wenn er statt in Konstantinopel in Rom oder in Frankfurt geboren wäre. Dadurch wäre er in verschiedene Verhältnisse hineingestellt, auch in gewisse religiöse Verhältnisse, unter deren Einwirkung sich bei ihm entwickelt ein gewisser Fanatismus für den Katholizismus oder Protestantismus. Nun aber nehmen wir an, wenn sich ein kleines Rädchen im karmischen Zusammenhange gedreht hätte und er in Konstantinopel geboren worden wäre, ob er dann nicht auch ein ganz leidlicher Türke geworden wäre? Da haben Sie das Beispiel, wie suggestiv die Verhältnisse der Umgebung auf den Menschen wirken. Es kann aber der Mensch heraustreten aus dem bloß Suggestiven der Verhältnisse und sich vereinigen mit anderen Menschen nach von ihm selbst erwählten und eingesehenen Grundsätzen. Da sagt er sich: Jetzt weiß ich es, warum ich mit anderen Menschen zusammenwirke. Dadurch entstehen, aus dem menschlichen Bewußtsein heraus, solche Gesellschaftsverbände, in denen Material geschaffen wird für die Geister der Zeit, der Persönlichkeit. Nun ist denn ein solcher Verband die Anthroposophische Gesellschaft, wo auf Grundlage der Brüderlichkeit dieser Zusammenhang geschaffen wird. Das heißt nichts anderes, als es schafft ein jeder so an dem Verbande, daß er sich im kleinen aneignet alle die guten Eigenschaften, durch die er ein Abbild wird der ganzen Gesellschaft. Also das, was er entwickelt an Gedanken, Gefühlsreichtum, an Tugenden durch die Gesellschaft, daß er das wie eine Nahrung hinreicht den Geistern der Persönlichkeit. So ist in einer solchen Gesellschaft vereinigt das, was menschliches Zusammenleben schafft, zu gleicher Zeit mit dem Prinzip der Individualität. Jeder einzelne wird durch eine solche Gesellschaft fähig gemacht, das, was er hervorbringt, als Opfer darzubringen den Geistern der Persönlichkeit. Und jeder bereitet sich vor zu jenem Standpunkt, den die Fortgeschrittensten einnehmen, die sich durch Geistesschulung so weit gebracht haben, daß ihnen als Ideal folgendes vorschwebt: Wenn ich denke, denke ich nicht, um mich zu befriedigen, sondern ich denke, damit sich daraus Nahrung schöpfen die Geister der Persönlichkeit. Ich lege dar auf dem Opferaltar der Geister der Persönlichkeit meine besten, meine schönsten Gedanken, und was ich fühle, fühle ich nicht aus einem Egoismus heraus, sondern ich fühle, weil es Nahrung sein soll für die Geister der Persönlichkeit. Und was ich an Tugenden ausüben kann, ich übe es nicht aus, um als das oder jenes zu gelten, sondern um Opfer darzubringen, Nahrung zu schaffen für die Geister der Persönlichkeit. Damit aber haben wir als das Ideal vor uns hingestellt diejenigen, die wir da nennen die Meister der Weisheit und des Zusammenklangs der Empfindungen. Denn so denken sie und bereiten vor jene Entwickelung des Menschen, die den Menschen immer mehr und mehr dazu bringen wird, Neues und immer Neues zu schaffen und zuletzt eine Welt der Wirkungen zu entwickeln, aus der die alten Ursachen verschwunden sind, aus der ein neues Licht strahlt in die Zukunft hinüber. Die Welt ist nicht unterworfen einer fortwährenden Wandlung, in der sie ganz andere Formen annimmt, sondern das Alte, das vervollkommnet sich, und dieses verbesserte Alte wird der Wagen des Neuen. Dann wird dieser aber abgeworfen, er verschwindet in dem Nichts, damit aus diesem Nichts ein Neues hervorgeht. Das ist der große, gewaltige Gedanke des Fortschritts, daß Neues und immer Neues entstehen kann.

Aber die Welten sind geschlossen in sich, und Sie haben gerade an dem Beispiel, das ich vorgeführt habe, gesehen, daß deshalb doch von einem wirklichen Zugrundegehen nicht geredet werden kann. Es ist gezeigt worden, wie die Geister der Persönlichkeit auf der einen Seite ihre Wirkung auf den Menschen verlieren, auf der anderen

Seite ihre Entwickelung aber wieder aufnehmen, so daß wir es zu tun haben mit einer Welt, die sich immer verjüngt, aber von welcher wir sagen können: Das, was abgestreift wird, das würde verhindern, weiterzuschreiten, und das wird einem anderen gegeben, damit er seinerseits wieder weiterschreiten kann. Niemand soll glauben, etwas in das Nichts versinken lassen zu müssen, weil er die Möglichkeit eingegeben bekommen hat, aus dem Nichts heraus aufzubauen. Das aber, was auf dem Vulkan als ein Neues sich erweisen wird, wird immer neue Formen bilden und das Alte abwerfen, und was abgeworfen wird, wird sich seinen eigenen Weg suchen.

Evolution, Involution und Schöpfung aus dem Nichts, das sind die drei Begriffe, durch die wir uns die wahre Entfaltung, die wahre Evolution der Welterscheinungen zurechtlegen sollen. Nur dadurch kommen wir so recht zu Begriffen, die dem Menschen die Welt erklären und ihm Gefühle der Innerlichkeit geben. Denn wenn der Mensch sich sagen müßte, er könnte nichts anderes als das schaffen, was als Ursache in ihm angelegt ist, nur das könnte er als Wirkungen ausleben, so könnte das nicht seine Kräfte stählen und seine Hoffnungen entzünden in demselben Maße, als wenn er sich sagen kann: Ich kann Lebenswerte schaffen und zu dem, was mir als Grundlage gegeben ist, immer Neues hinzufügen; das Alte wird mich durchaus nicht hindern, neue Blüten und Früchte zu schaffen, welche in die Zukunft hinüberleben. – Das ist aber ein Stück von dem, was wir so charakterisieren können, daß wir sagen: Die anthroposophische Weltanschauung schafft dem Menschen Lebenskräfte, Lebenshoffnung, Lebenszuversicht, denn sie zeigt ihm, daß er mitarbeiten kann in der Zukunft an Dingen, die heute nicht nur im Schoße der Ursächlichkeit, sondern im Nichts liegen, sie stellt ihm in Aussicht, daß er, im wahren Sinne des Wortes, vom Geschöpf zum Schöpfer hinarbeitet.

HINWEISE

Angaben zu bestimmten Auflagen (GA) beziehen sich auf Bände der Rudolf Steiner Gesamtausgabe

Zu den Vorträgen: Die Vorträge wurden im Winterhalbjahr 1908/1909 im Berliner Besant-Zweig der Theosophischen Gesellschaft gehalten und waren Teil und Fortsetzung der sich damals schon über sieben Jahre erstreckenden kontinuierlichen Zweigarbeit.

Textunterlagen: Die Vorträge wurden von mehreren Zuhörern, von denen nur Walter Vegelahn und Franz Seiler namentlich bekannt sind, stenographisch mitgeschrieben und in Klartext übertragen. Diese Übertragungen liegen dem Druck zugrunde. Von den Originalstenogrammen sind nur diejenigen von Walter Vegelahn erhalten. Die Mitschriften sind stellenweise unzulänglich.

Zu der Zeit, als Rudolf Steiner diese Vorträge hielt, stand er mit seiner anthroposophisch orientierten Geisteswissenschaft noch innerhalb der damaligen Theosophischen Gesellschaft und gebrauchte die Ausdrücke «Theosophie» und «theosophisch», jedoch immer im Sinne seiner von Anfang an anthroposophisch orientierten Geisteswissenschaft. Einer späteren Angabe Rudolf Steiners gemäß, sind hier diese Bezeichnungen im allgemeinen durch «Geisteswissenschaft» oder «Anthroposophie», «geisteswissenschaftlich» oder «anthroposophisch» ersetzt.

Werke Rudolf Steiners, welche innerhalb der Gesamtausgabe (GA) erschienen sind, werden in den Hinweisen und im Namenregister mit der Bibliographie-Nummer angegeben. Siehe auch die Übersicht am Schluß des Bandes.

Zu Seite

9 *demnächst stattfindende Generalversammlung:* Am 26. Oktober 1908.

wie wir als ein kleiner Kreis vor sechs bis sieben Jahren begonnen haben: Die beiden ersten Vortragsreihen in der Theosophischen Bibliothek Berlin erfolgten in den Wintermonaten 1900/01 unter dem Titel «Die Mystik» und 1901/02 unter dem Titel «Das Christentum als mystische Tatsache». Daraus entstanden dann nachträglich die zwei Schriften Rudolf Steiners «Die Mystik im Aufgange des neuzeitlichen Geisteslebens und ihr Verhältnis zur modernen Weltanschauung», GA 7, und «Das Christentum als mystische Tatsache und die Mysterien des Altertums», GA 8.

16 *Friedrich Nietzsche (1844–1900) brach in den ersten Januartagen des Jahres 1889 in Turin zusammen.*

«Da lebt ein Gott in Turin...»: Sinngemäßes, nicht wörtliches Zitat aus Nietzsches Brief an Jacob Burckhardt vom 6. Januar 1889.

«Und es schreitet der Gott Dionysos am Po»: Sinngemäßes, nicht wörtliches Zitat aus Friedrich Nietzsche, «Ecce homo», Kap. «Götzen-Dämmerung», § 3.

Er kommt sich vor bald als der König Alberto ... identifizierte er sich mit den betreffenden Frauenmördern: Im angegebenen Brief an Jacob Burckhardt.

22 *Ausspruch Goethes «Was fruchtbar ist, allein ist wahr!»:* Gedicht «Vermächtnis».

26 *Vortrag, der noch zu den Einleitungen unserer ... «Generalversammlungs-Kampagne» gehören soll:* Die Generalversammlung selbst fand erst eine Woche später,

am 26. Oktober 1908, statt. Doch gab es um die Generalversammlungszeit immer mehrere Veranstaltungen.

29 *Goethes große Arbeit auf dem pflanzlichen Gebiet:* In «Goethes Naturwissenschaftliche Schriften», herausgegeben und kommentiert von Rudolf Steiner in Kürschners «Deutsche National-Litteratur» (1884/97), 5 Bände, Nachdruck Dornach 1975, GA 1a-e, Band I: «Bildung und Umbildung organischer Naturen», «Die Metamorphose der Pflanzen», S. 17 ff.

32 *Wenn wir morgen einiges über den vierdimensionalen Raumbegriff vor uns hinstellen können:* Vortrag vom 22. Oktober 1908 über die vierte Dimension, von dem für den Druck nur unzureichende Notizen vorhanden sind.

52 *«Lieber ein Bettler sein in der Oberwelt...»:* Homer «Odyssee», XI. Gesang, 489–491.

56 *in den Artikeln «Wie erlangt man Erkenntnisse der höheren Welten?»:* 1904–1908 als Artikelfolge in der Zeitschrift «Lucifer-Gnosis» erschienen; 1. Buchausgabe 1909, GA 10.

Sie erinnern sich an die Andeutungen, die in der Interpretation über Goethes «Märchen» gegeben worden sind: Zwei öffentliche Vorträge im Archtiktenhaus am 22. Oktober 1908 über «Goethes geheime Offenbarung (exoterisch)», am 24. Oktober 1908 über «Goethes geheime Offenbarung (esoterisch)», innerhalb der Gesamtausgabe in «Wo und wie findet man den Geist?», GA 57. Siehe auch Rudolf Steiners Aufsatz «Goethes geheime Offenbarung. Zu seinem hundertfünfzigsten Geburtstage: 28. August 1899» enthalten in «Methodische Grundlagen der Anthroposophie. Gesammelte Aufsätze 1884–1901», GA 30; und die spätere Schrift «Goethes Geistesart in ihrer Offenbarung durch seinen ‹Faust› und durch das Märchen von der Schlange und der Lilie» (1918), GA 22; und die Sonderausgabe «Goethes geheime Offenbarung in seinem Märchen ‹Von der Schlange und der schönen Lilie›», Ein Aufsatz und elf Vorträge aus den Jahren 1904–1909, Dornach 1982.

69 *Savonarola,* 1452–1498, Dominikaner, Ordensreformator und erfolgreicher Buß- und Sittenprediger in Florenz, auf Veranlassung des Borgia-Papstes Alexander IV. exkommuniziert, verhaftet, gefoltert und als Ketzer hingerichtet. – Am gleichen Tag, als Rudolf Steiner den vorliegenden Vortrag gehalten hat, hielt er auch einen Mitgliedervortrag «Über die Mission des Savonarola», enthalten in GA 108.

73 *Dinge, die von einer gewissen Seite her Ihnen bekannt sind:* Über die menschlichen Gruppenseelen hatte Rudolf Steiner schon öfter gesprochen, vor allem im Zusammenhange mit den Siegeln der Apokalypse des Johannes. Vgl. «Bilder okkulter Siegel und Säulen. Der Münchner Kongreß Pfingsten 1907 und seine Auswirkungen», GA 284/285, und «Die Apokalypse des Johannes» (13 Vorträge Nürnberg 1908), GA 104.

84 *Denn etwa gar zu behaupten, daß die Pflanze durch ein gewisses unbewußtes Gedächtnis:* Vgl. dazu z. B. das in Rudolf Steiners Bibliothek enthaltene Werk von Gustav Eichhorn, «Vererbung, Gedächtnis und transzendentale Erinnerungen vom Standpunkte des Physikers», Stuttgart 1909, S. 41–63, Kap. «Gedächtnis»; und das von Rudolf Steiner auch an anderen Stellen erwähnte Buch von Gustav Theodor

Fechner, «Nanna oder über das Seelenleben der Pflanzen», 4. Aufl., Hamburg und Leipzig 1908.

102 *«Blut ist ein ganz besonderer Saft»:* «Faust» I, Studierzimmer, Vers 1740. Siehe hierzu den gleichnamigen Vortrag Berlin 25. Oktober 1906 in «Die Erkenntnis des Übersinnlichen in unserer Zeit und deren Bedeutung für das heutige Leben», GA 55; Einzelausgabe Dornach 1982.

110 *Nieren als Venus, Lungen als Merkur:* Statt früher «Nieren als Merkur». Sinngemäße Korrektur für die 4. Auflage 1979.

112 *Paracelsus,* 1493–1541.

113 *«Denn es ist ein großer Irrsal»:* Paracelsus, «Opus paramirum», 3. Buch, Traktat 2.

115 *in den letzten beiden öffentlichen Vorträgen:* Berlin 12. und 14. November 1908 über «Bibel und Weisheit» (Altes und Neues Testament) in «Wo und wie findet man den Geist?», GA 57.

Erinnern Sie sich nur einmal daran, daß darauf aufmerksam gemacht werden konnte: Siehe den Vortrag «Bibel und Weisheit I», Berlin 12. November 1908 a.a.O.

«Dieses Folgende wird erzählen die Geschlechter oder . . .»: 1. Mose 2,4 in Übersetzung Rudolf Steiners. Vgl. dazu den angegebenen Vortrag «Bibel und Weisheit I».

116 *«Dies ist das Buch über die Geschlechter . . .»:* 1. Mose 5,1.

118 *«Ich bin der Ich bin»:* 2. Mose 3,14.

Das jüdische Volk fühlte sich verbunden mit dem Gott Abrahams, Isaaks und Jakobs: Vgl. 2. Mose 3,6.

120 *«Ich entferne jede Krankheit aus deiner Mitte . . .»:* 2. Mose 23, 25–26.

120 f. *ein modernes Büchlein . . . sagt über die Zehn Gebote:* Vmtl. bezieht sich Rudolf Steiner auf die in seiner Bibliothek vorhandene Broschüre: Dr. Ludwig Wulff-Parchim, «Dekalog und Vaterunser», Parchim 1907. Die angeführte Stelle ist jedoch so nicht nachweisbar in diesem Büchlein.

132 *in dem ersten der für diese Serie in Betracht kommenden Vorträge:* Es handelt sich um den Vortrag vom 10. November 1908, achter Vortrag dieses Bandes.

und wir haben uns dann das letztemal vor die Seele zu führen gesucht: Vortrag vom 16. November 1908 «Wesen und Bedeutung der Zehn Gebote», neunter Vortrag dieses Bandes.

136 *Arthur Schopenhauer,* 1788–1860. Zu der angeführten Stelle vgl. «Die Welt als Wille und Vorstellung» 4. Buch, § 55. Sämtliche Werke mit einer Einleitung Rudolf Steiners in Cotta'sche Bibliothek der Weltliteratur, Stuttgart o. J. (1894). 3. Bd., S. 148 f.

148 *die Kurse, die diesen Zweigvorträgen parallel laufen:* Die achtzehn öffentlichen Vorträge im Berliner Architektenhaus vom 15. Oktober 1908 bis 6. Mai 1909, herausgegeben unter dem Titel «Wo und wie findet man den Geist», GA 57.

148	*öffentlicher Vortrag über den «Aberglauben vom geisteswissenschaftlichen Standpunkt»:* Berlin 10. Dezember 1908 in «Wo und wie findet man den Geist?», GA 57.
161	*in Goethe-Vorträgen:* Rudolf Steiner hat außerordentlich oft über Goethe und die Faust-Dichtung gesprochen. Ausführlich sprach er über die Mütter-Szenen in «Geisteswissenschaftliche Erläuterungen zu Goethes ‹Faust›». Band I: «Faust, der strebende Mensch» (14 Vorträge 1911/16 an verschiedenen Orten), GA 272, und Band II: «Das Faust-Problem. Die romantische und die klassische Walpurgisnacht» (12 Vorträge Dornach 1916/19), GA 273.
	«Versinke denn! Ich könnt' auch sagen: steige!»: «Faust» II, Erster Akt, Finstere Galerie, Vers 6275.
162	*«In deinem Nichts hoff' ich das All zu finden!»:* «Faust» II, Erster Akt, Finstere Galerie, Vers 6256.
166	*Orakelstätten, von denen ich das letztemal gesprochen habe:* Vortrag vom 28. Dezember 1908, von dem nur kurze Notizen vorhanden sind, aus denen hervorgeht, daß von den atlantischen Mysterien die Rede war.
172	*«Den Teufel spürt das Völkchen nie, und wenn er sie beim Kragen hätte!»:* «Faust« I, Auerbachs Keller in Leipzig, Vers 2181.
180	*Vortrag über «Das Innere der Erde»:* Rudolf Steiner hat dieses Thema im Jahre 1906 an verschiedenen Orten besprochen, erstmals in Berlin am 16. April 1906 anläßlich des Ausbruchs des Vesuvs. Siehe «Ursprungsimpulse der Geisteswissenschaft», GA 96.
186	*der vorletzte unserer Zweigvorträge:* Bezieht sich auf den Vortrag vom 21. Dezember 1908, elfter Vortrag dieses Bandes.
188	*vor zwei Wochen:* Siehe den Hinweis zu Seite 186.
	Und auch im öffentlichen Vortrag: Siehe den Hinweis zu Seite 148.
203	*in dem einen der in diesem Winter hier gehaltenen Zweigvorträge:* Bezieht sich auf den achten Vortrag dieses Bandes.
206	*«Ehe ihr nicht werdet wie die Kinder . . .»:* Matth. 18,3.
220	*Vortrag, der hier über kompliziertere Fragen der Wiederverkörperung gehalten worden ist:* Vortrag vom 28. Dezember 1908. Es gibt keine Nachschrift, da bei diesem Vortrag Nachschreiben nicht gestattet war. Aus einigen von einem Teilnehmer hinterher aus dem Gedächtnis festgehaltenen Punkten geht jedoch hervor, daß es sich um die gleichen Ausführungen handelte, wie sie darauffolgend auch an anderen Orten gegeben wurden. Diese sind zusammengefaßt in «Das Prinzip der spirituellen Ökonomie», GA 109/111.
223	*Erzählung, die sich um Noah herumgruppiert:* 1. Mose 6.
225	*eingangs erwähnte Stunde:* Siehe Hinweis zu Seite 220.
228	*Irenäus,* 177/78 Bischof von Lyon, als Knabe hatte er in Smyrna noch selbst den Predigten des Bischofs und Märtyrers Polykarp gelauscht, der seinerseits ebenso wie Papias als Schüler der Apostel galt. Siehe dazu Fragment 12 bei J. P. Migne,

«Patrologia Graeca», Bd. 7, S. 1227. Irenäus bezeichnete in seinem die Gnostiker bekämpfenden Werk «Adversus haereses» die ununterbrochene Nachfolge der Apostel und Bischöfe (die apostolische Sukzession) als Garantie für die Wahrheit der christlichen Lehre.

Papias, geboren um 70 n. Chr., Bischof von Hierapolis in Phrygien, wahrscheinlich Hörer des Apostels Johannes, Gefährte des Polykarp.

Augustinus, 354–430. Das Zitat ist frei wiedergegeben aus Contr. epist. Manich. 5. Es lautet wörtlich: «Evangelio non crederem, nisi me ecclesiae commoveret auctoritas». Zitiert nach Otto Willmann, «Geschichte des Idealismus», Band II, Braunschweig 1896, S. 256.

230 *Heliand:* Alstsächsische Evangelien-Harmonie. Der Verfasser ist unbekannt, vmtl. ein gelehrter Geistlicher aus der Fuldaer Schule.

232 *Denn der astralische Leib des Menschen:* Dieser Satz ist nicht wörtlich festgehalten, er lautet in den verschiedenen Nachschriften verschieden. Es wurde die sinngemäßeste Fassung gewählt.

Franz von Assisi, 1182–1226.
Elisabeth von Thüringen, 1207–1231.

233 *Meister Eckhart*, um 1260–1327.
Johannes Tauler, 1300–1361.

234 *«Dies ist mein Leib und dies ist mein Blut . . .»:* Matth. 26, 26. u. 28.

235 *Nikolaus Kopernikus*, 1473–1543.
Giordano Bruno, 1548–1600.

236 *Ernst Haeckel*, 1834–1919.
Charles Darwin, 1809–1882.
Emil Du Bois-Reymond, 1815–1896.
Thomas Henry Huxley, 1825–1895.
David Friedrich Strauß, 1808–1874

246 *Gott läßt seiner nicht spotten! Was du gesät hast, das mußt du auch ernten:* Gal. 6,7.

250 *In Schmerzen sollst du deine Kinder gebären!:* 1. Mose 3,16.

«Ehjeh asher ehjeh»: d. h. «Ich bin der Ich bin», 2. Mose 3,14.

251 *Lieber ein Bettler sein in der Oberwelt:* Siehe Hinweis zu S. 52.

254 *Ihr könnt erleuchtet werden mit dem neuen Geist:* Siehe z. B. Mark. 13,11 und Joh. 14,26.

258 *Meister Eckhart hat . . . das schöne Wort gesprochen:* Wörtlich: «Denn wäre ich ein König, wüßte es aber selber nicht, so wäre ich kein König»; Meister Eckhart, «Deutsche Predigten und Traktate», hg. u. übers. von Josef Quint, München 1963, Zürich 1979, S. 323, Predigt 36 «Scitote, quia prope est regnum dei (Luc. 21,31)».

259 *Wenn uns erzählt wird, daß es eine niedrige Auffassungsweise der Orientalisten sei, zu sagen, daß der Buddha an Übergenuß von Schweinefleisch zugrunde gegangen*

sei: Rudolf Steiner bezieht sich hier auf H. P. Blavatsky, «Die Geheimlehre», 3. Band, S. 89, Fußnote.

259 *Wenn man uns aber dann sagt, niemand könne begreifen, daß Johannes die Apokalypse unter Blitz und Donner auf Patmos empfangen habe:* Diese Stelle bezieht sich auf H. P. Blavatskys Ablehnung dieser okkulten Tatsache in ihrem Buche «Die Geheimlehre» im 3. Band.

wenn gesagt wird, der astralische Leib des Buddha ist aufbewahrt und später einverleibt worden dem Shankaracharya: Rudolf Steiner bezieht sich hier wiederum auf H. P. Blavatskys «Die Geheimlehre», 3. Band, Abteilung XLIII, Das Geheimnis des Buddha, Seite 377/378.

Shankaracharya, 788–820 n. Chr. Reformator der Veden und des sonstigen indischen Wissens.

264 *Tier . . . Gruppenseele:* Siehe hierzu den Vortrag Berlin 23. Januar 1908 «Die Seele der Tiere im Lichte der Geisteswissenschaft», 8. Vortrag in «Die Erkenntnis der Seele und des Geistes», GA 56.

Vortrag über die Natur der Temperamente: Berlin 4. März 1909 in GA 56, siehe vorigen Hinweis. Vgl. auch «Das Geheimnis der menschlichen Temperamente», Basel 1975.

270 *Und der Gott blies . . . dem Menschen die Nephesch ein:* 1. Mose 2,7.

276 *Wenn Homer von Andromache sagt:* Ilias, 6. Gesang, Vers 484.

293 *die Forschungen aus der Akasha-Chronik:* Statt früher «die Akasha-Chronik»; sinngemäße Ergänzung der Herausgeber für die 3. Auflage.

eine gewisse Literatur: Bezieht sich auf Sekundärliteratur der damaligen Theosophischen Gesellschaft.

NAMENREGISTER

Abraham 119, 226
Achill 52
Adam 116
Agamemnon 52
Ahura Mazdao 139, 169, 250
Ahriman 169–179, 241, 246–248, 253
Andromache 276
Apis 124
Apollo 218
Äskulap 218 f.
Asuras 175, 248
Augustinus 228 f.

Brahma 259
Bruno, Giordano 235
Buddha 49, 53, 259

Calvin, Johannes 234
Carlo, Alberto 16
Chiron 218 f.
Christus, Jesus (s. auch Jesus von Nazareth) 42 f., 45, 50, 54 f., 131, 171, 174 f., 222 f., 227–230, 233 f., 237 f., 250–260, 290, 313 f.

Darwin, Charles Robert 236
Dionysos 16
Du Bois-Reymond, Emil 236

Eckhart, Meister 233, 258
Elisabeth von Thüringen 232, 260

Franz von Assisi 231 f., 260

Goethe, Johann Wolfgang von 22, 29, 56, 102, 133, 161–163, 172, 306

Haeckel, Ernst 236
Ham 223
Hammurabi 130
Heliand 230
Hermes 50, 53, 218
Hiob 162 f.
Homer 276
Hus, Jan 234
Huxley, Thomas Henry 236

Irenäus 228
Isaak 119

Jahve 118 f., 123–127, 129, 290
Jakob 119
Japhet 223
Jehova s. Jahve
Jesus von Nazareth (s. auch Christus Jesus) 54, 222, 227–234, 236, 260
Johannes 259

Kant, Immanuel 192
Karl der Große 88
Kopernikus, Nikolaus 235

Laplace, Pierre Simon de 192
Lethe 93
Ludwig der Fromme 230
Luther, Martin 234
Luzifer 163–168, 172 f., 242, 247, 253, 255, 260

Manu 286 f., 289
Melchisedek 226
Mephistopheles 161–185, 241, 248
Moses 50, 115, 118 f., 123, 125, 128–131, 250, 290

Nietzsche, Friedrich Wilhelm 16
Noah 223

«Ongod» 291
Ormuzd 48
Osiris 250

Papias 228
Paracelsus, Theophrastus Bombastus 112 f.
Paulus 229
Petrus 229

Raffael, Santi 306
Rishis 49, 51, 250
Röntgen, Wilhelm Conrad 103

Savonarola, Girolamo 69
Schopenhauer, Arthur 136
Sem 223–227
Shankaracharya 259
Shiva 214
Steiner, Rudolf: Werke und Vorträge:
 «Theosophie» (GA 9) 247, 257
 «Wie erlangt man Erkenntnisse . . .»
 (GA 10) 56
 «Aus der Akasha-Chronik»
 (GA 11) 169
 «Die Erziehung des Kindes . . .»
 (in GA 34) 247
 Über die Natur der Temperamente (in GA 56) 264
 Über Goethes «Märchen» (in GA 57) 56
 «Bibel und Weisheit» (in GA 57) 115
 «Aberglauben . . .» (in GA 57) 148, 188
 «Das Innere der Erde» (in GA 96) 180, 182
 Goethe-Vorträge 161
Strauß, David Friedrich 236

Tauler, Johannes 233

Vishva Karman 250

Walküre 289

Zarathustra 50, 53, 169–171
Zwingli, Huldrych 234

LITERATURHINWEIS

GA = Rudolf Steiner Gesamtausgabe / TB = Rudolf Steiner Taschenbücher

Zur Weiterführung und Vertiefung der Darstellungen des vorliegenden Bandes sei auf folgende Ausgaben von Rudolf Steiner hingewiesen: (vgl. auch die im Namenregister S. 326 verzeichneten Werke und Vorträge Rudolf Steiners)

Schriften

Friedrich Nietzsche, ein Kämpfer gegen seine Zeit (1895), GA 5 (TB 621) (besonders zum 1., 5. und 7. Vortrag)

Die Mystik im Aufgange des neuzeitlichen Geisteslebens und ihr Verhältnis zur modernen Weltanschauung (1901) GA 7 (TB 623) (besonders zum 15. Vortrag)

Das Christentum als mystische Tatsache und die Mysterien des Altertums (1902) GA 8 (TB 619) (besonders zum 15. Vortrag)

Theosophie. Einführung in übersinnliche Welterkenntnis und Menschenbestimmung (1904) GA 9 (TB 615) (besonders zum 1., 2. und 4. Vortrag)

Aus der Akasha-Chronik (1904–08), GA 11 (TB 616) (bes. zum 3. Vortrag)

Die Geheimwissenschaft im Umriß (1910) GA 13 (TB 601) (besonders zum 3. Vortrag)

Die geistige Führung des Menschen und der Menschheit. Geisteswissenschaftliche Ergebnisse über die Menschheits-Entwickelung (1911) GA 15 (TB 614) (besonders zum 15. Vortrag)

Vorträge

Wo und wie findet man den Geist? 18 öffentliche Vorträge, Berlin 1908/09, GA 57 (TB 686)

Das Prinzip der spirituellen Ökonomie im Zusammenhang mit Wiederverkörperungsfragen. Ein Aspekt der geistigen Führung der Menschheit. 23 Vorträge in verschiedenen Städten 1909, GA 109 (besonders zum 15. Vortrag)

Okkulte Geschichte. Esoterische Betrachtungen karmischer Zusammenhänge von Persönlichkeiten und Ereignissen der Weltgeschichte. 6 Vorträge, Stuttgart 1910/11, GA 126 (TB 707) (besonders zum 3. Vortrag)

Das esoterische Christentum und die geistige Führung der Menschheit. 23 Vorträge in verschiedenen Städten 1911/12, GA 130 (besonders zum 15. Vortrag)

Allgemeine Menschenkunde als Grundlage der Pädagogik. Pädagogischer Grundkurs I. 14 Vorträge, Stuttgart 1919, GA 293 (TB 617)

Über Gesundheit und Krankheit. Grundlagen einer geisteswissenschaftlichen Sinneslehre. 18 Vorträge für die Arbeiter am Goetheanumbau 1922/23, GA 348 (besonders zum 8., 11. und 14. Vortrag)

RUDOLF STEINER – LEBEN UND WERK

Das Lebenswerk Rudolf Steiners ist überliefert in den geschriebenen Werken und in den Nachschriften seiner stets frei gehaltenen Vorträge. Hinzu kommen zahlreiche künstlerische Arbeiten, von denen die beiden Goetheanumbauten weltweite Beachtung gefunden haben. Seine Ausführungen über Pädagogik, Landwirtschaft, Medizin, Nationalökonomie usw. führten zur Begründung zahlreicher Einrichtungen, die als Bereicherung des öffentlichen Kulturlebens immer mehr Anerkennung finden.

Im Auftrag Rudolf Steiners hat Marie Steiner-von Sivers die Vortragsnachschriften durchgesehen und veröffentlicht. Nach ihrem Tod (1948) wurde gemäß ihren Richtlinien von der durch sie 1943 begründeten Rudolf Steiner-Nachlaßverwaltung mit der Herausgabe der Rudolf Steiner Gesamtausgabe begonnen. Diese wird etwa 350 Bände umfassen. In den beiden ersten Abteilungen erscheinen die *Schriften* und das *Vortragswerk,* in der dritten Abteilung wird das *Künstlerische Werk* in entsprechender Form wiedergegeben.

Einen systematischen Überblick über die Gesamtausgabe (GA) gibt der Band «Bibliographische Übersicht. Das literarische und künstlerische Werk von Rudolf Steiner». Über den jeweiligen Stand der erschienenen Bände orientieren die Bücherverzeichnisse und der Gesamtkatalog des Rudolf Steiner Verlages.

Chronologischer Lebensabriß
(zugleich Übersicht über die geschriebenen Werke)

1861	Am 27. Februar wird Rudolf Steiner in Kraljevec (damals Österreich-Ungarn, heute Jugoslawien) als Sohn eines Beamten der österreichischen Südbahn geboren. Seine Eltern stammen aus Niederösterreich. Er verlebt seine Kindheit und Jugend an verschiedenen Orten Österreichs.
1872	Besuch der Realschule in Wiener-Neustadt bis zum Abitur 1879.

1879-1882	Studium an der Wiener Technischen Hochschule: Mathematik und Naturwissenschaft, zugleich Literatur, Philosophie und Geschichte. Grundlegendes Goethe-Studium.
1882	Erste schriftstellerische Tätigkeit.
1882-1897	Herausgabe von Goethes Naturwissenschaftlichen Schriften in Kürschners «Deutsche National Litteratur», 5 Bände (GA 1a-e). Eine selbständige Ausgabe der Einleitungen erschien 1925 unter dem Titel *Goethes Naturwissenschaftliche Schriften* (GA 1).
1884–1890	Privatlehrer bei einer Wiener Familie.
1886	Berufung zur Mitarbeit bei der Herausgabe der großen «Sophien-Ausgabe» von Goethes Werken. *Grundlinien einer Erkenntnistheorie der Goetheschen Weltanschauung mit besonderer Rücksicht auf Schiller* (GA 2).
1888	Redakteur bei der «Deutschen Wochenschrift», Wien (Aufsätze daraus in GA 31). Vortrag im Wiener Goethe-Verein: *Goethe als Vater einer neuen Ästhetik* (in GA 30).
1890–1897	Weimar. Mitarbeit am Goethe- und Schiller-Archiv. Herausgeber von Goethes Naturwissenschaftlichen Schriften.
1891	Promotion zum Doktor der Philosophie an der Universität Rostock. 1892 erscheint die erweiterte Dissertation: *Wahrheit und Wissenschaft. Vorspiel einer «Philosophie der Freiheit»* (GA 3).
1894	*Die Philosophie der Freiheit. Grundzüge einer modernen Weltanschauung. Seelische Beobachtungsresultate nach naturwissenschaftlicher Methode* (GA 4).
1895	*Friedrich Nietzsche, ein Kämpfer gegen seine Zeit* (GA 5).
1897	*Goethes Weltanschauung* (GA 6). Übersiedlung nach Berlin. Herausgabe des «Magazin für Litteratur» und der «Dramaturgischen Blätter» zusammen mit O. E. Hartleben (Aufsätze daraus in GA 29–32). Wirksamkeit in der «Freien literarischen Gesellschaft», der «Freien dramatischen Gesellschaft», im «Giordano Bruno-Bund», im Kreis der «Kommenden» u. a.
1899–1904	Lehrtätigkeit an der von W. Liebknecht gegründeten Berliner «Arbeiter-Bildungsschule».
1900/01	*Welt- und Lebensanschauungen im 19. Jahrhundert*, 1914 erweitert zu: *Die Rätsel der Philosophie* (GA 18). Beginn der

	anthroposophischen Vortragstätigkeit auf Einladung der Theosophischen Gesellschaft in Berlin. *Die Mystik im Aufgange des neuzeitlichen Geisteslebens* (GA 7).
1902–1912	Aufbau der Anthroposophie. Regelmäßig öffentliche Vortragstätigkeit in Berlin und ausgedehnte Vortragsreisen in ganz Europa. Marie von Sivers (ab 1914 Marie Steiner) wird seine ständige Mitarbeiterin.
1902	*Das Christentum als mystische Tatsache und die Mysterien des Altertums* (GA 8).
1903	Begründung und Herausgabe der Zeitschrift «Luzifer», später «Lucifer – Gnosis» (Aufsätze in GA 34).
1904	*Theosophie. Einführung in übersinnliche Welterkenntnis und Menschenbestimmung* (GA 9).
1904/05	*Wie erlangt man Erkenntnisse der höheren Welten?* (GA 10). *Aus der Akasha-Chronik* (GA 11). *Die Stufen der höheren Erkenntnis* (GA 12).
1910	*Die Geheimwissenschaft im Umriß* (GA 13)
1910–1913	In München werden die *Vier Mysteriendramen* (GA 14) uraufgeführt.
1911	*Die geistige Führung des Menschen und der Menschheit* (GA 15)
1912	*Anthroposophischer Seelenkalender. Wochensprüche* (in GA 40, und selbständige Ausgaben). *Ein Weg zur Selbsterkenntnis des Menschen* (GA 16).
1913	Trennung von der Theosophischen und Begründung der Anthroposophischen Gesellschaft. *Die Schwelle der geistigen Welt* (GA 17).
1913–1922	Errichtung des in Holz als Doppelkuppelbau gestalteten ersten Goetheanum in Dornach/Schweiz. Im gleichen Zeitraum entstanden in Dornach ebenfalls nach Entwürfen Rudolf Steiners mehrere Wohn- und Zweckbauten, so das Haus Duldeck, Haus de Jaager, drei Eurythmiehäuser, Heizhaus, Transformatorenhäuschen, Glashaus, Verlagshaus u. a.
1914–1923	Dornach und Berlin. In Vorträgen und Kursen in ganz Europa gibt Rudolf Steiner Anregungen für eine Erneuerung auf vielen Lebensgebieten: Kunst, Pädagogik, Naturwissenschaften, soziales Leben, Medizin, Theologie. Weiterbildung der 1912 inaugurierten neuen Bewegungskunst «Eurythmie».

1914	*Die Rätsel der Philosophie in ihrer Geschichte als Umriß dargestellt* (GA 18).
1916–1918	*Vom Menschenrätsel* (GA 20). *Von Seelenrätseln* (GA 21). *Goethes Geistesart in ihrer Offenbarung durch seinen «Faust» und durch das «Märchen von der Schlange und der Lilie»* (GA 22).
1919	Rudolf Steiner vertritt den Gedanken einer «Dreigliederung des sozialen Organismus» in Aufsätzen und Vorträgen, vor allem im süddeutschen Raum. *Die Kernpunkte der sozialen Frage in den Lebensnotwendigkeiten der Gegenwart und Zukunft* (GA 23). *Aufsätze über die Dreigliederung des sozialen Organismus* (GA 24). Im Herbst wird in Stuttgart die «Freie Waldorfschule» begründet, die Rudolf Steiner bis zu seinem Tode leitet.
1920	Beginnend mit dem Ersten anthroposophischen Hochschulkurs finden im noch nicht vollendeten Goetheanum fortan regelmäßig künstlerische und Vortragsveranstaltungen statt.
1921	Begründung der Wochenschrift «Das Goetheanum» mit regelmäßigen Aufsätzen und Beiträgen Rudolf Steiners (in GA 36).
1922	*Kosmologie, Religion und Philosophie* (GA 25). In der Silversternacht 1922/23 wird der Goetheanumbau durch Brand vernichtet. Für einen neuen in Beton konzipierten Bau kann Rudolf Steiner in der Folge nur noch ein erstes Außenmodell schaffen.
1923	Unausgesetzte Vortragstätigkeit, verbunden mit Reisen. Zu Weihnachten 1923 Neubegründung der «Anthroposophischen Gesellschaft» als «Allgemeine Anthroposophische Gesellschaft» unter der Leitung Rudolf Steiners.
1923–1925	Rudolf Steiner schreibt in wöchentlichen Folgen seine unvollendet gebliebene Selbstbiographie *Mein Lebensgang* (GA 28) sowie *Anthroposophische Leitsätze* (GA 26), und arbeitet mit Dr. Ita Wegman an dem Buch *Grundlegendes für eine Erweiterung der Heilkunst nach geisteswissenschaftlichen Erkenntnissen* (GA 27).
1924	Steigerung der Vortragstätigkeit. Daneben zahlreiche Fachkurse. Letzte Vortragsreisen in Europa. Am 28. September letzte Ansprache zu den Mitgliedern. Beginn des Krankenlagers.
1925	Am 30. März stirbt Rudolf Steiner in Dornach.

RUDOLF STEINER GESAMTAUSGABE

Überblick über das literarische und künstlerische Werk

Erste Abteilung: Die Schriften

I. Werke

Goethes Naturwissenschaftliche Schriften, eingeleitet und kommentiert von Rudolf Steiner, 5 Bände (GA 1a-e); separate Ausgabe der Einleitungen (GA 1)
Grundlinien einer Erkenntnistheorie der Goetheschen Weltanschauung (GA 2)
Wahrheit und Wissenschaft. Vorspiel einer «Philosophie der Freiheit» (GA 3)
Die Philosophie der Freiheit (GA 4)
Friedrich Nietzsche, ein Kämpfer gegen seine Zeit (GA 5)
Goethes Weltanschauung (GA 6)
Die Mystik im Aufgange des neuzeitlichen Geisteslebens und ihr Verhältnis zur modernen Weltanschauung (GA 7)
Das Christentum als mystische Tatsache u. die Mysterien des Altertums (GA 8)
Theosophie. Einführung in übersinnliche Welterkenntnis und Menschenbestimmung (GA 9)
Wie erlangt man Erkenntnisse der höheren Welten? (GA 10)
Aus der Akasha-Chronik (GA 11)
Die Stufen der höheren Erkenntnis (GA 12)
Die Geheimwissenschaft im Umriß (GA 13)
Vier Mysteriendramen: Die Pforte der Einweihung – Die Prüfung der Seele – Der Hüter der Schwelle – Der Seelen Erwachen (GA 14)
Die geistige Führung des Menschen und der Menschheit (GA 15)
Anthroposophischer Seelenkalender (in GA 40)
Ein Weg zur Selbsterkenntnis des Menschen (GA 16)
Die Schwelle der geistigen Welt (GA 17)
Die Rätsel der Philosophie in ihrer Geschichte als Umriß dargestellt (GA 18)
Vom Menschenrätsel (GA 20)
Von Seelenrätseln (GA 21)
Goethes Geistesart in ihrer Offenbarung durch seinen «Faust» und durch das «Märchen von der Schlange und der Lilie» (GA 22)
Die Kernpunkte der sozialen Frage in den Lebensnotwendigkeiten der Gegenwart und Zukunft (GA 23)
Aufsätze über die Dreigliederung des sozialen Organismus und zur Zeitlage 1915-1921 (GA 24)
Kosmologie, Religion und Philosophie (GA 25)
Anthroposophische Leitsätze (GA 26)
Grundlegendes für eine Erweiterung der Heilkunst nach geisteswissenschaftlichen Erkenntnissen. Von Dr. Rudolf Steiner und Dr. Ita Wegman (GA 27)
Mein Lebensgang (GA 28)

II. Gesammelte Aufsätze

Gesammelte Aufsätze zur Dramaturgie 1889–1900 (GA 29)

Methodische Grundlagen der Anthroposophie. Gesammelte Aufsätze zur Philosophie, Naturwissenschaft, Ästhetik und Seelenkunde 1884-1901 (GA 30)

Gesammelte Aufsätze zur Kultur- und Zeitgeschichte 1897–1901 (GA 31)

Gesammelte Aufsätze zur Literatur 1886–1902 (GA 32)

Biographien und biographische Skizzen 1894-1905 (GA 33)

Lucifer–Gnosis. Grundlegende Aufsätze zur Anthroposophie und Berichte aus den Zeitschriften «Luzifer» und «Lucifer – Gnosis» 1903–1908 (GA 34)

Philosophie und Anthroposophie. Gesammelte Aufsätze 1904–1918 (GA 35)

Der Goetheanumgedanke inmitten der Kulturkrisis der Gegenwart. Gesammelte Aufsätze aus der Wochenschrift «Das Goetheanum» 1921–1925 (GA 36)

III. Veröffentlichungen aus dem Nachlaß

Briefe – Wahrspruchworte – Bühnenbearbeitungen – Entwürfe zu den vier Mysteriendramen 1910–1913 – Anthroposophie. Ein Fragment aus dem Jahre 1910 – Gesammelte Skizzen und Fragmente – Aus Notizbüchern und -blättern (GA 38–47)

Zweite Abteilung: Das Vortragswerk

I. Öffentliche Vorträge

Die Berliner öffentlichen Vortragsreihen (Architektenhaus-Vorträge) 1903/04 bis 1917/18 (GA 51–67)

Öffentliche Vorträge, Vortragsreihen und Hochschulkurse an andern Orten Europas 1906–1924 (GA 68–84)

II. Vorträge vor Mitgliedern der Anthroposophischen Gesellschaft

Vorträge und Vortragszyklen allgemein-anthroposophischen Inhalts – Evangelien-Betrachtungen – Christologie – Geisteswissenschaftliche Menschenkunde – Kosmische und menschliche Geschichte – Die geistigen Hintergründe der sozialen Frage – Der Mensch in seinem Zusammenhang mit dem Kosmos – Karma-Betrachtungen (GA 91–244)

Vorträge und Schriften zur Geschichte der anthroposophischen Bewegung und der Anthroposophischen Gesellschaft – Veröffentlichungen zur Geschichte und aus den Inhalten der Esoterischen Schule (251–270)

III. Vorträge und Kurse zu einzelnen Lebensgebieten

Vorträge über Kunst: Allgemein-Künstlerisches – Eurythmie – Sprachgestaltung und Dramatische Kunst – Musik – Bildende Künste – Kunstgeschichte (GA 271–292)

Vorträge über Erziehung (GA 293–311)

Vorträge über Medizin (GA 312–319)

Vorträge über Naturwissenschaft (GA 320–327)

Vorträge über das soziale Leben und die Dreigliederung des sozialen Organismus (GA 328–341)

Vorträge und Kurse über christlich-religiöses Wirken (GA 342–346)

Vorträge für die Arbeiter am Goetheanumbau (GA 347–354)

Dritte Abteilung: Das künstlerische Werk

Reproduktionen und Veröffentlichungen aus dem künstlerischen Nachlaß

Originalgetreue Wiedergaben von malerischen und graphischen Entwürfen und Skizzen Rudolf Steiners in Kunstmappen, als Einzelblätter oder in Buchform:
Entwürfe für die Malerei des Ersten Goetheanum – Entwürfe für die Fenster des Ersten Goetheanum – Schulungsskizzen für Maler – Programmbilder für Eurythmie-Aufführungen – Eurythmieformen – Entwürfe zu den Eurythmiefiguren – Wandtafelzeichnungen aus dem Vortragswerk u. a.

Die Bände der Rudolf Steiner Gesamtausgabe sind innerhalb einzelner Gruppen einheitlich ausgestattet. Jeder Band ist einzeln erhältlich. Ausführliche Verzeichnisse können beim Verlag angefordert werden.